ABITUR-TRAINING

Gymnasium

Analysis

Horst Lautenschlager

Autor: Horst Lautenschlager ist Studiendirektor für die Fächer Mathematik und Physik an einem bayerischen Gymnasium. Seine große fachliche und fachdidaktische Kompetenz, die er in seine Arbeit als Fachbereichsleiter Mathematik, Prüfer für das bayerische Hochbegabtenstipendium und langjähriger Kursleiter in der Oberstufe eingebracht hat, weiß er als Autor des Stark Verlags ebenso zu nutzen wie den großen Erfahrungsschatz, den er beim Unterrichten seiner Schülerinnen und Schüler erworben hat. Deren Nöte und Bedürfnisse kennt er im Übrigen nicht nur als Lehrer, sondern auch als Familienvater – zwei Sichtweisen, die den sachlichpräzisen, dabei aber stets schülergerechten Stil seiner Bücher prägen.

Vom selben Autor sind im Stark Verlag erschienen:
Abitur-Training Physik 1 „Elektromagnetisches Feld und Relativitätstheorie"
Abitur-Training Physik 2 „Aufbau der Materie"
Kompakt-Wissen Physik 1 und 2
Klassenarbeiten Mathematik 9. Klasse
Klassenarbeiten Mathematik 10. Klasse

Bildnachweis
Umschlagbild: © Mark Watkins/Fotolia.com
Kapitelbilder:
Seite 1:   Jock Scott/Photocase.com
Seite 59:   © Jerry Schiller/Dreamstime.com
Seite 111: © Sergey Lemeshenko/Dreamstime.com
Seite 143:© Norma Cornes/Dreamstime.com
Seite 151: pixelio.de
Seite 161: © UPimages/Dreamstime.com

© 2020 Stark Verlag GmbH
www.stark-verlag.de
1. Auflage 2012

Inhalt

Autor: Horst Lautenschlager

Im Hinblick auf eine eventuelle Begrenzung des Datenvolumens wird empfohlen, dass Sie sich beim Ansehen der Videos im WLAN befinden. Haben Sie keine Möglichkeit, den QR-Code zu scannen, finden Sie die Lernvideos auch unter:
http://qrcode.stark-verlag.de/940021V

Vorwort

Liebe Schülerin, lieber Schüler,

mit dem vorliegenden Trainingsband halten Sie ein Buch in Händen, das Sie bei der Vorbereitung auf Unterricht, Klausuren und die schriftliche Abiturprüfung im Fach Mathematik (Teilgebiet Analysis) umfassend unterstützt.

Bei der Aufbereitung des Stoffs wurde berücksichtigt, dass in der Oberstufe und auch bei den Prüfungsaufgaben weniger Gewicht auf formale Rechenfähigkeiten und schematische Verfahrensweisen gelegt wird, gleichzeitig aber das Wissen und das Anwenden analytischer Grundkenntnisse an Bedeutung gewinnen. Daher werden im ersten Kapitel systematisch die **Eigenschaften reeller Funktionen und deren Funktionsgraphen** analysiert, bevor in den nächsten beiden Kapiteln mit der **Differenzial-** und **Integralrechnung** das Herzstück der Analysis behandelt wird. Die dort erlernten Verfahren werden im abschließenden Kapitel zur Lösung einiger typischer **Anwendungsaufgaben** eingesetzt.

Aufgrund des modularen Aufbaus müssen Sie das Buch nicht von vorne nach hinten lesen. Beginnen Sie Ihr Training in dem Stoffgebiet, in dem Sie noch Probleme haben oder welches gerade im Unterricht behandelt wird. Falls Sie dabei auf einen Begriff oder einen Sachverhalt stoßen, bei dem Sie sich unsicher fühlen, können Sie im Stichwortverzeichnis nachschlagen.

Folgende strukturelle Maßnahmen erleichtern Ihnen die Arbeit mit diesem Buch:

- Die wichtigen **Begriffe** und **Definitionen** eines Lernabschnitts sind möglichst schülergerecht und doch mathematisch präzise formuliert in farbig getönten Feldern, **Regeln, Lehr-** und **Merksätze** in farbig umrandeten Kästen abgelegt.

- An jeden Theorieteil schließen passgenaue und kommentierte **Beispiele** an, die zur Erleichterung des Verständnisses dienen.

- Zu den wichtigsten Themenbereichen gibt es **Lernvideos**, in denen die typischen Beispiele Schritt für Schritt erklärt werden. An den entsprechenden Stellen im Buch befindet sich ein QR-Code, den Sie mithilfe Ihres Smartphones oder Tablets scannen können – Sie gelangen so schnell und einfach zum zugehörigen Lernvideo.

- Jeder Lernabschnitt schließt mit **Übungsaufgaben**. Zur Selbstkontrolle finden Sie die zugehörigen **Lösungen** am Ende des Buchs vollständig ausgearbeitet.

- Die mit Stern (✳) versehenen Aufgaben dienen der Vertiefung und der Förderung des Problemlöseverhaltens. Sie können bei Zeitmangel ohne nachteilige Auswirkungen für das Grundverständnis übersprungen werden.

Viel Erfolg wünscht Ihnen

Horst Lautenschlager

Horst Lautenschlager

Grundwissen über reelle Funktionen

In der Schule beschäftigt man sich in der Analysis fast ausschließlich mit reellen Funktionen und deren Eigenschaften. Dabei werden solide Kenntnisse über die elementaren Funktionen vorausgesetzt, die Sie im Mittelstufenunterricht kennengelernt haben. Wenn Sie hier Wissenslücken oder Unsicherheiten aufweisen, können Sie die wesentlichen Eigenschaften der elementaren Funktionen in diesem Anfangskapitel systematisch wiederholen und einüben.

1 Elementare reelle Funktionen und Funktionstypen

1.1 Lineare Funktionen

Lineare Funktionen begegnen Ihnen bei der Berechnung von Asymptoten-, Tangenten- und Normalengleichungen, beim Zeichnen von Funktionsgraphen, bei der Berechnung von Flächenverhältnissen in der Integralrechnung, bei der näherungsweisen Lösung nichtlinearer Gleichungen und bei allen mathematischen Fragestellungen des Alltags, denen die direkte Proportionalität zugrunde liegt.

Definition | Unter einer linearen Funktion mit **Steigung m** und **Achsenabschnitt t** versteht man eine Funktion der Form:
$$f: \mathbb{R} \to \mathbb{R}$$
$$x \mapsto mx + t$$

Der zugehörige **Graph** ist eine **Gerade**, die folgende Eigenschaften besitzt:
- Sie verläuft von links unten nach rechts oben, wenn $m > 0$, bzw. von links oben nach rechts unten, wenn $m < 0$.
- Sie schneidet die y-Achse im Punkt $(0|t)$ und die x-Achse im Punkt $\left(-\frac{t}{m}\middle|0\right)$.
- Für $|m| > 1$ verläuft sie steiler als die Winkelhalbierende der jeweiligen Quadranten, für $|m| < 1$ flacher.

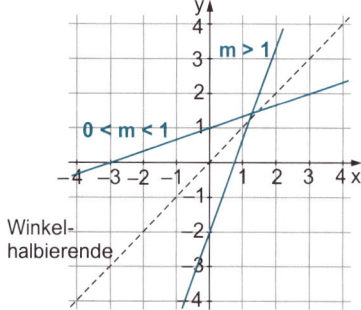
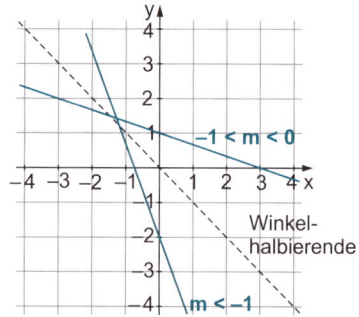

Je nach Datenlage können Sie die **Steigung der Geraden** auf drei verschiedene Arten **berechnen**.

Regel

Geradensteigung

Für die Steigung m einer linearen Funktion gilt:

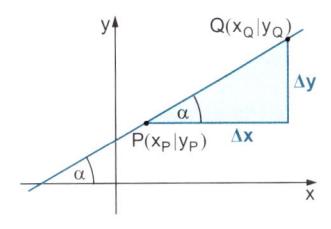

- **$m = \tan\alpha$**

  α bezeichnet den Winkel, den die Gerade mit der x-Achse einschließt.

- **$m = \dfrac{\Delta y}{\Delta x}$**

  $\dfrac{\Delta y}{\Delta x}$ ist das Verhältnis der senkrechten zur waagerechten Kathete eines Steigungsdreiecks.

- **$m = \dfrac{y_Q - y_P}{x_Q - x_P}$**

  Dabei sind $P(x_P | y_P)$ und $Q(x_Q | y_Q)$ Punkte, die auf der Geraden liegen.

Bei bekannter Steigung m berechnen Sie den **Achsenabschnitt t**, indem Sie die Koordinaten eines auf der Geraden liegenden Punktes $A(a_1 | a_2)$ in die Geradengleichung $y = mx + t$ einsetzen und nach t auflösen. Sie erhalten so: $\mathbf{t = a_2 - ma_1}$

Beispiel

Stellen Sie die Gleichung der Geraden g auf, die durch die Punkte $P(-2|3)$ und $Q(4|-7)$ verläuft.

Welchen Winkel schließt g mit der x-Achse ein?

Lösung:

Das Einsetzen der Punktkoordinaten in die Steigungsformel $m = \dfrac{y_Q - y_P}{x_Q - x_P}$ liefert den numerischen Wert für die Steigung:

$$m = \frac{-7 - 3}{4 - (-2)} = \frac{-10}{6} = -\frac{5}{3}$$

Die Bestimmungsgleichung für t erhalten Sie durch Einsetzen der Koordinaten eines der beiden Punkte, z. B. von P, in die vorläufige Geradengleichung $y = -\frac{5}{3}x + t$:

$$3 = -\frac{5}{3} \cdot (-2) + t$$

Hieraus folgt:

$$3 = \frac{10}{3} + t \qquad \text{Ausführung der Multiplikation auf der rechten Seite}$$

$$t = 3 - \frac{10}{3} = -\frac{1}{3} \qquad \text{Subtraktion von } \tfrac{10}{3} \text{ auf beiden Seiten}$$

Die Gleichung der Geraden g lautet daher:

$$g: y = -\frac{5}{3}x - \frac{1}{3}$$

Aus $\tan\alpha = m = -\frac{5}{3}$ folgt mithilfe des Taschenrechners: $\alpha \approx -59°$

Das entspricht einem **positiv**, also **gegen den Uhrzeigersinn**, gezählten Winkel von $180° - 59° = 121°$.

Gelegentlich ist es hilfreich, die ungefähre Lage eines Punktes oder einer Geraden bzgl. einer anderen Geraden zu kennen.

Regel

Lage von Geraden zu Punkten und anderen Geraden

Eine Gerade g mit der Gleichung $y = m_g x + t_g$ verläuft

- **unter** dem Punkt $A(a_1 \mid a_2)$, wenn $a_2 > m_g a_1 + t_g$;
- **durch** den Punkt $A(a_1 \mid a_2)$, wenn $a_2 = m_g a_1 + t_g$;
- **über** dem Punkt $A(a_1 \mid a_2)$, wenn $a_2 < m_g a_1 + t_g$;
- **parallel** zur Geraden $h: y = m_h x + t_h$, wenn $m_g = m_h$;
- **senkrecht** zur Geraden $h: y = m_h x + t_h$, wenn $m_g \cdot m_h = -1$.

Im Hinblick auf die horizontalen oder vertikalen Asymptoten von Funktionsgraphen (vgl. Abschnitt 3.3, S. 70) ist es wichtig, dass Sie die algebraische Darstellung von Geraden kennen, die parallel zu den Koordinatenachsen verlaufen. Die Gleichung einer Geraden, die im Abstand $|a|$

- **parallel zur x-Achse** verläuft, hat die Form $y = a$. Dabei ist a positiv (negativ), wenn sie über (unter) der x-Achse verläuft.

- **parallel zur y-Achse** verläuft, hat die Form $x = a$. Dabei ist a positiv (negativ), wenn sie rechts (links) von der y-Achse verläuft.

Gelegentlich begegnen Ihnen auch **implizite** Geradengleichungen, also Gleichungen der Form $ax + by + c = 0$. Für $b \neq 0$ können Sie diese durch Auflösen nach y in die **explizite** Form umwandeln:

$$ax + by + c = 0 \iff by = -ax - c \iff y = \underbrace{-\frac{a}{b}}_{m} x \underbrace{-\frac{c}{b}}_{t} = mx + t$$

Aufgaben

1. Gegeben sind die Punkte $A(-4 \mid 1)$, $B(2 \mid 4)$, $C(1 \mid 2)$.

   a) Stellen Sie die Gleichung der Geraden $g = AB$ auf.

   b) Welche Lage bzgl. der Geraden AB besitzt
   - der Punkt C?
   - die Gerade $h: 3x - 6y + 2 = 0$?

   c) Stellen Sie die Gleichung der Geraden auf, die durch C verläuft und
   - parallel zu AB ist.
   - auf AB senkrecht steht.

2. Geben Sie die expliziten Gleichungen der gezeichneten Geraden an.

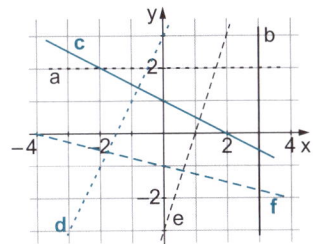

∗ 3. Stellen Sie die Gleichung einer Geraden auf, die im Abstand 3 parallel zur
Winkelhalbierenden des 1. und 3. Quadranten verläuft.

∗ 4. Welchen spitzen Winkel schließen zwei Geraden miteinander ein, wenn sie
mit der x-Achse die Winkel 55° bzw. 110° einschließen?

1.2 Quadratische Funktionen

Einerseits lassen sich mithilfe quadratischer Funktionen viele Zusammenhänge in
Naturwissenschaft, Technik oder Wirtschaft quantitativ beschreiben. Andererseits
kann man alle mit quadratischen Funktionen zusammenhängenden mathematischen Probleme mit einem vernünftigen Rechenaufwand algorithmisch lösen.
Beides macht die quadratischen Funktionen zu den Standardfunktionen der Schul-
mathematik, die einem an allen „Ecken und Enden" begegnen.

Definition | Unter einer **quadratischen Funktion** mit den reellen Koeffizienten $a \neq 0$, b, c
versteht man eine Funktion der Form:
$$f \colon \mathbb{R} \to \mathbb{R}$$
$$x \mapsto ax^2 + bx + c$$

Der zur Funktion $f(x) = x^2$ gehörende Graph heißt **Normalparabel**.
Allgemein ist der **Graph** einer quadratischen Funktion eine **Parabel**, die
• nach oben (unten) offen ist, wenn $a > 0$ ($a < 0$).
• schmäler (breiter) als die Normalparabel ist, wenn $|a| > 1$ ($|a| < 1$).

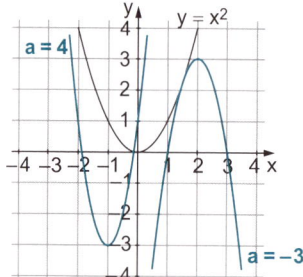 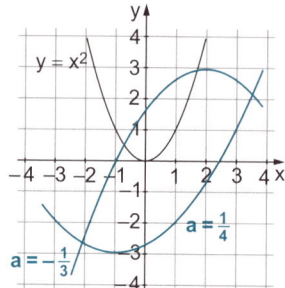

Der höchste Punkt einer nach unten offenen bzw. der tiefste Punkt einer nach oben offenen Parabel wird **Scheitel** genannt.

Regel

> **Scheitelform**
>
> Besitzt eine quadratische Funktion den Scheitel $S(x_S | y_S)$, so lässt sich der Funktionsterm in der Form
>
> $$f(x) = a(x - x_S)^2 + y_S$$
>
> schreiben.

Jeden quadratischen Term $ax^2 + bx + c$ können Sie durch quadratische Ergänzung in die Scheitelform umwandeln und daran die Scheitelkoordinaten ablesen.

Beispiel

Berechnen Sie die Koordinaten des Scheitels der quadratischen Funktion $f(x) = 2x^2 - 12x + 16$.

Lösung:

$$
\begin{aligned}
2x^2 - 12x + 16 &= 2(x^2 - 6x + 8) && \text{Ausklammern des Koeffizienten bei } x^2 \\
&= 2(\mathbf{x^2 - 6x} \, \underline{\mathbf{+\, 3^2}} \, \underline{-\, 3^2} + 8) && \text{Quadratische Ergänzung (unterstrichene Terme)} \\
&= 2((\mathbf{x - 3})^2 - 3^2 + 8) && \text{Faktorisieren des farbig hervorgehobenen Terms mittels binomischer Formel} \\
&= 2((x - 3)^2 - 1) && \text{Zusammenfassen} \\
&= 2(x - 3)^2 - 2 && \text{Ausmultiplizieren}
\end{aligned}
$$

Die Koordinaten des Scheitels lauten $S(3 | {-2})$.

Ebenfalls mithilfe quadratischer Ergänzung können Sie die folgende wichtige Formel herleiten.

Regel

> **Lösungsformel für quadratische Gleichungen**
> Eine quadratische Gleichung $ax^2 + bx + c = 0$ besitzt über der Grundmenge $\mathbb{R}$
> - für $b^2 - 4ac > 0$ genau die zwei Lösungen $x_1 = \dfrac{-b + \sqrt{b^2 - 4ac}}{2a}$, $x_2 = \dfrac{-b - \sqrt{b^2 - 4ac}}{2a}$;
> - für $b^2 - 4ac = 0$ die einzige Lösung $x_1 = \dfrac{-b}{2a}$;
> - für $b^2 - 4ac < 0$ keine Lösung.
>
> Der Term $D := b^2 - 4ac$ wird als **Diskriminante** der Gleichung bezeichnet.

Beispiel

Berechnen Sie die Lösungen folgender Gleichungen über der Grundmenge $\mathbb{R}$.

a) $\frac{1}{2}x^2 - \frac{1}{2}x - 3 = 0$

b) $7x^2 + \sqrt{7}x = 0$

c) $x^2 + 3x + 9 = 0$

Lösung:

a) Einsetzen von $a = \frac{1}{2}$, $b = -\frac{1}{2}$, $c = -3$ in die Lösungsformel liefert:

$$x_{1,2} = \frac{\frac{1}{2} \pm \sqrt{\left(-\frac{1}{2}\right)^2 - 4 \cdot \frac{1}{2} \cdot (-3)}}{2 \cdot \frac{1}{2}} = \frac{\frac{1}{2} \pm 2{,}5}{1} = 0{,}5 \pm 2{,}5 \;\Rightarrow\; x_1 = -2; \; x_2 = 3$$

b) Das Ausklammern von x führt hier schneller zum Ziel:

$$7x^2 + \sqrt{7}x = 0 \;\Leftrightarrow\; x(7x + \sqrt{7}) = 0 \;\Leftrightarrow\; \begin{cases} x_1 = 0 \\ 7x + \sqrt{7} = 0 \;\Leftrightarrow\; x_2 = -\frac{\sqrt{7}}{7} \end{cases}$$

c) Die Gleichung besitzt keine reellen Lösungen, weil die Diskriminante $D = 3^2 - 4 \cdot 9 = -27$ negativ ist.

Wenn Sie die Lösungen einer quadratischen Gleichung kennen, können Sie den zugehörigen quadratischen Term als Produkt darstellen.

Regel

> **Linearfaktorzerlegung**
> Besitzt die quadratische Gleichung $ax^2 + bx + c = 0$
> - zwei verschiedene Lösungen x_1 und x_2, so gilt: $ax^2 + bx + c = a(x - x_1)(x - x_2)$
> - genau eine Lösung x_0, so gilt: $ax^2 + bx + c = a(x - x_0)^2$

Beispiel

Schreiben Sie den Term $\frac{1}{2}x^2 - \frac{1}{2}x - 3$ als Produkt.

Lösung:

In der Teilaufgabe a des zweiten Beispiels wurden $x_1 = -2$; $x_2 = 3$ als Lösungen der Gleichung $\frac{1}{2}x^2 - \frac{1}{2}x - 3 = 0$ ermittelt. Daher gilt nach der Regel von der Linearfaktorzerlegung:

$$\frac{1}{2}x^2 - \frac{1}{2}x - 3 = \frac{1}{2}(x+2)(x-3)$$

Quadratische Ungleichungen lösen Sie effektiv, indem Sie
- zunächst die Lösungen der zugehörigen Gleichung bestimmen und dann
- je nach Richtung des Ungleichheitszeichens die Bereiche auf der x-Achse als Lösungsmenge benennen, in denen die Parabel über oder unter der x-Achse verläuft.

Beispiel
Berechnen Sie die Lösungsmenge der Ungleichung $\frac{1}{2}x^2 - \frac{1}{2}x - 3 < 0$.

Lösung:

Die Parabel

$$y = \frac{1}{2}x^2 - \frac{1}{2}x - 3$$

ist wegen $a = \frac{1}{2} > 0$ nach oben offen und schneidet die x-Achse bei -2 und 3 (vgl. voriges Beispiel). Daher sind die Funktionswerte des Terms $y(x)$ für alle x von -2 bis 3 nicht positiv. Die Lösungsmenge der Ungleichung lautet:

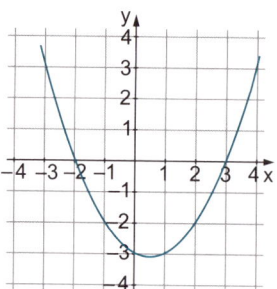

$\mathbb{L} = \,]-2;\,3[$

Analog finden Sie:

$\mathbb{L} = [-2;\,3]$	für $\frac{1}{2}x^2 - \frac{1}{2}x - 3 \leq 0$
$\mathbb{L} = \,]-\infty;\,-2[\,\cup\,]3;\,\infty[$	für $\frac{1}{2}x^2 - \frac{1}{2}x - 3 > 0$
$\mathbb{L} = \,]-\infty;\,-2]\,\cup\,[3;\,\infty[$	für $\frac{1}{2}x^2 - \frac{1}{2}x - 3 \geq 0$

Aufgaben **5.** Berechnen Sie die Scheitelkoordinaten folgender quadratischer Funktionen. Vergleichen Sie die zugehörigen Parabeln hinsichtlich Öffnung und Breite jeweils mit der Normalparabel.

a) $f(x) = -2x^2 - 8x - 10$ 　　　　　b) $g(x) = 0,5 \cdot (x-2)(x+4)$

6. Berechnen Sie mit möglichst geringem Rechenaufwand die Lösungsmengen folgender Gleichungen über der Grundmenge $G = \mathbb{R}$.

a) $\sqrt{3}x - 2 = \frac{1}{3}x^2$ 　　　　　b) $4x^2 - 28x = 0$

c) $x^2 + 6x + 9 = 16$

7. Stellen Sie mit möglichst wenig Rechenaufwand die Gleichung der quadratischen Funktion auf, deren Parabel

   a) durch die Punkte P(3|1), Q(−3|1), R(1|3) verläuft.

   b) durch den Punkt (0|4) verläuft und in (3|−5) ihren Scheitel hat.

   c) nur im Intervall]0; 5[unter der x-Achse verläuft und zur Normalparabel kongruent ist.

8. Wie lautet die Gleichung der quadratischen Funktion, auf deren Graph die Punkte A(1|−4), B(2|3), C(3|14) liegen?

9. Berechnen Sie mit möglichst wenig Rechenaufwand die Lösungsmengen folgender quadratischer Ungleichungen über der Grundmenge $G = \mathbb{R}$.

   a) $x^2 - 9x + 20 \geq 0$

   b) $x^2 + 6x + 14 < 0$

10. Die gezeichneten Parabeln sind zur Normalparabel kongruent. Geben Sie die zugehörigen Funktionsgleichungen an.

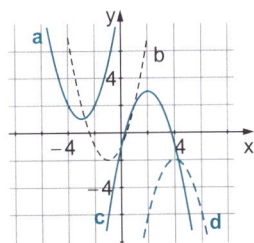

✱ 11. Gibt es

   a) quadratische Funktionen $q_1(x)$ und $q_2(x)$, sodass der Graph der Summenfunktion $q_1(x) + q_2(x)$ eine Ursprungsgerade mit der Steigung 3 ist?

   b) lineare Funktionen $\ell_1(x)$ und $\ell_2(x)$, deren Produkt keine quadratische Funktion ist?

   c) lineare Funktionen $\ell_1(x)$ und $\ell_2(x)$, deren Produkt die quadratische Funktion $q(x) = x^2 - 5x + 6$ ist?

   d) eine quadratische Funktion $q(x)$ und eine lineare Funktion $\ell(x)$, deren Quotient eine lineare Funktion $g(x)$ ist?

   Belegen Sie Ihre Aussagen gegebenenfalls mit einem Beispiel.

1.3 Ganzrationale Funktionen

Lineare und quadratische Funktionen sind Spezialfälle eines allgemeineren Funktionstyps, der ganzrationalen Funktionen.

Definition

Unter einer **ganzrationalen Funktion** oder einer **Polynomfunktion** vom Grad n versteht man eine reelle Funktion der Form:

$$f : \mathbb{R} \to \mathbb{R}$$
$$x \mapsto a_n x^n + a_{n-1} x^{n-1} + \ldots + a_1 x + a_0$$

Darin sind n eine natürliche Zahl und a_n, a_{n-1}, ..., a_1, a_0 reelle Zahlen mit $a_n \neq 0$.

Der ungefähre Verlauf des zugehörigen Graphen lässt sich mithilfe der Nullstellen, also den Lösungen der Gleichung

$$a_n x^n + a_{n-1} x^{n-1} + \ldots + a_2 x^2 + a_1 x + a_0 = 0$$

angeben.

Diese können in ihrer Gesamtheit nur dann durch Einsetzen der Koeffizienten in geeignete Lösungsformeln berechnet werden, wenn $n \leq 4$. Für $n \geq 5$ gibt es keine allgemein gültigen Lösungsformeln mehr. Aber selbst die für $n = 3$ oder $n = 4$ vorhandenen Lösungsformeln kommen in der Schule nicht zum Einsatz, weil ihre Anwendung zu zeit- und rechenaufwendig ist.

Unter bestimmten Voraussetzungen kann man dennoch Lösungen finden. Hierbei ist der folgende Satz hilfreich.

Regel

Lösungen einer algebraischen Gleichung

Für die Lösungen der Gleichung $a_n x^n + a_{n-1} x^{n-1} + \ldots + a_2 x^2 + a_1 x + a_0 = 0$ gilt:

a) Die Gleichung besitzt höchstens n verschiedene reelle Lösungen.

b) Wenn x_0 eine ganzzahlige Lösung ist und die Koeffizienten a_n, a_{n-1}, ..., a_1, a_0 ganze Zahlen sind, dann teilt x_0 das konstante Glied a_0.

Beispiele

1. Ermitteln Sie für $f(x) = x^3 - 2x^2 - 5x + 6$ und $g(x) = x^3 - 3x^2 - 2x + 6$ alle **ganzzahligen** Lösungen der Gleichungen $f(x) = 0$ und $g(x) = 0$.

   Lösung:

   Bei beiden Gleichungen kommen nach Aussage b der obigen Regel nur die Teiler von 6 als ganzzahlige Lösungen in Frage, also $\pm 1, \pm 2, \pm 3, \pm 6$. Mithilfe Ihres Taschenrechners finden Sie:

x	−6	−3	−2	−1	1	2	3	6
f(x)	−252	−24	0	8	0	−4	0	120
g(x)	−306	−42	−10	4	2	−2	0	102

Daraus folgt:
- Die Gleichung $f(x) = 0$ besitzt -2; 1; 3 als ganzzahlige Lösungen. Weitere Lösungen gibt es nach Aussage a der Regel von S. 10 nicht.
- Die Gleichung $g(x) = 0$ besitzt nur 3 als ganzzahlige Lösung. Weitere ganzzahlige Lösungen sind daher möglich.

2. Berechnen Sie **alle** Lösungen der Gleichung $x^3 - x^2 - 5x + 5 = 0$.

Lösung:

Durch geschicktes Ausklammern lässt sich der Funktionsterm faktorisieren:

$$x^3 - x^2 - 5x + 5 = 0$$

$\Leftrightarrow \qquad x^2(x-1) - 5(x-1) = 0$ teilweises Ausklammern

$\Leftrightarrow \qquad (x-1)(x^2 - 5) = 0$ Ausklammern von $(x-1)$

$\Leftrightarrow \quad (x-1)(x - \sqrt{5})(x + \sqrt{5}) = 0$ Faktorisieren mit der binomischen Formel $a^2 - b^2 = (a-b)(a+b)$

Die Lösungen der Gleichung lauten:

$x_1 = 1$; $x_2 = \sqrt{5}$; $x_3 = -\sqrt{5}$

Nach Aussage a der Regel von S. 10 gibt es keine weiteren Lösungen.

Mit den Lösungen der algebraischen Gleichung

$$a_n x^n + a_{n-1} x^{n-1} + \ldots + a_2 x^2 + a_1 x + a_0 = 0$$

kennen Sie die Stellen, an denen der Graph der zugehörigen ganzrationalen Funktion die x-Achse trifft. Genauere Informationen über die Art dieses „Treffens" liefern die Vielfachheiten der Lösungen.

Definition   Ist x_0 Nullstelle einer ganzrationalen Funktion

$f(x) = a_n x^n + a_{n-1} x^{n-1} + \ldots + a_2 x^2 + a_1 x + a_0,$

so versteht man unter ihrer **Vielfachheit** oder **Ordnung** die größte natürliche Zahl k, für die man $f(x)$ in der Form $f(x) = (x - x_0)^k g(x)$ schreiben kann, wobei $g(x)$ eine ganzrationale Funktion mit $g(x_0) \neq 0$ ist.

Über den Verlauf des Graphen G_f einer ganzrationalen Funktion $f(x)$ in der Umgebung einer Nullstelle x_0 der Vielfachheit k lässt sich folgende Aussage machen: G_f verläuft umso flacher, je größer k ist. Weiter gilt mit $f(x) = (x - x_0)^k g(x)$:

Fall 1:
Ist k gerade und $g(x_0) > 0$, berührt G_f
die x-Achse bei x_0 von oben.

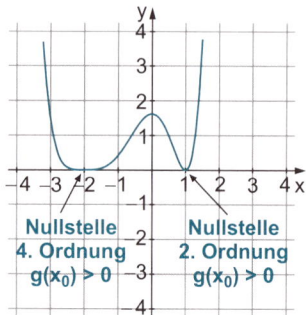

Fall 2:
Ist k gerade und $g(x_0) < 0$, berührt G_f
die x-Achse bei x_0 von unten.

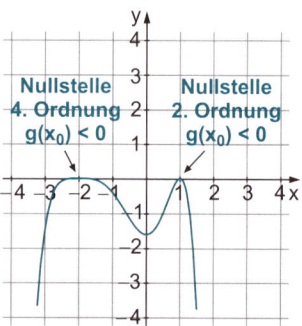

Fall 3:
Ist k ungerade und $g(x_0) > 0$, durchstößt
G_f die x-Achse bei x_0 von unten nach
oben.

Fall 4:
Ist k ungerade und $g(x_0) < 0$, durchstößt
G_f die x-Achse bei x_0 von oben nach
unten.

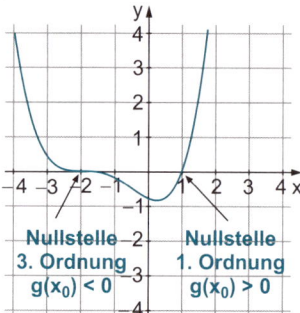

Beispiel

Beschreiben Sie das Verhalten folgender ganzrationaler Funktionen an der
Stelle 1.

a) $f(x) = (x-1)^3(x^2 - x + 1)$

b) $f(x) = (x-1)^2(x^2 - x + 1)$

c) $f(x) = (x-1)^3(x^2 - x - 1)$

d) $f(x) = (x-1)^6(x^2 - x - 1)$

e) $f(x) = (x-1)(x^2 + x - 2)$

Lösung:

f besitzt bei $x_0 = 1$ jeweils eine Nullstelle. Man bestimmt das Vorzeichen des 2. Faktors an der Stelle $x_0 = 1$ und überprüft, ob die Vielfachheit k gerade oder ungerade ist:

a) Da $1^2 - 1 + 1 = 1 > 0$ und $k = 3$ ungerade ist, durchstößt G_f die x-Achse bei $x_0 = 1$ von unten nach oben.

b) Da $1^2 - 1 + 1 = 1 > 0$ und $k = 2$ gerade ist, berührt G_f die x-Achse bei $x_0 = 1$ von oben.

c) Da $1^2 - 1 - 1 = -1 < 0$ und $k = 3$ ungerade ist, durchstößt G_f die x-Achse bei $x_0 = 1$ von oben nach unten.

d) Da $1^2 - 1 - 1 = -1 < 0$ und $k = 6$ gerade ist, berührt G_f die x-Achse bei $x_0 = 1$ von unten.

e) Da der 2. Faktor für $x = 1$ null wird, lässt sich zunächst keine Aussage machen. Zerlegt man den 2. Faktor z. B. mithilfe der Lösungsformel in seine Linearfaktoren, $x^2 + x - 2 = (x + 2)(x - 1)$, gilt:
$$f(x) = (x - 1)(x + 2)(x - 1) = (x - 1)^2(x + 2)$$
Da $x + 2$ für $x = 1$ positiv und 1 eine Nullstelle gerader Ordnung ist, berührt G_f die x-Achse bei $x_0 = 1$ von oben.

Eine Hilfe für das Zeichnen des Funktionsgraphen ist das Felderabstreichen. Darunter versteht man die farbliche Markierung jener Gebiete in der xy-Ebene, die von der x-Achse und Parallelen zur y-Achse begrenzt werden, und in denen der Funktionsgraph nicht verläuft. Sie finden diese Felder, indem Sie den Funktionsterm mithilfe seiner sämtlichen reellen Nullstellen x_1, x_2, ..., x_r und deren Vielfachheiten k_1, k_2, ..., k_r als Produkt in der Form

$$f(x) = (x - x_1)^{k_1} \cdot (x - x_2)^{k_2} \cdot \ldots \cdot (x - x_r)^{k_r} \cdot g(x)$$

schreiben. $g(x)$ ist dabei eine ganzrationale Funktion, die keine reellen Nullstellen besitzt. Aus den einfach zu ermittelnden Vorzeichen der Faktoren können Sie auf das Vorzeichen des Funktionsterms zwischen zwei benachbarten Nullstellen schließen, weil ein Produkt mit einer geraden (ungeraden) Anzahl negativer Faktoren positiv (negativ) ist.

Beispiel Streichen Sie in der xy-Ebene Felder ab, die von der x-Achse und Parallelen zur y-Achse begrenzt werden, in denen der Graph G_f der ganzrationalen Funktion $f(x) = \frac{1}{5}(x - 2)^2(x + 1)(x - 3)$ nicht verläuft, und skizzieren Sie den ungefähren Verlauf von G_f.

Lösung:
Da $f(x)$ bei $x_1 = -1$ und $x_3 = 3$ eine einfache und bei $x_2 = 2$ eine doppelte Nullstelle besitzt, berührt G_f bei x_2 die x-Achse und schneidet sie bei x_1 und x_3.
Die Vorzeichen der Linearfaktoren liefern die abzustreichenden Felder:

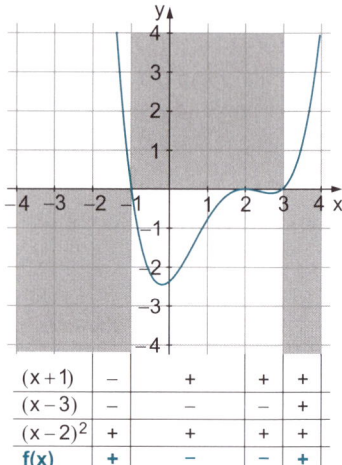

- $(x-2)^2$ ist für alle reellen x positiv.
- $x+1$ ist positiv, wenn $x > -1$, und negativ, wenn $x < -1$.
- $x-3$ ist positiv, wenn $x > 3$, und negativ, wenn $x < 3$.

Weil ein Produkt mit einer geraden (ungeraden) Anzahl negativer Faktoren positiv (negativ) ist, ist $f(x)$ für

$(x+1)$	$-$	$+$	$+$	$+$
$(x-3)$	$-$	$-$	$-$	$+$
$(x-2)^2$	$+$	$+$	$+$	$+$
f(x)	$+$	$-$	$-$	$+$

- x aus $]-\infty; -1[\cup]3; +\infty[$ positiv und G_f verläuft über der x-Achse;
- x aus $]-1; 3[\setminus \{2\}$ negativ und G_f verläuft unter der x-Achse.

Aufgaben **12.** Berechnen Sie für folgende Gleichungen mit möglichst geringem Rechenaufwand alle Lösungen und deren Vielfachheiten.

a) $-x^7 - x^5 - x^9 = 0$ 　　　　　 b) $x^4 - 9x^2 + 20 = 0$

c) $x^3 - x^2 + x - 1 = 0$

13. Skizzieren Sie den ungefähren Verlauf folgender ganzrationaler Funktionen in der Umgebung der Nullstelle $x_0 = 1$.

a) $f(x) = (x-1)(x^2+1)$ 　　　　 b) $g(x) = (x-1)^2(x^2+1)$

c) $h(x) = (x-1)(x^2-2)$

14. Skizzieren Sie anhand der Nullstellen durch Felderabstreichen den ungefähren Verlauf der Graphen folgender Funktionen.

a) $f(x) = 0{,}1(x+2)(x+1)^2(x-3)$ 　　 b) $g(x) = 0{,}1(x^4 + 2x^3)$

15. Geben Sie jeweils eine möglichst kleine Obergrenze für die Anzahl der Nullstellen folgender Funktionen an und begründen Sie Ihre Aussage.

a) $f(x) = 2x^3 - 6x^8 + 8x^6$ 　　　　 b) $g(x) = (x+3)^3(x-4)^5$

c) $h(x) = (x^3 - 2)^4$ 　　　　　　 d) $i(x) = (x^2 + 2x - 3)^3(x^4 + 3x - 2)$

✳ **16.** Ordnen Sie den auf der folgenden Seite abgebildeten Funktionsgraphen aus den vorgeschlagenen Funktionstermen den jeweils richtigen zu und begründen Sie Ihre Entscheidung.

A
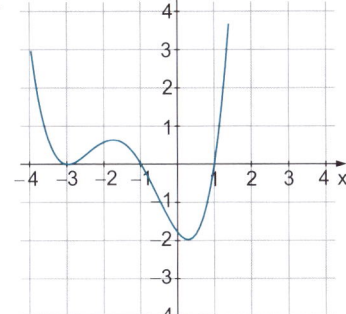

B
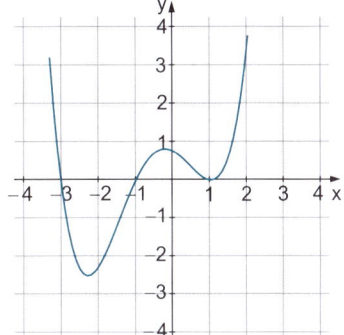

C
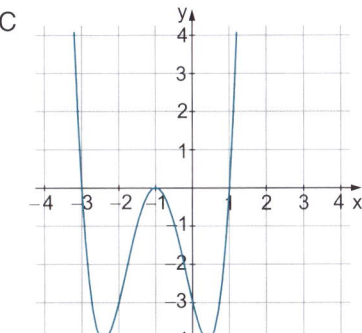

D
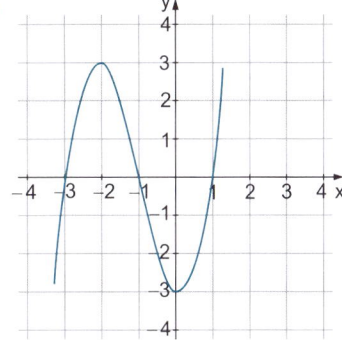

E
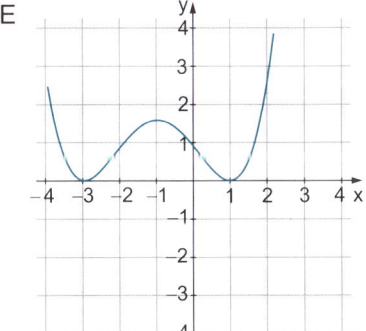

F
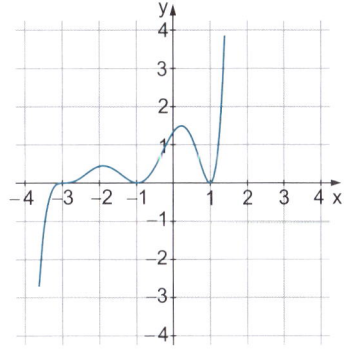

Vorgeschlagene Funktionsterme:

$f(x) = \frac{1}{10}(x+3)^2(x-1)^2$

$g(x) = \frac{1}{4}(x-1)^2(x+3)(x+1)$

$h(x) = (x+3)^2(x+1)^2(x-1)$

$i(x) = (x+3)(x-1)(x+1)$

$j(x) = \frac{1}{2}(x-3)(x+1)^2(x-1)$

$k(x) = (x+3)(x+1)^2(x-1)$

$l(x) = \frac{1}{3}(x+3)^3(x-1)$

$m(x) = (x+3)^2(x+1)^2(x-1)^2$

$n(x) = \frac{1}{5}(x+3)^2(x-1)(x+1)$

$o(x) = \frac{1}{20}(x+3)^3(x+1)^2(x-1)^2$

✳ **17.** Geben Sie jeweils ein Beispiel für eine ganzrationale Funktion f vom Grad
2 008 an, die folgende Eigenschaften besitzt:

a) f besitzt die Nullstellen 1, 2, 3, 4, …, 2 008.

b) f besitzt nur die Nullstellen 1, 3, 5, …, 2 005, 2 007.

c) f besitzt nur die beiden Nullstellen 1 und 2. Ihr Graph verläuft nie unter
der x-Achse.

d) f besitzt nur die Nullstellen 1, 2, 3. Ihr Graph verläuft nie über der x-Achse.

e) Ihr Graph hat nur im Ursprung einen gemeinsamen Punkt mit der
x-Achse.

f) Ihr Graph hat keine gemeinsamen Punkte mit der x-Achse, schneidet aber
die y-Achse im Punkt (0 | 2 008).

✳ **18.** $f(x) = (x - 2)^{2\,008}$ ist eine ganzrationale Funktion vom Grad 2 008. Durch Ausmultiplizieren kann man den Funktionsterm in folgende Form überführen:

$$f(x) = a_{2\,008} x^{2\,008} + a_{2\,007} x^{2\,007} + \ldots + a_2 x^2 + a_1 x + a_0$$

Berechnen Sie den Zahlenwert der Koeffizientensumme
$a_{2\,008} + a_{2\,007} + \ldots + a_2 + a_1 + a_0$.

1.4 Gebrochenrationale Funktionen

Addition, Subtraktion, Multiplikation oder Verkettung zweier ganzrationaler
Funktionen führt wieder auf eine ganzrationale Funktion. Anders liegt der Fall bei
der Division.

Definition Der Quotient zweier ganzrationaler Funktionen z(x) und n(x), also eine Funktion
der Form

$$f(x) = \frac{z(x)}{n(x)} = \frac{a_n x^n + a_{n-1} x^{n-1} + \ldots + a_1 x + a_0}{b_m x^m + b_{m-1} x^{m-1} + \ldots + b_1 x + b_0}$$

bei der a_n, a_{n-1}, …, a_1, a_0, b_m, b_{m-1}, …, b_1, b_0 reelle Zahlen mit a_n, $b_m \neq 0$ und n,
m natürliche Zahlen sind, wird als **gebrochenrationale Funktion** bezeichnet. Man
unterscheidet zwischen

• **echt gebrochenrationalen** Funktionen mit grad z(x) < grad n(x) und

• **unecht gebrochenrationalen** Funktionen mit grad n(x) < grad z(x).

Der ungefähre Verlauf des zugehörigen Graphen lässt sich mithilfe der Nullstellen des Zähler- und des Nennerpolynoms angeben.

(A) x_0 ist Nullstelle der Ordnung k_z des Zählerpolynoms und keine Nullstelle des Nennerpolynoms

Eine solche Nullstelle des Zählerpolynoms heißt **Nullstelle der Ordnung k_z** der gebrochenrationalen Funktion.

Es gibt dann ganzrationale Funktionen $n^*(x)$ und $z^*(x)$ mit $n^*(x_0) \neq 0$ und $z^*(x_0) \neq 0$, sodass:

$$f(x) = \frac{z^*(x) \cdot (x - x_0)^{k_z}}{n^*(x)}$$

Wie bei den ganzrationalen Funktionen sind 4 Fälle zu unterscheiden:

Fall 1: k_z gerade und $\frac{z^*(x_0)}{n^*(x_0)} > 0$

G_f berührt die x-Achse bei x_0 von oben.

Fall 2: k_z gerade und $\frac{z^*(x_0)}{n^*(x_0)} < 0$

G_f berührt die x-Achse bei x_0 von unten.

Fall 3: k_z ungerade und $\frac{z^*(x_0)}{n^*(x_0)} > 0$

G_f durchstößt die x-Achse bei x_0 von unten nach oben.

Fall 4: k_z ungerade und $\frac{z^*(x_0)}{n^*(x_0)} < 0$

G_f durchstößt die x-Achse bei x_0 von oben nach unten.

(B) x_0 ist Nullstelle der Ordnung k_n des Nennerpolynoms und keine Nullstelle des Zählerpolynoms

Eine solche Nullstelle des Nennerpolynoms heißt **Polstelle der Ordnung k_n** der gebrochenrationalen Funktion.

Es gibt dann ganzrationale Funktionen $n^{**}(x)$ und $z^{**}(x)$ mit $n^{**}(x_0) \neq 0$ und $z^{**}(x_0) \neq 0$, sodass:

$$f(x) = \frac{z^{**}(x)}{n^{**}(x) \cdot (x - x_0)^{k_n}}$$

Auch hier sind 4 Fälle zu unterscheiden:

Fall 1: k_n gerade und $\frac{z^{**}(x_0)}{n^{**}(x_0)} > 0$

Fall 2: k_n gerade und $\frac{z^{**}(x_0)}{n^{**}(x_0)} < 0$

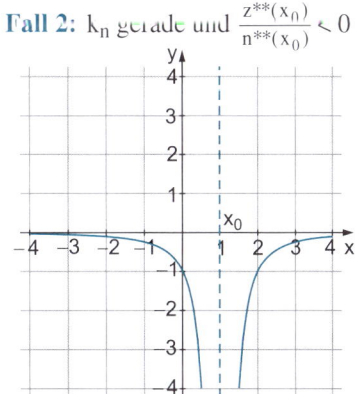

Unabhängig von welcher Seite man sich der Polstelle nähert, streben die Funktionswerte gegen $+\infty$.

Unabhängig von welcher Seite man sich der Polstelle nähert, streben die Funktionswerte gegen $-\infty$.

Fall 3: k_n ungerade und $\dfrac{z^{**}(x_0)}{n^{**}(x_0)} > 0$

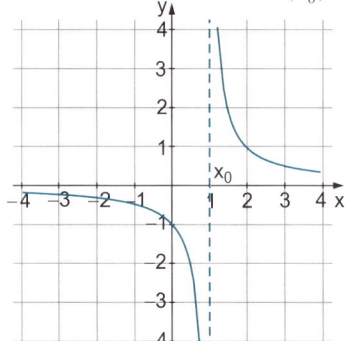

Bei Annäherung an die Polstelle von links (rechts) streben die Funktionswerte gegen $-\infty$ $(+\infty)$.

Fall 4: k_n ungerade und $\dfrac{z^{**}(x_0)}{n^{**}(x_0)} < 0$

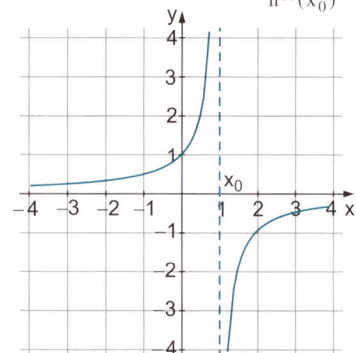

Bei Annäherung an die Polstelle von links (rechts) streben die Funktionswerte gegen $+\infty$ $(-\infty)$.

(C) x_0 ist Nullstelle der Ordnung k_n des Nennerpolynoms und Nullstelle der Ordnung k_z des Zählerpolynoms

Hier sind 3 Fälle zu unterscheiden:

Fall 1: $k_z > k_n$

x_0 heißt **stetig hebbare Definitionslücke** der gebrochenrationalen Funktion. G_f weist **bei x_0** ein auf der x-Achse liegendes **Loch** auf. In der Umgebung von x_0 verhält G_f sich wie in der Umgebung einer Nullstelle der Ordnung $k_z - k_n$.

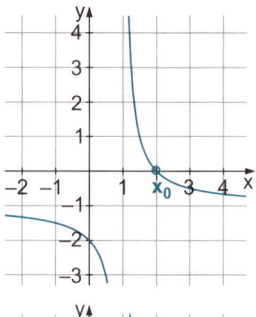

Fall 2: $k_z = k_n$

Auch in diesem Fall heißt x_0 **stetig hebbare Definitionslücke** der gebrochenrationalen Funktion. G_f weist **bei x_0** ein Loch auf, das **nicht** auf der x-Achse liegt.

Fall 3: $k_z < k_n$

Bei x_0 liegt eine **Polstelle** der Ordnung $k_n - k_z$ vor (vgl. (B)).

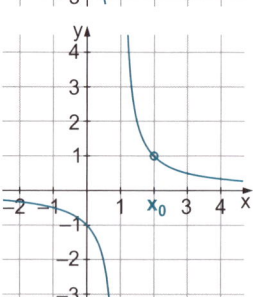

Beispiel

Die Funktionswerte der Funktion

$$f(x) = \frac{x-1}{(x+2)(x-3)^2}, \quad x \in \mathbb{R} \setminus \{-2; +3\},$$

streben für $|x| \to \infty$ gegen 0 (Nachweis nicht erforderlich). Skizzieren Sie den ungefähren Verlauf ihres Graphen und begründen Sie Ihr Vorgehen.

Lösung:

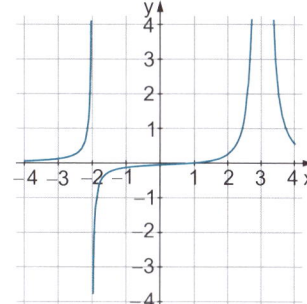

- f(x) besitzt bei **–2** eine **Polstelle 1., also ungerader Ordnung**. Weil $\frac{x-1}{(x-3)^2}$ dort **negativ** ist, strebt f(x) bei Annäherung von links (rechts) an die Polstelle gegen $+\infty$ $(-\infty)$.
- f(x) besitzt bei **+3** eine **Polstelle 2., also gerader Ordnung**. Weil $\frac{x-1}{x+2}$ dort **positiv** ist, strebt f(x) unabhängig von welcher Seite man sich der Polstelle nähert gegen $+\infty$.
- f(x) besitzt bei **+1** eine **Nullstelle 1., also ungerader Ordnung**. Weil $\frac{1}{(x+2)(x-3)^2}$ dort **positiv** ist, durchstößt der Graph bei +1 die x-Achse von unten nach oben.

Aufgaben

19. Die Funktionswerte folgender Funktionen streben für $|x| \to \infty$ gegen 0 (Nachweis nicht erforderlich). Skizzieren Sie den ungefähren Verlauf der Funktionsgraphen und begründen Sie Ihr Vorgehen.

a) $f(x) = \dfrac{1}{(x+1)(x-2)}; \quad x \in \mathbb{R} \setminus \{-1; 2\}$

b) $g(x) = \dfrac{1}{(x+1)(x-2)^2}; \quad x \in \mathbb{R} \setminus \{-1; 2\}$

c) $h(x) = \dfrac{(x+1)^2}{(x-2)^2(x+1)}; \quad x \in \mathbb{R} \setminus \{-1; 2\}$

d) $i(x) = \dfrac{x+1}{(x-2)(x+1)^2}; \quad x \in \mathbb{R} \setminus \{-1; 2\}$

e) $j(x) = \dfrac{(x-1)^2}{(x+2)^2(x-3)^2}; \quad x \in \mathbb{R} \setminus \{-2; 3\}$

f) $k(x) = \dfrac{x-1}{(x+2)^2(x-3)}; \quad x \in \mathbb{R} \setminus \{-2; 3\}$

✳ **20.** Ordnen Sie den abgebildeten Funktionsgraphen aus den vorgeschlagenen Funktionstermen den richtigen zu und begründen Sie Ihre Entscheidung.

A
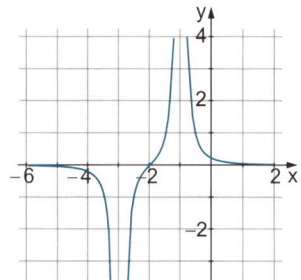

B
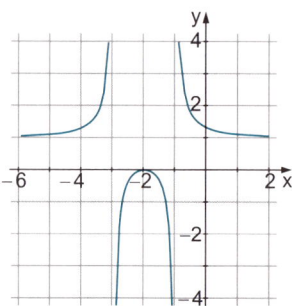

C
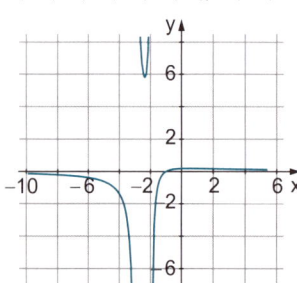

D
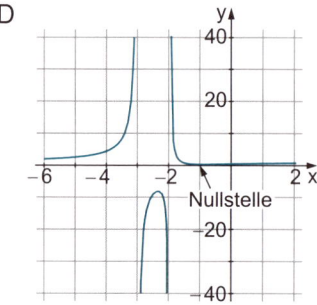

E
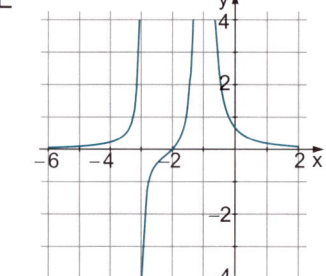

Vorgeschlagene Funktionsterme:

$$f(x) = \frac{x+2}{(x+1)^2 \cdot (x+3)}$$

$$g(x) = \frac{(x+2)^2}{(x+1)^2 \cdot (x+3)^2}$$

$$h(x) = \frac{x+1}{(x+2) \cdot (x+3)}$$

$$i(x) = \frac{x+1}{(x+2)^2 \cdot (x+3)^2}$$

$$j(x) = \frac{(x+1)^2}{(x+3) \cdot (x+2)^2}$$

$$k(x) = \frac{(x+1)^2}{(x+2) \cdot (x+3)}$$

$$l(x) = \frac{(x+2)^2}{(x+1) \cdot (x+3)}$$

$$m(x) = \frac{x+2}{(x+1)^2 \cdot (x+3)^2}$$

$$n(x) = \frac{x+3}{(x+1)^2 \cdot (x+2)}$$

$$o(x) = \frac{x+3}{(x+1) \cdot (x+2)}$$

1.5 Potenzfunktionen

Ein Spezialfall der rationalen Funktionen sind die Potenzfunktionen mit ganzzahligen Exponenten. Mit ihrer Hilfe lassen sich z. B. das Gravitations- oder das Coulombgesetz formulieren, Energiezustände im Wasserstoffatom berechnen, das Verhalten von Polynomen im Unendlichen oder die Ableitung der natürlichen Logarithmusfunktion mathematisch beschreiben.

Definition   Unter einer **Potenzfunktion mit ganzzahligem Exponenten** versteht man eine Funktion der Form

$$f: \mathbb{R} \to \mathbb{R}$$
$$x \mapsto x^n$$

mit veränderlicher Basis x und festem Exponenten $n \in \mathbb{Z}$.
Ihr Graph heißt
- **Parabel der Ordnung n**, wenn n = 2, 3, 4, …
- **Hyperbel der Ordnung |n|**, wenn n = −1, −2, −3, …

Man unterscheidet
- **Parabeln gerader Ordnung:**
  Sie sind achsensymmetrisch bzgl. der y-Achse des Koordinatensystems und verlaufen durch die Punkte (−1|1); (0|0) und (1|1).
  Je größer n ist, desto flacher nähern sie sich dem Koordinatenursprung und desto steiler verlaufen sie außerhalb des Intervalls]−1, 1[.

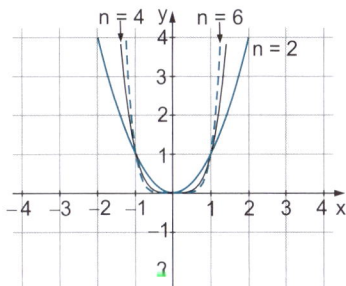

- **Parabeln ungerader Ordnung:**
  Sie sind punktsymmetrisch bzgl. des Koordinatenursprungs und verlaufen durch die Punkte (−1|−1), (0|0) und (1|1).
  Je größer n ist, desto flacher nähern sie sich dem Koordinatenursprung und desto steiler verlaufen sie außerhalb des Intervalls]−1; 1[.

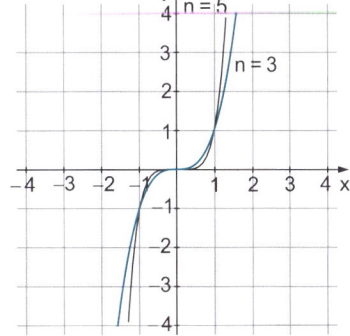

- **Hyperbeln gerader Ordnung:**
  Sie sind achsensymmetrisch bzgl. der
  y-Achse des Koordinatensystems und
  verlaufen durch die Punkte $(-1\,|\,1)$ und
  $(1\,|\,1)$.
  Je größer $|n|$ ist, desto steiler verlau-
  fen sie im Intervall $]-1;\,1[$ und desto
  flacher außerhalb dieses Intervalls.

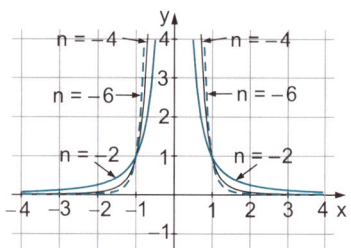

- **Hyperbeln ungerader Ordnung:**
  Sie sind punktsymmetrisch bzgl. des
  Koordinatenursprungs und verlaufen
  durch die Punkte $(-1\,|\,-1)$ und $(1\,|\,1)$.
  Je größer $|n|$ ist, desto steiler verlau-
  fen sie im Intervall $]-1;\,1[$ und desto
  flacher außerhalb dieses Intervalls.

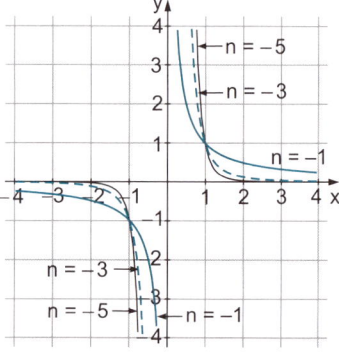

Beispiel

Treffen Sie eine Aussage über den ganzzahligen Exponenten n einer Potenz-
funktion $f:\ x\mapsto x^n$, $x\in\mathbb{D}_{f;\,max}$, deren Graph auf $\mathbb{R}^-$ streng monoton fällt.

Lösung:
Der Vergleich mit den grafischen Darstellungen zeigt, dass f auf $\mathbb{R}^-$ nur für
Parabeln gerader Ordnung oder Hyperbeln ungerader Ordnung streng mono-
ton fällt. Daher ist n entweder gerade und positiv oder ungerade und negativ.

Aufgabe **21.** Welche Aussagen lassen sich über den ganzzahligen Exponenten n einer
Potenzfunktion $f:\ x\mapsto x^n$, $x\in\mathbb{D}_{f;\,max}$ treffen, wenn

a) ihr Graph punktsymmetrisch bzgl. des Koordinatenursprungs ist?

b) ihr Graph vollständig über der x-Achse verläuft und sie auch nicht berührt?

c) der Punkt $\left(-3\,\middle|\,-\dfrac{1}{27}\right)$ auf dem Funktionsgraphen liegt?

d) ihr Graph auf dem Intervall $]0;\,1[$ unterhalb des Graphen der Funktion
$g:\ x\mapsto x^7$ verläuft?

e) ihr Graph auf der maximalen Definitionsmenge der Funktion streng
monoton fällt?

f) Definitions- und Wertemenge der Funktion gleich sind?

g) die Wertemenge der Funktion eine echte Teilmenge ihrer maximalen Definitionsmenge ist?

h) die Funktion den Wert 0 nicht annimmt?

i) die Funktion nur positive Funktionswerte annimmt?

1.6 Wurzelfunktionen und Wurzelgleichungen

Zwischen den Potenz- und den Wurzelfunktionen besteht ein enger Zusammenhang. Letztere entstehen durch Umkehrung der auf $\mathbb{R}_0^+$ eingeschränkten Potenzfunktionen mit natürlichem Exponenten.

Mithilfe von Wurzelfunktionen lässt sich eine Vielzahl physikalischer, chemischer oder wirtschaftswissenschaftlicher Gesetzmäßigkeiten mathematisch beschreiben, z. B. der Zusammenhang zwischen der Masse eines Sterns einerseits und seiner Leuchtkraft bzw. seinem Radius andererseits, die Form eines aus der Schmelze gezogenen Glastropfens und vieles mehr.

Definition Unter der **n-ten Wurzelfunktion** ($n \in \mathbb{N}$) versteht man die reelle Funktion

$$f: \mathbb{R}_0^+ \to \mathbb{R}_0^+$$
$$x \mapsto x^{\frac{1}{n}}.$$

Man schreibt hierfür auch $f: x \mapsto \sqrt[n]{x}$.

Der zugehörige **Graph** ist das Spiegelbild der auf $\mathbb{R}^+$ eingeschränkten Parabel n-ter Ordnung bzgl. der Geraden $y = x$.

Die Graphen der Wurzelfunktionen verlaufen nur im 1. Quadranten und immer durch den Punkt $(1 \mid 1)$.

Je größer n ist, desto flacher verlaufen sie für $x > 1$ und desto steiler nähern sie sich dem Koordinatenursprung.

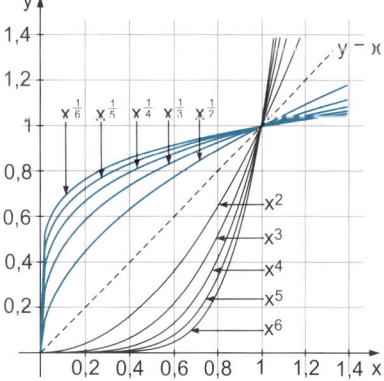

Folgende Beziehungen ergeben sich unmittelbar aus den dargestellten Graphen:

Regel

> **Monotonieregeln für Wurzeln**
> Für reelle Zahlen a und b gilt mit m, n $\in$ $\mathbb{N}$:
> 1. $\sqrt[m]{a} < \sqrt[n]{a}$ $\Leftrightarrow$ m > n, falls a > 1
> 2. $\sqrt[m]{a} < \sqrt[n]{a}$ $\Leftrightarrow$ m < n, falls 0 < a < 1
> 3. $\sqrt[n]{a} < \sqrt[n]{b}$ $\Leftrightarrow$ a < b

Gelegentlich treten beim Umgang mit den Wurzelfunktionen **Quadratwurzelgleichungen** auf, also Gleichungen, die Quadratwurzelterme enthalten. Sie können diese lösen, indem Sie einen Wurzelterm auf einer Seite der Gleichung isolieren und anschließend beide Seiten der Gleichung quadrieren. Unter Umständen müssen Sie diese Schritte mehrfach durchführen.

Da Quadrieren keine Äquivalenzumformung darstellt, ist es notwendig, durch Einsetzen einer berechneten Lösung in die ursprüngliche Gleichung zu überprüfen, ob es sich tatsächlich um eine Lösung handelt.

Beispiel

Berechnen Sie die Lösungsmenge der Gleichung $x = \sqrt{x+5} - 3$ über der Grundmenge $G = \mathbb{R}$.

Lösung:

$\sqrt{x+5} = x+3$	Auf beiden Seiten 3 addieren, um die Wurzel zu isolieren.
$x+5 = x^2 + 6x + 9$	Quadrieren der beiden Gleichungsseiten
$x^2 + 5x + 4 = 0$	Zusammenfassen und Ordnen nach Potenzen auf der linken Gleichungsseite
$x_1 = -1, \ x_2 = -4$	Anwenden der Lösungsformel für quadratische Gleichungen

Probe:
- -1 ist eine Lösung, da Sie beim Einsetzen von $x_1 = -1$ in beide Seiten der Gleichung -1 erhalten.
- -4 ist keine Lösung, da Sie beim Einsetzen von $x_2 = -4$ in die rechte Seite der Gleichung -2, beim Einsetzen in die linke Seite -4 erhalten.

Aufgaben **22.** Die Skizze zeigt die Graphen der
Potenzfunktionen $f(x) = x^3$ und
$g(x) = x^4$.
Geben Sie nur mithilfe der Skizze
einen auf die erste Stelle hinter
dem Komma gerundeten Dezimal-
bruch für

a) $\sqrt[3]{0,2}$

b) $\sqrt[4]{0,4}$

an.

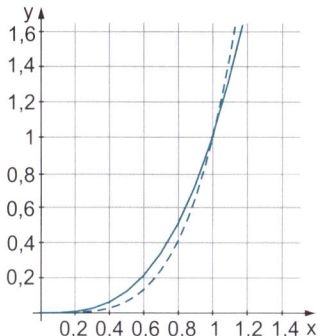

23. Welches Ungleichheitszeichen (< oder >) muss man jeweils in die Leerstelle
einsetzen, sodass wahre Aussagen entstehen?
Begründen Sie Ihre Entscheidungen ohne Verwendung des Taschenrechners.

a) $\sqrt[s]{4} > \sqrt[t]{4} \ \Rightarrow \ s \ \square \ t$

b) $\sqrt[s]{0,3} > \sqrt[t]{0,3} \ \Rightarrow \ s \ \square \ t$

c) $\sqrt[7]{a} > \sqrt[7]{b} \ \Rightarrow \ a \ \square \ b$

✱   d) $\sqrt[7]{6} \ \square \ \sqrt[6]{7}$

✱   e) $\sqrt[7]{0,6} \ \square \ \sqrt[6]{0,5}$

24. Berechnen Sie die Lösungsmengen folgender Quadratwurzelgleichungen
über der Grundmenge $G = \mathbb{R}$.

a) $\sqrt{x+3} + \sqrt{x-2} = 5$ b) $\sqrt{5 + \sqrt{3x-3} - x} = 2$

1.7 Sinus- und Kosinusfunktionen

Von den elementaren trigonometrischen Funktionen, der Sinus-, Kosinus- und
Tangensfunktion, und deren Kehrwertfunktionen, der Kosekans-, Sekans- und
Kotangensfunktion, begegnet man den Kehrwertfunktionen in der Schule nie.
Mithilfe der allgemeinen Sinusfunktion lassen sich z. B. harmonische Schwin-
gungen, stehende und laufende harmonische Wellen, aber auch die Bewegungen
von Körpern auf Kreisbahnen mathematisch beschrieben. Ferner besteht ein enger
Zusammenhang zwischen der Sinus- und der Kosinusfunktion einerseits und der
e-Funktion andererseits.
Die Vorschrift, die einer beliebigen reellen Zahl x den Funktionswert $\sin x$ oder
$\cos x$ zuordnet, basiert auf der geometrischen Definition des Sinus bzw. Kosinus.

Definition x sei eine reelle Zahl. Indem man auf einem Kreis mit Radius 1, dessen Mittel-
punkt der Koordinatenursprung ist, vom Punkt (1|0) aus gegen den Uhrzeigersinn,
wenn x > 0, bzw. im Uhrzeigersinn, wenn x < 0, einen Bogen der Länge |x| abträgt,
gelangt man zum Punkt P bzw. Q.
Unter **sin x** versteht man die y-Koordinate, unter **cos x** die x-Koordinate von P
bzw. Q.

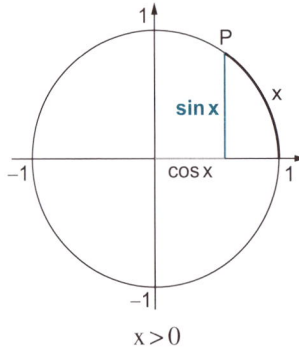

x > 0

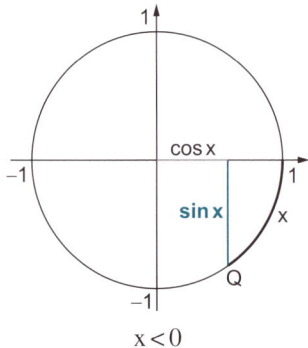

x < 0

Der Graph der Funktion
x ↦ sin x heißt **Sinuskurve**.

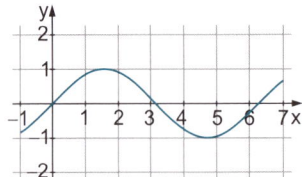

Der Graph der Funktion
x ↦ cos x heißt **Kosinuskurve**.

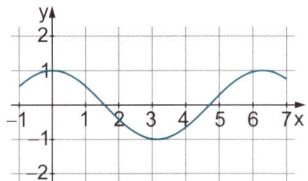

Definition Eine Funktion f heißt **periodisch**, wenn es eine positive reelle Zahl a so gibt, dass
für jedes x gilt:
$$f(x) = f(x + a)$$
a heißt **Periode** von f.

Über die Sinus- und Kosinusfunktion lassen sich folgende Aussagen treffen
(k bezeichnet im Weiteren eine beliebige ganze Zahl).

Eigenschaften der Sinusfunktion:

- Für jedes reelle x gilt: $\sin(x + 2\pi) = \sin x$
  Die Sinusfunktion ist eine **periodische Funktion**. 2π ist die kleinste Periode.
- Die Sinuskurve ist punktsymmetrisch bezüglich der Punkte $(k \cdot \pi | 0)$ und
  achsensymmetrisch bezüglich der Achsen $x = \frac{2k+1}{2}\pi$.

- Die Sinuskurve schneidet die x-Achse an den Stellen $k \cdot \pi$.
- Das **Maximum** der Funktionswerte ist **1**. Es wird an den Stellen $\frac{\pi}{2} + k \cdot 2\pi$ angenommen.
- Das **Minimum** der Funktionswerte ist **–1**. Es wird an den Stellen $\frac{3 \cdot \pi}{2} + k \cdot 2\pi$ angenommen.
- Die **Wertemenge** der Sinusfunktion ist das Intervall $[-1; 1]$.

Eigenschaften der Kosinusfunktion:

- Für jedes reelle x gilt: $\cos(x + 2\pi) = \cos x$
  Die Kosinusfunktion ist eine **periodische Funktion**. 2π ist die kleinste Periode.
- Die Kosinuskurve ist achsensymmetrisch bezüglich der Achsen $x = k \cdot \pi$ und punktsymmetrisch bezüglich der Punkte $\left(\frac{2k+1}{2}\pi \,\middle|\, 0\right)$.
- Die Kosinuskurve schneidet die x-Achse an den Stellen $(2k+1) \cdot \frac{\pi}{2}$.
- Das **Maximum** der Funktionswerte ist **1**. Es wird an den Stellen $k \cdot 2\pi$ angenommen.
- Das **Minimum** der Funktionswerte ist **–1**. Es wird an den Stellen $(2k+1) \cdot \pi$ angenommen.
- Die **Wertemenge** der Kosinusfunktion ist das Intervall $[-1; 1]$.

Die Sinus- und Kosinuskurven unterstützen die Anschauung bei der Lösung einfacher trigonometrischer Gleichungen und Ungleichungen.

Beispiel

Bestimmen Sie die Lösungen folgender Gleichung bzw. Ungleichung über der Grundmenge $G = [0; 2\pi]$. Runden Sie die Ergebnisse auf eine Stelle hinter dem Komma.

a) $\sin x = 0,8$

b) $\cos x > -0,6$

Lösung:

a) Die Lösungen sind die x-Koordinaten der Punkte, in denen die Sinuskurve von der Geraden $y = 0,8$ geschnitten wird.

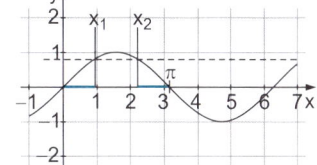

Der **Taschenrechner** liefert als Lösung der Gleichung $\sin x = 0,8$ nur:

$x_1 \approx 0,9$

Mithilfe der **Skizze** findet man die x-Koordinate des zweiten im Intervall $[0; 2\pi]$ liegenden Schnittpunkts:

$x_2 = \pi - x_1 \approx 2,2$

Daher lautet die Lösungsmenge: $\mathbb{L} = \{0,9; 2,2\}$

b) Zunächst bestimmt man wie bei Teilaufgabe a die Lösungen der Gleichung
$\cos x = -0,6$.
Der **Taschenrechner** liefert als Lösung
nur:
$x_1 \approx 2,2$
Mithilfe der **Skizze** findet man die im
Intervall $[0; 2\pi]$ liegende x-Koordinate
eines weiteren Schnittpunkts:
$x_2 = 2\pi - x_1 \approx 4,1$

Die Skizze zeigt weiter, dass die größtmögliche Teilmenge von $[0; 2\pi]$,
auf der die Kosinuskurve über der Geraden $y = -0,6$ verläuft, die Menge
$[0; x_1[\cup]x_2; 2\pi]$ ist. Daher gilt:
$\mathbb{L} = [0; 2,2[\cup]4,1; 2\pi]$

Einfache Änderungen am Funktionsterm der Sinusfunktion führen auf die allgemeine Sinusfunktion, die sich für die mathematische Beschreibung periodischer
Vorgänge in Physik und Technik eignet.

Definition

Unter der **allgemeinen Sinus-** bzw. **Kosinusfunktion** versteht man eine Funktion
der Form

$$f: \mathbb{R} \to \mathbb{R}$$
$$x \mapsto a \cdot \sin(bx + c)$$
bzw.
$$f: \mathbb{R} \to \mathbb{R}$$
$$x \mapsto a \cdot \cos(bx + c)$$

mit $a, b \in \mathbb{R}^+$ und $c \in \mathbb{R}$.

Regel

> Der **Graph der allgemeinen Sinus-** bzw. **Kosinusfunktion** entsteht in 3 Schritten
> aus der Sinus- bzw. Kosinuskurve.
> 1. Schritt: Dehnung (bzw. Stauchung) der Sinus- bzw. Kosinuskurve parallel zur
>   x-Achse um den Faktor b, wenn $0 < b < 1$ (bzw. $b > 1$).
> 2. Schritt: Verschiebung des gedehnten oder gestauchten Graphen um $\left| \frac{c}{b} \right|$ Längen-
>   einheiten nach links (bzw. rechts), wenn $c > 0$ (bzw. $c < 0$).
> 3. Schritt: Dehnung (bzw. Stauchung) des verschobenen Graphen parallel zur
>   y-Achse um den Faktor a, wenn $a > 1$ (bzw. $a < 1$).

Eine volle Schwingung des modifizierten Graphen beginnt demnach auf der
x-Achse an der Stelle $-\frac{c}{b}$, beansprucht nach rechts $\frac{2\pi}{b}$ und nach oben und unten
je a Längeneinheiten Platz.
$\frac{2\pi}{b}$ ist die kleinste Periode der Funktion $f(x) = a \cdot \sin(bx + c)$, ihr größter Funktionswert ist a, ihr kleinster $-a$.

Beispiele

1. Zeichnen Sie den Graphen der Funktion $f(x) = 3\sin(2x + \pi)$.

   Lösung:
   Wählt man die Skalierung auf der y-Achse so, dass 2 Kästchen einer Längeneinheit entsprechen und auf der x-Achse so, dass π sechs Kästchen vom Ursprung entfernt liegt, gilt:
   Eine volle Schwingung des Graphen
   - beginnt auf der x-Achse an der Stelle $-\frac{c}{b} = -\frac{\pi}{2}$, also 3 Kästchen links vom Ursprung,
   - beansprucht nach rechts $\frac{2\pi}{b} = \frac{2\pi}{2} = \pi$ Längeneinheiten, also 6 Kästchen,
   - und nach oben und unten je $a = 3$ Längeneinheiten, also 6 Kästchen, Platz.

   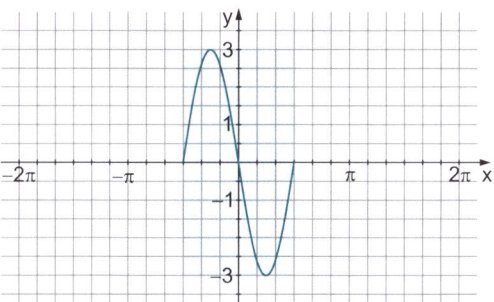

   Durch periodisches Fortsetzen der gezeichneten „Schwingung" nach links und rechts ergibt sich der gesuchte Graph.

   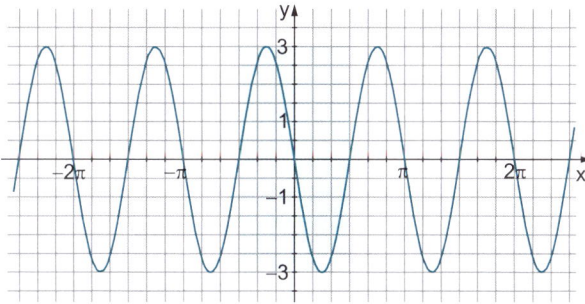

2. Die Skizze zeigt den Graphen einer Funktion der Form $f(x) = a\sin(bx + c)$. Ermitteln Sie die Werte der Parameter a, b, c.

   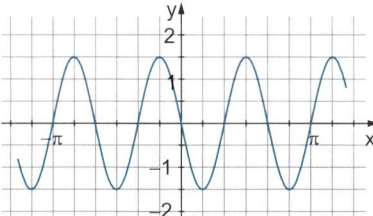

Lösung:
$f(x) = 1,5 \sin(3x \pm \pi)$
Begründung:

- $a = 1,5$, da der größte Funktionswert 1,5 ist (vgl. Schritt 3 der Regel).
- $b = 3$. Da der Graph auf einem Intervall der Länge 2π, nämlich von $-\pi$ bis $+\pi$, drei volle Schwingungen ausführt, besitzt er die kleinste Periode $\frac{2\pi}{3}$. Nach Schritt 1 der Regel gilt dann $\frac{2\pi}{b} = \frac{2\pi}{3}$, woraus $b = 3$ folgt.
- $c = -\pi$ oder $c = +\pi$. Da die Sinusfunktion um $\frac{\pi}{3}$ Längeneinheiten nach links oder rechts verschoben worden ist, gilt nach Schritt 2 der Regel: $\frac{c}{b} = \pm\frac{\pi}{3}$. Setzt man für $b = 3$, folgt: $c = -\pi$ oder $c = +\pi$

Aufgaben **25.** Bestimmen Sie die Lösungen folgender Gleichungen und Ungleichungen über der Grundmenge $G = [-2\pi; 2\pi]$ auf eine Stelle nach dem Komma.

a) $\sin x = 0,3$ b) $\sin x \geq -0,4$

c) $\cos x = -0,7$ d) $\cos x < 0,5$

26. Für welche x aus $[0; 2\pi]$ gilt $\cos x \leq \sin x$?   *Hinweis:* $\sin\frac{\pi}{4} = \cos\frac{\pi}{4}$

27. Auf welchen Intervallen verläuft der Graph G_f der Funktion $f(x) = 2 - \cos x$, $x \in \mathbb{R}$, unter bzw. über der Sinuskurve?

28. Zeichnen Sie jeweils eine volle Schwingung der Graphen folgender Funktionen. Maßstab auf der x-Achse: $\pi \triangleq 6$ Kästchen; Maßstab auf der y-Achse: 1 Längeneinheit $\triangleq 2$ Kästchen

a) $f(x) = 2\sin\left(\frac{x}{2} - \frac{\pi}{4}\right)$ b) $g(x) = \frac{1}{2}\cos\left(2x + \frac{\pi}{3}\right)$

29. Die Skizzen A und C bzw. B und D zeigen Graphen von Funktionen der Form $f(x) = a\cos(bx + c)$ bzw. $g(x) = a\sin(bx + c)$.
Die Gleichungen der vertikalen Geraden lauten: $x = -\pi$; $x = \pi$; $x = 2\pi - 1$
Ermitteln Sie jeweils passende numerische Werte für die Parameter a, b, c.

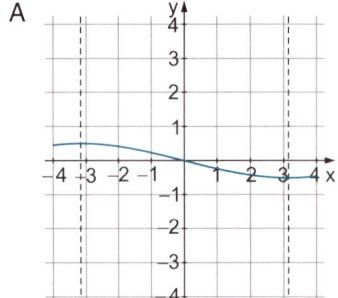

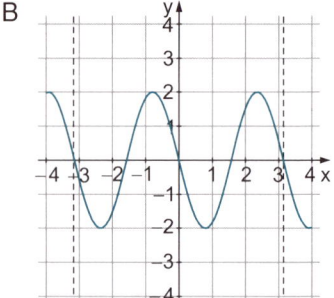

C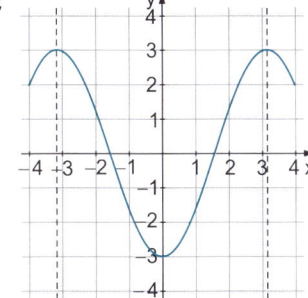

D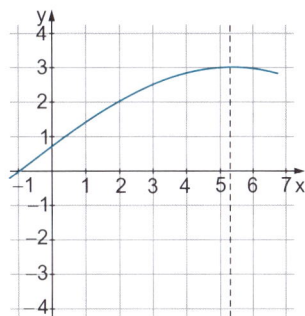

30. Geben Sie bei folgenden Funktionen den Abstand zwischen zwei benachbarten Nullstellen an.

a) $a(x) = 3{,}5 \sin\left(6x - \frac{\pi}{3}\right)$ b) $b(x) = \frac{2}{3} \cos\left(\frac{x}{4} + \frac{\pi}{12}\right)$

✳ **31.** Es gibt reelle Zahlen c, für die sich die Funktion $f(x) = 4\sin x + 3\cos x$ in der Form $f(x) = 5\sin(x + c)$ schreiben lässt.
Geben Sie die kleinste positive dieser Zahlen c auf drei Stellen hinter dem Komma genau an.

1.8 Exponentialfunktionen

Für die Modellierung einer Vielzahl von Prozessen sind Exponentialfunktionen unabdingbar. So lässt sich mit ihrer Hilfe z. B. der radioaktive Zerfall von Atomkernen, die Abkühlung einer heißen Tasse Kaffee, das Bevölkerungswachstum, der Treibhauseffekt, die Sonnentemperatur, aber auch die Bewertung von Optionsscheinen, die Effektivität von Autostoßdämpfern, das islamische Zinsverbot und vieles mehr mathematisch beschreiben, analysieren und begründen.

Definition   Unter einer **Exponentialfunktion** mit der Basis $a \in \mathbb{R}^+ \backslash \{1\}$ versteht man eine reelle Funktion der Form

$$f: \mathbb{R} \to \mathbb{R}^+$$
$$x \mapsto a^x.$$

Der zugehörige **Graph**
- verläuft immer über der x-Achse;
- geht immer durch den Punkt (0|1);

- steigt streng monoton für a > 1 und fällt streng monoton für 0 < a < 1 (vgl. Abschnitt 5.1, S. 92);
- ist stets linksgekrümmt;
- geht durch Spiegelung an der y-Achse über in den Graphen der Funktion
  $x \mapsto \left(\frac{1}{a}\right)^x$ und umgekehrt.

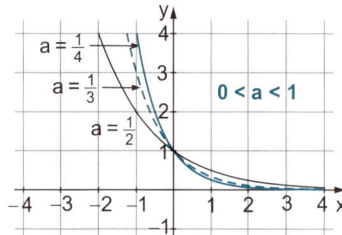 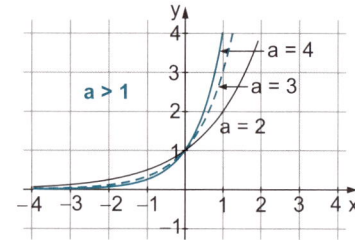

Eine mit Blick auf Differenzier- und Integrierbarkeitseigenschaften wichtige Basis ist die Euler'sche Zahl e.

Definition

Unter der **Euler'schen Zahl e** versteht man den Grenzwert $e = \lim\limits_{n \to \infty} \left(1 + \frac{1}{n}\right)^n$.

Die Euler'sche Zahl e ist eine irrationale Zahl. Ihre Dezimalbruchentwicklung ist unendlich und nicht periodisch, sie beginnt mit 2,71828…
Die zugehörige Exponentialfunktion heißt **e-Funktion** oder **natürliche Exponentialfunktion**.

Sie findet bei der mathematischen Beschreibung von exponentiellen Wachstums- oder Abnahmevorgängen in der Form
f(x) = b · e^{kx}
Verwendung.
Für k > 0 liegt ein Wachstums-, für k < 0 ein Abnahmeprozess vor. **k** heißt **Wachstums-** bzw. **Abnahmekonstante**.
b heißt **Anfangswert**.

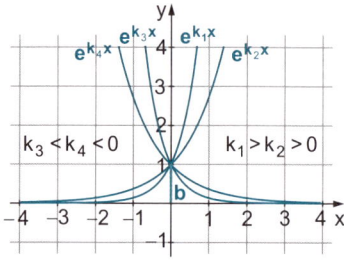

Je größer |k|, desto rascher streben die Funktionswerte
- für x → +∞ bei positivem k gegen +∞ und bei negativem k gegen 0;
- für x → −∞ bei positivem k gegen 0 und bei negativem k gegen +∞.

Bei vorgegebenem Graphen findet man die numerischen Werte für die Parameter b und k in 2 Schritten:

Schritt 1:
b stimmt mit f(0) überein.

Schritt 2:
Man setzt die Koordinaten x_0 und y_0 eines auf dem Graphen, aber nicht auf der y-Achse liegenden Punkts in die Funktionsgleichung ein und löst nach k auf:

$$y_0 = b \cdot e^{k \cdot x_0}$$

$\Rightarrow \quad \ln y_0 = \ln(b \cdot e^{k \cdot x_0})$ Logarithmieren

$\ln y_0 = \ln b + \ln(e^{k \cdot x_0})$ Produktregel für Logarithmen (vgl. S. 38)

$\ln y_0 = \ln b + k \cdot x_0 \cdot \ln e$ Potenzregel für Logarithmen (vgl. S. 38)

$\ln y_0 = \ln b + k \cdot x_0$ $\ln e = 1$

$\ln y_0 - \ln b = k \cdot x_0$ Auf beiden Seiten $\ln b$ subtrahieren.

$$k = \frac{\ln y_0 - \ln b}{x_0}$$ Auf beiden Seiten durch x_0 dividieren.

Beispiel

In der Skizze wird der Graph einer Exponentialfunktion $f(x) = b \cdot e^{k \cdot x}$ von der Geraden $y = 0{,}406$ geschnitten.
Ermitteln Sie b und k.

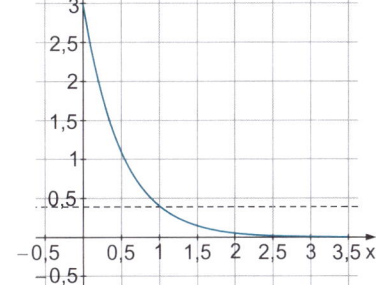

Lösung:
Schritt 1:
Die Exponentialkurve schneidet die y-Achse im Punkt $(0 \mid 3)$.
Daher gilt: $\mathbf{b} = f(0) = \mathbf{3}$
Schritt 2:
Der Punkt mit den Koordinaten $(1 \mid 0{,}406)$ liegt auf dem Funktionsgraphen.
Daher gilt: $k = \frac{\ln y_0 - \ln b}{x_0} = \frac{\ln 0{,}406 - \ln 3}{1} \approx -2{,}0$
Der zugehörige Funktionsterm lautet also: $f(x) = 3e^{-2x}$

Wie stark sich die Wachstumsgröße bei **zeitabhängigen Wachstums-** oder **Abnahmeprozessen** ändert, lässt sich mithilfe der Verdoppelungs- bzw. Halbwertszeit anschaulicher beschreiben als mit der Wachstums- bzw. Abnahmekonstante.

Definition

Als **Verdoppelungs-** bzw. **Halbwertszeit** einer Funktion der Form $f(t) = b \cdot e^{kt}$ bezeichnet man die Zeitspanne T_D bzw. T_H, innerhalb der sich der Funktionswert jeweils verdoppelt bzw. halbiert, für die also gilt:

$$f(t + T_D) = 2 \cdot f(t) \quad \text{bzw.} \quad f(t + T_H) = \tfrac{1}{2} \cdot f(t)$$

Regel

> Zwischen der **Wachstums-** bzw. **Abnahmekonstanten k** und der **Verdoppelungs-** bzw. **Halbwertszeit** besteht der Zusammenhang:
>
> - $T_D = \frac{\ln 2}{k}$ $(k > 0)$
>
> - $T_H = \frac{\ln 0{,}5}{k}$ $(k < 0)$

Begründung: Einerseits gilt für die

Verdoppelungszeit | **Halbwertszeit**

nach Definition:

$f(T_D) = 2 \cdot f(0) = 2b$ | $f(T_H) = \frac{1}{2} \cdot f(0) = \frac{b}{2}$

Andererseits erhält man beim Einsetzen in den Term der Funktion f(t):

$f(T_D) = b \cdot e^{k \cdot T_D}$ | $f(T_H) = b \cdot e^{k \cdot T_H}$

Insgesamt gilt daher:

$b \cdot e^{k \cdot T_D} = 2b$ | $b \cdot e^{k \cdot T_H} = \frac{b}{2}$

Nach beidseitigem Dividieren durch b und Logarithmieren erhält man:

$k \cdot T_D = \ln 2$ | $k \cdot T_H = \ln \frac{1}{2}$

Wenn Sie diese Gleichungen auf beiden Seiten durch k dividieren, erhalten Sie die Regel zur Verdoppelungs- bzw. Halbwertszeit.

Die folgenden Skizzen zeigen, wie man an gegebenen Graphen die Verdoppelungs- bzw. Halbwertszeiten abliest.

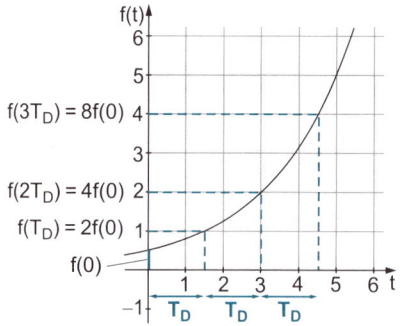
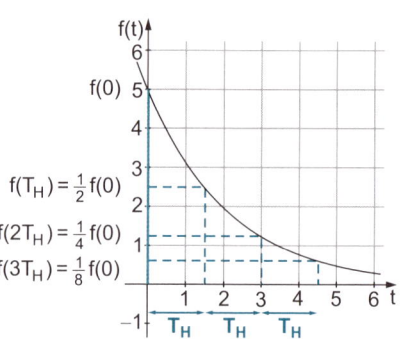

Für Äquivalenzumformungen von Exponentialfunktionstermen benötigen Sie die Potenzgesetze.

Regel

Potenzgesetze

Für die reellen Zahlen a, b ∈ $\mathbb{R}^+ \backslash \{1\}$ und x, y ∈ $\mathbb{R}$ gelten folgende Potenzgesetze:

1. $a^x \cdot a^y = a^{x+y}$

2. $\frac{a^x}{a^y} = a^{x-y}$

3. $a^x \cdot b^x = (a \cdot b)^x$

4. $\frac{a^x}{b^x} = \left(\frac{a}{b}\right)^x$

5. $(a^x)^y = a^{x \cdot y}$

Diese Gesetze werden ergänzt durch die Beziehungen $a^0 = 1$ und $a^{-x} = \frac{1}{a^x}$.

Beispiel

Vereinfachen Sie folgenden Term so weit wie möglich.

$(-e^{1-x} \cdot (-1) \cdot (1+x) - e^{1-x}) \cdot e^x$

Lösung:

$(-e^{1-x} \cdot (-1) \cdot (1+x) - e^{1-x}) \cdot e^x$

$\quad = ((1+x) - 1) \cdot e^{1-x} \cdot e^x \qquad$ Ausklammern von e^{1-x}

$\quad = x \cdot e^{1-x+x} \qquad\qquad\qquad$ 1. Potenzgesetz

$\quad = x \cdot e$

Aufgaben

32. Die in der Skizze dargestellten Graphen gehören zu Funktionen der Form $f(x) = 2 \cdot e^{kx}$. Geben Sie die Vorzeichen von k_1, k_2, k_3, k_4 an und ordnen Sie diese Konstanten in einer steigenden Ungleichungskette an, ohne ihre numerischen Werte zu bestimmen.

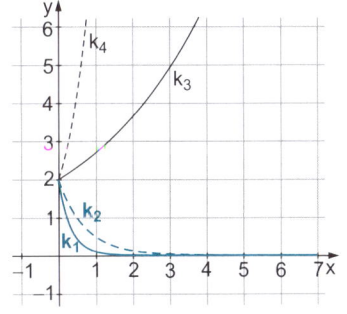

33. In der Skizze sind die Graphen zweier Exponentialfunktionen der Form $x \mapsto b \cdot e^{kx}$ und zwei Geraden mit den Gleichungen $y = 1$ und $y = 5{,}436$ dargestellt. Ermitteln Sie jeweils b und k.

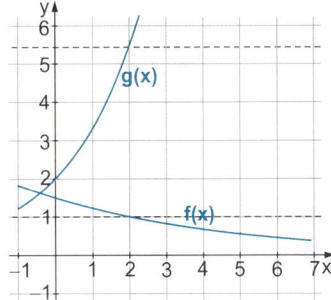

34. In einem Physikbuch wird eine exponentielle Abnahme mithilfe der Funktion
$f(x) = 23,4 \cdot \left(\frac{1}{3}\right)^x$ beschrieben.
Wie lautet die entsprechende Darstellung mithilfe der e-Funktion?

35. In der Skizze rechts sind die Graphen einer exponentiellen Wachstums- und einer exponentiellen Abnahmefunktion sowie die x-Achse eines Koordinatensystems dargestellt. Geben Sie in Kästcheneinheiten die zugehörige Verdoppelungs- bzw. Halbwertszeit an.

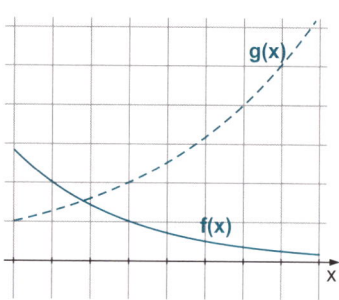

36. Vereinfachen Sie folgende Terme so weit wie möglich.

a) $\frac{1}{2} \cdot \left(e^x \cdot (e^x - 2) + e^x \cdot e^x\right)$

b) $-2e^{-x} + (1 - 2x) \cdot e^{-x} \cdot (-1)$

c) $\frac{4 - e^{2x}}{2 + e^x}$

d) $\frac{e^x - 1}{1 - \sqrt{e^x}}$

1.9 Logarithmusfunktionen

Auch Logarithmusfunktionen haben ein breites Anwendungsspektrum. Man benötigt sie beispielsweise für die Beschreibung der psychophysischen Wirkung von Helligkeiten und Lautstärken, für die Entwicklung von Wertebereichsskalen, die viele Größenordnungen umfassen, oder um bestimmte Funktionstypen einfach integrieren zu können, aber auch für die mathematische Erfassung geometrischer Sachverhalte wie etwa der Spiralformen von Schneckenhäusern.

Definition   Unter einer **Logarithmusfunktion** zur Basis $a \in \mathbb{R}^+ \setminus \{1\}$ versteht man eine Funktion der Form

$$f: \mathbb{R}^+ \to \mathbb{R}$$
$$x \mapsto \log_a x.$$

Dabei ist $\log_a x$ diejenige reelle Zahl z, für die $a^z = x$ gilt.

Der zugehörige **Graph** ist das Spiegelbild des Graphen der Exponentialfunktion $x \mapsto a^x$ bzgl. der Geraden $y = x$.

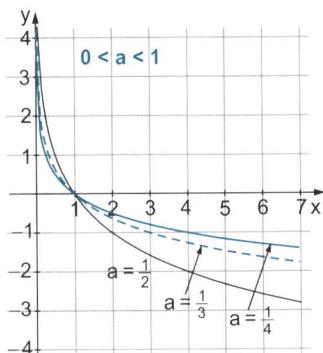

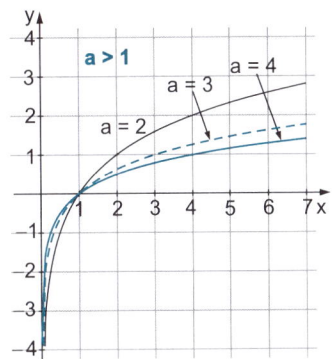

Der Graph

- verläuft nur im 1. und 4. Quadranten;
- geht durch den Punkt $(1\,|\,0)$;
- steigt streng monoton für $a > 1$ und fällt streng monoton für $0 < a < 1$ (vgl. Abschnitt 5.1, S. 92);
- ist für $a > 1$ rechts- und für $0 < a < 1$ linksgekrümmt;
- geht durch Spiegelung an der x-Achse über in den Graphen der Funktion $x \mapsto \log_{\frac{1}{a}} x$ und umgekehrt.

Ist $a > 1$, so streben die Funktionswerte

- für $x \to +\infty$ umso rascher gegen $+\infty$ und
- für $x \to 0$ umso rascher gegen $-\infty$,

je kleiner a ist.

Ist $0 < a < 1$, so streben die Funktionswerte

- für $x \to +\infty$ umso rascher gegen $-\infty$ und
- für $x \to 0$ umso rascher gegen $+\infty$,

je größer a ist.

Am Graphen einer Logarithmusfunktion der Form $x \mapsto \log_a x$ lässt sich wegen $\log_a a = 1$ (vgl. S. 38) der numerische Wert der Basis a ablesen, indem man wie in der Skizze rechts die x-Koordinate des auf der Logarithmuskurve liegenden Punktes mit der y-Koordinate 1 ermittelt.

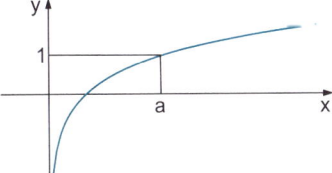

Eine mit Blick auf ihre Differenzierbarkeitseigenschaften besonders wichtige Logarithmusfunktion hat die Euler'sche Zahl **e als Basis** (vgl. S. 32). Sie heißt **natürliche Logarithmusfunktion** oder **ln-Funktion** und wird statt mit $\log_e x$ kurz mit $\ln x$ bezeichnet. Jede andere Logarithmusfunktion lässt sich mithilfe der ln-Funktion darstellen, weil für $a \in \mathbb{R}^+ \setminus \{1\}$ und $x \in \mathbb{R}^+$ gilt:

$$\log_a x = \frac{1}{\ln a} \cdot \ln x \quad \text{(vgl. Regel Nr. 7 auf S. 38)}$$

Für Äquivalenzumformungen von Logarithmustermen benötigen Sie folgende Rechengesetze:

Regel

> **Rechnen mit Logarithmen**
>
> Für $a, b \in \mathbb{R}^+ \setminus \{1\}$, $u, v \in \mathbb{R}^+$ gilt:
>
> 1. $\log_a(u \cdot v) = \log_a u + \log_a v$ Produktregel für Logarithmen
>
> 2. $\log_a \frac{u}{v} = \log_a u - \log_a v$ Quotientenregel für Logarithmen
>
> 3. $\log_a(u^r) = r \cdot \log_a u$ Potenzregel für Logarithmen
>
> 4. $\log_a a = 1$
>
> 5. $\log_a 1 = 0$
>
> 6. $\log_a u = -\log_{\frac{1}{a}} u$
>
> 7. $\log_a u = \frac{\log_b u}{\log_b a}$ Basistransformationsregel
>
> 8. $a^{\log_a u} = u$
>
> 9. $\log_a(a^u) = u$

Beispiel

Vereinfachen Sie folgende Terme so weit wie möglich.

a) $2\ln\frac{1}{4} + \ln 2$

b) $\log_3(e^2 - 1) + \log_{\frac{1}{3}}(e - 1) - \log_3(e + 1)$

c) $\ln(x + 1) - \ln x + \ln\frac{1}{x}$

Lösung:

Die über den Gleichheitszeichen stehenden Ziffern geben jeweils die Nummer der verwendeten Logarithmus-Rechenregel an.

a) $2 \cdot \ln\frac{1}{4} + \ln 2 \overset{(2)}{=} 2 \cdot (\ln 1 - \ln 4) + \ln 2 \overset{(5)}{=} 2 \cdot (-\ln 4) + \ln 2$

$= 2 \cdot (-\ln 2^2) + \ln 2 \overset{(3)}{=} 2(-2 \cdot \ln 2) + \ln 2$

$= -4 \cdot \ln 2 + \ln 2 = -3\ln 2$

b) $\log_3(e^2 - 1) + \log_{\frac{1}{3}}(e - 1) - \log_3(e + 1)$

$\overset{\text{bin. Formel}}{=} \log_3\big((e-1) \cdot (e+1)\big) + \log_{\frac{1}{3}}(e - 1) - \log_3(e + 1)$

$\overset{(6)}{=} \log_3\big((e-1) \cdot (e+1)\big) - \log_3(e - 1) - \log_3(e + 1)$

$\overset{(1)}{=} \log_3(e - 1) + \log_3(e + 1) - \log_3(e - 1) - \log_3(e + 1) = 0$

c) $\ln(x + 1) - \ln x + \ln\frac{1}{x} \overset{(1)}{\underset{(2)}{=}} \ln\left(\frac{x + 1}{x} \cdot \frac{1}{x}\right) = \ln\frac{x + 1}{x^2}$

Aufgaben

37. In der Skizze sind die Graphen von Funktionen der Form $x \mapsto \log_a x$ für $a = 3; \sqrt{3}; 3^{-0,5}; 9; \frac{1}{3}; \frac{1}{8}$ gezeichnet. Ordnen Sie den Graphen die richtige Basis zu und begründen Sie Ihre Entscheidung.

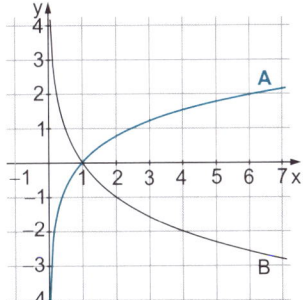

Graph	A	B	C	D	E	F
Basis						

38. In der Skizze sind die Graphen zweier Logarithmusfunktionen der Form $x \mapsto \log_a x$ dargestellt. Entnehmen Sie der Skizze die numerischen Werte der zugehörigen Basen.

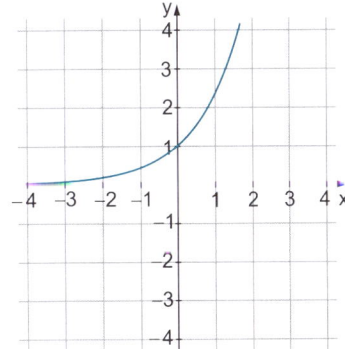

39. In der Skizze ist der Graph einer Exponentialfunktion $f: x \mapsto a^x$, $x \in \mathbb{R}$ dargestellt. Die Basis a ist nicht bekannt. Zeichnen Sie den Graphen der Funktion $g: x \mapsto \log_a x$.

40. Berechnen Sie ohne Verwendung des Taschenrechners.

a) $\frac{1}{3} \ln 27 - \ln 3 + \frac{1}{2} \ln 64 - 2 \ln 2^2$

b) $2 \ln 1 - 4 \ln 2 + \ln \frac{1}{3} + 4 \ln 3$

c) $(\ln e^2)^2 - \ln \sqrt{e} + \sqrt{\ln e}$

d) $\ln e^{-1} - \ln(2e) + \ln 2$

e) $-4e + 2e \cdot \ln e^2 + 4 - 2 \cdot \ln e$

✳ f) $\sqrt{e^{2 \cdot \ln e}} : (e^{\ln \sqrt{e}})^2$

41. Schreiben Sie als ln eines Quotienten.

  a) $\ln(x+1)+\ln(x-1)-2\ln x$ b) $x-\ln(1+e^x)$

42. Zeigen Sie, dass $\ln(-x^2+3x+10)=\ln(x+2)+\ln(5-x)$.

1.10 Exponential- und Logarithmusgleichungen

Exponentialgleichungen

Exponentialgleichungen sind Gleichungen, bei denen die Lösungsvariable x im Exponenten vorkommt. In ihrer einfachsten Form

$a^x = k$ mit $a, k \in \mathbb{R}^+$

kann man sie in drei Schritten lösen.

Regel

Schrittweises Lösen von Exponentialgleichungen	
1. Schritt: Auf beiden Gleichungsseiten logarithmieren:	$\ln a^x = \ln k$
2. Schritt: Anwendung der Potenzregel für Logarithmen:	$x \ln a = \ln k$
3. Schritt: Auf beiden Seiten durch $\ln a$ dividieren:	$x = \frac{\ln k}{\ln a}$

Beispiel

Lösen Sie die Gleichung $5^x = 9$ über der Grundmenge $G = \mathbb{R}$.

Lösung:
$$5^x = 9$$

Schritt 1: $\ln(5^x) = \ln 9$ Logarithmieren auf beiden Seiten

Schritt 2: $x \ln 5 = \ln 9$ Potenzregel für Logarithmen

Schritt 3: $x = \frac{\ln 9}{\ln 5} \approx 1,37$ Auf beiden Seiten durch $\ln 5$ dividieren.

Kompliziertere Gleichungen lassen sich algebraisch nur dann lösen, wenn es gelingt, sie durch Äquivalenzumformungen in die Form $a^x = k$ mit $a, k \in \mathbb{R}^+$ zu bringen.

Beispiel

Lösen Sie die Gleichung $e^{2x} - 3e^x + 2 = 0$ über der Grundmenge $G = \mathbb{R}$.

Lösung:

$z^2 - 3z + 2 = 0$ Die Substitution $z = e^x$ führt auf eine quadratische Gleichung.

$z_1 = 1;\ z_2 = 2$ Anwenden der Lösungsformel

$e^{x_1} = 1;\ e^{x_2} = 2$ Resubstitution $e^x = z$

Schritt 1: $\ln e^{x_1} = \ln 1;$ $\ln e^{x_2} = \ln 2$ Logarithmieren auf beiden Seiten

Schritt 2: $x_1 = \ln 1 = 0;\ x_2 = \ln 2$ Anwendung der Potenzregel für Logarithmen und Beachtung von $\ln e = 1$.

Bei speziellen Exponentialgleichungen der Form $a^x = a^r$, bei denen auf beiden Seiten Potenzen mit gleicher Basis stehen, erhalten Sie die Lösung wegen der strengen Monotonie der Exponentialfunktion ohne Logarithmieren durch Exponentenvergleich: $x = r$

Beispiel   Berechnen Sie die Lösungsmenge der Gleichung $0{,}01^x = 1\,000^{2x+3}$ über der Grundmenge $G = \mathbb{R}$.

Lösung:

$0{,}01^x = 1\,000^{2x+3}$

$(10^{-2})^x = (10^3)^{2x+3}$ Umrechnung auf die gemeinsame Basis 10

$10^{-2x} = 10^{3(2x+3)}$ 5. Potenzgesetz

$-2x = 3(2x+3)$ Vergleich der Exponenten

$-2x = 6x + 9$ Ausmultiplizieren

$-8x = 9$ Auf beiden Seiten 6x subtrahieren.

$\Rightarrow \quad x = -\dfrac{9}{8}$ Auf beiden Seiten durch -8 dividieren.

Aufgaben **43.** Berechnen Sie die Lösungen folgender Gleichungen über der Grundmenge $G = \mathbb{R}$ auf zwei Dezimalstellen genau.

a) $6^x = 42$

b) $7 \cdot 3^x = 28$

c) $3^x = e^3$

44. Berechnen Sie ohne Verwendung des Taschenrechners die Lösungen folgender Gleichungen über der Grundmenge $G = \mathbb{R}$.

a) $e^{-x} - e^{-\frac{x}{2}} = 2$

b) $e^{-2x} - 10 = 0$

c) $2e^{-x}(1 \quad 4e^{-x}) = 0$

d) $\dfrac{1}{1+e^x} \quad 1 + \dfrac{2e^x}{(1+e^x)^2} = 0$

e) $e^{-x^2} = \dfrac{1}{4}$

f) $\dfrac{1}{4e^x} = \dfrac{1}{e^x + k} - \dfrac{1}{4e^x}; \ k \in \mathbb{R}^+$

45. Berechnen Sie die Lösungsmengen folgender Exponentialgleichungen durch Koeffizientenvergleich über der Grundmenge $G = \mathbb{R}$.

a) $e^{4x} - e^3 \cdot e^{\frac{1}{x}} = 0; \ x \neq 0$

b) $(e^x)^{2x-4} = (e^{2x+4})^{x-2}$

c) $(\sqrt{13})^{x^2+2} - 69 = 100$

d) $0{,}25 \cdot 2^{6x+8} + 0{,}5 \cdot 4^{3x+5} - 8^{2x+2} = 512$

Logarithmusgleichungen

Logarithmusgleichungen sind Gleichungen, bei denen die Lösungsvariable x im Argument des Logarithmus vorkommt. In ihrer einfachsten Form

$$\log_a x = k \quad \text{mit } a \in \mathbb{R}^+, k \in \mathbb{R}$$

kann man sie in drei Schritten lösen.

Regel

> **Schrittweises Lösen von Logarithmusgleichungen**
> 1. Schritt: Auf beiden Gleichungsseiten exponenzieren: $\quad a^{\log_a x} = a^k$
> 2. Schritt: Logarithmusregel Nr. 8 (S. 38) anwenden: $\quad x = a^k$
> 3. Schritt: Mit dem Taschenrechner den numerischen Wert von a^k bestimmen.

Beispiel

Lösen Sie die Gleichung $\log_{6,2} x = 3,7$ über der Grundmenge $G = \mathbb{R}^+$.

Lösung:

$$\log_{6,2} x = 3,7$$

Schritt 1: $6,2^{\log_{6,2} x} = 6,2^{3,7}$ Auf beiden Seiten exponenzieren.

Schritt 2: $\quad\quad\quad x = 6,2^{3,7}$ Logarithmusregel Nr. 8

Schritt 3: $\quad\quad\quad x \approx 854,8$ Mit dem Taschenrechner numerischen Wert bestimmen.

Kompliziertere logarithmische Gleichungen lassen sich algebraisch nur dann lösen, wenn es gelingt, sie durch Äquivalenzumformungen in die Form $\log_a T(x) = k$ zu bringen. k ist dabei eine reelle Zahl und $T(x)$ ein Term in x.

Dann folgt aus der Definition des Logarithmus: $T(x) = a^k$

Kann man diese Gleichung lösen, muss durch Einsetzen überprüft werden, ob die gefundenen Lösungen auch Lösungen der ursprünglichen Gleichung sind.

Beispiel

Lösen Sie die Gleichung $\log_{10}(x-48) + \log_{10} x = 2$ über der Grundmenge $G = \mathbb{R}$.

Lösung:

$$\log_{10}(x-48) + \log_{10} x = 2$$

$$\log_{10}\left(x \cdot (x-48)\right) = 2$$

Umrechnen in die Form $\log_a T(x) = k$ mittels Produktregel für Logarithmen

$$x \cdot (x-48) = 10^2$$

Beidseitiges Exponenzieren

$$x^2 - 48x - 100 = 0$$

Ausmultiplizieren und auf der linken Seite nach Potenzen von x ordnen.

$$x_1 = -2; \quad x_2 = 50$$

Lösungsformel für quadratische Gleichungen

$$\log_{10}(50-48) + \log_{10} 50$$
$$= \log_{10} 2 + \log_{10} 50$$
$$= \log_{10} 100 = 2$$

Da $\log_{10} x$ für negative x nicht definiert ist, kommt nur x_2 als Lösung in Frage. Durch Einsetzen in die Ausgangsgleichung wird dies bestätigt.

Aufgaben   **46.** Berechnen Sie ohne Verwendung des Taschenrechners die Lösungsmengen folgender logarithmischer Gleichungen über der Grundmenge $G = \mathbb{R}$.

a) $\log_{10}(x - 2{,}5) = 3$

b) $\ln x^2 = 2$

c) $\ln(2x^2 + e) = 0$

47. Berechnen Sie ohne Verwendung des Taschenrechners die Lösungsmengen folgender logarithmischer Gleichungen über der angegebenen Grundmenge:

a) $2\ln x = 1$ über der Grundmenge $G = \mathbb{R}^+$

b) $(\ln x + 1)^2 = 4$ über der Grundmenge $G = \mathbb{R}^+$

c) $x \ln x = x$ über der Grundmenge $G = \mathbb{R}^+$

d) $2\ln x - (\ln x)^2 = 0$ über der Grundmenge $G = \mathbb{R}^+$

e) $x^{\ln x} = e$ über der Grundmenge $G = \mathbb{R}^+$

2 Untersuchung zusammengesetzter Funktionen mit algebraischen Methoden

Durch Addition, Subtraktion, Multiplikation, Division oder Verkettung entstehen aus den elementaren Funktionen zusammengesetzte Funktionen. Einige fundamentale Eigenschaften dieser komplexeren Funktionen lassen sich mit algebraischen Methoden bestimmen.

2.1 Definitionsmenge

Die maximale Definitionsmenge einer Funktion ermöglicht meist einen ersten, groben Überblick, wie weit sich die Funktion „nach links und rechts" erstreckt und innerhalb welcher Bereiche sie sich „vernünftig" verhält.

Definition | Unter einer **Definitionsmenge** einer Funktion f versteht man eine Teilmenge der reellen Zahlen, deren sämtliche Elemente durch f auf reelle Zahlen abgebildet werden. Die größtmögliche dieser Teilmengen heißt **maximale Definitionsmenge** und wird mit $\mathbb{D}_{f,\,max}$ bezeichnet.

Regel |
> **Bestimmen der maximalen Definitionsmenge**
> Die maximale Definitionsmenge einer zusammengesetzten Funktion finden Sie, indem Sie von der Menge $\mathbb{R}$ die Zahlen ausschließen, für die beim Einsetzen
> - der Nenner eines eventuell im Funktionsterm vorkommenden Quotienten null wird,
> - der Radikand einer eventuell im Funktionsterm auftretenden Wurzel negativ wird,
> - das Argument eines eventuell im Funktionsterm auftretenden Logarithmus null oder negativ wird.

Beispiel | Geben Sie die maximalen Definitionsmengen folgender Funktionen an und begründen Sie Ihre Aussagen.

a) $f(x) = \dfrac{6x+12}{x^2+2x-3}$

b) $g(x) = \sqrt{x^2+2x-3}$

c) $h(x) = \ln(x^2+2x-3)$

Lösung:

a) $\mathbb{D}_{f,\,max} = \mathbb{R} \setminus \{-3;\, 1\}$

Begründung: Von der Menge $\mathbb{R}$ sind die Zahlen auszuschließen, für die der Nenner $x^2 + 2x - 3$ null wird. Das sind nach der Lösungsformel für quadratische Gleichungen $x_1 = -3$ und $x_2 = 1$.

b) $\mathbb{D}_{g,\,max} = \,]-\infty;\, -3] \cup [1;\, \infty[$

Begründung: Für $\mathbb{D}_{g,\,max}$ sind nur die reellen Zahlen zugelassen, für die der Radikand nicht negativ wird, also die Lösungen der Ungleichung $x^2 + 2x - 3 \geq 0$. Da die Parabel $y = x^2 + 2x - 3$ nach oben offen ist und die x-Achse nach Beispiel a bei -3 und 1 schneidet, sind dies alle Zahlen aus $]-\infty;\, -3] \cup [1;\, \infty[$.

c) $\mathbb{D}_{h,\,max} = \,]-\infty;\, -3[\,\cup\,]1;\, \infty[$

Begründung: Für $\mathbb{D}_{h,\,max}$ sind nur die reellen Zahlen zugelassen, für die das Argument des ln positive Werte annimmt, also die Lösungen der Ungleichung $x^2 + 2x - 3 > 0$. Das sind analog zum Beispiel b alle Zahlen aus $]-\infty;\, -3[\,\cup\,]1;\, \infty[$.

◀ Aufgaben Geben Sie zu den Funktionen der Aufgaben 48 bis 51 die maximalen Definitionsmengen an und begründen Sie Ihre Aussagen.

48. a) $f(x) = \dfrac{2x - 4}{1 - x}$ b) $f(x) = \dfrac{0{,}5x^3}{x^2 - 2x - 3}$

c) $f(x) = e^{\frac{x^2}{1-x}}$

✳ d) $f(x) = \dfrac{1}{\frac{1}{x^2 + 2x - 3} - 1}$

49. a) $f(x) = \dfrac{e^x}{\sqrt{x}}$ b) $f(x) = e^{\sqrt{x^2 - 1}}$

✳ c) $f(x) = \sqrt{\dfrac{x - 2}{4 - x}}$

✳ d) $f(x) = \dfrac{\sqrt{x^2 + 2x - 3}}{x^2 + 4x}$

50. a) $f(x) = \ln\left(\dfrac{1}{1 + x^2}\right)$ b) $f(x) = \ln|x - 1|$

c) $f(x) = \dfrac{x}{\ln x}$ d) $f(x) = \sqrt{\ln(x - 1)}$

51. a) $f(x) = (x - 1) \cdot e^{2 - x}$ b) $f(x) = \ln\dfrac{e^x - e^2}{e^x + e^2}$

52. Die Skizze zeigt die Graphen der auf $\mathbb{R}$ definierten Funktionen f(x) und g(x). Geben Sie die Definitionsmengen folgender Funktionen an. Entnehmen Sie die benötigten Daten der Skizze.

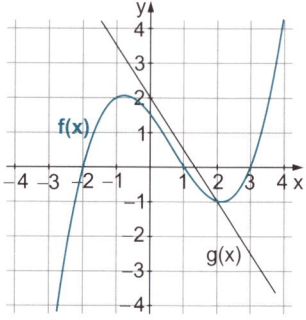

a) $a(x) = \sqrt{f(x)}$

b) $b(x) = \dfrac{1}{f(x)}$

c) $c(x) = \dfrac{1}{g(x) - f(x)}$

＊ 53. Geben Sie jeweils ein Beispiel für eine Funktion f(x) an, welche die angegebene Menge als maximale Definitionsmenge besitzt.

a) $\mathbb{D}_{f,\,max} = [+\pi; +\infty[$ 　　　　　　b) $\mathbb{D}_{f,\,max} =]-\infty; -\pi]$

c) $\mathbb{D}_{f,\,max} = \mathbb{R} \setminus \{0, \pm\pi, \pm 2\pi, \pm 3\pi, \pm 4\pi, ...\}$

2.2 Schnittpunkte des Funktionsgraphen mit den Koordinatenachsen

Die Schnittpunkte des Funktionsgraphen mit den Koordinatenachsen geben zusätzliche Hinweise über seinen Verlauf und helfen bei der Aufdeckung weiterer Funktionseigenschaften.

Definition

Die Stellen, an denen der Graph einer Funktion f die x-Achse schneidet oder berührt, heißen **Nullstellen von f.**

Regel

Schnittpunkte mit den Koordinatenachsen
Durch Rechnung finden Sie die **Nullstellen** einer Funktion f, indem Sie die Gleichung f(x) = 0 lösen und aus den Lösungen nur die Zahlen auswählen, die zur Definitionsmenge von f gehören.
Ein Funktionsgraph schneidet die **y-Achse** nur, wenn 0 zur Definitionsmenge der Funktion gehört. Die Koordinaten der **Schnittstelle** lauten dann (0 | f(0)).

Beispiel Berechnen Sie die Schnittstellen der Graphen folgender Funktionen mit den Koordinatenachsen.

a) $f(x) = \dfrac{x^2 + 2x - 3}{x^2 + x - 2}$; $\mathbb{D}_{f,\,max} = \mathbb{R} \setminus \{-2;\, 1\}$

b) $f(x) = \ln(2 - x)$; $\mathbb{D}_{f,\,max} = \,]-\infty;\, 2[$

Lösung:

a) Nullstellen sind alle zur Definitionsmenge gehörenden Lösungen der Gleichung $f(x) = 0$.

$\dfrac{x^2 + 2x - 3}{x^2 + x - 2} = 0$

$\Leftrightarrow \quad x^2 + 2x - 3 = 0$ Ein Quotient ist genau dann null, wenn der Zähler null ist.

$\Rightarrow \quad x_1 = -3 \text{ und } x_2 = 1$ Lösungsformel für quadratische Gleichungen

Da 1 nicht zur maximalen Definitionsmenge gehört, besitzt f nur die Nullstelle $x_1 = -3$.

Weil 0 zur Definitionsmenge gehört und $f(0) = 1,5$ ist, schneidet der Funktionsgraph die y-Achse im Punkt $(0 \mid 1,5)$.

b) Nullstellen sind alle zur Definitionsmenge gehörenden Lösungen der Gleichung $f(x) = 0$.

$\ln(2 - x) = 0$

$\Leftrightarrow \quad 2 - x = 1$ Der ln ist genau dann null, wenn sein Argument 1 ist.

$\qquad -x = -1$ Auf beiden Seiten 2 subtrahieren.

$\qquad \quad x = 1$ Auf beiden Seiten mit −1 multiplizieren.

1 ist die einzige Nullstelle von f.

Weil 0 zur Definitionsmenge gehört und $f(0) = \ln 2$ ist, schneidet der Funktionsgraph die y-Achse im Punkt $(0 \mid \ln 2)$.

Aufgaben Berechnen Sie für die Funktionen der Aufgaben 54 bis 56 die Koordinaten der Schnittpunkte ihrer Graphen G_f mit den Koordinatenachsen.

54. a) $f(x) = \dfrac{|x| - 2}{x}$; $\mathbb{D}_f = \mathbb{R} \setminus \{0\}$

b) $f(x) = \dfrac{x^2 - 7x + 10}{3x^2}$; $\mathbb{D}_f = \mathbb{R} \setminus \{0\}$

c) $f(x) = \dfrac{x^3 + x^2 - 6x}{x^2 - 4}$; $\mathbb{D}_f = \mathbb{R} \setminus \{-2;\, 2\}$

55. a) $f(x) = \dfrac{e^x - 2}{e^x + 1}$; $\mathbb{D}_f = \mathbb{R}$

b) $f(x) = 6e^x - 2xe^x$; $\mathbb{D}_f = \mathbb{R}$

56. a) $f(x) = x \ln(x^2)$; $\quad \mathbb{D}_f = \mathbb{R} \setminus \{0\}$

b) $f(x) = \ln(2x - x^2)$; $\quad \mathbb{D}_f =]0; 2[$

c) $f(x) = \dfrac{\ln x + 1}{x}$; $\quad \mathbb{D}_f = \mathbb{R}^+$

57. Begründen Sie mithilfe der Skizze, warum folgende Funktionen keine Nullstellen besitzen.

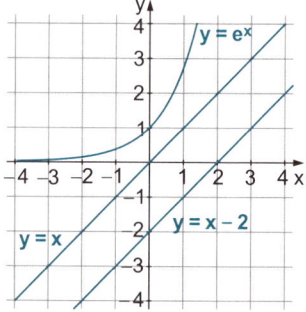

a) $f(x) = e^{-x}(x - e^x)$; $\quad \mathbb{D}_f = \mathbb{R}$

b) $f(x) = -x + \ln(x - 2)$; $\quad \mathbb{D}_f =]2; +\infty[$

✱ **58.** In der Skizze sind die Graphen der Funktionen $g(x) = \sin x$ und $h(x) = \cos(2x)$ dargestellt. Der Abstand zwischen zwei benachbarten vertikalen Geraden beträgt $\frac{\pi}{6}$.

Ermitteln Sie die Nullstellen der Funktion $f(x) = \sin x - \cos(2x)$; $x \in \mathbb{R}$.

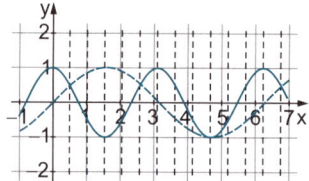

✱ **59.** In der Skizze ist der Graph einer quadratischen Funktion $p(x)$ dargestellt. Ermitteln Sie die Nullstellen folgender Funktionen.

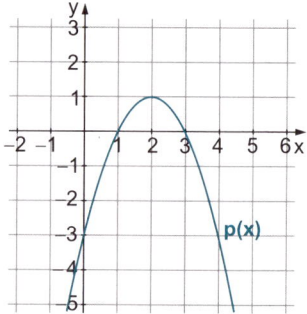

a) $f(x) = \sqrt{p(x)}$

b) $f(x) = \ln p(x)$

c) $f(x) = \dfrac{1}{p(x)}$

d) $f(x) = (p(x))^2 - p(x)$

2.3 Schnittpunkte von Funktionsgraphen

Schnittpunkte von Funktionsgraphen begegnen Ihnen bei unterschiedlichen Aufgabenstellungen. Sie informieren z. B. anschaulich über die Lösungsvielfalt bei Gleichungen und Gleichungssystemen, unterstützen die Vorstellung bei Überholungsaufgaben, helfen aber auch bei der Berechnung des Inhalts einer von Funktionsgraphen berandeten Fläche.

Regel

Die x-Werte der Punkte, in denen sich die Graphen zweier Funktionen f und g schneiden, sind die Lösungen der Gleichung $f(x) = g(x)$.
Die zugehörigen y-Werte erhalten Sie durch Einsetzen dieser Lösungen in einen der beiden Funktionsterme.

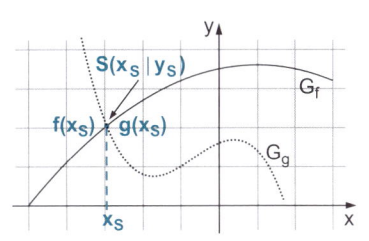

Beispiele

1. In welchen Punkten schneiden sich die Graphen der auf $\mathbb{R}$ definierten Funktionen $f(x) = (2 - e^x)^2$ und $g(x) = (3 - e^x)^2$?

   Lösung:
   Die x-Werte der Schnittpunkte sind die Lösungen der Gleichung, die man durch Gleichsetzen der Funktionsterme erhält:

   $$(2 - e^x)^2 = (3 - e^x)^2$$

   $4 - 4e^x + e^{2x} = 9 - 6e^x + e^{2x}$ 2. binomische Formel

   $\qquad 2e^x = 5$ Auf beiden Seiten $-e^{2x} + 6e^x - 4$ addieren.

   $\qquad x = \ln \frac{5}{2}$ Auf beiden Seiten durch 2 dividieren und dann logarithmieren

   $f\left(\ln\frac{5}{2}\right) = \left(2 - e^{\ln\frac{5}{2}}\right)^2 = \left(2 - \frac{5}{2}\right)^2 = \frac{1}{4}$ Funktionswert berechnen

   Die Graphen schneiden sich im Punkt $S\left(\ln\frac{5}{2} \mid \frac{1}{4}\right)$.

2. Zeigen Sie, dass sich alle Graphen der Funktionenschar
   $$f_k(x) = -\frac{1}{k}x - \frac{k+2}{3k}, \quad k \in \mathbb{R} \setminus \{0\}, \; D_{f_k} = \mathbb{R}$$
   im Punkt $P\left(-\frac{2}{3} \mid -\frac{1}{3}\right)$ schneiden.

   Lösung:
   Den Nachweis erbringen Sie durch Einsetzen der Punktkoordinaten in die Funktionsgleichung:

   $$f_k\left(-\frac{2}{3}\right) = -\frac{1}{k}\left(-\frac{2}{3}\right) - \frac{k+2}{3k} = \frac{2}{3k} - \frac{k+2}{3k} = \frac{2-(k+2)}{3k} = \frac{-k}{3k} = -\frac{1}{3}$$

   Jede Funktion der Schar besitzt an der Stelle $-\frac{2}{3}$ den vom Scharparameter unabhängigen Funktionswert $-\frac{1}{3}$. P liegt daher auf allen Graphen der Schar.

3. Untersuchen Sie, ob es Punkte gibt, in denen sich alle Graphen der Schar $f_k(x) = \dfrac{3}{(4+kx)^2}$, $k \in \mathbb{R}^+$, $D_{f_k} = \mathbb{R} \setminus \left\{-\dfrac{4}{k}\right\}$ schneiden.

Lösung:

Sie berechnen zunächst die x-Koordinaten der Schnittpunkte zweier spezieller Scharfunktionen, indem Sie die zugehörigen Funktionsterme gleichsetzen:

$$\frac{3}{(4+x)^2} = \frac{3}{(4+2x)^2}$$ Gleichsetzen von $f_1(x)$ und $f_2(x)$

$$(4+x)^2 = (4+2x)^2$$ Auf beiden Seiten durch 3 dividieren und die Kehrwerte bilden.

$$16+8x+x^2 = 16+16x+4x^2$$ 1. binomische Formel

$$3x^2+8x = 0$$ Auf beiden Seiten $16+8x+x^2$ subtrahieren und dann die Seiten tauschen.

$$x(3x+8) = 0$$ x ausklammern

$$x_1 = 0 \text{ oder } x_2 = -\frac{8}{3}$$ Ein Produkt ist genau dann null, wenn mindestens ein Faktor null ist.

In Punkten mit diesen x-Koordinaten schneiden sich alle Scharkurven aber nur dann, wenn die zugehörigen Funktionswerte **nicht vom Scharparameter k abhängen.**

Dies trifft nur für $x_1 = 0$ zu, weil:

$$f_k(0) = \frac{3}{(4+k\cdot 0)^2} = \frac{3}{16} \quad \text{und} \quad f_k\left(-\frac{8}{3}\right) = \frac{3}{(4-k\cdot\frac{8}{3})^2} \text{ mit } k \neq \frac{3}{2}$$

Einziger gemeinsamer Punkt aller Scharkurven ist daher $\left(0 \,\middle|\, \dfrac{3}{16}\right)$.

Aufgaben   **60.** Berechnen Sie die Koordinaten der Punkte, in denen sich die Graphen der Funktionspaare $f(x)$ und $g(x)$ schneiden.

a) $f(x) = \dfrac{2}{1+x}$; $D_f = \mathbb{R} \setminus \{-1\}$ $g(x) = -\dfrac{x}{6}+1$; $D_g = \mathbb{R}$

b) $f(x) = e^{-x}$; $D_f = \mathbb{R}$ $g(x) = 1 - e^{-x}$; $D_g = \mathbb{R}$

c) $f(x) = \ln\dfrac{1}{x(4+x^2)}$; $D_f = \mathbb{R}^+$ $g(x) = \ln\dfrac{4}{4+x^2}$; $D_g = \mathbb{R}$

61. Untersuchen Sie, ob die jeweiligen Scharkurven genau einen gemeinsamen Punkt besitzen, und berechnen Sie gegebenenfalls dessen Koordinaten.

a) $f_k(x) = \ln\left(\dfrac{k}{k-x^2}\right)$; $k \in \mathbb{R}^+$; $D_{f_k} = \,]-\sqrt{k}\,;\,\sqrt{k}\,[$

b) $f_k(x) = \dfrac{2x+k}{3x^2}$; $k \in \mathbb{R}$; $D_{f_k} = \mathbb{R} \setminus \{0\}$

62. Für welche reellen Zahlen k schneiden die Kurven der Schar $f_k(x) = \dfrac{x^2 - k}{x - 1}$, $\mathbb{D}_{f_k} = \mathbb{R} \setminus \{1\}$, $k \in \mathbb{R}$ die Gerade g: $y = x + 1$?

∗ 63. Die Skizze zeigt den Versuch, eine quadratische Gleichung grafisch zu lösen.
Wie lauten die Gleichung und deren Lösungsmenge?

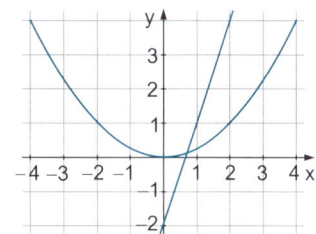

∗ 64. Die Skizze zeigt die Zeit-Ortskurven $x(t) = 0,7\,t^2 + 100$ und $x(t) = 1,4\,t^2$ zweier Autos, die 100 m voneinander entfernt zum Zeitpunkt t = 0 s aus der Ruhe heraus in der gleichen Richtung beschleunigt werden.
Wann und wo überholt das schnellere Fahrzeug das langsamere?

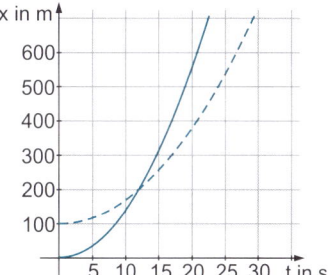

2.4 Lage- und Formänderungen von Funktionsgraphen

Die Eigenschaften einer Funktion g, deren Graph durch Verschiebung, Spiegelung, Stauchung oder Streckung aus dem Graphen einer anderen Funktion f hervorgeht, lassen sich aus den entsprechenden Eigenschaften von f ohne Rechnung herleiten. Sie müssen dazu aus den Unterschieden der Funktionsterme die entsprechenden Form- bzw. Lageänderungen der Funktionsgraphen ablesen können. Dabei helfen Ihnen die in den folgenden Regeln zusammengefassten und jeweils an Beispielen illustrierten Aussagen.

Regel

> **Verschiebung**
> a) Der Graph der Funktion $x \mapsto f(x + a)$ entsteht aus dem Graphen der Funktion $x \mapsto f(x)$ durch eine Verschiebung parallel zur x-Achse um $|a|$ Längeneinheiten nach links (rechts), wenn a positiv (negativ) ist.
> b) Der Graph der Funktion $x \mapsto f(x) + b$ entsteht aus dem Graphen der Funktion $x \mapsto f(x)$ durch eine Verschiebung parallel zur y-Achse um $|b|$ Längeneinheiten nach oben (unten), wenn b positiv (negativ) ist.

Beispiele   a)

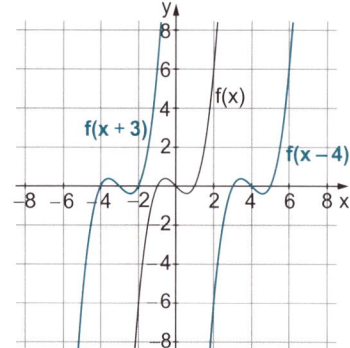

b)

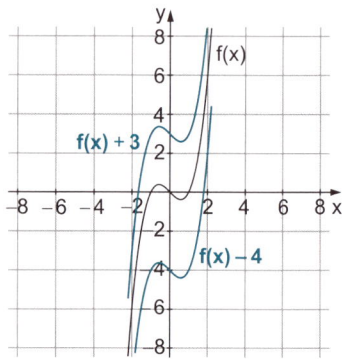

Regel

Spiegelung

a) Der Graph der Funktion $x \mapsto -f(x)$ entsteht aus dem Graphen der Funktion $x \mapsto f(x)$ durch Spiegelung an der x-Achse.

b) Der Graph der Funktion $x \mapsto f(-x)$ entsteht aus dem Graphen der Funktion $x \mapsto f(x)$ durch Spiegelung an der y-Achse.

Beispiel

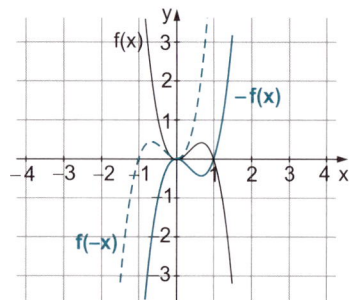

Regel

Dehnung und Stauchung

a) Der Graph der Funktion $x \mapsto f(c \cdot x)$ mit $c > 0$ entsteht aus dem Graphen der Funktion $x \mapsto f(x)$ durch eine Dehnung (Stauchung) parallel zur x-Achse, wenn $0 < c < 1$ ($c > 1$).

Ein Punkt $(x_0 \mid f(x_0))$ des Graphen wird dabei abgebildet auf $\left(\frac{x_0}{c} \mid f(x_0) \right)$.

b) Der Graph der Funktion $x \mapsto d \cdot f(x)$ mit $d > 0$ entsteht aus dem Graphen der Funktion $x \mapsto f(x)$ durch eine Dehnung (Stauchung) parallel zur y-Achse, wenn $1 < d$ ($0 < d < 1$).

Ein Punkt $(x_0 \mid f(x_0))$ des Graphen wird dabei abgebildet auf $(x_0 \mid d \cdot f(x_0))$.

Beispiele a)

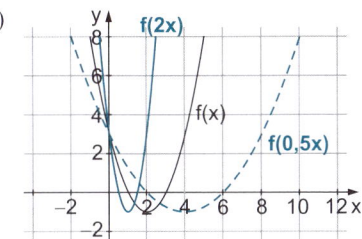

b)

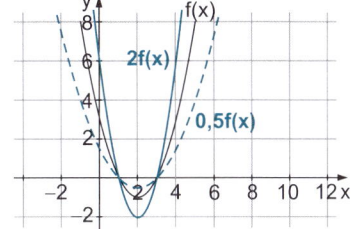

Regel

Betrag des Funktionsterms bzw. des Funktionsarguments

a) Der Graph der Funktion $x \mapsto |f(x)|$ entsteht aus dem Graphen der Funktion $x \mapsto f(x)$, indem alle
- unter der x-Achse liegenden Teile des Graphen von f an der x-Achse gespiegelt werden;
- über der x-Achse liegenden Teile des Graphen von f unverändert bleiben.

b) Der Graph der Funktion $x \mapsto f(|x|)$ entsteht aus dem Graphen der Funktion $x \mapsto f(x)$, indem alle
- rechts von der y-Achse liegenden Teile des Graphen von f unverändert bleiben;
- links von der y-Achse liegenden Teile des Graphen von f durch die an der y-Achse gespiegelten Teile, die rechts von der y-Achse liegen, ersetzt werden.

Beispiele

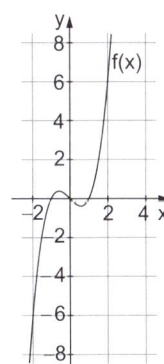

a)

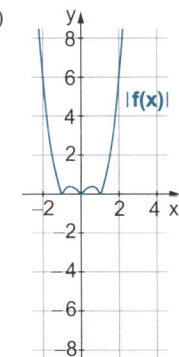

b)

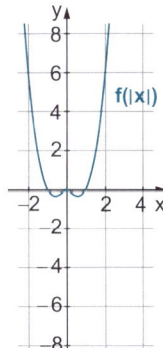

Werden mehrere dieser Funktionstermänderungen nacheinander ausgeführt, so spielt die Reihenfolge im Allgemeinen eine Rolle.

Beispiel

Der Graph der e-Funktion wird

a) um 3 Längeneinheiten parallel zur x-Achse nach rechts und dann um 2 Längeneinheiten parallel zur y-Achse nach oben verschoben;

b) um den Faktor 4 parallel zur x-Achse gedehnt und dann an der x-Achse gespiegelt;

c) parallel zur x-Achse um den Faktor 4 gestaucht und dann um 3 Längeneinheiten nach links verschoben;

d) um 3 Längeneinheiten nach links verschoben und dann parallel zur x-Achse um den Faktor 4 gestaucht.

Geben Sie jeweils den Funktionsterm g(x) des entstehenden Graphen an.

Lösung:

a) • Verschiebung um 3 Längeneinheiten parallel zur x-Achse nach rechts: e^x wird zu e^{x-3}.
   • Verschiebung um 2 Längeneinheiten parallel zur y-Achse nach oben: e^{x-3} wird zu $e^{x-3}+2$.

Daher gilt $g(x) = e^{x-3}+2$. Die Reihenfolge der Funktionstermänderungen spielt hier keine Rolle.

b) • Dehnung parallel zur x-Achse um Faktor 4: e^x wird zu $e^{\frac{1}{4}x}$.
   • Spiegelung an der x-Achse: $e^{\frac{1}{4}x}$ wird zu $-e^{\frac{1}{4}x}$.

Daher gilt $g(x) = -e^{\frac{1}{4}x}$. Auch hier spielt die Reihenfolge der Funktionstermänderungen keine Rolle.

c) • Stauchung parallel zur x-Achse um Faktor 4: e^x wird zu e^{4x}.
   • Verschiebung um 3 Längeneinheiten nach links: e^{4x} wird zu $e^{4(x+3)}$.

Daher gilt $g(x) = e^{4(x+3)}$. Der Vergleich mit Beispiel d zeigt, dass hier die Reihenfolge der Funktionstermänderungen nicht vertauscht werden darf.

d) • Verschiebung um 3 Längeneinheiten nach links: e^x wird zu e^{x+3}.
   • Stauchung parallel zur x-Achse um Faktor 4: e^{x+3} wird zu e^{4x+3}.

Daher gilt $g(x) = e^{4x+3}$. Der Vergleich mit Beispiel c zeigt, dass hier die Reihenfolge der Funktionstermänderungen nicht vertauscht werden darf.

Aufgaben

65. Geben Sie jeweils den Funktionsterm g(x) des Graphen an, der entsteht, wenn man den Graphen der ln-Funktion

a) an der y-Achse spiegelt und dann um 3 Längeneinheiten parallel zur x-Achse nach rechts verschiebt.

b) parallel zur x-Achse um den Faktor 4 dehnt und dann parallel zur y-Achse um 3 Längeneinheiten nach unten verschiebt.

c) um 2 Längeneinheiten parallel zur x-Achse nach links verschiebt und anschließend nur die unter der x-Achse liegenden Teile des modifizierten Graphen an der x-Achse spiegelt.

d) jeweils um 1 Längeneinheit parallel zur y-Achse nach oben und parallel zur x-Achse nach links verschiebt, anschließend alle rechts von der y-Achse liegenden Teile des modifizierten Graphen beibehält und seine links davon liegenden Teile durch die an der y-Achse gespiegelten, rechts von der y-Achse liegenden Teile ersetzt.

66. Skizzieren Sie ausgehend vom Graphen der Funktion $x \mapsto \frac{1}{x}$ den ungefähren Verlauf der Graphen folgender Funktionen:

a) $f(x) = \frac{2}{|x+1|}$; $\quad \mathbb{D}_{f,\,max} = \mathbb{R} \setminus \{-1\}$

b) $f(x) = \frac{1}{x-2} + 1$; $\quad \mathbb{D}_{f,\,max} = \mathbb{R} \setminus \{2\}$

c) $f(x) = \frac{1}{|x|+1}$; $\quad \mathbb{D}_{f,\,max} = \mathbb{R}$

67. Skizzieren Sie ausgehend vom Graphen der e-Funktion den ungefähren Verlauf der Graphen folgender, auf $\mathbb{R}$ definierten Funktionen und begründen Sie Ihre Vorgehensweise.

a) $f(x) = -e^{-x} + 1$ $\qquad\qquad$ b) $f(x) = 0{,}5 e^{0{,}5x}$

c) $f(x) = |e^x - 1|$ $\qquad\qquad$ d) $f(x) = e^{|x|} - 1$

68. Skizzieren Sie ausgehend vom Graphen der ln-Funktion den ungefähren Verlauf der Graphen folgender Funktionen:

a) $f(x) = \ln|x|$; $\quad \mathbb{D}_{f,\,max} = \mathbb{R} \setminus \{0\}$

b) $f(x) = |\ln x|$; $\quad \mathbb{D}_{f,\,max} = \mathbb{R}^+$

c) $f(x) = \ln(x-1)$; $\quad \mathbb{D}_{f,\,max} =]1; \infty[$

d) $f(x) = 2\ln(2x)$; $\quad \mathbb{D}_{f,\,max} = \mathbb{R}^+$

69. Wie entsteht der Graph der Funktion

a) $f(x) = -3x + 2$ aus der Winkelhalbierenden des 1. und 3. Quadranten?

b) $f(x) = 2(x-4)^2 - 6$ aus der Normalparabel?

✳ c) $f(x) = -2\sin(3x - 6) + 5$ aus der Sinuskurve?

70. Wie entsteht der Graph der Funktion $g(x) = e^{\frac{1}{4}x^2 + \frac{1}{2}x + \frac{1}{4}}$ aus dem Graphen der Funktion $f(x) = e^{x^2}$?

Hinweis: Zeigen Sie zunächst, dass $\frac{1}{4}x^2 + \frac{1}{2}x + \frac{1}{4} = \frac{1}{4}(x+1)^2$.

2.5 Symmetrie von Funktionsgraphen bezüglich des Koordinatensystems

Bei symmetrischen Funktionen können Sie die Kenntnis über Funktionseigenschaften auf der einen Seite der Symmetrieachse bzw. des Symmetriepunkts ohne Rechnung auf die andere Seite übertragen. Nützlich ist es dabei, das Vorliegen von Symmetrien am Funktionsterm ablesen zu können. Dies ist mit geringem Aufwand möglich, wenn der Funktionsgraph Symmetrien bzgl. des Koordinatenursprungs oder der y-Achse aufweist.

Regel

Symmetrie bezüglich des Koordinatensystems
Der Graph einer reellen Funktion ist

- **achsensymmetrisch** bzgl. der y-Achse des Koordinatensystems, wenn für alle x aus $\mathbb{D}_{f,\,max}$ gilt:
  $f(-x) = f(x)$

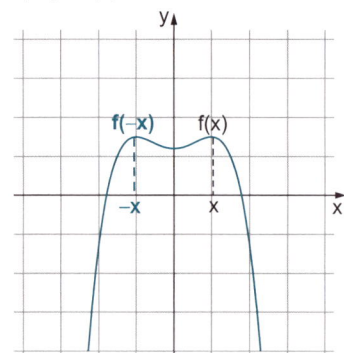

- **punktsymmetrisch** bzgl. des Koordinatenursprungs, wenn für alle x aus $\mathbb{D}_{f,\,max}$ gilt:
  $-f(-x) = f(x)$ bzw. $f(-x) = -f(x)$

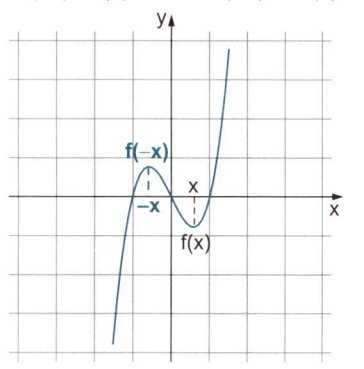

Bei der rechnerischen **Überprüfung** auf Symmetrie bzgl. des Koordinatensystems ist es zweckmäßig, dass Sie sich an folgenden Ablaufplan halten:
- Ersetzen Sie im Funktionsterm x durch −x und vereinfachen Sie algebraisch.
- Überprüfen Sie, ob $f(-x) = f(x)$:
  Falls ja, ist der Graph von f achsensymmetrisch bzgl. der y-Achse.
  Falls nein, multiplizieren Sie $f(-x)$ mit −1 und vereinfachen algebraisch.
- Überprüfen Sie, ob $-f(-x) = f(x)$:
  Falls ja, ist der Graph von f punktsymmetrisch zum Koordinatenursprung.
  Falls nein, weist er keine Symmetrieeigenschaften bzgl. des Koordinatensystems auf.

Beispiel   Untersuchen Sie folgende Funktionen auf Symmetrie bzgl. des Koordinatensystems.

a) $f(x) = xe^{x^2}$; $\mathbb{D}_{f,\max} = \mathbb{R}$

b) $f(x) = 1 - x^2 - \ln|x|$; $\mathbb{D}_{f,\max} = \mathbb{R} \setminus \{0\}$

c) $f(x) = \dfrac{4}{1+e^x}$; $\mathbb{D}_{f,\max} = \mathbb{R}$

Lösung:

Für ein beliebiges x aus der Definitionsmenge gilt:

a) $f(-x) = -xe^{(-x)^2} = -xe^{x^2} \neq f(x)$

  $-f(-x) = -(-xe^{x^2}) = f(x)$

  Der Graph von f ist punktsymmetrisch bzgl. des Koordinatenursprungs.

b) $f(-x) = 1 - (-x)^2 - \ln|-x| = 1 - x^2 - \ln|x| = f(x)$

  Der Graph von f ist achsensymmetrisch bzgl. der y-Achse.

c) $f(-x) = \dfrac{4}{1+e^{-x}} \neq f(x)$

  $-f(-x) = -\dfrac{4}{1+e^{-x}} \neq f(x)$

  Der Graph von f weist keine Symmetrie bzgl. des Koordinatensystems auf.

Aufgaben   Untersuchen Sie die Funktionen der Aufgaben 71 bis 74 auf Symmetrie bzgl. des
Koordinatensystems.

71. a) $f(x) = \dfrac{|x|-1}{x}$; $\mathbb{D}_{f,\max} = \mathbb{R} \setminus \{0\}$

  b) $f(x) = \dfrac{1-x^2}{1+x^2}$; $\mathbb{D}_{f,\max} = \mathbb{R}$

  c) $f(x) = \dfrac{x^2-x}{1+x^2}$; $\mathbb{D}_{f,\max} = \mathbb{R}$

72. a) $f(x) = e^{-x} - e^x$; $\mathbb{D}_{f,\max} = \mathbb{R}$

  b) $f(x) = e^{-x} + e^x$; $\mathbb{D}_{f,\max} = \mathbb{R}$

  ✳ c) $f(x) = \dfrac{1-e^x}{1+e^x}$; $\mathbb{D}_{f,\max} = \mathbb{R}$

73. a) $f(x) = \dfrac{\ln x^2}{x}$; $\mathbb{D}_{f,\max} = \mathbb{R} \setminus \{0\}$

  b) $f(x) = \ln \dfrac{4}{4+x^2}$; $\mathbb{D}_{f,\max} = \mathbb{R}$

  ✳ c) $f(x) = \ln \dfrac{1+x}{1-x}$; $\mathbb{D}_{f,\max} =]{-1}; 1[$

74. a) $f(x) = \frac{3\sin x}{x}$

b) $f(x) = x^3 \cos x$

c) $f(x) = \sin x \cdot \cos x$

✱ **75.** Der Graph der Funktion $f(x) = \frac{3}{x^2 - 2x}$, $\mathbb{D}_{f,\,max} = \mathbb{R} \setminus \{0;\, 2\}$ wird um eine Längeneinheit parallel zur x-Achse nach links verschoben.

a) Geben Sie den zum verschobenen Graphen gehörenden Funktionsterm $g(x)$ an.

b) Untersuchen Sie $g(x)$ auf Symmetrie bezüglich des Koordinatensystems.

c) Schließen Sie mithilfe Ihrer Ergebnisse auf das Symmetrieverhalten der Funktion $f(x)$.

✱ **76.** Welche Symmetrieeigenschaften besitzt der Graph der Funktion $g(x) = e^{f(x)}$, wenn der Graph der Funktion $f(x)$

a) achsensymmetrisch bezüglich der y-Achse des Koordinatensystems ist?

b) punktsymmetrisch bezüglich des Koordinatenursprungs ist?

✱ **77.** $z(x)$ und $n(x)$ bezeichnen im Weiteren ganzrationale Funktionen. Welche Symmetrieeigenschaften weist der Graph der gebrochenrationalen Funktion $f(x) = \frac{z(x)}{n(x)}$ auf, wenn die Graphen von

a) $z(x)$ und $n(x)$ symmetrisch bezüglich der y-Achse sind?

b) $z(x)$ symmetrisch bezüglich der y-Achse und $n(x)$ symmetrisch bezüglich des Koordinatenursprungs sind?

c) $z(x)$ und $n(x)$ punktsymmetrisch bezüglich des Koordinatenursprungs sind?

✱ **78.** Welche Symmetrieachsen bzw. Symmetriepunkte besitzen die Graphen folgender Funktionen? Begründen Sie Ihre Aussage.

a) $f(x) = \frac{1}{x-3}$; $\qquad \mathbb{D}_{f,\,max} = \mathbb{R} \setminus \{3\}$

b) $f(x) = \left(\frac{1}{x-4}\right)^4 + 4$; $\qquad \mathbb{D}_{f,\,max} = \mathbb{R} \setminus \{4\}$

c) $f(x) = 2x^2 - 4x + 6$; $\qquad \mathbb{D}_{f,\,max} = \mathbb{R}$

d) $f(x) = \sin(x-2) + 3$; $\qquad \mathbb{D}_{f,\,max} = \mathbb{R}$

Elemente der Differenzialrechnung

Die Differenzialrechnung interessiert sich für das lokale Verhalten einer Funktion und untersucht, wie sich kleine Änderungen im Funktionsargument auf den Funktionswert auswirken. Die dabei gefundenen Zusammenhänge und Rechenmethoden stellen eines von zwei Fundamenten der Analysis dar. Sie sind für die Untersuchung reeller Funktionen und die Entwicklung mathematischer Modelle, die die Wirklichkeit abbilden, heute unverzichtbar.

3 Grenzwertrechnung

Mithilfe der Grenzwertrechnung lässt sich das Verhalten von Funktionen im „Unendlichen" oder an einzelnen Definitionslücken beschreiben.

3.1 Grenzwerte vom Typ $x \to \pm\infty$

Funktionen mit rechts- bzw. linksseitig unbegrenzter Definitionsmenge sind im Unendlichen konvergent, bestimmt divergent oder unbestimmt divergent.

(A) Konvergenz

Kommen die Funktionswerte, wenn x gegen $+\infty$ bzw. $-\infty$ strebt, einer bestimmten Zahl a beliebig nahe, so spricht man von **Konvergenz**.

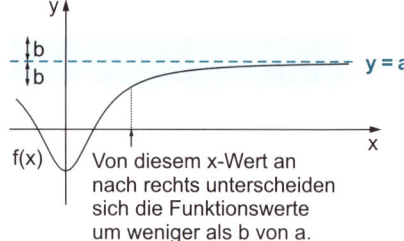

Von diesem x-Wert an nach rechts unterscheiden sich die Funktionswerte um weniger als b von a.

Dabei bedeutet „beliebig nahe", dass es zu jedem (noch so schmalen) Schlauch der Breite 2b um die Gerade y = a einen x-Wert auf der x-Achse gibt, von dem an der Funktionsgraph „auf seinem Weg nach rechts bzw. links" in den Schlauch eintaucht und ihn nie mehr verlässt.

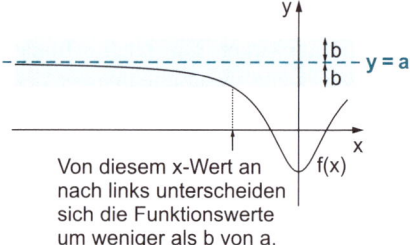

Von diesem x-Wert an nach links unterscheiden sich die Funktionswerte um weniger als b von a.

Abkürzend schreibt man:

$$\lim_{x \to \infty} f(x) = a \text{ bzw. } \lim_{x \to -\infty} f(x) = a,$$

wenn f für $x \to +\infty$ bzw. $x \to -\infty$ gegen a konvergiert.

Konvergieren zwei Funktionen im Unendlichen, so konvergieren auch deren Summen, Differenzen, Produkte und Quotienten im Unendlichen:

Regel

Grenzwertsätze

Sind $f: x \mapsto f(x)$, $x \in \mathbb{D}_f$ und $g: x \mapsto g(x)$, $x \in \mathbb{D}_g$ reelle Funktionen mit

$$\lim_{x \to \pm\infty} f(x) = p \text{ und } \lim_{x \to \pm\infty} g(x) = q,$$

so gilt:

a) Grenzwert einer Summe = Summe der Grenzwerte:

$$\lim_{x \to +\infty} (f + g)(x) = p + q \quad \text{bzw.} \quad \lim_{x \to -\infty} (f + g)(x) = p + q$$

b) Grenzwert einer Differenz = Differenz der Grenzwerte:

$$\lim_{x \to +\infty} (f - g)(x) = p - q \quad \text{bzw.} \quad \lim_{x \to -\infty} (f - g)(x) = p - q$$

c) Grenzwert eines Produkts = Produkt der Grenzwerte:

$$\lim_{x \to +\infty} (f \cdot g)(x) = p \cdot q \quad \text{bzw.} \quad \lim_{x \to -\infty} (f \cdot g)(x) = p \cdot q$$

d) Grenzwert eines Quotienten = Quotient der Grenzwerte:

$$\lim_{x \to +\infty} \frac{f}{g}(x) = \frac{p}{q} \quad \text{bzw.} \quad \lim_{x \to -\infty} \frac{f}{g}(x) = \frac{p}{q}, \quad \text{falls } q \neq 0$$

(B) Bestimmte und unbestimmte Divergenz

- Überschreiten die Funktionswerte jede (noch so große, positive) reelle Zahl, wenn x gegen $+\infty$ bzw. gegen $-\infty$ strebt, sagt man, dass **f bestimmt gegen $+\infty$ divergiert** und schreibt dafür kurz:

$$\lim_{x \to +\infty} f(x) = +\infty \quad \text{bzw.} \quad \lim_{x \to -\infty} f(x) = +\infty$$

Eine nach oben offene Parabel ist ein Beispiel für den Graphen einer Funktion, die bestimmt gegen $+\infty$ divergiert, wenn x gegen $+\infty$ bzw. $-\infty$ strebt.

- Unterschreiten die Funktionswerte jede (noch so kleine, negative) reelle Zahl, wenn x gegen $+\infty$ bzw. gegen $-\infty$ strebt, sagt man, dass **f bestimmt gegen $-\infty$ divergiert** und schreibt dafür kurz:

$$\lim_{x \to +\infty} f(x) = -\infty \quad \text{bzw.} \quad \lim_{x \to -\infty} f(x) = -\infty$$

Eine nach unten offene Parabel ist ein Beispiel für den Graphen einer Funktion, die bestimmt gegen $-\infty$ divergiert, wenn x gegen $+\infty$ bzw. $-\infty$ strebt.

Da es sich bei den Grenzwerten $\lim\limits_{x \to \pm\infty} f(x) = \pm\infty$ nicht um Zahlen handelt, spricht man von **uneigentlichen Grenzwerten**.

- f heißt **unbestimmt divergent** für x gegen $+\infty$ bzw. gegen $-\infty$, wenn f weder konvergiert noch bestimmt divergiert. Die Sinuskurve ist ein Beispiel für den Graphen einer unbestimmt divergenten Funktion.

(C) Grenzverhalten wichtiger Funktionstypen

Das Verhalten von Potenz-, Exponential- und Logarithmusfunktionen im Unendlichen kann man direkt an den Graphen dieser Funktionen ablesen (vgl. Abschnitte 1.5, 1.8 und 1.9).

Potenzfunktionen im Unendlichen

Bezeichnet a eine beliebige reelle Zahl und n eine beliebige natürliche Zahl, gilt:

$\lim\limits_{x \to +\infty} x^n = +\infty$	$\lim\limits_{x \to -\infty} x^n = \begin{cases} +\infty, \text{ wenn n gerade} \\ -\infty, \text{ wenn n ungerade} \end{cases}$
$\lim\limits_{x \to +\infty} ax^n = \begin{cases} +\infty, \text{ wenn } a > 0 \\ -\infty, \text{ wenn } a < 0 \end{cases}$	$\lim\limits_{x \to -\infty} ax^n = \begin{cases} +\infty, \text{ wenn } a > 0 \text{ und n gerade} \\ -\infty, \text{ wenn } a < 0 \text{ und n gerade} \\ +\infty, \text{ wenn } a < 0 \text{ und n ungerade} \\ -\infty, \text{ wenn } a > 0 \text{ und n ungerade} \end{cases}$
$\lim\limits_{x \to +\infty} \dfrac{a}{x^n} = 0$	$\lim\limits_{x \to -\infty} \dfrac{a}{x^n} = 0$

e-Funktion im Unendlichen

$\lim\limits_{x \to +\infty} e^x = +\infty$	$\lim\limits_{x \to -\infty} e^x = 0$
$\lim\limits_{x \to +\infty} \dfrac{1}{e^x} = \lim\limits_{x \to +\infty} e^{-x} = 0$	$\lim\limits_{x \to -\infty} \dfrac{1}{e^x} = \lim\limits_{x \to -\infty} e^{-x} = +\infty$

ln-Funktion im Unendlichen

Die ln-Funktion ist nur auf $\mathbb{R}^+$ definiert. Daher kann man ihr Verhalten nur im positiv Unendlichen untersuchen.

$$\lim\limits_{x \to +\infty} \ln x = +\infty$$

$$\lim\limits_{x \to +\infty} \ln\left(\frac{1}{x}\right) = \lim\limits_{x \to +\infty} (-\ln x) = -\infty$$

Produkte bzw. Quotienten von Potenz-, e- und ln-Funktion können Sie hinsichtlich ihres Verhaltens im Unendlichen auf die oben tabellierten Grenzwerte zurückführen, indem Sie x^n gegenüber e^x und $\ln x$ gegenüber x^n vernachlässigen. Dies ist möglich, weil

- e^x „schneller" als x^n und x^n „schneller" als $\ln x$ gegen $+\infty$ strebt, wenn $x \to +\infty$ strebt;
- e^x „schneller" gegen 0 strebt als $\frac{1}{x^n}$, wenn $x \to -\infty$ strebt.

Produkte und Quotienten von Potenz-, e- und ln-Funktion im Unendlichen

Bezeichnet a eine beliebige reelle Zahl und n eine beliebige natürliche Zahl, gilt:

$\lim\limits_{x \to +\infty} \dfrac{e^x}{x^n} = \lim\limits_{x \to +\infty} e^x = +\infty$	$\lim\limits_{x \to -\infty} \dfrac{e^x}{x^n} = \lim\limits_{x \to -\infty} e^x = 0$
$\lim\limits_{x \to +\infty} \dfrac{x^n}{e^x} = \lim\limits_{x \to +\infty} \dfrac{1}{e^x} = 0$	$\lim\limits_{x \to -\infty} \dfrac{x^n}{e^x} = \begin{cases} +\infty, \text{ wenn n gerade} \\ -\infty, \text{ wenn n ungerade} \end{cases}$
$\lim\limits_{x \to +\infty} x^n \cdot e^x = \lim\limits_{x \to +\infty} e^x = +\infty$	$\lim\limits_{x \to -\infty} x^n \cdot e^x = \lim\limits_{x \to -\infty} e^x = 0$
$\lim\limits_{x \to +\infty} \dfrac{x^n}{\ln x} = \lim\limits_{x \to +\infty} x^n = +\infty$	
$\lim\limits_{x \to +\infty} \dfrac{\ln x}{x^n} = \lim\limits_{x \to +\infty} \dfrac{1}{x^n} = 0$	

Außerdem gilt für jede beliebige reelle Zahl a:

$$\lim\limits_{x \to \pm\infty} a = a$$

Mithilfe der Grenzwertsätze können Sie Grenzwerte von zusammengesetzten Funktionen häufig auf die tabellierten Grenzwerte zurückführen.

Beispiel

Berechnen Sie $\lim\limits_{x \to \pm\infty} \dfrac{e^x - 1}{e^x + 1}$.

Lösung:

$$\lim\limits_{x \to -\infty} \dfrac{e^x - 1}{e^x + 1} = \dfrac{\lim\limits_{x \to -\infty} e^x - \lim\limits_{x \to -\infty} 1}{\lim\limits_{x \to -\infty} e^x + \lim\limits_{x \to -\infty} 1}$$ Anwenden der Grenzwertsätze

$$= \dfrac{0 - 1}{0 + 1} = -1$$ tabellierte Grenzwerte

$$\lim\limits_{x \to +\infty} \dfrac{e^x - 1}{e^x + 1} = \lim\limits_{x \to +\infty} \dfrac{1 - \frac{1}{e^x}}{1 + \frac{1}{e^x}}$$ Im Zähler und Nenner durch e^x dividieren.

$$= \dfrac{\lim\limits_{x \to +\infty} 1 - \lim\limits_{x \to +\infty} \frac{1}{e^x}}{\lim\limits_{x \to +\infty} 1 + \lim\limits_{x \to +\infty} \frac{1}{e^x}}$$ Anwenden der Grenzwertsätze

$$= \dfrac{1 - 0}{1 + 0} = 1$$ tabellierte Grenzwerte

Regel

> **Ganzrationale Funktion im Unendlichen**
>
> Eine ganzrationale Funktion
>
> $$f(x) = a_n x^n + a_{n-1} x^{n-1} + \ldots + a_2 x^2 + a_1 x + a_0$$
>
> verhält sich im Unendlichen wie der Summand $a_n x^n$.

Begründung:

$$f(x) = a_n x^n + a_{n-1} x^{n-1} + \ldots + a_2 x^2 + a_1 x + a_0$$

$$= \left(a_n + \frac{a_{n-1}}{x} + \ldots + \frac{a_2}{x^{n-2}} + \frac{a_1}{x^{n-1}} + \frac{a_0}{x^n} \right) \cdot x^n \qquad \text{Ausklammern von } x^n$$

Die Summe in der Klammer konvergiert für $x \to \pm\infty$ gegen a_n, weil alle anderen Summanden gegen null streben (vgl. tabellierte Grenzwerte auf S. 62). Daher gilt:

$$\lim_{x \to \pm\infty} (a_n x^n + a_{n-1} x^{n-1} + \ldots + a_2 x^2 + a_1 x + a_0) = \lim_{x \to \pm\infty} (a_n x^n)$$

Beispiel

Berechnen Sie.

a) $\quad \lim\limits_{x \to +\infty} (2x^3 + 5x - 2x^7)$

b) $\quad \lim\limits_{x \to -\infty} (2x^3 + 5x^4 - 2)$

Lösung:

a) $\quad \lim\limits_{x \to +\infty} (2x^3 + 5x - 2x^7)$

$\quad = \lim\limits_{x \to +\infty} (-2x^7)$ Ganzrationale Funktion im Unendlichen

$\quad = -\infty$ tabellierte Grenzwerte

b) $\quad \lim\limits_{x \to -\infty} (2x^3 + 5x^4 - 2)$

$\quad = \lim\limits_{x \to -\infty} (5x^4)$ Ganzrationale Funktion im Unendlichen

$\quad = +\infty$ tabellierte Grenzwerte

Regel

> **Gebrochenrationale Funktion im Unendlichen**
> Für eine gebrochenrationale Funktion der Form
>
> $$f(x) = \frac{z(x)}{n(x)} = \frac{a_n x^n + a_{n-1} x^{n-1} + \ldots + a_1 x + a_0}{b_m x^m + b_{m-1} x^{m-1} + \ldots + b_1 x + b_0}$$
>
> mit $a_n, b_n \neq 0$ gilt:
>
> $$\lim_{x \to \pm\infty} f(x) = 0, \qquad \text{wenn } \operatorname{grad}(z(x)) < \operatorname{grad}(n(x)).$$
>
> $$\lim_{x \to \pm\infty} f(x) = \frac{a_n}{b_m}, \qquad \text{wenn } \operatorname{grad}(z(x)) = \operatorname{grad}(n(x)).$$
>
> $$\left| \lim_{x \to \pm\infty} f(x) \right| = \infty, \qquad \text{wenn } \operatorname{grad}(z(x)) > \operatorname{grad}(n(x)).$$

Beispiel

Berechnen Sie.

a) $\displaystyle\lim_{x \to \pm\infty} \frac{2x^2 - 2x}{x^3 + 1}$

b) $\displaystyle\lim_{x \to \pm\infty} \frac{2x^2 - 2x}{3x^2 + 1}$

c) $\displaystyle\lim_{x \to +\infty} \frac{2x^3 + x^2 + 1}{x^2 + 2}$

Lösung:

Zur Grenzwertberechnung **dividiert** man bei gebrochenrationalen Funktionen Zähler und Nenner **immer durch die größte im Nenner vorkommende x-Potenz.**

a) $\displaystyle\lim_{x \to \pm\infty} \frac{2x^2 - 2x}{x^3 + 1} = \lim_{x \to \pm\infty} \frac{\frac{2}{x} - \frac{2}{x^2}}{1 + \frac{1}{x^3}}$ Zähler und Nenner durch x^3 dividieren.

$\displaystyle = \frac{\lim\limits_{x \to \pm\infty} \frac{2}{x} - \lim\limits_{x \to \pm\infty} \frac{2}{x^2}}{\lim\limits_{x \to \pm\infty} 1 + \lim\limits_{x \to \pm\infty} \frac{1}{x^3}}$ Anwenden der Grenzwertsätze

$\displaystyle = \frac{0 - 0}{1 + 0} = 0$ tabellierte Grenzwerte

b) $\displaystyle\lim_{x \to \pm\infty} \frac{2x^2 - 2x}{3x^2 + 1} = \lim_{x \to \pm\infty} \frac{2 - \frac{2}{x}}{3 + \frac{1}{x^2}}$ Zähler und Nenner durch x^2 dividieren.

$\displaystyle = \frac{\lim\limits_{x \to \pm\infty} 2 - \lim\limits_{x \to \pm\infty} \frac{2}{x}}{\lim\limits_{x \to \pm\infty} 3 + \lim\limits_{x \to \pm\infty} \frac{1}{x^2}}$ Anwenden der Grenzwertsätze

$\displaystyle = \frac{2 - 0}{3 + 0} = \frac{2}{3}$ tabellierte Grenzwerte

c) $\displaystyle\lim_{x \to +\infty} \frac{2x^3 + x^2 + 1}{x^2 + 2} = \lim_{x \to +\infty} \frac{2x + 1 + \frac{1}{x^2}}{1 + \frac{2}{x^2}}$ Zähler und Nenner durch x^2 dividieren.

$\displaystyle = \frac{\lim\limits_{x \to +\infty} (2x + 1) + \lim\limits_{x \to +\infty} \frac{1}{x^2}}{\lim\limits_{x \to +\infty} 1 + \lim\limits_{x \to +\infty} \frac{2}{x^2}}$ Anwenden der Grenzwertsätze

$\displaystyle = \frac{\lim\limits_{x \to +\infty} (2x + 1) + 0}{1 + 0} = \lim_{x \to +\infty} (2x + 1)$ tabellierte Grenzwerte

$\displaystyle = +\infty$ Ganzrationale Funktion im Unendlichen

Aufgaben Berechnen Sie bei den Aufgaben 79 bis 82 die Grenzwerte der angegebenen Funktionen für $x \to +\infty$ und $x \to -\infty$.

79. a) $f(x) = \dfrac{-2e^x}{(1 + e^x)^2}$ b) $f(x) = \ln \dfrac{e^x}{1 + e^x}$

80. a) $f(x) = x^5 - 3x^4 + 2x^2 - 1$ b) $f(x) = 4x^4 - 3x^3 - 2x + 1$

     c) $f(x) = 1 - x^2 - 2x^3$

81. a) $f(x) = \dfrac{2x^2 - 5x - 3}{3x - x^3}$ b) $f(x) = \dfrac{|2x - x^3 + 1|}{4x + 3 + x^2}$

82. a) $f(x) = \dfrac{\sqrt{x^2 + 1}}{\sqrt{x^2 + 2}}$ b) $f(x) = 1 + \ln \dfrac{x + 1}{x - 1}$

83. Was lässt sich aus dem Verhalten der Funktion $g(x) = \dfrac{1}{x^7}$ auf das Verhalten der Funktion $f(x) = \dfrac{1}{(x - 2)^7} + 3$ im Unendlichen schließen?

∗ **84.** Jakob und Korbinian sollen folgenden Grenzwert bestimmen:

$$\lim_{x \to +\infty} (x - \sqrt{x^2 - x})$$

Jakob behauptet, der Grenzwert sei 0 für $x \to +\infty$.
Zur Begründung führt er an:

$$\lim_{x \to +\infty} (x - \sqrt{x^2 - x})$$

Das Verhalten der ganzrationalen Funktion $x^2 - x$ im Unendlichen wird nur durch x^2 bestimmt.

$$= \lim_{x \to +\infty} (x - \sqrt{x^2})$$

$\sqrt{x^2} = |x|$

$$= \lim_{x \to +\infty} (x - |x|)$$

Auflösen des Betrags: $|x| = x$ für $x > 0$

$$= \lim_{x \to +\infty} (x - x) = \lim_{x \to +\infty} 0 = 0$$

Korbinian ist Pragmatiker, greift zum Taschenrechner, setzt für $x = 10^6$ ein und erhält:

$$10^6 - \sqrt{(10^6)^2 - 10^6} = 0,5$$

Deshalb meint er, dass Jakobs Ergebnis nicht stimmt.
Entscheiden Sie den Streit durch Rechnung.

Hinweis: Multiplizieren Sie $x - \sqrt{x^2 - x}$ mit $\dfrac{x + \sqrt{x^2 - x}}{x + \sqrt{x^2 - x}}$.

∗ **85.** Besitzt die Gleichung $x^5 + ax + a^5 = 0$ unabhängig davon, welche reellen Zahlen man für den Platzhalter a einsetzt, immer mindestens eine Lösung?

3.2 Grenzwerte vom Typ $x \to x_0$

Mit Grenzwerten vom Typ $x \to x_0$ können Sie untersuchen, wie sich reelle Funktionen an den im Endlichen liegenden Rändern oder an Lücken der Definitionsmenge verhalten.

Definition   Wenn für jede auf der x-Achse gegen x_0 laufende Zahlenfolge x_1, x_2, x_3, ... die Folge $f(x_1)$, $f(x_2)$, $f(x_3)$, ... der zugehörigen Funktionswerte einer reellen Funktion f stets gegen dieselbe Zahl a strebt, sagt man f **konvergiert für $x \to x_0$ gegen a** und schreibt abkürzend $\lim\limits_{x \to x_0} f(x) = a$.

Bei der Berechnung von $\lim\limits_{x \to x_0} f(x) = a$ hilft oft die **h-Methode**.

Man ersetzt dabei im Funktionsterm x durch $x_0 + h$ bzw. $x_0 - h$ und lässt für **h nur positive Werte** zu. Streben für $h \to 0$ die Funktionswerte $f(x_0 + h)$ gegen eine feste Zahl R bzw. $f(x_0 - h)$ gegen eine feste Zahl L, sagt man, dass f rechts- bzw. linksseitig gegen R bzw. L konvergiert und schreibt abkürzend

$$\lim\limits_{x \to x_0 + 0} f(x) = R \quad \text{bzw.} \quad \lim\limits_{x \to x_0 - 0} f(x) = L.$$

Der Grenzwert von $f(x)$ für $x \to x_0$ existiert genau dann, wenn rechts- **und** linksseitiger Grenzwert existieren **und** gleich sind:

$$\lim\limits_{x \to x_0 + 0} f(x) = \lim\limits_{x \to x_0 - 0} f(x) = \lim\limits_{x \to x_0} f(x) = a \in \mathbb{R}$$

Für die Grenzwerte vom Typ $x \to x_0$ gelten die analogen Sätze wie für die Grenzwerte vom Typ $x \to \pm\infty$.

Regel

> **Grenzwertsätze**
>
> Sind $f(x)$ und $g(x)$ reelle Funktionen mit $\lim\limits_{x \to x_0} f(x) = p$ und $\lim\limits_{x \to x_0} g(x) = q$, so gilt:
>
> a) Grenzwert einer Summe = Summe der Grenzwerte:
> $$\lim\limits_{x \to x_0} (f + g)(x) = p + q$$
>
> b) Grenzwert einer Differenz = Differenz der Grenzwerte:
> $$\lim\limits_{x \to x_0} (f - g)(x) = p - q$$
>
> c) Grenzwert eines Produkts = Produkt der Grenzwerte:
> $$\lim\limits_{x \to x_0} (f \cdot g)(x) = p \cdot q$$
>
> d) Grenzwert eines Quotienten = Quotient der Grenzwerte:
> $$\lim\limits_{x \to x_0} \frac{f}{g}(x) = \frac{p}{q}, \text{ falls } q \neq 0$$

Mithilfe dieser Regel und der h-Methode können Sie Grenzwerte vom Typ $x \to x_0$ bei zusammengesetzten Funktionen auf folgende **elementare Grenzwerte** zurückführen, die Sie unmittelbar an den Graphen der Potenzfunktionen ablesen können.

Regel

> Für $a \in \mathbb{R}$, $n \in \mathbb{N}$ gilt:
>
> $$\lim_{\substack{h \to 0 \\ h > 0}} a = a \qquad\qquad \lim_{\substack{h \to 0 \\ h > 0}} \frac{1}{h^n} = +\infty \qquad\qquad \lim_{\substack{h \to 0 \\ h > 0}} (a \pm h)^n = a^n$$

Beispiel

Berechnen Sie folgende Grenzwerte mithilfe der h-Methode und kommentieren Sie Ihr Ergebnis.

a) $\displaystyle\lim_{x \to -2 \pm 0} \frac{x^2 + x - 2}{x^2 - x - 6}$

b) $\displaystyle\lim_{x \to 3 \pm 0} \frac{x^2 + x - 2}{x^2 - x - 6}$

c) $\displaystyle\lim_{x \to -2 \pm 0} e^{\frac{1}{x+2}}$

Lösung:

Um den Rechenaufwand bei den Beispielen a und b zu mindern, stellt man Zähler- und Nennerterm zunächst als Produkt von Linearfaktoren dar:

$$\frac{x^2 + x - 2}{x^2 - x - 6} = \frac{(x-1)(x+2)}{(x-3)(x+2)}$$

Da x bei beiden Grenzübergängen $x \to -2$ und $x \to 3$ den Wert -2 nicht annimmt, dürfen Sie mit $x + 2$ kürzen:

$$\frac{x^2 + x - 2}{x^2 - x - 6} = \frac{x-1}{x-3}$$

Dann gilt:

a) $\displaystyle\lim_{x \to -2 \pm 0} \frac{x^2 + x - 2}{x^2 - x - 6} = \lim_{x \to -2 \pm 0} \frac{x-1}{x-3}$

$\displaystyle\qquad\qquad = \lim_{\substack{h \to 0 \\ h > 0}} \frac{(-2 \pm h) - 1}{(-2 \pm h) - 3}$ Übergang zur h-Methode

$\displaystyle\qquad\qquad = \frac{\lim_{\substack{h \to 0 \\ h > 0}} (-2 \pm h) - \lim_{\substack{h \to 0 \\ h > 0}} 1}{\lim_{\substack{h \to 0 \\ h > 0}} (-2 \pm h) - \lim_{\substack{h \to 0 \\ h > 0}} 3}$ Anwenden der Grenzwertsätze

$\displaystyle\qquad\qquad = \frac{-2-1}{-2-3} = \frac{3}{5}$ tabellierte Grundtypen

Links- und rechtsseitiger Grenzwert stimmen überein, es gilt:

$$\lim_{x \to -2} \frac{x^2 + x - 2}{x^2 - x - 6} = \frac{3}{5}$$

b) $\displaystyle\lim_{x \to 3\pm 0} \frac{x^2 + x - 2}{x^2 - x - 6} = \lim_{x \to 3\pm 0} \frac{x - 1}{x - 3}$

$\displaystyle = \lim_{\substack{h \to 0 \\ h > 0}} \frac{(3 \pm h) - 1}{(3 \pm h) - 3}$ Übergang zur h-Methode

$\displaystyle = \lim_{\substack{h \to 0 \\ h > 0}} \frac{2 \pm h}{\pm h}$ Zusammenfassen

$\displaystyle = \lim_{\substack{h \to 0 \\ h > 0}} \frac{1}{\pm h} \cdot \lim_{\substack{h \to 0 \\ h > 0}} (2 \pm h)$ Anwenden der Grenzwertsätze

$\displaystyle = \begin{cases} +\infty \cdot 2 = +\infty \\ -\infty \cdot 2 = -\infty \end{cases}$ tabellierte Grundtypen

Weder links- noch rechtsseitiger Grenzwert existieren.

c) $\displaystyle\lim_{x \to -2 \pm 0} e^{\frac{1}{x+2}} = \lim_{\substack{h \to 0 \\ h > 0}} e^{\frac{1}{-2 \pm h + 2}}$ Übergang zur h-Methode

$\displaystyle = \lim_{\substack{h \to 0 \\ h > 0}} e^{\pm \frac{1}{h}}$ Zusammenfassen

$\displaystyle = \begin{cases} e^{+\infty} = +\infty \\ e^{-\infty} = 0 \end{cases}$ tabellierte Grundtypen

$\displaystyle\lim_{x \to -2} e^{\frac{1}{x+2}}$ existiert **nicht**, da nur der linksseitige Grenzwert existiert.

Aufgaben Berechnen Sie folgende Grenzwerte und kommentieren Sie Ihre Ergebnisse.

86. a) $\displaystyle\lim_{x \to 1 \pm 0} \frac{x + 3}{x - 1}$ b) $\displaystyle\lim_{x \to 1{,}5 \pm 0} \frac{2 \cdot |1{,}5 - x|}{2x^2 - x - 3}$

87. a) $\displaystyle\lim_{x \to 2 + 0} \frac{x}{\sqrt{x^2 - 4}}$ b) $\displaystyle\lim_{x \to 2 - 0} \frac{2x - 4}{\sqrt{2x} - 2}$

88. a) $\displaystyle\lim_{x \to 1 + 0} \ln\left(\frac{x + 1}{x - 1}\right)$ b) $\displaystyle\lim_{x \to 1 - 0} \ln\left(\frac{1}{1 - x}\right)$

∗ **89.** a) $\displaystyle\lim_{x \to 1} \frac{1 - e^{2x - 2}}{1 - e^{x - 1}}$ b) $\displaystyle\lim_{x \to 1 \pm 0} e^{\frac{x}{1 - x}}$

3.3 Asymptoten

Asymptoten sind Geraden, denen sich der Graph einer Funktion beliebig genau nähert. Sie geben Ihnen wichtige Hinweise auf den Verlauf des Graphen und auf Möglichkeiten, Funktionsterme näherungsweise zu vereinfachen. Man unterscheidet drei Typen.

Definition

Ist f eine reelle Funktion, so heißt eine Gerade g mit der Gleichung

- g: $y = a$ **horizontale Asymptote** von f für $x \to \pm\infty$, wenn

$$\lim_{x \to \pm\infty} f(x) = a \quad \text{bzw.} \quad \lim_{x \to \pm\infty} \left(f(x) - a \right) = 0.$$

- g: $y = mx + t$ **schräge Asymptote** von f für $x \to \pm\infty$, wenn

$$\lim_{x \to \pm\infty} \left(f(x) - (mx + t) \right) = 0.$$

- g: $x = x_0$ **vertikale Asymptote** von f, wenn

$$\lim_{x \to x_0 + 0} f(x) = \pm\infty \quad \text{oder} \quad \lim_{x \to x_0 - 0} f(x) = \pm\infty.$$

Beispiele

1. Zeigen Sie, dass die Funktion $f(x) = \dfrac{e^x - 2}{e^x - 1}$ mit $\mathbb{D}_{f,\,max} = \mathbb{R} \setminus \{0\}$

   a) die horizontale Asymptote $y = 1$ für $x \to +\infty$,

   b) die horizontale Asymptote $y = 2$ für $x \to -\infty$

   c) und die vertikale Asymptote $x = 0$

   besitzt.

   Lösung:

   a) $y = 1$ ist horizontale Asymptote für $x \to +\infty$, weil

   $$\lim_{x \to +\infty} f(x) = \lim_{x \to +\infty} \frac{e^x - 2}{e^x - 1} = \lim_{x \to +\infty} \frac{1 - \frac{2}{e^x}}{1 - \frac{1}{e^x}} = \frac{\lim\limits_{x \to +\infty} 1 - \lim\limits_{x \to +\infty} \frac{2}{e^x}}{\lim\limits_{x \to +\infty} 1 - \lim\limits_{x \to +\infty} \frac{1}{e^x}} = \frac{1 - 0}{1 - 0} = 1.$$

   b) $y = 2$ ist horizontale Asymptote für $x \to -\infty$, weil

   $$\lim_{x \to -\infty} f(x) = \lim_{x \to -\infty} \frac{e^x - 2}{e^x - 1} = \frac{\lim\limits_{x \to -\infty} e^x - \lim\limits_{x \to -\infty} 2}{\lim\limits_{x \to -\infty} e^x - \lim\limits_{x \to -\infty} 1} = \frac{0 - 2}{0 - 1} = 2.$$

   c) $x = 0$ ist vertikale Asymptote, weil $\lim\limits_{x \to 0 \pm 0} \dfrac{e^x - 2}{e^x - 1} = \mp\infty$.

   Für $x \to 0$ strebt e^x nämlich gegen $e^0 = 1$ und daher der Zähler gegen -1, der Nenner gegen 0 und damit der **Betrag** des Quotienten gegen ∞. **Vorzeichen:** Für kleine positive (negative) x ist der Nenner positiv (negativ), der Zähler negativ, folglich der Quotient negativ (positiv).

2. Zeigen Sie, dass die Funktion $f(x) = 3x - 4 + xe^{-x}$ die schräge Asymptote $y = 3x - 4$ für $x \to +\infty$ besitzt.

Lösung:

$$\lim_{x \to +\infty} (f(x) - (mx + t)) = \lim_{x \to +\infty} (3x - 4 + xe^{-x} - (3x - 4)) = \lim_{x \to +\infty} (xe^{-x})$$

$$= \lim_{x \to +\infty} \frac{x}{e^x} = 0$$

Mithilfe der folgenden Regel können Sie sich rasch eine Übersicht über die Asymptoten einer gebrochenrationalen Funktion verschaffen.

Regel

> **Asymptoten einer gebrochenrationalen Funktion**
>
> Eine gebrochenrationale Funktion der Form
>
> $$f(x) = \frac{z(x)}{n(x)} = \frac{a_n x^n + a_{n-1} x^{n-1} + \dots + a_1 x + a_0}{b_m x^m + b_{m-1} x^{m-1} + \dots + b_1 x + b_0} \quad \text{mit } a_n, b_m \neq 0$$
>
> besitzt
> - für $x \to \pm\infty$ die horizontale Asymptote g: $y = 0$, wenn $\text{grad}(z) < \text{grad}(n)$.
> - für $x \to \pm\infty$ die horizontale Asymptote g: $y = \frac{a_n}{b_m}$, wenn $\text{grad}(z) = \text{grad}(n)$.
> - für $x \to \pm\infty$ eine schräge Asymptote, wenn $\text{grad}(z) = \text{grad}(n) + 1$.
> - für jede Polstelle x_0 eine vertikale Asymptote mit der Gleichung $x = x_0$. Es gilt:
>
> $$\lim_{x \to x_0 \pm 0} f(x) = \begin{cases} \pm\infty \text{ oder } \mp\infty, \text{ bei ungerader Polstellenordnung} \\ +\infty \text{ oder } -\infty, \text{ bei gerader Polstellenordnung} \end{cases}$$

Beispiel

Berechnen Sie die Gleichungen der Asymptoten folgender gebrochenrationaler Funktionen. Beschreiben Sie auch, wie sich die Funktionsgraphen den Asymptoten jeweils nähern.

a) $f(x) = \frac{x^3 + x^2 - x - 3}{x^4 + 2x^2 + 1}$; $\quad \mathbb{D}_{f,\,max} = \mathbb{R}$

b) $f(x) = \frac{3x^3 - 4x^2 + 6x - 7}{x^2 + 2}$; $\quad \mathbb{D}_{f,\,max} = \mathbb{R}$

Hinweis: Verwenden Sie $\frac{3x^3 - 4x^2 + 6x - 7}{x^2 + 2} = 3x - 4 + \frac{1}{x^2 + 2}$.

c) $f(x) = \frac{3x^3 - x + 1}{(x-2)^2 \cdot (1 - 2x)}$; $\quad \mathbb{D}_{f,\,max} = \mathbb{R} \setminus \{0,5; 2\}$

Lösung:

a) - Die Funktion besitzt wegen $\mathbb{D}_{f,\,max} = \mathbb{R}$ keine Polstellen und damit **keine vertikalen Asymptoten**.
   - Da der Grad des Zählerpolynoms kleiner als der Grad des Nennerpolynoms ist, besitzt sie für $x \to \pm\infty$ die **horizontale Asymptote $y = 0$**.

- Weil das Nennerpolynom nur positive Werte annimmt und weil für das Zählerpolynom z(x)

$$\lim_{x \to +\infty} z(x) = +\infty \quad \text{bzw.} \quad \lim_{x \to -\infty} z(x) = -\infty \quad \text{gilt,}$$

  nähert sich der Graph der x-Achse für $x \to +\infty$ von oben, für $x \to -\infty$ von unten.

b)
- Die Funktion besitzt wegen $\mathbb{D}_{f,\,max} = \mathbb{R}$ keine Polstellen und damit **keine vertikalen Asymptoten**.

- $y = 3x - 4$ ist **schräge Asymptote** für $x \to \pm\infty$, weil

$$\lim_{x \to \pm\infty} \big(f(x) - (3x - 4)\big) = \lim_{x \to \pm\infty} \frac{1}{x^2 + 2} = 0.$$

- Wegen $f(x) - (3x - 4) = \frac{1}{x^2 + 2} > 0$ verläuft der Funktionsgraph stets über der schrägen Asymptote.

c)
- Da $x_1 = 0{,}5$ und $x_2 = 2$ Polstellen der Funktion sind, besitzt f **zwei vertikale Asymptoten** mit den Gleichungen **x = 0,5** und **x = 2**.

- Da $x_1 = 0{,}5$ ein Pol ungerader Ordnung ist, haben links- und rechtsseitiger Grenzwert unterschiedliche Vorzeichen. Bei linksseitiger Annäherung strebt die Funktion gegen $+\infty$, bei rechtsseitiger Annäherung gegen $-\infty$, denn:

$$\lim_{\substack{x \to 0{,}5 \pm 0}} f(x) = \lim_{\substack{h \to 0 \\ h > 0}} \frac{3(0{,}5 \pm h)^3 - (0{,}5 \pm h) + 1}{(0{,}5 \pm h - 2)^2 \cdot (1 - 2(0{,}5 \pm h))} = \lim_{\substack{h \to 0 \\ h > 0}} \frac{1}{\mp 2h} \cdot \frac{3 \cdot 0{,}5^3 - 0{,}5 + 1}{(-1{,}5)^2}$$

$$= \mp\infty \cdot \frac{7}{18} = \mp\infty$$

- Da $x_2 = 2$ ein Pol gerader Ordnung ist, haben links- und rechtsseitiger Grenzwert das gleiche Vorzeichen. Wegen

$$\lim_{\substack{x \to 2 \pm 0}} f(x) = \lim_{\substack{h \to 0 \\ h > 0}} \frac{3(2 \pm h)^3 - (2 \pm h) + 1}{(2 \pm h - 2)^2 \cdot (1 - 2(2 \pm h))} = \lim_{\substack{h \to 0 \\ h > 0}} \frac{1}{h^2} \cdot \frac{3 \cdot 2^3 - 2 + 1}{1 - 2 \cdot 2} = \infty \cdot \frac{23}{-3}$$

$$= -\infty$$

  streben die Funktionswerte bei links- und rechtsseitiger Annäherung der Argumente an die Stelle 2 gegen $-\infty$.

- Da Zähler- und Nennerpolynom den gleichen Grad besitzen und

$$\lim_{x \to \pm\infty} \frac{3x^3 - x + 1}{(x - 2)^2 \cdot (1 - 2x)}$$

$$= \lim_{x \to \pm\infty} \frac{3x^3 - x + 1}{-2x^3 + 9x^2 - 12x + 4} \qquad \text{Ausmultiplizieren im Nenner}$$

$$= \lim_{x \to \pm\infty} \frac{3 - \frac{1}{x^2} + \frac{1}{x^3}}{-2 + \frac{9}{x} - \frac{12}{x^2} + \frac{4}{x^3}} = -\frac{3}{2} \qquad \text{Zähler und Nenner durch } x^3 \text{ dividieren.}$$

  hat f für $x \to \pm\infty$ eine **horizontale Asymptote** mit der Gleichung $y = -\frac{3}{2}$.

Aufgaben

90. Zeigen Sie, dass die Gerade g für $x \to -\infty$ schräge Asymptote der Funktion f(x) ist.

a) $f(x) = \dfrac{e^x - x^2}{x}$

g: $y = -x$

b) $f(x) = |x - 2| + xe^x$

g: $y = -x + 2$

91. Berechnen Sie alle horizontalen Asymptoten der Funktion f(x) für $x \to \pm\infty$.

a) $f(x) = \dfrac{e^x + 1}{2e^x - 1}$

b) $f(x) = \dfrac{4 - 2x^2}{x^2 + 4}$

92. Untersuchen Sie das Verhalten der Funktion

$f(x) = \ln\dfrac{1 + x}{x}$; $\mathbb{D}_{f;\,max} = \,]-\infty;\,-1[\,\cup\,]0;\,+\infty[$

an den Grenzen der maximalen Definitionsmenge und geben Sie die Gleichungen aller Asymptoten an.

93. Berechnen Sie die Gleichungen aller vertikalen Asymptoten der Funktion f(x).

a) $f(x) = e^{\frac{x}{1-x}}$

$\mathbb{D}_{f;\,max} = \mathbb{R} \setminus \{1\}$

b) $f(x) = -2 + \ln\dfrac{x+1}{x-1}$

$\mathbb{D}_{f;\,max} = \,]-\infty;\,-1[\,\cup\,]1;\,+\infty[$

94. Geben Sie die Gleichungen der schrägen Asymptoten folgender Funktionen an und überlegen Sie, für welche Werte von x die Graphen über bzw. unter diesen Asymptoten verlaufen.

a) $f(x) = \dfrac{-x^3 + 6x^2 - 9x}{(x-1)^2}$

$\mathbb{D}_{f;\,max} = \mathbb{R} \setminus \{1\}$

Hinweis: $f(x) = -x + 4 + \dfrac{-4}{x^2 - 2x + 1}$

b) $f(x) = \dfrac{1 - x^2}{2(2 - x)}$

$\mathbb{D}_{f;\,max} = \mathbb{R} \setminus \{2\}$

Hinweis: $f(x) = \dfrac{1}{2}x + 1 + \dfrac{-3}{-2x + 4}$

✳ 95. Geben Sie jeweils den Funktionsterm einer gebrochenrationalen Funktion f(x) an, deren Graph die Gerade h: $x = 1$ und die Gerade g als Asymptoten besitzt.

a) g: $y = 2x - 1$

b) g: $y = 2$

c) g: $y = 0$

4 Ableitung

Wesentliche Eigenschaften einer Funktion ergeben sich aus ihrer lokalen Änderungsrate, die unter bestimmten Voraussetzungen mithilfe der Grenzwertrechnung präzise ermittelt werden kann und sich geometrisch als Steigung einer Graphentangente interpretieren lässt. Wegen ihrer großen Bedeutung wurden zahlreiche Techniken entwickelt, mit deren Hilfe man die lokalen Änderungsraten ohne zeit- und arbeitsaufwendige Grenzwertrechnungen bestimmen kann.

4.1 Differenzierbarkeit

Eine Funktion reagiert an einer Stelle x_0 ihrer Definitionsmenge umso empfindlicher auf eine Änderung der Argumentwerte, je größer die Differenz der Funktionswerte $f(x) - f(x_0)$ relativ zur Differenz der Argumentwerte $x - x_0$ ist. Als „Empfindlichkeitsmaß" kann daher der Quotient $\frac{f(x) - f(x_0)}{x - x_0}$ dienen.

Definition | Unter dem **Differenzenquotienten** einer reellen Funktion f: $x \mapsto f(x)$ an der Stelle x_0 ihrer Definitionsmenge versteht man den Ausdruck $\frac{f(x) - f(x_0)}{x - x_0}$.

Der Differenzenquotient kann geometrisch als Steigung m_s der Sekante s durch die Graphenpunkte $(x_0 \mid f(x_0))$ und $(x \mid f(x))$ interpretiert werden. Je „näher" x bei x_0 liegt, desto „näher" liegt $f(x)$ bei $f(x_0)$ und desto besser stimmt die Steigung m_s der Sekante mit der Steigung m_t der Tangente an den Funktionsgraphen im Punkt $(x_0 \mid f(x_0))$ überein. Für m_t gilt daher:

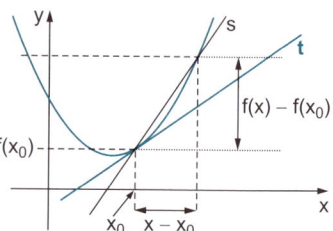

$$m_t := \lim_{x \to x_0} \frac{f(x) - f(x_0)}{x - x_0}$$

Definition | Eine Funktion f: $x \mapsto f(x)$ heißt **differenzierbar an einer Stelle x_0** aus ihrer Definitionsmenge, wenn der Grenzwert $\lim_{x \to x_0} \frac{f(x) - f(x_0)}{x - x_0}$ existiert.

Dieser Grenzwert heißt **Differenzialquotient** oder **1. Ableitung der Funktion f an der Stelle x_0** und wird abkürzend mit $f'(x_0)$ oder $\frac{df}{dx}(x_0)$ bezeichnet.

Die 1. Ableitung an der Stelle x_0 ist also die Steigung derjenigen linearen Funktion, die unter allen linearen Funktionen die Änderung der Funktion lokal am besten approximiert.

Von der **Anschauung** her ist eine reelle **Funktion** an einer Stelle x_0 aus ihrer Definitionsmenge **differenzierbar**, wenn an ihren Graphen im Punkt $(x_0 | f(x_0))$ eindeutig eine Tangente gelegt werden kann. Dies ist möglich, wenn der Graph an dieser Stelle weder Löcher noch Sprungstellen noch Ecken aufweist.

Rechnerisch können Sie die Differenzierbarkeit einer Funktion an einer Stelle x_0 dadurch zeigen, dass Sie

- die Existenz des linksseitigen Differenzialquotienten

$$f'_L(x_0) = \lim_{x \to x_0 - 0} \frac{f(x) - f(x_0)}{x - x_0},$$

- die Existenz des rechtsseitigen Differenzialquotienten

$$f'_R(x_0) = \lim_{x \to x_0 + 0} \frac{f(x) - f(x_0)}{x - x_0} \text{ sowie}$$

- die Gleichheit beider Grenzwerte

nachweisen.

Manchmal ist es erforderlich, die links- und rechtsseitigen Differenzialquotienten mit der h-Methode zu berechnen. Es gilt:

- $f'_L(x_0) = \lim_{\substack{h \to 0 \\ h > 0}} \frac{f(x_0 - h) - f(x_0)}{(x_0 - h) - x_0} = \lim_{\substack{h \to 0 \\ h > 0}} \frac{f(x_0 - h) - f(x_0)}{-h}$

- $f'_R(x_0) = \lim_{\substack{h \to 0 \\ h > 0}} \frac{f(x_0 + h) - f(x_0)}{(x_0 + h) - x_0} = \lim_{\substack{h \to 0 \\ h > 0}} \frac{f(x_0 + h) - f(x_0)}{h}$

Beispiel

Prüfen Sie mithilfe der h-Methode, ob die zusammengesetzte Funktion

$$f(x) = \begin{cases} x^2 - 4x + 2, & \text{falls } x < 1, \\ \frac{x}{x-2}, & \text{falls } x \geq 1, \end{cases}$$

an der Stelle $x_0 = 1$ differenzierbar ist.

Lösung:

$f'_L(1) = \lim_{\substack{h \to 0 \\ h > 0}} \frac{f(1-h) - f(1)}{-h}$ Linksseitiger Differenzialquotient mit der h-Methode

$= \lim_{\substack{h \to 0 \\ h > 0}} \frac{(1-h)^2 - 4(1-h) + 2 - \frac{1}{1-2}}{-h}$ Einsetzen in den Term $x^2 - 4x + 2$. Beachten Sie, dass $f(1) = \frac{1}{1-2}$.

$= \lim_{\substack{h \to 0 \\ h > 0}} \frac{1 - 2h + h^2 - 4 + 4h + 2 + 1}{-h}$ Ausmultiplizieren

$$= \lim_{\substack{h \to 0 \\ h > 0}} \frac{h^2 + 2h}{-h}$$ Zusammenfassen

$$= \lim_{\substack{h \to 0 \\ h > 0}} \frac{h + 2}{-1} = -2$$ Mit h kürzen, dann h = 0 setzen.

$$f'_R(1) = \lim_{\substack{h \to 0 \\ h > 0}} \frac{f(1+h) - f(1)}{h}$$ Rechtsseitiger Differenzialquotient mit der h-Methode

$$= \lim_{\substack{h \to 0 \\ h > 0}} \frac{\frac{1+h}{1+h-2} - \frac{1}{1-2}}{h}$$ Einsetzen in den Term $\frac{x}{x-2}$.

$$= \lim_{\substack{h \to 0 \\ h > 0}} \frac{\frac{1+h}{h-1} + 1}{h}$$ Zusammenfassen

$$= \lim_{\substack{h \to 0 \\ h > 0}} \frac{\frac{1+h+h-1}{h-1}}{h}$$ Zähler auf Hauptnenner bringen

$$= \lim_{\substack{h \to 0 \\ h > 0}} \frac{\frac{2h}{h-1}}{h}$$ Zusammenfassen

$$= \lim_{\substack{h \to 0 \\ h > 0}} \frac{\frac{2}{h-1}}{1} = -2$$ Mit h kürzen, dann h = 0 setzen.

Da links- und rechtsseitiger Differenzialquotient $f'_L(x_0)$ und $f'_R(x_0)$ existieren und übereinstimmen, ist f an der Stelle $x_0 = 1$ differenzierbar.

Definition Eine Funktion heißt **differenzierbar auf** einem offenen **Intervall**, wenn f an jeder Stelle des Intervalls differenzierbar ist.

Beispiel Zeigen Sie, dass die Funktion

$$f(x) = \frac{3x}{4x + 2}$$

auf ihrer maximalen Definitionsmenge $\mathbb{D}_{f,\,max} = \mathbb{R} \setminus \{-0,5\}$ differenzierbar ist.

Lösung:
Für ein beliebiges x_0 aus $\mathbb{D}_{f,\,max}$ existiert $\lim_{x \to x_0} \frac{f(x) - f(x_0)}{x - x_0}$, denn:

$$\lim_{x \to x_0} \frac{f(x) - f(x_0)}{x - x_0}$$

$$= \lim_{x \to x_0} \frac{\frac{3x}{4x+2} - \frac{3x_0}{4x_0+2}}{x - x_0}$$ Einsetzen in den Funktionsterm

$$= \lim_{x \to x_0} \frac{\frac{3x \cdot (4x_0 + 2) - 3x_0 \cdot (4x + 2)}{(4x + 2)(4x_0 + 2)}}{x - x_0}$$

Zähler auf Hauptnenner bringen

$$= \lim_{x \to x_0} \frac{\frac{6(x - x_0)}{(4x + 2)(4x_0 + 2)}}{x - x_0}$$

Im Zähler ausmultiplizieren und zusammenfassen.

$$= \lim_{x \to x_0} \frac{6}{(4x + 2)(4x_0 + 2)}$$

Mit $(x - x_0)$ kürzen.

$$= \frac{6}{(4x_0 + 2)^2}$$

Grenzübergang durch Einsetzen

Allgemein kann man zeigen:

Regel

> **Differenzierbarkeit der elementaren Funktionen**
> Die rationalen Funktionen, Potenzfunktionen, Logarithmusfunktionen, Exponentialfunktionen, trigonometrischen Funktionen sind **an jeder Stelle** ihrer maximalen Definitionsmenge **differenzierbar**. Die Wurzelfunktionen sind auf $\mathbb{R}^+$ differenzierbar.

Die zugehörigen Differenzialquotienten sind in der folgenden Tabelle zusammengefasst:

Funktion	1. Ableitung
$f(x) = x^r;\ r \in \mathbb{R}$	$f'(x_0) = r \cdot x_0^{r-1}$
Insbesondere:	
$f(x) = k;\ k \in \mathbb{R}$	$f'(x_0) = 0$
$f(x) = \sqrt{x}$	$f'(x_0) = \frac{1}{2 \cdot \sqrt{x_0}}$
$f(x) = a_n x^n + a_{n-1} x^{n-1} + \dots + a_2 x^2 + a_1 x + a_0$	$f'(x_0) = n a_n x_0^{n-1} + (n-1) a_{n-1} x_0^{n-2} + \dots + 2 a_2 x_0 + a_1$
$f(x) = e^x$	$f'(x_0) = e^{x_0}$
$f(x) = \ln x$	$f'(x_0) = \frac{1}{x_0}$
$f(x) = a^x;\ a \in \mathbb{R}^+ \setminus \{1\}$	$f'(x_0) = a^{x_0} \cdot \ln a$
$f(x) = \log_a x;\ a \in \mathbb{R}^+ \setminus \{1\}$	$f'(x_0) = \frac{1}{\ln a} \cdot \frac{1}{x_0}$
$f(x) = \sin(kx);\ k \in \mathbb{R} \setminus \{0\}$	$f'(x_0) = k \cos(kx_0)$
$f(x) = \cos(kx);\ k \in \mathbb{R} \setminus \{0\}$	$f'(x_0) = -k \sin(kx_0)$
$f(x) = \tan(kx);\ k \in \mathbb{R} \setminus \{0\}$	$f'(x_0) = \frac{k}{(\cos(kx_0))^2}$

Diese Differenzialquotienten dürfen Sie im Weiteren ohne Begründung verwenden und können damit meist mühsame Grenzwertrechnungen vermeiden.

Für den auf diese Differenzialquotienten gestützten Nachweis, dass eine zusammengesetzte Funktion an der Stückelstelle x_0 differenzierbar ist, ist es zweckmäßig, sich an folgenden Ablaufplan zu halten:

Regel

> **Nachweis der Differenzierbarkeit einer zusammengesetzten Funktion**
>
> 1. Schritt: Überprüfen Sie, ob $\lim\limits_{x \to x_0 - 0} f(x) = \lim\limits_{x \to x_0 + 0} f(x) = f(x_0)$.
>
>   Nur dann nämlich besitzt der Graph von f an der Stelle x_0 keine Sprungstelle und kein Loch.
>
> 2. Schritt: Berechnen Sie $f_L'(x_0)$ und $f_R'(x_0)$.
>
> 3. Schritt: Überprüfen Sie, ob $f_L'(x_0) = f_R'(x_0)$.
>
>   Nur dann nämlich besitzt der Graph von f an der Stelle x_0 keine Ecke.

Beispiel

Zeigen Sie, dass die zusammengesetzte Funktion

$$f(x) = \begin{cases} \ln x, & \text{falls } x \geq 1, \\ x^2 - x, & \text{falls } x < 1, \end{cases}$$

an der Stelle $x_0 = 1$ differenzierbar ist.

Lösung:

Schritt 1: $\lim\limits_{x \to 1+0} f(x) = \lim\limits_{x \to 1+0} \ln x = \ln 1 = 0$

$\lim\limits_{x \to 1-0} f(x) = \lim\limits_{x \to 1-0} (x^2 - x) = 1^2 - 1 = 0$

Es gilt: $\lim\limits_{x \to 1+0} f(x) = 0 = \lim\limits_{x \to 1-0} f(x)$

Schritt 2: $f_L'(x_0) = 2x_0 - 1 \quad \Rightarrow \quad f_L'(1) = 2 \cdot 1 - 1 = 1$

$f_R'(x_0) = \frac{1}{x_0} \quad \Rightarrow \quad f_R'(1) = \frac{1}{1} = 1$

Schritt 3: Es gilt: $f_L'(1) = 1 = f_R'(1)$

f ist an der Stelle $x_0 = 1$ differenzierbar.

Aufgaben   Überprüfen Sie bei den Aufgaben 96 und 97 unter Verwendung der h-Methode und mithilfe der Grenzwertdefinition des Differenzialquotienten, ob f(x) an der Stelle x_0 differenzierbar ist.

96. $x_0 = 1$; $f(x) = |x - 1|$

97. $x_0 = 0$; $f(x) = \begin{cases} -x, & \text{falls } x \geq 0, \\ \frac{x}{x-1}, & \text{falls } x < 0. \end{cases}$

Überprüfen Sie bei den Aufgaben 98 bis 101 mithilfe der tabellierten Differenzialquotienten, ob f(x) an der Stelle x_0 differenzierbar ist.

98. $x_0 = \frac{2}{3}$; $f(x) = \begin{cases} 2x^2 - x + \frac{2}{3}, & \text{für } x > \frac{2}{3}, \\ -x^2 + 3x - \frac{2}{3}, & \text{für } x \leq \frac{2}{3}. \end{cases}$

99. $x_0 = 0$; $f(x) = \begin{cases} 2x - 1, & \text{falls } x < 0, \\ 2x + 1, & \text{falls } x \geq 0. \end{cases}$

100. $x_0 = 0$; $f(x) = \begin{cases} x, & \text{falls } x < 0, \\ \sin x, & \text{falls } x \geq 0. \end{cases}$

101. $x_0 = 0$; $f(x) = \begin{cases} e^x, & \text{falls } x < 0, \\ 2x + 1, & \text{falls } x \geq 0. \end{cases}$

✱ **102.** Geben Sie zwei verschiedene reelle Funktionen an, die an der gleichen Stelle x_0 nicht differenzierbar sind, deren Produkt an dieser Stelle aber differenzierbar ist. Erläutern Sie Ihre Aussage ohne Rechnung mithilfe der Funktionsgraphen.

✱ **103.** Geben Sie zwei verschiedene reelle Funktionen f und g so an, dass f und das Produkt f · g an der Stelle $x_0 = 0$ differenzierbar sind, g aber an dieser Stelle nicht differenzierbar ist. Erläutern Sie Ihre Aussage ohne Rechnung mithilfe der Funktionsgraphen.

4.2 Ableitungsregeln

Die ersten Ableitungen von Funktionen, die durch Addition, Subtraktion, Multiplikation, Division oder Verkettung aus zwei oder mehr differenzierbaren Funktionen entstehen, können ohne Grenzwertrechnung aus den Ableitungen der zugrunde liegenden Funktionen ermittelt werden. Sind f und g an einer Stelle x_0 der gemeinsamen Definitionsmenge differenzierbare Funktionen, so sind auch die Funktionen $f+g$, $f-g$, $f \cdot g$, $\frac{f}{g}$, wenn $g(x_0) \neq 0$, sowie $f \circ g$, wenn f an der Stelle $g(x_0)$ definiert ist, an der Stelle x_0 differenzierbar. Dabei gelten für die Differenzialquotienten im Einzelnen folgende Ableitungsregeln:

Regel

> **Summenregel**
> $$(f+g)'(x_0) = f'(x_0) + g'(x_0)$$
>
> **Differenzregel**
> $$(f-g)'(x_0) = f'(x_0) - g'(x_0)$$
>
> **Produktregel**
> $$(f \cdot g)'(x_0) = f'(x_0) \cdot g(x_0) + f(x_0) \cdot g'(x_0)$$
>
> **Faktorregel**
> Ist k eine reelle Zahl, so gilt:
> $$(k \cdot f)'(x_0) = k \cdot f'(x_0)$$
> Dies ist ein Spezialfall der Produktregel.
>
> **Quotientenregel**
> $$\left(\frac{f}{g}\right)'(x_0) = \frac{f'(x_0) \cdot g(x_0) - f(x_0) \cdot g'(x_0)}{(g(x_0))^2} \qquad (g(x_0) \neq 0)$$
>
> **Kettenregel**
> $$(f \circ g)'(x_0) = f'\big(g(x_0)\big) \cdot g'(x_0) \qquad (g(x_0) \in \mathbb{D}_f)$$
> $f'\big(g(x_0)\big)$ heißt äußere, $g'(x_0)$ innere Ableitung von $f\big(g(x_0)\big)$. Die Multiplikation von $f'\big(g(x_0)\big)$ mit $g'(x_0)$ bezeichnet man als **Nachdifferenzieren**.

Beispiel

Berechnen Sie an einer beliebigen (zulässigen) Stelle x_0 jeweils die 1. Ableitung folgender Funktionen und vereinfachen Sie das Ergebnis algebraisch.

a) $f(x) = e^x + \sqrt{x}$

b) $f(x) = \frac{3}{x^2} - \ln x$

c) $f(x) = (x^2 - x) \cdot e^x$

d) $f(x) = \frac{e^x}{e^x - x}$

e) $f(x) = \ln(x^4 + 4x^2)$

Lösung:

a) Aus $g(x) = e^x \ \Rightarrow \ g'(x_0) = e^{x_0}$ und $h(x) = \sqrt{x} \ \Rightarrow \ h'(x_0) = \dfrac{1}{2 \cdot \sqrt{x_0}}$ folgt mit der **Summenregel:**

$$f'(x_0) = e^{x_0} + \frac{1}{2 \cdot \sqrt{x_0}}$$

b) Aus

$$g(x) = \frac{3}{x^2} = 3 \cdot x^{-2} \ \Rightarrow \ g'(x_0) = 3 \cdot (-2) \cdot x_0^{-3} = -6 x_0^{-3} = \frac{-6}{x_0^3} \ \text{und}$$

$$h(x) = \ln x \ \Rightarrow \ h'(x_0) = \frac{1}{x_0}$$

folgt mit der **Differenzregel:**

$$f'(x_0) = \frac{-6}{x_0^3} - \frac{1}{x_0} = -\frac{x_0^2 + 6}{x_0^3}$$

c) Aus $g(x) = x^2 - x \ \Rightarrow \ g'(x_0) = 2x_0 - 1$ und $h(x) = e^x \ \Rightarrow \ h'(x_0) = e^{x_0}$ folgt mit der **Produktregel:**

$$f'(x_0) = (2x_0 - 1) \cdot e^{x_0} + (x_0^2 - x_0) \cdot e^{x_0} = e^{x_0} \cdot (x_0^2 + x_0 - 1)$$

d) Mithilfe der **Quotientenregel** findet man:

$$f'(x_0) = \frac{\overset{\substack{\text{Ableitung} \\ \text{des Zählers}}}{e^{x_0}} \cdot \overset{\text{Nenner}}{(e^{x_0} - x_0)} - \overset{\text{Zähler}}{e^{x_0}} \cdot \overset{\substack{\text{Ableitung} \\ \text{des Nenners}}}{(e^{x_0} - 1)}}{\underset{\substack{\text{Nenner im} \\ \text{Quadrat}}}{(e^{x_0} - x_0)^2}} = \frac{e^{x_0}(1 - x_0)}{(e^{x_0} - x_0)^2}$$

e) $f(x) = \ln(x^4 + 4x^2)$ ist eine Verkettung $f(x) = (g \circ h)(x)$ der Funktionen $g(x) = \ln x$ und $h(x) = x^4 + 4x^2$. Nach der **Kettenregel** folgt wegen $g'(x_0) = \dfrac{1}{x_0}$ und $h'(x_0) = 4x_0^3 + 8x_0$:

$$f'(x_0) = \underbrace{\frac{1}{x_0^4 + 4x_0^2}}_{\substack{\text{äußere} \\ \text{Ableitung}}} \cdot \underbrace{(4x_0^3 + 8x_0)}_{\text{innere Ableitung}} = \frac{4x_0^2 + 8}{x_0^3 + 4x_0}$$

Aufgaben Berechnen Sie jeweils die 1. Ableitung folgender Funktionen an einer beliebigen (zulässigen) Stelle x_0. Algebraische Vereinfachungen sind nicht erforderlich.

104. a) $f(x) = 3x^3 - 4x + 1$ b) $f(x) = (x^2 - x^4)^3$

     c) $f(x) = (x^5 + x^4)(x^2 - x)$

105. a) $f(x) = \frac{1}{x^3} - \frac{1}{x^2}$ b) $f(x) = \frac{x^3 - 1}{x^2 + 3x + 1}$

106. a) $f(x) = \sqrt{2x^2 + 3x^4}$ b) $f(x) = \frac{1}{\sqrt{x - 2}}$

     c) $f(x) = \sqrt[7]{(2x - 1)^6}$

107. a) $f(x) = 4\sin(2x - 3)$ b) $f(x) = \frac{\sin\left(3x + \frac{\pi}{3}\right)}{\cos\left(2x - \frac{\pi}{2}\right)}$

✳   c) $f(x) = (\sin(4x))^2 + (\cos(4x))^2$

     d) $f(x) = \sin x \cdot \cos(2x)$

     e) $f(x) = \sqrt{1 - \sin x}$

108. a) $f(x) = e^{3x} + 2$ b) $f(x) = 3e^{3x} + 2$

     c) $f(x) = (e^x)^2$ d) $f(x) = e^{x^2}$

     e) $f(x) = \frac{e^x}{x}$ f) $f(x) = \sqrt{e^x}$

     g) $f(x) = 1 - e^{-\sqrt{x}}$ h) $f(x) = \frac{e^x}{1 - e^x}$

     i) $f(x) = -2x^2 \cdot e^{x^2}$

✳   j) $f(x) = (1 + e^x)^2 (1 - e^x)^2$

109. a) $f(x) = \sqrt{\ln x} - \ln\sqrt{x}$ b) $f(x) = (\ln x)^2 - x \cdot \ln x$

     c) $f(x) = \frac{\ln x}{x}$ d) $f(x) = \ln\frac{1}{x}$

✳   e) $f(x) = \ln(\ln\sqrt{x})$

✳   f) $f(x) = 2\ln\left(\frac{1}{x}\right)^2$

✳   g) $f(x) = \sqrt{\ln(x^2 + 1)}$

4.3 Ableitungsfunktion und höhere Ableitungen

Unter der Differenzierbarkeitsmenge $\mathbb{D}_f'$ einer Funktion f versteht man die Menge aller x aus der Definitionsmenge $\mathbb{D}_f$, in denen f differenzierbar ist. Mithilfe des Differenzialquotienten können Sie aus einer Funktion f eine neue Funktion f' konstruieren, indem Sie jedem x aus der Differenzierbarkeitsmenge $\mathbb{D}_f'$ der Funktion f den Differenzialquotienten der Funktion f an der Stelle x zuordnen:

$$f': \mathbb{D}_f' \to \mathbb{R}$$
$$x \mapsto \lim_{\overline{x} \to x} \frac{f(\overline{x}) - f(x)}{\overline{x} - x}$$

Die Funktion f' heißt **1. Ableitungsfunktion** der Funktion f.

In gleicher Weise lässt sich fortfahren: Die Menge aller x aus $\mathbb{D}_f'$, in denen die 1. Ableitungsfunktion f' differenzierbar ist, wird mit $\mathbb{D}_f''$ bezeichnet. Unter der **2. Ableitungsfunktion** versteht man dann die Funktion, die jedem x_0 aus $\mathbb{D}_f''$ die Zahl $(f')'(x_0)$ zuordnet. Sie wird mit f'' bezeichnet. Analog werden die **dritte, vierte, … Ableitungsfunktion** f''', f'''', … definiert.
Die n-te Ableitungsfunktion einer Funktion f bezeichnet man mit $f^{(n)}$.

Beispiel

Berechnen Sie f'(x), f''(x), $f^{(3)}(x)$ und $f^{(4)}(x)$ für $f(x) = 2x^3 - 2x^2 + x - 4$.

Lösung:

$$f'(x) = 6x^2 - 4x + 1$$
$$f''(x) = 12x - 4$$
$$f^{(3)}(x) = 12$$
$$f^{(4)}(x) = 0$$

Aufgaben   **110.** Berechnen Sie jeweils f''(x).

a) $f(x) = \dfrac{5x}{(2x-1)^2}$ b) $f(x) = \ln \dfrac{1}{(1 - e^x)^2}$

c) $f(x) = (2\ln x - 1)^2$ d) $f(x) = \ln \dfrac{1 + x^2}{1 - x^2}$

✱   **111.** Berechnen Sie die ersten

a) vier Ableitungen der auf $\mathbb{R}$ definierten Funktion $f(x) = \sin x$,

b) drei Ableitungen der auf $\mathbb{R}$ definierten Funktion $f(x) = x \cdot e^x$.

Geben Sie jeweils eine mutmaßliche Formel an, mit der man für eine beliebige natürliche Zahl n die n-te Ableitung $f^{(n)}(x)$ berechnen kann.

4.4 Tangenten und Normalen

Abweichend vom Tangentenbegriff der Geometrie, in der die Kurve stets „auf der gleichen" Seite der Tangente verläuft und der Berührpunkt der einzige gemeinsame Punkt ist (Bild A), lässt man in der Analysis auch Geraden als **Tangenten** zu, die den Funktionsgraphen in einem anderen Punkt schneiden (Bild B) oder ihn im Berührpunkt durchstoßen (Bild C). Eine Gerade, die im Berührpunkt P auf der Tangente senkrecht steht, heißt **Normale** in P.

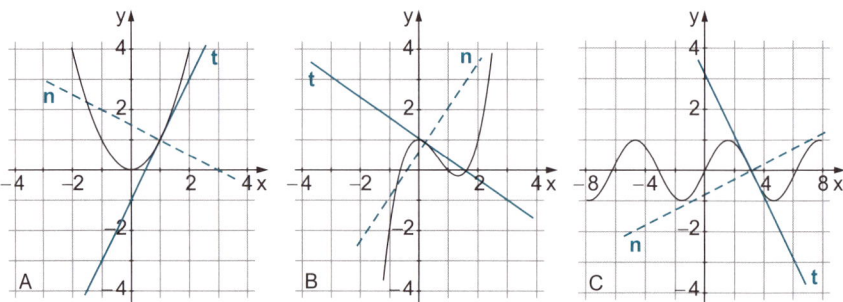

Regel

Tangenten- und Normalenformel
Ist eine Funktion f an der Stelle x_B aus ihrer Definitionsmenge differenzierbar, so lautet die Gleichung
- der Tangente t an ihren Graphen im Punkt $(x_B \mid f(x_B))$:

  t: $y = f'(x_B) \cdot (x - x_B) + f(x_B)$
- der Normalen n an ihren Graphen im Punkt $(x_B \mid f(x_B))$:

  n: $y = -\dfrac{1}{f'(x_B)} \cdot (x - x_B) + f(x_B)$

Begründung:

$y = mx + t$	Tangente ist eine Gerade.
$y = f'(x_B) \cdot x + t \qquad (1)$	Tangente in $(x_B \mid f(x_B))$ hat die Steigung $m = f'(x_B)$.
$f(x_B) = f'(x_B) \cdot x_B + t \qquad (2)$	$(x_B \mid f(x_B))$ liegt auf der Tangente.
$t = f(x_B) - f'(x_B) \cdot x_B \qquad (3)$	Auflösen von (2) nach t
$y = f'(x_B) \cdot x + f(x_B) - f'(x_B) \cdot x_B$	Einsetzen von (3) in (1)
$y = f'(x_B)(x - x_B) + f(x_B)$	Teilweises Ausklammern von $f'(x_B)$

Analog lässt sich die Formel für die Normalengleichung herleiten, indem man in der zweiten Zeile der Herleitung $m = -\dfrac{1}{f'(x_B)}$ setzt.

Beispiele

1. Tangente und Normale an einen Funktionsgraphen durch einen Punkt, der **auf dem Graphen** liegt:
   Stellen Sie die Gleichungen der Tangente und der Normale an den Graphen der Funktion $f(x) = -x^2 - 4x + 3; \; x \in \mathbb{R}$ im Punkt B(2|?) auf.

   Lösung:

   $f(x) = -x^2 - 4x + 3 \; \Rightarrow \; f'(x) = -2x - 4$ Berechnen von f'(x)

   $f(2) = -2^2 - 4 \cdot 2 + 3 = -9$
   $f'(2) = -2 \cdot 2 - 4 = -8$ Einsetzen von $x_B = 2$ in f(x) und f'(x)

   $t(x) = -8(x - 2) - 9 = -8x + 7$ Einsetzen in die Tangentenformel

   $n(x) = \frac{1}{8}(x - 2) - 9 = \frac{1}{8}x - \frac{37}{4}$ Einsetzen in die Normalenformel

2. Tangente und Normale an einen Funktionsgraphen durch einen Punkt, der **nicht auf dem Graphen** liegt:
   Gegeben sind die Punkte T(–2|16) und N(–2|2,5) sowie die Funktion $f(x) = -x^2 - 4x + 3; \; x \in \mathbb{R}$. Stellen Sie die Gleichungen aller Tangenten durch T bzw. aller Normalen durch N an G_f auf.

   Lösung:

   Anders als im Beispiel 1 müssen Sie zunächst die x-Koordinaten des Berühr- bzw. Schnittpunkts berechnen. Dafür ersetzen Sie in der Tangentengleichung x durch –2 und y durch 16 und in der Normalengleichung x durch –2 und y durch 2,5 und erhalten:

Tangente	Normale
$16 = (-2x_B - 4) \cdot (-2 - x_B) - x_B^2 - 4x_B + 3$	$2,5 = \frac{-1}{-2x_B - 4} \cdot (-2 - x_B) - x_B^2 - 4x_B + 3$

   Durch Ausmultiplizieren, Zusammenfassen und Ordnen nach Potenzen auf einer Gleichungsseite nehmen diese Gleichungen folgende Form an:

$x_B^2 + 4x_B - 5 = 0$	$x_B^2 + 4x_B = 0$

   Die Lösungsformel für quadratische Gleichungen liefert die Lösungen:

$x_{B_1} = -5; \; x_{B_2} = 1$	$x_{B_3} = 0; \; x_{B_4} = -4$

   Jetzt fahren Sie wie in Beispiel 1 fort, indem Sie x_B in f(x) und f'(x) einsetzen:

$f(-5) = -2$	$f'(-5) = 6$	$f(0) = 3$	$f'(0) = -4$
$f(1) = -2$	$f'(1) = -6$	$f(-4) = 3$	$f'(-4) = 4$

Einsetzen in	Einsetzen in
$t(x) = f'(x_B) \cdot (x - x_B) + f(x_B)$	$n(x) = -\frac{1}{f'(x_B)} \cdot (x - x_B) + f(x_B)$

liefert die Tangentengleichungen:	liefert die Normalengleichungen:
$t_1(x) = 6 \cdot (x+5) - 2 = 6x + 28$	$n_1(x) = \frac{1}{4}x + 3$
$t_2(x) = -6 \cdot (x-1) - 2 = -6x + 4$	$n_2(x) = -\frac{1}{4}(x+4) + 3 = -\frac{1}{4}x + 2$

Definition

Schneiden sich zwei Funktionsgraphen in einem Punkt $S(x_S|y_S)$ und sind sie dort differenzierbar, so versteht man unter ihrem **Schnittwinkel** den spitzen Winkel δ, den die Tangenten an die Graphen in S miteinander einschließen.

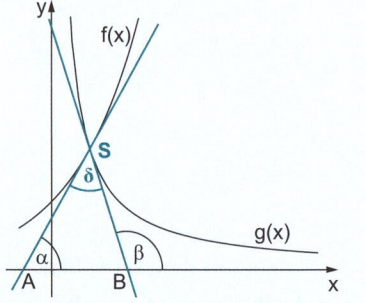

Regel

Schrittweises Berechnen des Schnittwinkels zweier Funktionsgraphen

1. Schritt: Berechnung der x-Koordinate des Schnittpunkts als Lösung x_S der Gleichung $f(x) = g(x)$.
2. Schritt: Berechnung der ersten Ableitungen $f'(x)$ und $g'(x)$.
3. Schritt: Berechnung der Tangentensteigungen $f'(x_S)$ und $g'(x_S)$.
4. Schritt: Ermittlung der Winkel α und β, unter denen die Tangenten die x-Achse schneiden, aus den Gleichungen: $\tan \alpha = f'(x_S)$ und $\tan \beta = g'(x_S)$
5. Schritt: Berechnung von δ mithilfe des Winkelsummensatzes im Dreieck ABS. Dabei wird nur mit positiven Winkeln gerechnet.

Beispiel

Berechnen Sie den Winkel, unter dem sich die Graphen der Funktionen $f(x) = (2-e^x)^2$ und $g(x) = (3-e^x)^2$ schneiden.

Lösung:

Schritt 1: Berechnung der Schnittpunktsabszisse

$(2-e^{x_S})^2 = (3-e^{x_S})^2$	Die Abszisse des Schnittpunkts ist die Lösung der Gleichung, die durch Gleichsetzen der beiden Funktionsgleichungen entsteht.
$4 - 4e^{x_S} + e^{2x_S} = 9 - 6e^{x_S} + e^{2x_S}$	2. binomische Formel
$2e^{x_S} = 5 \Rightarrow e^{x_S} = \frac{5}{2}$	Alle Terme mit x auf der linken Seite, alle Terme ohne x auf der rechten Seite sammeln und zusammenfassen; auf beiden Seiten durch 2 dividieren.
$x_S = \ln \frac{5}{2}$	Auf beiden Seiten logarithmieren.

Schritt 2: Berechnung der ersten Ableitungen der Funktionen $f(x)$ und $g(x)$
Mithilfe der Kettenregel erhalten Sie:

$$f'(x) = 2 \cdot (2-e^x) \cdot (-e^x) \quad \text{und} \quad g'(x) = 2 \cdot (3-e^x) \cdot (-e^x)$$

Schritt 3: Berechnung der Tangentensteigungen

$$f'(x_S) = 2 \cdot \left(2 - e^{\ln\frac{5}{2}}\right) \cdot \left(-e^{\ln\frac{5}{2}}\right) = 2 \cdot \left(2 - \frac{5}{2}\right) \cdot \left(-\frac{5}{2}\right) = \frac{5}{2}$$

$$g'(x_S) = 2 \cdot \left(3 - e^{\ln\frac{5}{2}}\right) \cdot \left(-e^{\ln\frac{5}{2}}\right) = 2 \cdot \left(3 - \frac{5}{2}\right) \cdot \left(-\frac{5}{2}\right) = -\frac{5}{2}$$

Schritt 4: Berechnung der Winkel, unter denen die Tangenten die x-Achse schneiden

$\tan\alpha = 2{,}5 \quad \Rightarrow \quad \alpha \approx 68{,}2°$

$\tan\beta = -2{,}5 \quad \Rightarrow \quad \beta \approx 111{,}8°$

Schritt 5: Winkelsummensatz im Dreieck

$\alpha + (180° - \beta) + \delta = 180° \quad \Rightarrow$

$\delta = \beta - \alpha = 111{,}80° - 68{,}2° = 43{,}6°$

Die Graphen zweier Funktionen **berühren** sich in einem gemeinsamen Punkt, wenn sie dort auch eine gemeinsame Tangente besitzen (siehe Abbildung). Rechnerisch lässt sich dies mithilfe der folgenden Regel nachweisen.

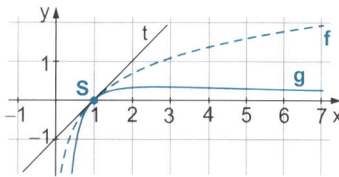

Regel

> **Berührung von Funktionsgraphen**
> Die Graphen zweier Funktionen f und g berühren sich im Punkt $S(x_S \mid y_S)$, wenn
> - f und g in x_S differenzierbar sind,
> - $f(x_S) = g(x_S) =: y_S$ und
> - $f'(x_S) = g'(x_S)$.

Beispiel

Zeigen Sie, dass sich die Graphen der Funktionen $f(x) = \ln x$ und $g(x) = \frac{\ln x}{x}$, $\mathbb{D}_f = \mathbb{D}_g = \mathbb{R}^+$, im einzigen gemeinsamen Punkt berühren.

Lösung:

Auch hier geht man wieder schrittweise vor.

Schritt 1: Berechnung der Schnittpunktsabszisse

$$f(x) = g(x) \quad \Leftrightarrow \quad \ln x = \frac{\ln x}{x} \quad \Leftrightarrow \quad \ln x - \frac{\ln x}{x} = 0 \quad \Leftrightarrow \quad \ln x \cdot \left(1 - \frac{1}{x}\right) = 0$$

Da ein Produkt dann null ist, wenn mindestens ein Faktor null ist, folgt:

(1) $\ln x = 0$ d. h. $x = 1$ oder

(2) $1 - \frac{1}{x} = 0$ d. h. $x = 1$

Die Funktionen können sich also höchstens in $(1 \mid 0)$ berühren.

Schritt 2: Berechnung der ersten Ableitungen der Funktionen

$f'(x) = \frac{1}{x}$

$g'(x) = \frac{x \cdot \frac{1}{x} - \ln x \cdot 1}{x^2} = \frac{1 - \ln x}{x^2}$ Quotientenregel

Schritt 3: Berechnung der Tangentensteigungen

$f'(1) = \frac{1}{1} = 1$ und $g'(1) = \frac{1 - \ln 1}{1^2} = 1$

Weil die beiden Funktionen an der Stelle $x_S = 1$ in ihren Funktionswerten und Steigungen übereinstimmen, berühren sich dort ihre Graphen.

Aufgaben   **112.** Gegeben ist die reelle Funktion $f(x) = \frac{e^x - x}{x - 1}$.

Stellen Sie die Gleichungen der Tangente t und der Normalen n an G_f im Punkt $B(0\,|\,?)$ auf und berechnen Sie den Inhalt der Dreiecksfläche, die von t, n und der x-Achse eingeschlossen wird.

113. Gegeben ist die reelle Funktion $f: x \mapsto \frac{3x}{4x + 2}$, $x \in \mathbb{D}_{f,\,max}$.

Wie viele zur Geraden $g: y + 6x - 4 = 0$ senkrechte Tangenten kann man an den Graphen der Funktion f legen?

Berechnen Sie die Koordinaten der zugehörigen Berührpunkte.

114. Gegeben ist die Schar reeller Funktionen $f_k(x) = (x - k) \cdot e^{2 - \frac{x}{k}}$,

$k \in \mathbb{R} \setminus \{0\}$, $x \in \mathbb{R}$.

Zeigen Sie, dass alle Tangenten in $P_k(3k\,|\,?)$ an den Graphen G_{f_k} parallel zueinander sind.

115. Berechnen Sie die Schnittwinkel folgender Funktionspaare auf zwei Dezimalstellen genau.

a) $f(x) = e^{-x}$ $g(x) = 1 - e^{-x}$

     $\mathbb{D}_f = \mathbb{R}$ $\mathbb{D}_g = \mathbb{R}$

b) $f(x) = (1 + \ln x) \cdot \ln x$ $g(x) = 1 + \ln x$

     $\mathbb{D}_f = \mathbb{R}^+$ $\mathbb{D}_g = \mathbb{R}^+$

✳   **116.** Gegeben sind die Schar reeller Funktionen $f_k(x) = \ln(x + 3) + k$, $k \in \mathbb{R}$,

$\mathbb{D}_{f_k} = \,]-3;\infty[$ und die Gerade $g: y = 0{,}5x + 4$.

Berechnen Sie alle Scharparameter k, für welche die zugehörigen Scharkurven die Gerade g berühren.

4.5 Newton-Verfahren

Mithilfe des Newton-Verfahrens können Sie unter bestimmten Voraussetzungen die Nullstelle x_N einer Funktion f näherungsweise berechnen.

Befindet sich x_0 in der Nähe von x_N, so liegt dem Verfahren die Idee zugrunde, dass die Nullstelle x_1 der Tangente an den Graphen der Funktion f im Punkt $(x_0 | f(x_0))$ näher an x_N liegt als x_0 und die Nullstelle x_2 der Tangente an den Graphen der Funktion f im Punkt $(x_1 | f(x_1))$ noch näher an x_N liegt als x_1. Durch schrittweise Fortsetzung erhält man eine gegen x_N konvergierende Folge x_0, x_1, x_2, ..., deren Glieder als Tangentennullstellen nach folgender Regel sämtlich berechenbar sind.

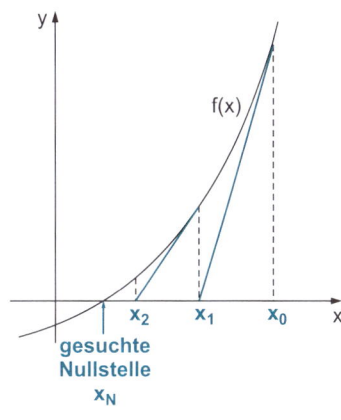

Regel

> **Tangentennullstelle**
>
> Ist f eine in x_0 differenzierbare Funktion mit $f'(x_0) \neq 0$, so schneidet die Tangente an den Graphen der Funktion im Punkt $(x_0 | f(x_0))$ die x-Achse an der Stelle
>
> $$x_T = x_0 - \frac{f(x_0)}{f'(x_0)}.$$

Begründung: Mithilfe des getönten Steigungsdreiecks findet man für die Steigung m der Graphentangente:

$$m = \frac{f(x_0)}{x_0 - x_1}$$

Da sich $f'(x_0)$ geometrisch als Tangentensteigung m interpretieren lässt, folgt:

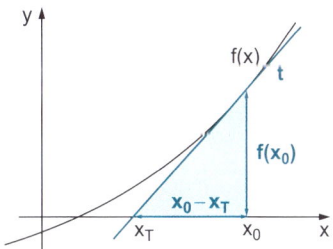

$$f'(x_0) = \frac{f(x_0)}{x_0 - x_T}$$

$$(x_0 - x_T) \cdot f'(x_0) = f(x_0) \qquad \text{Auf beiden Seiten mit } (x_0 - x_T) \text{ multiplizieren.}$$

$$x_0 - x_T = \frac{f(x_0)}{f'(x_0)} \qquad \text{Auf beiden Seiten durch } f'(x_0) \text{ dividieren.}$$

$$-x_T = \frac{f(x_0)}{f'(x_0)} - x_0 \qquad \text{Auf beiden Seiten } x_0 \text{ subtrahieren.}$$

$$x_T = x_0 - \frac{f(x_0)}{f'(x_0)} \qquad \text{Auf beiden Seiten mit } (-1) \text{ multiplizieren.}$$

Die Vorschrift für das Newton-Verfahren lautet daher:

> **Newton-Verfahren**
> Ist f eine differenzierbare Funktion und x_N eine Nullstelle von f, so erhält man aus einer in der Nähe von x_N liegenden Zahl x_n nach folgender Vorschrift eine noch näher bei x_N liegende Zahl x_{n+1}:
>
> $$x_{n+1} = x_n - \frac{f(x_n)}{f'(x_n)}$$

Anmerkung: Man kann zeigen, dass das Verfahren konvergiert, wenn der Startwert x_0 die Bedingung $\left| \frac{f''(x_0) \cdot f(x_0)}{f'(x_0)^2} \right| < 1$ erfüllt.

Berechnen Sie mithilfe des Newton-Verfahrens einen Näherungswert für die einzige Nullstelle der Funktion $f(x) = x^3 + 2x^2 - 5$. Drei Iterationsschritte genügen.

Lösung:

Schritt 1: Wahl des Anfangswerts
Da der Graph von f auf $\mathbb{R}$ ohne Absetzen des Zeichenstifts gezeichnet werden kann und $f(1) = -2 < 0$ und $f(2) = 11 > 0$ gilt, hat f im Intervall $]1; 2[$ mindestens eine Nullstelle. Gewählt wird $x_0 = 1,5$.

Schritt 2: Berechnung der Ableitung
$f'(x) = 3x^2 + 4x$

Schritt 3: Aufstellen der Iterationsformel

$$x_{n+1} = x_n - \frac{f(x_n)}{f'(x_n)}$$

$$= x_n - \frac{x_n^3 + 2x_n^2 - 5}{3x_n^2 + 4x_n} \qquad \text{Einsetzen der Funktionsterme}$$

$$= \frac{x_n \cdot (3x_n^2 + 4x_n)}{3x_n^2 + 4x_n} - \frac{x_n^3 + 2x_n^2 - 5}{3x_n^2 + 4x_n} \qquad \text{Auf Hauptnenner bringen}$$

$$= \frac{3x_n^3 + 4x_n^2}{3x_n^2 + 4x_n} - \frac{x_n^3 + 2x_n^2 - 5}{3x_n^2 + 4x_n} \qquad \text{Ausmultiplizieren}$$

$$= \frac{2x_n^3 + 2x_n^2 + 5}{3x_n^2 + 4x_n} \qquad \text{Zusammenfassen im Zähler}$$

Schritt 4: Iteration

$$x_1 = \frac{2 \cdot 1,5^3 + 2 \cdot 1,5^2 + 5}{3 \cdot 1,5^2 + 4 \cdot 1,5} = 1,274509804$$

$$x_2 = \frac{2 \cdot 1,274509804^3 + 2 \cdot 1,274509804^2 + 5}{3 \cdot 1,274509804^2 + 4 \cdot 1,274509804} = 1,24251428$$

$$x_3 = \frac{2 \cdot 1{,}24251428^3 + 2 \cdot 1{,}24251428^2 + 5}{3 \cdot 1{,}24251428^2 + 4 \cdot 1{,}24251428} = 1{,}241896791$$

Ergebnis: Der Graph von f besitzt eine Nullstelle bei $x \approx 1{,}24$.

Aufgaben **117.** Berechnen Sie ausgehend vom Startwert 1 mithilfe des Newton-Verfahrens einen Näherungswert für die einzige Lösung der Gleichung $e^{-x} - 3x + 2 = 0$. Zwei Iterationsschritte genügen.

118. Die Skizze zeigt die Graphen der Funktionen
$g(x) = \ln x$ und $h(x) = -2x + 3$.
Berechnen Sie mithilfe des Newton-Verfahrens einen Näherungswert für die x-Koordinate des Schnittpunkts.
Drei Iterationsschritte genügen.

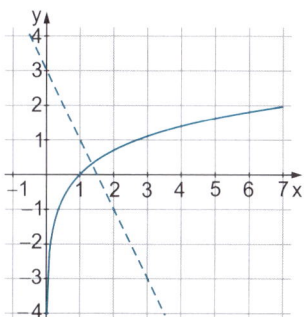

5 Elemente der Kurvendiskussion

Unter Kurvendiskussion versteht man die rechnerische Ermittlung möglichst vieler Eigenschaften einer reellen Funktion aus dem Funktionsterm. Die Ergebnisse dieser „Diskussion" liefern die markanten Punkte des Funktionsgraphen und erleichtern die Anfertigung einer Skizze des Graphen.

5.1 Steigungsverhalten

Fasst man den Graphen einer Funktion als Höhenprofil auf, so kann man die Definitionsmenge in Bereiche einteilen, in denen man von einem Steigen oder Fallen der Funktion sprechen kann. Diese Vorstellung lässt sich mathematisch präzisieren.

Definition | Eine reelle Funktion $f(x)$ heißt auf einem Intervall I
- **streng monoton steigend**, wenn für alle x_1, x_2 aus I gilt:
  $f(x_1) < f(x_2) \Leftrightarrow x_1 < x_2$
- **streng monoton fallend**, wenn für alle x_1, x_2 aus I gilt:
  $f(x_1) < f(x_2) \Leftrightarrow x_1 > x_2$
- **monoton steigend**, wenn für alle x_1, x_2 aus I gilt:
  $f(x_1) \leq f(x_2) \Leftrightarrow x_1 < x_2$
- **monoton fallend**, wenn für alle x_1, x_2 aus I gilt:
  $f(x_1) \leq f(x_2) \Leftrightarrow x_1 > x_2$

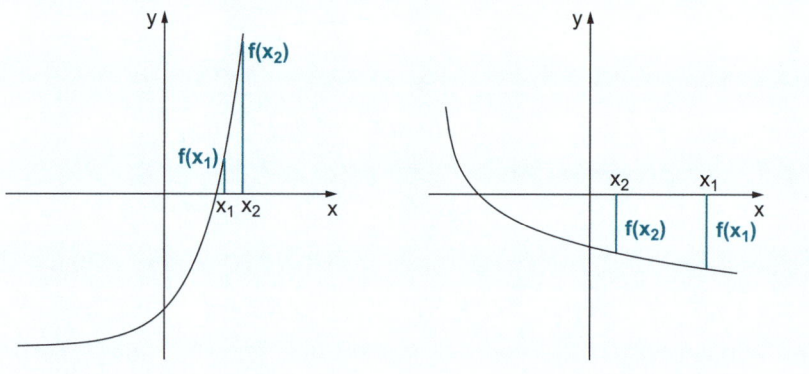

f streng monoton steigend   f streng monoton fallend

Mithilfe dieser Definition können Sie das Steigungsverhalten berechnen, wenn es Ihnen gelingt, die Ungleichung $f(x_1) < f(x_2)$ oder $f(x_1) > f(x_2)$ durch Äquivalenzumformungen in die Form $x_1 < x_2$ oder $x_1 > x_2$ zu bringen.

Beispiel

Zeigen Sie, dass die Funktion $f(x) = \dfrac{7x}{8-4x}$ auf dem Intervall $]2; \infty[$ streng monoton steigt.

Lösung:

$\dfrac{7x_1}{8-4x_1} < \dfrac{7x_2}{8-4x_2}$	Einsetzen des Funktionsterms in die Ungleichung $f(x_1) < f(x_2)$
$7x_1 \cdot (8-4x_2) < 7x_2 \cdot (8-4x_1)$	Mit Hauptnenner multiplizieren und kürzen (Da der Hauptnenner $(8-4x_1)(8-4x_2)$ für $x_1; x_2 \in]2; \infty[$ positiv ist, weil jeder Faktor negativ ist, ändert sich bei der Multiplikation das Ungleichungszeichen nicht.)
$56x_1 - 28x_1x_2 < 56x_2 - 28x_1x_2$	Ausmultiplizieren
$56x_1 < 56x_2$	Auf beiden Seiten $28x_1x_2$ addieren.
$x_1 < x_2$	Auf beiden Seiten durch 56 dividieren.

Insgesamt gilt:

$f(x_1) < f(x_2) \Leftrightarrow x_1 < x_2$

f steigt daher streng monoton in $]2; \infty[$.

Bei Funktionen mit komplizierteren Funktionstermen lässt sich dieses direkte Rechenverfahren zur Feststellung des **Steigungsverhaltens** nicht mehr durchführen. Hier hilft Ihnen aber folgende Regel weiter:

Regel

Erster Monotoniesatz (hinreichende Bedingung für strenge Monotonie)
Gilt für eine auf einem offenen Intervall I differenzierbare Funktion f für alle $x \in I$
- $f'(x) > 0$, dann steigt f auf I streng monoton.
- $f'(x) < 0$, dann fällt f auf I streng monoton.

Zweiter Monotoniesatz (notwendige und hinreichende Bedingung für Monotonie)
Eine auf einem offenen Intervall I differenzierbare Funktion f
- steigt auf I genau dann monoton, wenn für alle $x \in I$ gilt: $f'(x) \geq 0$
- fällt auf I genau dann monoton, wenn für alle $x \in I$ gilt: $f'(x) \leq 0$

Die Umkehrung des 1. Monotoniesatzes ist im Allgemeinen falsch, wie Sie an der Funktion $f(x) = x^3$, $\mathbb{D}_f = \mathbb{R}$ erkennen können: Obwohl f auf $\mathbb{R}$ streng monoton steigt, ist $f'(0) = 0$.

Beispiel

Untersuchen Sie mithilfe der Monotoniesätze das Steigungsverhalten folgender Funktionen auf ihrer Definitionsmenge.

a) $f(x) = \frac{1}{2} \cdot (2 - e^x)^2$; $\quad \mathbb{D}_{f,\,max} = \mathbb{R}$

b) $f(x) = \frac{x^2 - 2x + 1}{x^2 - 2x}$; $\quad \mathbb{D}_{f,\,max} = \mathbb{R} \setminus \{0;\, 2\}$

Lösung:

a) $f'(x) = \frac{1}{2} \cdot 2 \cdot (2 - e^x)(-e^x)$ Ableiten mit der Kettenregel

$\qquad = e^x \cdot (e^x - 2)$

$e^x \cdot (e^x - 2) > 0 \quad \Leftrightarrow \quad e^x - 2 > 0$ Einsetzen in $f'(x) > 0$, Auflösen

$\qquad\qquad\qquad\qquad \Leftrightarrow \quad x > \ln 2$ nach x ($e^x > 0$ für alle x)

f ist auf

- $]\ln 2;\, +\infty[$ streng monoton steigend;   1. Monotoniesatz
- $]-\infty;\, \ln 2[$ streng monoton fallend.

b) $f'(x) = \frac{(x^2 - 2x)(2x - 2) - (x^2 - 2x + 1) \cdot (2x - 2)}{(x^2 - 2x)^2}$ Ableiten mit der Quotientenregel

$\qquad = \frac{(2x - 2)(x^2 - 2x - x^2 + 2x - 1)}{(x^2 - 2x)^2} = \frac{2 - 2x}{(x^2 - 2x)^2}$ Im Zähler $(2x - 2)$ ausklammern; $x^2 - 2x - x^2 + 2x - 1 = -1$

$f'(x) > 0 \quad \Leftrightarrow \quad 2 - 2x > 0 \quad \Leftrightarrow \quad 1 > x$ Da der Nenner als Quadrat für alle x aus $\mathbb{R} \setminus \{0;\, 2\}$ positiv ist, bestimmt nur der Zähler das Vorzeichen von $f'(x)$.

f ist auf

- $]-\infty;\, 0[$ und $]0;\, 1[$ streng monoton steigend;   1. Monotoniesatz
- $]1;\, 2[$ und $]2;\, +\infty[$ streng monoton fallend.

Aufgaben

119. Stellen Sie **ohne** Zuhilfenahme der 1. Ableitung fest, in welchen Teilbereichen ihrer maximalen Definitionsmenge die Funktion f(x) jeweils streng monoton steigt bzw. fällt.

a) $f(x) = \frac{x^2}{x^2 + 4}$; $\mathbb{D}_{f,\,max} = \mathbb{R}$ b) $f(x) = \frac{6x}{3 - x}$; $\mathbb{D}_{f,\,max} = \mathbb{R} \setminus \{3\}$

120. Ermitteln Sie mithilfe der 1. Ableitung das Steigungsverhalten der auf $\mathbb{R}$ definierten Funktionen.

a) $f(x) = (x - 1) \cdot e^{2 - x}$ b) $f(x) = 4x \cdot e^{-0,5x^2}$

121. Ermitteln Sie mithilfe der 1. Ableitung das Steigungsverhalten der auf $\mathbb{R}^+$ definierten Funktionen.

a) $f(x) = x \cdot (2 - \ln x)$ b) $f(x) = (\ln x)^2 - \ln x^2$

122. Ermitteln Sie mithilfe der 1. Ableitung das Steigungsverhalten der angegebenen Funktionen auf ihrer maximalen Definitionsmenge.

a) $f(x) = \ln \dfrac{3x}{x^2 - 1}$

$\mathbb{D}_{f,\,max} = \,]-1;\,0[\,\cup\,]1;\,\infty[$

b) $f(x) = \dfrac{3x^2 - 8x}{(x - 2)^2}$

$\mathbb{D}_{f,\,max} = \mathbb{R}\setminus\{2\}$

✳ **123.** Warum steigt der Graph der Funktion $f(x) = \dfrac{2\,010}{2\,009} \cdot x + \sin x$ auf $\mathbb{R}$ streng monoton, nicht aber der Graph der Funktion $g(x) = \dfrac{2\,008}{2\,009} \cdot x + \sin x$?

✳ **124.** Entscheiden Sie, welche der folgenden Aussagen wahr oder falsch sind, und begründen Sie Ihre Antwort.

a) Steigen $f(x)$ und $g(x)$ auf $\mathbb{R}$ monoton, so steigt auch $h(x) = f(x) + g(x)$ auf $\mathbb{R}$ monoton.

b) Fallen $f(x)$ und $g(x)$ auf $\mathbb{R}$ monoton, so fällt auch $h(x) = f(x) - g(x)$ auf $\mathbb{R}$ monoton.

c) Steigen $f(x)$ und $g(x)$ auf $\mathbb{R}$ monoton, so steigt auch $h(x) = f(x) \cdot g(x)$ auf $\mathbb{R}$ monoton.

d) Fallen $f(x)$ und $g(x)$ auf $\mathbb{R}$ monoton, so fällt auch $h(x) = \dfrac{f(x)}{g(x)}$ auf $\mathbb{R}$ monoton.

✳ **125.** In dieser Aufgabe bezeichnet $f(x)$ eine auf $\mathbb{R}$ differenzierbare Funktion mit $f'(x) > 0$, deren Graph stets über der x-Achse verläuft.
Was lässt sich über das Steigungsverhalten der Funktionen $g(x)$ und $h(x)$ aussagen?

a) $g(x) - \big(f(x)\big)^2$

b) $h(x) - \dfrac{1}{f(x)}$

5.2 Relative Extrema

So wie bei einem Panorama der deutschen Alpen neben dem höchsten Gipfel der Zugspitze auch die niedrigeren von Watzmann, Mädelegabel oder Hochkalter ins Auge fallen, sind auch bei Funktionsgraphen nicht nur die Stellen mit dem absolut größten und kleinsten Funktionswert, sondern auch die „Nebengipfel" des Graphen von Interesse. Der Begriff „Nebengipfel eines Funktionsgraphen" lässt sich folgendermaßen mathematisch präzisieren:

Definition   Eine reelle Funktion f(x) besitzt an der Stelle x_0 ihrer Definitionsmenge $\mathbb{D}_f$ ein
- **relatives** oder **lokales Maximum**, wenn es ein in $\mathbb{D}_f$ enthaltenes, offenes Intervall I, das x_0 enthält, so gibt, dass für alle von x_0 verschiedenen x aus I gilt: $f(x) < f(x_0)$
- **relatives** oder **lokales Minimum**, wenn es ein in $\mathbb{D}_f$ enthaltenes, offenes Intervall I, das x_0 enthält, so gibt, dass für alle von x_0 verschiedenen x aus I gilt: $f(x) > f(x_0)$

Die zugehörigen Punkte des Funktionsgraphen nennt man **Hoch-** bzw. **Tiefpunkte**.

Relative Maxima und Minima fasst man unter dem Oberbegriff relative **Extrema** zusammen. Um die Lage und Art von relativen Extrema zu berechnen, ist folgende Regel hilfreich:

Regel

1. Satz: Notwendige Bedingung für relative Extrema
Wenn eine differenzierbare Funktion f an der Stelle x_0 ihrer Definitionsmenge ein relatives Extremum besitzt, dann gilt $f'(x_0) = 0$.

2. Satz: Hinreichende Bedingungen für relative Extrema
a) Wenn für eine differenzierbare Funktion f an der Stelle x_0 ihrer Definitionsmenge $f'(x_0) = 0$ gilt und wenn $f'(x)$ beim Fortschreiten von links nach rechts über die Stelle x_0 hinweg das Vorzeichen wechselt, dann besitzt f an der Stelle x_0 ein relatives Extremum.
Es handelt sich um ein lokales $\left\{ \begin{array}{l} \text{Maximum} \\ \text{Minimum} \end{array} \right\}$, wenn das Vorzeichen von $\left\{ \begin{array}{l} +\ \text{nach} - \\ -\ \text{nach} + \end{array} \right\}$ wechselt.

b) Wenn die erste Ableitung einer dreimal differenzierbaren Funktion f an der Stelle x_0 ihrer Definitionsmenge eine Nullstelle besitzt ($f'(x_0) = 0$), die zweite Ableitung dort aber von null verschieden ist ($f''(x_0) \neq 0$), dann besitzt f an der Stelle x_0 ein relatives Extremum.
Es handelt sich um ein lokales $\left\{ \begin{array}{l} \text{Maximum} \\ \text{Minimum} \end{array} \right\}$, wenn $\left\{ \begin{array}{l} f''(x_0) < 0 \\ f''(x_0) > 0 \end{array} \right\}$.

Die Umkehrungen dieser Sätze sind im Allgemeinen falsch. Das erkennen Sie an folgenden **Gegenbeispielen**:
- Die Funktion $f(x) = x^3$, $\mathbb{D}_f = \mathbb{R}$ verbietet eine Umkehrung des 1. Satzes, weil f an der Stelle 0 kein relatives Extremum besitzt, obwohl $f'(0) = 0$ ist.
- Die Funktion

$$g(x) = \begin{cases} x^2 \left(1 + \sin \frac{1}{x} \right), & \text{falls } x \in \mathbb{R} \setminus \{0\}, \\ 0, & \text{falls } x = 0, \end{cases}$$

verbietet eine Umkehrung des Satzes 2 a, weil g an der Stelle 0 ein relatives Minimum besitzt, ohne dass bei $g'(x)$ ein eindeutiger Vorzeichenwechsel festgestellt werden kann.

- Die Funktion $h(x) = x^4$, $\mathbb{D}_h = \mathbb{R}$ verbietet eine Umkehrung des Satzes 2 b, weil h an der Stelle 0 ein lokales Minimum besitzt, obwohl $h''(0) = 0$.

Mithilfe der genannten Sätze können Sie auf folgende Weise die Lage und die Art der relativen Extrema einer differenzierbaren Funktion $f(x)$ berechnen:

Regel

> **Schrittweises Bestimmen der Lage und Art von relativen Extrema**
>
> 1. Schritt: Berechnen Sie $f'(x)$.
> 2. Schritt: Berechnen Sie die Lösungen der Gleichung $f'(x) = 0$.
> 3. Schritt: Überprüfen Sie für jede Lösung x_0, ob $f'(x)$ beim Fortschreiten von links nach rechts über x_0 hinweg das Vorzeichen wechselt.
>   - Nutzen Sie hierfür das eventuell schon bekannte Steigungsverhalten von f aus oder ermitteln Sie für kleine positive, reelle h die Vorzeichen von $f'(x_0 + h)$ und $f'(x_0 - h)$.
>   - Wenn der Nachweis eines Vorzeichenwechsels nicht möglich oder rechnerisch zu aufwendig ist, fahren Sie unter Schritt 5 fort.
> 4. Schritt: Werten Sie aus:
>   - Wechselt $f'(x)$ das Vorzeichen von + nach –, so besitzt f bei x_0 ein relatives Maximum.
>   - Wechselt $f'(x)$ das Vorzeichen von – nach +, so besitzt f bei x_0 ein relatives Minimum.
>   - Bleibt das Vorzeichen von $f'(x)$ unverändert ($+ \to +$ bzw. $- \to -$), dann besitzt f bei x_0 kein relatives Extremum.
> 5. Schritt: Berechnen Sie $f''(x)$.
> 6. Schritt: Berechnen Sie den Funktionswert $f''(x_0)$ und werten Sie aus:
>   - Ist $f''(x_0) > 0$, so besitzt f bei x_0 ein relatives Minimum.
>   - Ist $f''(x_0) < 0$, so besitzt f bei x_0 ein relatives Maximum.
>   - Ist $f''(x_0) = 0$, so lässt sich endgültig keine Aussage darüber machen, ob f an der Stelle x_0 ein relatives Extremum besitzt.

Unter dem **absoluten** oder **globalen** Maximum bzw. Minimum einer Funktion versteht man den größten bzw. kleinsten Funktionswert, den die Funktion in ihrer Definitionsmenge annimmt.
Die Skizze veranschaulicht, dass relative Extrema absolute Extrema sein können, aber nicht sein müssen.

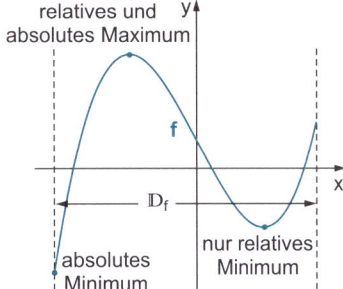

Beispiele

1. Ermitteln Sie ohne Zuhilfenahme der 2. Ableitung Lage und Art der relativen Extrema bei folgenden Funktionen:

a) $f(x) = x - \ln x$; $\mathbb{D}_f = \mathbb{R}^+$

b) $f(x) = \frac{\ln x}{x^2}$; $\mathbb{D}_f = \mathbb{R}^+$

Lösung:

a) **Schritt 1:** Berechnung der 1. Ableitung von $f(x)$

$$f'(x) = 1 - \frac{1}{x}$$

Schritt 2: Berechnung der Nullstellen der 1. Ableitung

$$f'(x_0) = 0 \iff 1 - \frac{1}{x_0} = 0 \iff x_0 = 1$$

Schritt 3: Untersuchung des Vorzeichenwechsels von $f'(x)$ **mit der h-Methode**

Für ein kleines positives h gilt:

$$f'(x_0 - h) = 1 - \frac{1}{x_0 - h} = 1 - \frac{1}{1 - h} = \frac{1 - h - 1}{1 - h} = \frac{\overbrace{-h}^{<0}}{\underbrace{1 - h}_{>0}} < 0$$

$$f'(x_0 + h) = 1 - \frac{1}{x_0 + h} = 1 - \frac{1}{1 + h} = \frac{1 + h - 1}{1 + h} = \frac{\overbrace{h}^{>0}}{\underbrace{1 + h}_{>0}} > 0$$

Schritt 4: Auswertung

$f'(x)$ wechselt bei x_0 das Vorzeichen von „–" nach „+". Folglich hat f bei $x_0 = 1$ ein **relatives Minimum**.

b) **Schritt 1:** Mithilfe der Quotientenregel erhalten Sie:

$$f'(x) = \frac{x^2 \cdot \frac{1}{x} - \ln x \cdot 2x}{x^4} = \frac{x - \ln x \cdot 2x}{x^4} = \frac{1 - 2\ln x}{x^3}$$

Schritt 2: Die Nullstelle von $f'(x)$ lautet unter Beachtung von $\mathbb{D}_f$:

$$\frac{1 - 2\ln x_0}{x_0^3} = 0 \iff 1 - 2\ln x_0 = 0 \iff \ln x_0 = \frac{1}{2} \iff x_0 = \sqrt{e}$$

Schritt 3: Untersuchung des Vorzeichenwechsels von $f'(x)$ **ohne h-Methode** (unter Beachtung von $\mathbb{D}_f = \mathbb{R}^+$)

$$f'(x) > 0 \iff \frac{1 - 2\ln x}{x^3} > 0 \iff 1 - 2\ln x > 0 \iff \ln x < \frac{1}{2} \iff x < \sqrt{e}$$

Entsprechend folgt:

$$f'(x) < 0 \iff x > \sqrt{e}$$

Schritt 4: $f'(x)$ wechselt bei x_0 das Vorzeichen von „+" nach „–". Folglich hat f bei $x_0 = \sqrt{e}$ ein **relatives Maximum**.

2. Ermitteln Sie unter Zuhilfenahme der 2. Ableitung Lage und Art der relativen Extrema der Funktion $f(x) = (x-1) \cdot e^{1-x}$; $\mathbb{D}_f = \mathbb{R}$.

Lösung:

Schritt 1:

$f'(x) = (x-1) \cdot e^{1-x} \cdot (-1) + e^{1-x} \cdot 1 = e^{1-x} \cdot (2-x)$

Schritt 2: Wegen $e^{1-x} > 0$ für alle $x \in \mathbb{R}$ gilt:

$f'(x_0) = 0 \iff e^{1-x_0} \cdot (2-x_0) = 0 \iff x_0 = 2$

Schritt 5: Die 2. Ableitung von f(x) lautet:

$f''(x) = e^{1-x} \cdot (-1) + (2-x) \cdot e^{1-x} \cdot (-1) = e^{1-x} \cdot (x-3)$

Schritt 6: Vorzeichen der 2. Ableitung bei $x_0 = 2$

$f''(x_0) = e^{1-x_0} \cdot (x_0 - 3) = e^{1-2} \cdot (2-3) = -\frac{1}{e} < 0$

Wegen $f''(x_0) < 0$ besitzt f bei $x_0 = 2$ ein **relatives Maximum**.

3. Zeigen Sie, dass die Funktion $f(x) = \frac{2x}{1-x}$, $\mathbb{D}_f = \mathbb{R} \setminus \{1\}$ keine relativen Extrema besitzt.

Lösung:

Schritt 1:

$f'(x) = \frac{(1-x) \cdot 2 - 2x \cdot (-1)}{(1-x)^2} = \frac{2}{(1-x)^2} > 0$ für alle $x \in \mathbb{D}_f$

Weil f'(x) keine Nullstelle besitzt, besitzt f nach der Regel auf S. 96 (notwendige Bedingung für relative Extrema) keine relativen Extrema.

Aufgaben **126.** Ermitteln Sie nur unter Zuhilfenahme der 1. Ableitung Lage und Art der relativen Extrema folgender Funktionen:

a) $f(x) = 4x \cdot e^{-0,5x^2}$; $\mathbb{D}_f = \mathbb{R}$ b) $f(x) = 1 - \left(\ln(1-x)\right)^2$; $\mathbb{D}_f =]-\infty; 1[$

127. Ermitteln Sie unter Zuhilfenahme der 2. Ableitung Lage und Art der relativen Extrema folgender Funktionen:

a) $f(x) = \frac{x^3}{3} + \frac{x^2}{2} - 6x$; $\mathbb{D}_f = \mathbb{R}$ b) $f(x) = \frac{x^2}{x^2+1}$; $\mathbb{D}_f = \mathbb{R}$

c) $f(x) = x(\ln x)^2$; $\mathbb{D}_f = \mathbb{R}^+$ d) $f(x) = \sin x + \frac{x}{2}$; $\mathbb{D}_f = \mathbb{R}$

128. Zeigen Sie, dass folgende Funktionen keine relativen Extrema besitzen.

a) $f(x) = \frac{e^x - 1}{e^x + 1}$

$\mathbb{D}_f = \mathbb{R}$

b) $f(x) = \ln \frac{x}{x^2 - 1}$

$\mathbb{D}_f =]-1; 0[\cup]1; +\infty[$

c) $f(x) = \sqrt{xe^x}$

$\mathbb{D}_f = \mathbb{R}^+$

d) $f(x) = \dfrac{x}{x^2 - 4}$

$\mathbb{D}_f = \mathbb{R} \setminus \{-2; 2\}$

129. In den folgenden Skizzen sind die zu den Funktionen f(x), g(x) und j(x) gehörenden Graphen abgebildet. f, g und j sind die ersten Ableitungen von Funktionen, deren Graphen ebenfalls dargestellt sind.

Finden Sie im Ausschlussverfahren heraus, welche Graphen in diesem Sinn zusammengehören, und begründen Sie Ihre Entscheidung nur mithilfe der Nullstellen der Funktion f, g und j.

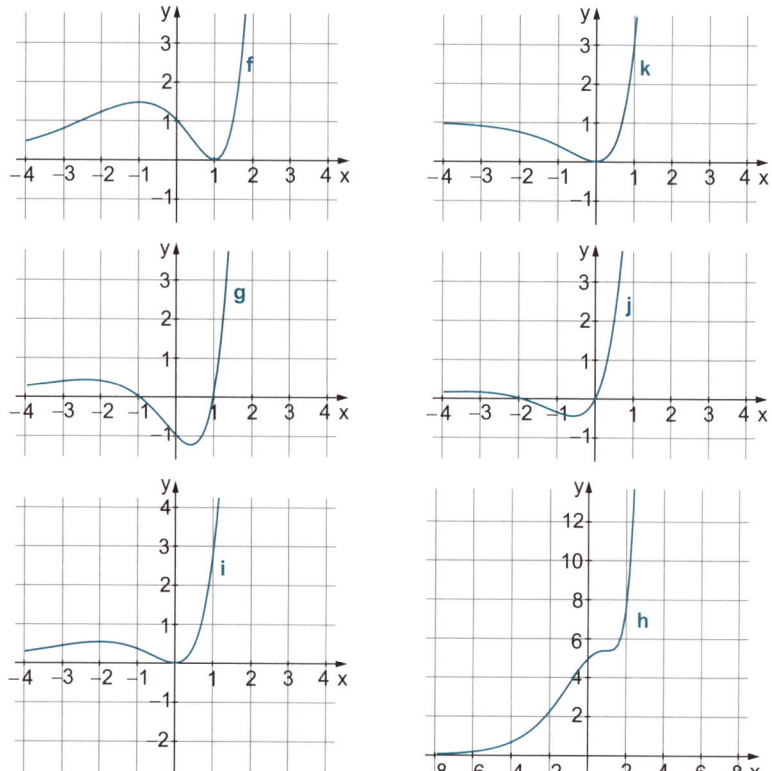

✱ 130. Für welche Werte von k besitzen die Funktionen der Form $f_k(x) = \sin x + kx$, $\mathbb{D}_f = \mathbb{R}$ keine relativen Extrema?

✱ 131. Warum besitzt die Funktion $w(x) = \sqrt{f(x)}$ genau an den gleichen Stellen die gleiche Art von relativen Extrema wie die Funktion f(x), wenn f(x) eine in ihrer Definitionsmenge überall differenzierbare Funktion ist, die nur positive Werte annimmt?

5.3 Krümmungsverhalten und Wendestellen

Gleitet man mit dem Finger auf einem Funktionsgraphen in Richtung zunehmender x-Werte entlang und beschreibt der Finger dabei eine Linkskurve (Rechtskurve), so ist der Graph linksgekrümmt (rechtsgekrümmt).

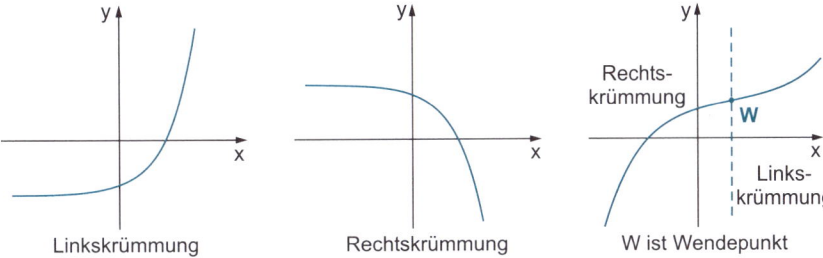

| Linkskrümmung | Rechtskrümmung | W ist Wendepunkt |

Von besonderem Interesse sind die Punkte des Graphen, in denen er sein Krümmungsverhalten ändert, also von einer Links- in eine Rechtskrümmung übergeht oder umgekehrt.

Definition

Ein Punkt, in dem der Graph einer Funktion sein Krümmungsverhalten ändert, heißt **Wendepunkt**, die zugehörige x-Koordinate heißt **Wendestelle**.
Die Tangente bzw. Normale an den Funktionsgraphen in einem Wendepunkt wird als **Wendetangente** bzw. **Wendenormale** bezeichnet.
Einen Wendepunkt mit horizontaler Wendetangente nennt man **Terrassenpunkt**.

Das Krümmungsverhalten einer Funktion können Sie mithilfe ihrer 2. Ableitung ermitteln.

Regel

> **Hinreichende Bedingung für die Krümmungsart**
> Ist f eine auf einem offenen Intervall I zweimal differenzierbare Funktion und gilt für alle $x \in I$
> - $f''(x) > 0$, dann ist f auf I linksgekrümmt.
> - $f''(x) < 0$, dann ist f auf I rechtsgekrümmt.

Die Lage der Wendestellen können Sie mithilfe zweier Lehrsätze ermitteln, die in folgender Regel zusammengestellt sind.

Regel

> **1. Satz: Notwendige Bedingung für Wendestellen**
>
> Wenn eine zweimal differenzierbare Funktion f an der Stelle x_0 ihrer Definitionsmenge eine Wendestelle besitzt, dann gilt $f''(x_0) = 0$.
>
> **2. Satz: Hinreichende Bedingungen für Wendestellen**
>
> a) Wenn für eine zweimal differenzierbare Funktion f an der Stelle x_0 ihrer Definitionsmenge $f''(x_0) = 0$ gilt und wenn $f''(x)$ beim Fortschreiten über die Stelle x_0 hinweg das Vorzeichen wechselt, dann ist x_0 eine Wendestelle von f.
>
> b) Wenn für eine dreimal differenzierbare Funktion f an der Stelle x_0 ihrer Definitionsmenge $f''(x_0) = 0$ gilt und $f'''(x_0) \neq 0$ ist, dann ist x_0 eine Wendestelle von f.

Diese Kriterien erlauben Ihnen, schrittweise die Wendestellen einer mindestens zwei- bzw. dreimal differenzierbaren Funktion f(x) zu ermitteln.

Regel

> **Schrittweises Bestimmen von Wendestellen**
>
> 1. Schritt: Berechnen Sie $f''(x)$.
> 2. Schritt: Berechnen Sie die Lösungen der Gleichung $f''(x) = 0$.
> 3. Schritt: Überprüfen Sie für jede Lösung x_0, ob $f''(x)$ beim Fortschreiten von links nach rechts über x_0 hinweg das Vorzeichen wechselt.
>   - Nutzen Sie hierfür das eventuell schon bekannte Krümmungsverhalten von f aus oder ermitteln Sie für kleine positive, reelle h die Vorzeichen von $f''(x_0 + h)$ und $f''(x_0 - h)$.
>   - Ist der Nachweis eines Vorzeichenwechsels nicht möglich oder rechnerisch zu aufwendig, fahren Sie unter Schritt 5 fort.
> 4. Schritt: Werten Sie aus:
>   - Wechselt $f''(x)$ das Vorzeichen, so ist x_0 eine Wendestelle.
>   - Bleibt das Vorzeichen von $f''(x)$ unverändert ($+ \rightarrow +$ bzw. $- \rightarrow -$), dann besitzt f bei x_0 keine Wendestelle.
> 5. Schritt: Berechnen Sie $f'''(x)$.
> 6. Schritt: Berechnen Sie den Funktionswert $f'''(x_0)$:
>   - Ist $f'''(x_0) \neq 0$, so ist x_0 eine Wendestelle.
>   - Ist $f'''(x_0) = 0$, so lässt sich endgültig keine Aussage darüber machen, ob x_0 eine Wendestelle ist.
> 7. Schritt: Falls sich x_0 als Wendestelle erwiesen hat, überprüfen Sie, ob $f'(x) = 0$. Wenn ja, so handelt es sich um eine Terrassenstelle.

Beispiele

1. Berechnen Sie die Lage des einzigen Wendepunktes der Funktion
   $f(x) = x \cdot e^x$, $\mathbb{D}_f = \mathbb{R}$.

   Lösung:

   Schritt 1: Berechnung der 2. Ableitung von f(x)

   $f'(x) = x \cdot e^x + e^x = e^x (x+1) \qquad f''(x) = e^x \cdot 1 + (x+1) \cdot e^x = e^x (x+2)$

Schritt 2: Berechnung der Nullstellen der 2. Ableitung

$f''(x) = e^x(x+2) = 0 \iff x_0 = -2 \ (\text{da } e^x > 0)$

Schritt 3: $f''(x)$ wechselt an der Stelle $x_0 = -2$ das Vorzeichen, da e^x stets positiv ist, $x+2$ für $x < -2$ negativ und für $x > -2$ positiv ist.

Schritt 4: Wegen des Vorzeichenwechsels ist $x_0 = -2$ Wendestelle von f.

2. Berechnen Sie das Krümmungsverhalten der Funktion $f(x) = x^2 e^x$; $\mathbb{D}_f = \mathbb{R}$. Geben Sie damit die Lage aller Wendestellen der Funktion an.

Lösung:

Schritt 1: Berechnung der 2. Ableitung von f(x)

$f'(x) = x^2 \cdot e^x + e^x \cdot 2x = e^x(x^2 + 2x)$

$f''(x) = e^x \cdot (2x+2) + (x^2 + 2x) \cdot e^x = e^x(x^2 + 4x + 2)$

Regel zur Krümmungsart: Wegen $e^x > 0$ stimmt das Vorzeichen von $f''(x)$ mit dem Vorzeichen des quadratischen Terms $x^2 + 4x + 2$ überein. Mithilfe der Lösungsformel für quadratische Gleichungen finden Sie, dass die nach oben offene Parabel $y = x^2 + 4x + 2$ die x-Achse bei

$x_1 = -2 - \sqrt{2}$ und $x_2 = -2 + \sqrt{2}$

schneidet; sie verläuft daher auf $]-\infty; -2-\sqrt{2}[\ \cup\ ]-2+\sqrt{2}; +\infty[$ über und auf $]-2-\sqrt{2}; -2+\sqrt{2}[$ unter der x-Achse.

Daraus folgt für

- $x \in\ ]-\infty; -2-\sqrt{2}[\ \cup\ ]-2+\sqrt{2}; +\infty[:\ f''(x) > 0$ und f linksgekrümmt
- $x \in\ ]-2-\sqrt{2}; -2+\sqrt{2}[:\ f''(x) < 0$ und f rechtsgekrümmt

Schritt 4: f besitzt Wendestellen bei $x_1 = -2 - \sqrt{2}$ und $x_2 = -2 + \sqrt{2}$.

3. Zeigen Sie, dass der Ursprung Terrassenpunkt der Funktion $f(x) = x^3 e^x$, $\mathbb{D}_f = \mathbb{R}$ ist.

Lösung:

Mithilfe der Produktregel berechnen Sie zunächst f'(x), f''(x) und f'''(x):

$f'(x) = x^3 \cdot e^x + e^x \cdot 3x^2 = e^x(x^3 + 3x^2)$

$f''(x) = e^x \cdot (3x^2 + 6x) + (x^3 + 3x^2) \cdot e^x = e^x(x^3 + 6x^2 + 6x)$

$f'''(x) = e^x \cdot (3x^2 + 12x + 6) + (x^3 + 6x^2 + 6x) \cdot e^x = e^x(x^3 + 9x^2 + 18x + 6)$

Dann gilt:

- **Satz 2 b über Wendestellen:** f hat bei $x_0 = 0$ eine Wendestelle, weil $f''(0) = e^0 \cdot 0 = 0$ und $f'''(0) = e^0 \cdot 6 = 6 \neq 0$.
- **Schritt 7:** Wegen $f'(0) = e^0 \cdot 0 = 0$ besitzt die Wendetangente die Steigung 0 und verläuft horizontal.

f besitzt bei $x = 0$ also einen Terrassenpunkt.

4. Zeigen Sie, dass die Funktion $f(x) = \frac{2x}{1-x}$, $\mathbb{D}_f = \mathbb{R} \setminus \{1\}$ keine Wendestelle besitzt.

Lösung:

Schritt 1: Berechnung der 2. Ableitung von f(x)

$$f'(x) = \frac{(1-x) \cdot 2 - 2x \cdot (-1)}{(1-x)^2} = \frac{2}{(1-x)^2}$$

$$f''(x) = \frac{(1-x)^2 \cdot 0 - 2 \cdot 2 \cdot (1-x) \cdot (-1)}{(1-x)^4} = \frac{4}{(1-x)^3}$$

Satz 1 über Wendestellen: Besäße f eine Wendestelle, hätte die 2. Ableitung mindestens eine Nullstelle. Dies ist aber nicht der Fall, weil der Zähler des Quotienten $\frac{4}{(1-x)^3}$ nicht null wird.

Aufgaben

132. Zeigen Sie, dass die Graphen der folgenden Funktionen genau einen Wendepunkt aufweisen, und berechnen Sie dessen Koordinaten.

a) $f(x) = \frac{x+1}{e^{2x}}$

$\mathbb{D}_f = \mathbb{R}$

b) $f_k(x) = 4e^{-x}(k - e^{-x})$

$\mathbb{D}_{f_k} = \mathbb{R}; k \in \mathbb{R}^+$

133. Wo schneidet die einzige Wendetangente des Graphen der Funktion $f(x) = x \cdot e^{1-x}$, $\mathbb{D}_f = \mathbb{R}$ die x-Achse?

134. Zeigen Sie, dass alle Wendetangenten der Schar $f_k(x) = (x-k) \cdot e^{2 - \frac{x}{k}}$, $\mathbb{D}_{f_k} = \mathbb{R}$, $k \in \mathbb{R}^+$ parallel zueinander verlaufen.

135. Die Skizze zeigt den Graphen der ersten Ableitung f' einer Funktion f.
Geben Sie die Lage der Wendestellen der Funktion f möglichst genau an und begründen Sie Ihr Vorgehen.

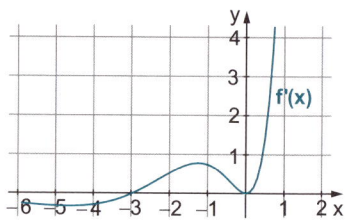

✳ **136.** Die Skizze zeigt die Graphen einer Funktion f(x) und ihrer Ableitungen f'(x) und f''(x).
Welcher Graph gehört zu welcher Funktion?
Begründen Sie Ihre Aussagen.

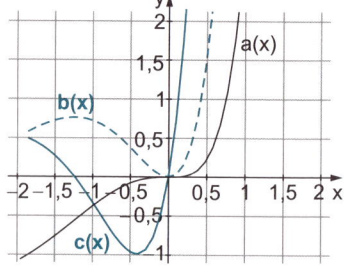

✳ **137.** Die Skizze zeigt den Graphen G_f
einer Funktion f(x) mit seinen
beiden Wendepunkten.
Skizzieren Sie den Graphen $G_{f'}$
der Funktion f'(x), wenn alle
Schnittpunkte von G_f und $G_{f'}$ auf
den Koordinatenachsen liegen.
Begründen Sie Ihr Vorgehen.

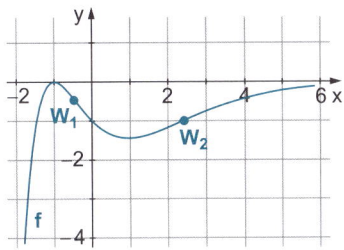

✳ **138.** Beweisen oder widerlegen Sie folgende Aussagen. Für die Widerlegung
genügt die Skizze eines geeigneten Funktionsgraphen.

a) Wenn eine zweimal differenzierbare Funktion eine Wendestelle besitzt,
dann besitzt sie auch mindestens ein relatives Extremum.

b) Wenn eine zweimal differenzierbare Funktion in Teilen ihrer Definitionsmenge rechts- und in anderen linksgekrümmt ist, dann besitzt sie
auch eine Wendestelle.

c) Wenn eine zweimal differenzierbare Funktion auf ℝ nur linksgekrümmt
ist, dann besitzt sie mindestens ein relatives Minimum.

6 Die Umkehrung einer Funktion

Dreht man bei einer reellen Funktion f die Richtung der Zuordnung um, so erhält man die Umkehrung von f. Diese ordnet jeder Zahl y aus der Wertemenge W_f (das ist die Menge aller Funktionswerte der Funktion f) Zahlen aus der Definitionsmenge $\mathbb{D}_f$ zu. Die Umkehrung von f ist nicht zwangsläufig wieder eine Funktion, weil möglicherweise einem y aus W_f mehr als ein x aus $\mathbb{D}_f$ zugewiesen wird. In Bild A ist ein Beispiel für einen solchen Fall dargestellt. Bild B zeigt dagegen eine Funktion, deren Umkehrung wieder eine Funktion ist. Nur dieser Fall wird in diesem Abschnitt genauer betrachtet.

Definition | Eine Funktion $f: x \mapsto y = f(x)$, $x \in \mathbb{D}_f$, $y \in W_f$ heißt **umkehrbar**, wenn die Umkehrung von f wieder eine Funktion ist, d. h., wenn sie jedem y aus der Wertemenge W_f genau ein x aus $\mathbb{D}_f$ zuordnet.

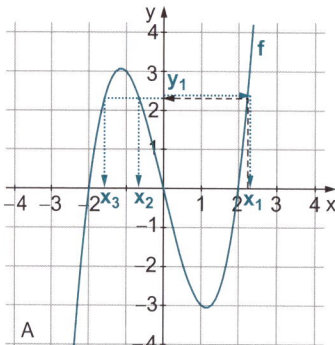

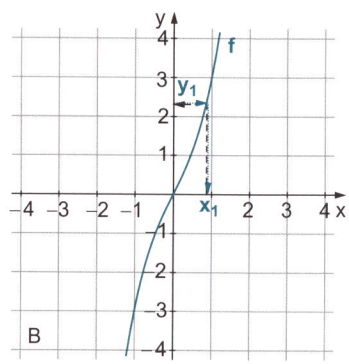

Die Umkehrung einer umkehrbaren Funktion f wird üblicherweise mit $f^{-1}(x)$ bezeichnet. Beachten Sie, dass f^{-1} nur ein Symbol ist und nicht etwa eine Potenz mit Basis f und negativem Exponenten -1 bedeutet.

Die bekanntesten Umkehrfunktionen sind
- die **Logarithmusfunktionen** $x \mapsto \log_a(x)$, $x \in \mathbb{R}^+$, $a \in \mathbb{R}^+$: Sie sind die Umkehrfunktionen der Exponentialfunktionen $x \mapsto a^x$, $x \in \mathbb{R}$, $a \in \mathbb{R}^+$;
- die **Wurzelfunktionen** $x \mapsto \sqrt[n]{x}$, $x \in \mathbb{R}^+$, $n \in \mathbb{N}$: Sie sind die Umkehrfunktionen der Einschränkungen der Potenzfunktionen $x \mapsto x^n$, $x \in \mathbb{R}^+$, $n \in \mathbb{N}$.

Bei der Überprüfung beliebiger Funktionen auf Umkehrbarkeit ist folgende Regel ein unentbehrliches Hilfsmittel.

Regel

> **Bedingungen für Umkehrbarkeit**
> a) Wenn eine reelle Funktion f auf ihrer Definitionsmenge $\mathbb{D}_f$ entweder nur streng monoton fällt oder nur streng monoton steigt, dann ist sie auf $\mathbb{D}_f$ umkehrbar.
> b) Wenn die erste Ableitung f'(x) einer auf einem offenen Intervall I differenzierbaren Funktion f für alle $x \in I$ entweder nur positiv oder nur negativ ist, dann ist f auf I umkehrbar.

Manchmal ist es bei einer umkehrbaren Funktion f möglich, die Gleichung $y = f(x)$ nach x aufzulösen und dadurch den **Term $f^{-1}(y)$ der Umkehrfunktion** in Abhängigkeit von y explizit anzugeben. Tauscht man dann noch die Variablen x und y, so liegt die Definitionsmenge von f^{-1} wie üblich auf der x-Achse, ihre Wertemenge auf der y-Achse. Nach dem **Variablentausch** ist der Graph der Umkehrfunktion das Spiegelbild des Graphen der Funktion f bzgl. der Winkelhalbierenden $y = x$.

Beispiel

Überprüfen Sie, ob folgende Funktionen auf ihrer maximalen Definitionsmenge umkehrbar oder teilweise umkehrbar sind, und berechnen Sie gegebenenfalls die Terme der Umkehrfunktionen.

a) $f(x) = \ln \frac{x}{4-x}$; $\mathbb{D}_{f,\,max} =]0;\, 4[$

b) $f(x) = \ln(1 - x^2)$; $\mathbb{D}_{f,\,max} =]-1;\, 1[$

Lösung:

a) Mittels Ketten- und Quotientenregel finden Sie für die 1. Ableitung von f:

$$f'(x) = \frac{1}{\frac{x}{4-x}} \cdot \frac{(4-x) \cdot 1 - x \cdot (-1)}{(4-x)^2} = \frac{4}{x(4-x)}$$

Für $x \in \mathbb{D}_{f,\,max} =]0;\, 4[$ sind die beiden Nennerfaktoren x und $(4-x)$ positiv und somit auch f'(x) positiv. f ist daher nach Bedingung b auf $\mathbb{D}_{f,\,max}$ umkehrbar. Den Term der Umkehrfunktion finden Sie durch Auflösen der Gleichung $y = \ln \frac{x}{4-x}$ nach x:

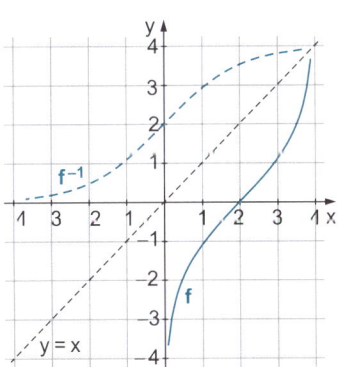

$$e^y = \frac{x}{4-x} \qquad \text{Exponenzieren}$$

$$4e^y - xe^y = x \qquad \text{Multiplikation mit } 4-x \text{ auf beiden Gleichungsseiten, Ausmultiplizieren}$$

$$4e^y = x + xe^y \qquad \text{Auf beiden Seiten } xe^y \text{ addieren.}$$

$$4e^y = x(1 + e^y) \qquad \text{x ausklammern}$$

$$\frac{4e^y}{1 + e^y} = x \qquad \text{Auf beiden Seiten durch } 1 + e^y \text{ dividieren.}$$

$$\frac{4e^x}{1+e^x} = y \qquad \text{Tausch der Variablen}$$

Der gesuchte Funktionsterm lautet daher: $f^{-1}(x) = \dfrac{4e^x}{e^x+1}$

b) Mithilfe der Kettenregel finden Sie für die 1. Ableitung von f:

$$f'(x) = \frac{1}{1-x^2} \cdot (-2x) = \frac{-2x}{1-x^2}$$

Da für $x \in \mathbb{D}_{f,\,max} = \,]-1;\,1[$ der Nenner $1-x^2$ positiv ist, stimmt das Vorzeichen von f'(x) mit dem des Zählers $-2x$ überein: Dieser ist für $x \in \,]-1;\,0[$ positiv und für $x \in \,]0;\,1[$ negativ. Daher sind die Einschränkungen $f_1(x) := \ln(1-x^2);\; x \in \,]-1;\,0[\;$ und $f_2(x) := \ln(1-x^2);\; x \in \,]0;\,1[$

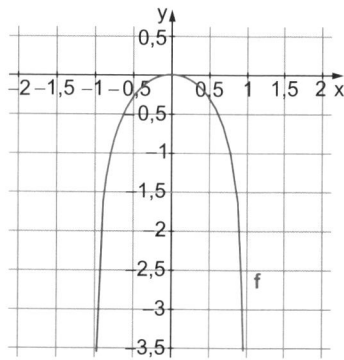

der Funktion f nach Bedingung b umkehrbar. Die zugehörigen Umkehrfunktionsterme finden Sie durch Auflösen der Gleichung $y = \ln(1-x^2)$ nach x:

$$e^y = 1 - x^2 \qquad \text{Exponenzieren}$$

$$x^2 = 1 - e^y \qquad \text{Auf beiden Seiten } x^2 - e^y \text{ addieren.}$$

$$|x| = \sqrt{1-e^y} \qquad \text{Auf beiden Seiten radizieren.}$$

$$x_1 = -\sqrt{1-e^y}\,;\;\; x_2 = +\sqrt{1-e^y}$$

$$f_1^{-1}(x) = -\sqrt{1-e^x}\,;\;\; f_2^{-1}(x) = +\sqrt{1-e^x} \qquad \text{Tausch der Variablen}$$

Dabei sind $f_1^{-1}(x)$ bzw. $f_2^{-1}(x)$ die Umkehrungen der Einschränkungen $f_1(x)$ bzw. $f_2(x)$, weil $W_{f_1^{-1}} = D_{f_1}$ und $W_{f_2^{-1}} = D_{f_2}$.

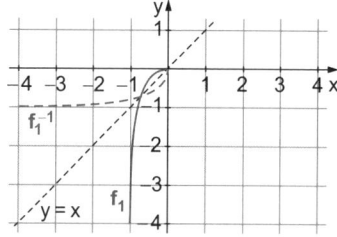 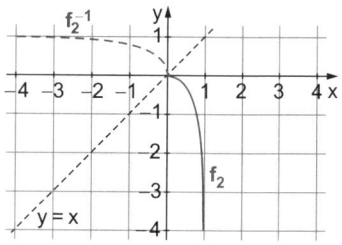

Lässt sich die Gleichung $y = f(x)$ einer umkehrbaren Funktion nicht nach x auflösen, entzieht sich die Umkehrfunktion f^{-1} einer Untersuchung mit den bisherigen Methoden. Einige ihrer Eigenschaften ergeben sich aber aus den entsprechenden Eigenschaften der Funktion f.

Regel

> **Eigenschaften von Funktion und Umkehrfunktion**
>
> Für eine auf einem offenen Intervall]a; b[umkehrbare Funktion f gilt:
>
> 1. **Steigt** (fällt) **f(x)** auf]a; b[streng monoton, dann **steigt $f^{-1}(x)$** auf]f(a); f(b)[(fällt $f^{-1}(x)$ auf]f(b); f(a)[) streng monoton.
> 2. Lässt sich f(x) im Intervall]a; b[ohne Absetzen des Zeichenstifts zeichnen, so lässt sich auch $f^{-1}(x)$ auf]f(a); f(b)[bzw.]f(b); f(a)[ohne Absetzen des Zeichenstifts zeichnen.
> 3. Ist f(x) in $c \in I$ differenzierbar und $f'(c) \neq 0$, dann ist $f^{-1}(x)$ in f(c) differenzierbar.
> 4. Die Definitionsmenge der Umkehrfunktion ist die Wertemenge der Funktion: $\mathbb{D}_{f^{-1}} = W_f$
> 5. Die Wertemenge der Umkehrfunktion ist die Definitionsmenge der Funktion: $W_{f^{-1}} = \mathbb{D}_f$
> 6. Es gilt: $(f^{-1} \circ f)(x) = x$ und $(f \circ f^{-1})(x) = x$
> 7. Ein auf dem Graphen der Funktion f liegender Punkt (a|b) wird durch Spiegelung an der Winkelhalbierenden auf den auf dem Graphen der Umkehrfunktion $f^{-1}(x)$ liegenden Punkt (b|a) abgebildet.
> 8. Mindestens ein Schnittpunkt der Graphen G_f und $G_{f^{-1}}$ (sofern sie sich überhaupt schneiden) liegt auf der Geraden y = x.

Beispiel

Obwohl die Funktion $f(x) = x + \ln x - e$, $\mathbb{D}_f = \mathbb{R}^+$ auf $\mathbb{D}_f$ umkehrbar ist (Nachweis nicht erforderlich), lässt sich der Term der Umkehrfunktion $f^{-1}(x)$ nicht angeben. Berechnen Sie:

a) die Definitionsmenge von $f^{-1}(x)$.

b) das Steigungsverhalten von $f^{-1}(x)$.

c) die Koordinaten des einzigen Schnittpunkts S der Graphen G_f und $G_{f^{-1}}$. (Sie können ohne Nachweis voraussetzen, dass es nur einen Schnittpunkt gibt.)

d) den Funktionswert $f^{-1}(1)$.

Lösung:

a) Weil der Graph von f ohne Absetzen des Zeichenstifts gezeichnet werden kann und

$$\lim_{x \to \infty} (x + \ln x - e) = +\infty \quad \text{sowie} \quad \lim_{x \to 0} (x + \ln x - e) = -\infty$$

gilt, besitzt f die Wertemenge $W_f =]-\infty; +\infty[$.
Wegen $\mathbb{D}_{f^{-1}} = W_f$ folgt: $\mathbb{D}_{f^{-1}} =]-\infty; +\infty[$

b) Weil $f'(x) = 1 + \frac{1}{x}$ für x aus $\mathbb{D}_f = \mathbb{R}^+$ positiv ist, steigt f auf $\mathbb{R}^+$ streng monoton. Da das Steigungsverhalten von f und f^{-1} gleich ist, steigt auch f^{-1} auf $\mathbb{D}_{f^{-1}} =]-\infty; +\infty[$ streng monoton.

c) Da mindestens ein Schnittpunkt der Graphen G_f und $G_{f^{-1}}$ auf der Geraden $y = x$ liegt, ist S der Schnittpunkt von G_f mit der Geraden $y = x$. Die x-Koordinate von S ist daher die Lösung der Gleichung $x + \ln x - e = x$:
$$x + \ln x - e = x \iff \ln x = e \iff x = e^e \implies S(e^e \mid e^e)$$

d) Setzt man $f^{-1}(1) = b$, so folgt $1 = f(f^{-1}(1)) = f(b)$ und daraus $1 = b + \ln b - e$. Durch Raten finden Sie $b = e$, denn $e + \ln e - e = \ln e = 1$. Also gilt:
$$f^{-1}(1) = e$$

Aufgaben **139.** Zeigen Sie, dass jede der angegebenen Funktionen in $\mathbb{D}_f$ umkehrbar ist, und ermitteln Sie die Gleichung der Umkehrfunktion.

a) $f(x) = \dfrac{e^x - e}{e^x + e}$

$\mathbb{D}_f = \mathbb{R}$

b) $f(x) = \ln \sqrt{\dfrac{1-x}{1+x}}$

$\mathbb{D}_f = \,]-1; 1[$

140. Zeigen Sie, dass für die reelle Funktion $f(x) = -\ln(1 - e^{-x})$, $x \in \mathbb{R}^+$ gilt:
$f(f(x)) = x$
Was bedeutet diese Gleichung für die Funktion f und ihren Graphen?

✶ **141.** Berechnen Sie möglichst große Teilintervalle der Definitionsmenge, auf denen die Einschränkungen der Funktionen umkehrbar sind, und geben Sie die zugehörigen Umkehrfunktionen an.

a) $f(x) = \dfrac{4x^2 + 2}{1 + x^2}$

$\mathbb{D}_f = \mathbb{R}$

b) $f(x) = \dfrac{e^{x^2}}{4}$

$\mathbb{D}_f = \mathbb{R}$

142. Die Funktion $f(x) = 2\sqrt{x} + \dfrac{x^3}{3}$, $\mathbb{D}_f = \mathbb{R}^+$ ist auf $\mathbb{D}_f$ umkehrbar.
Berechnen Sie die Koordinaten des einzigen Wendepunkts ihrer Umkehrfunktion.

✶ **143.** Entscheiden Sie, ob folgende Aussagen wahr oder falsch sind, und begründen Sie Ihre Antworten.

a) Eine auf $\mathbb{R}$ definierte Funktion, die auf $\mathbb{R}_0^-$ streng monoton steigt und auf $\mathbb{R}^+$ streng monoton fällt, ist auf $\mathbb{R}$ nicht umkehrbar.

b) Die Graphen G_f und $G_{f^{-1}}$ einer umkehrbaren Funktion $f(x)$ und ihrer Umkehrfunktion $f^{-1}(x)$ schneiden sich in höchstens einem Punkt.

c) Gilt für zwei reelle Funktionen f und g $W_g = \mathbb{D}_f$ und $\mathbb{D}_g = W_f$, so ist g die Umkehrung von f.

d) Eine Funktion $f(x)$ ist umkehrbar, wenn $f'(x)$ für alle x aus $\mathbb{D}_f$ negativ ist.

Elemente der Integralrechnung

Das Hauptanliegen der Integralrechnung war ursprünglich die Berechnung der Inhalte von Flächen, die von „krummen Linien" begrenzt werden. Die bei der Lösung dieses Problems entstandene Theorie stellt neben der Differenzialrechnung das zweite Fundament der Analysis dar. Zwischen beiden besteht ein enger Zusammenhang, der im Hauptsatz der Differenzial- und Integralrechnung zum Ausdruck kommt. Mit seiner Hilfe können „Werkzeuge" der Differenzialrechnung äußerst wirkungsvoll auf Probleme der Integralrechnung angewendet werden und umgekehrt. Neben der „klassischen" Flächenberechnung lässt sich die Integralrechnung so auch zur Kurvendiskussion, zur Berechnung von Streckenlängen und Rauminhalten oder zur Lösung von Differenzialgleichungen und Extremwertproblemen einsetzen.

7 Unbestimmtes und bestimmtes Integral

Durch Umkehrung des Differenzierens kann man unter bestimmten Voraussetzungen den Inhalt von Flächen berechnen, die von Funktionsgraphen und Parallelen zu den Koordinatenachsen begrenzt werden.

7.1 Stammfunktionen

Stammfunktionen spielen eine zentrale Rolle in der Integralrechnung.

Definition   Ist f eine auf der Menge $\mathbb{D}_f$ definierte reelle Funktion, so heißt eine auf $\mathbb{D}_f$ definierte, differenzierbare Funktion F(x) **Stammfunktion** von f, wenn für alle x aus $\mathbb{D}_f$ gilt: $F'(x) = f(x)$

Eine auf einem Intervall]a; b[definierte Funktion f hat unendlich viele Stammfunktionen. Ist nämlich F eine Stammfunktion von f, so ist für jede beliebige Zahl c auch die Funktion $G(x) = F(x) + c$ eine Stammfunktion von f, weil:
$G'(x) = (F(x) + c)' = F'(x) + 0 = f(x)$
Umgekehrt gilt auch:

Regel

> **Zusammenhang zwischen Stammfunktionen**
> Ist die Definitionsmenge $\mathbb{D}_f$ von f(x) ein Intervall]a; b[und sind F und G zwei auf]a; b[definierte Stammfunktionen von f, so gibt es eine reelle Zahl c so, dass $G(x) = F(x) + c$.

Definition   Die Menge aller Stammfunktionen einer Funktion f heißt **unbestimmtes Integral** von f und wird mit $\int f(x)dx$ bezeichnet.

Das Aufsuchen einer Stammfunktion F zu einer vorgegebenen Funktion f stellt quasi die Umkehroperation des Differenzierens dar. Während es aber für das Differenzieren einfache Regeln gibt, mit deren Hilfe man die Ableitung einer differenzierbaren Funktion immer berechnen kann, trifft dies für die Umkehroperation nicht immer zu. So kann man z. B. für die Funktionen $f(x) = e^{-x^2}$ oder $f(x) = \frac{1}{\ln x}$ keine Stammfunktion explizit angeben.

Trotzdem findet man durch intelligentes Raten oder geschickte Anwendung der Ableitungsregeln für die meisten elementaren Funktionen Stammfunktionen. Sie sind in folgender Übersicht zusammengestellt und Sie können diese im Weiteren ohne Begründung verwenden.

Elementare Funktion	**Stammfunktionen ($c \in \mathbb{R}$)**
$f(x) = k; \ k \in \mathbb{R}$	$F(x) = k \cdot x + c$
$f(x) = x^r; \ r \in \mathbb{R} \setminus \{-1\}$	$F(x) = \frac{x^{r+1}}{r+1} + c$
$f(x) = \frac{1}{x}$	$F(x) = \ln|x| + c$
$f(x) = \sin(kx); \ k \in \mathbb{R} \setminus \{0\}$	$F(x) = -\frac{1}{k} \cdot \cos(kx) + c$
$f(x) = \cos(kx); \ k \in \mathbb{R} \setminus \{0\}$	$F(x) = \frac{1}{k} \cdot \sin(kx) + c$
$f(x) = \tan x$	$F(x) = -\ln(\cos x) + c$
$f(x) = e^x$	$F(x) = e^x + c$
$f(x) = \ln x$	$F(x) = x \ln x - x + c$

Stammfunktionen zu einer ganzrationalen Funktion der Form
$$f(x) = a_n x^n + a_{n-1} x^{n-1} + \ldots + a_2 x^2 + a_1 x + a_0$$
sind die Funktionen
$$F(x) = \frac{a_n}{n+1} x^{n+1} + \frac{a_{n-1}}{n} x^n + \ldots + \frac{a_2}{3} x^3 + \frac{a_1}{2} x^2 + a_0 x + c; \ c \in \mathbb{R}.$$

Beispiel

Geben Sie zu folgenden Funktionen je eine Stammfunktion an.

a) $f(x) = 3x^4 - 5x^2 + 2x$

b) $f(x) = \frac{1}{\sqrt{x}} + \sqrt{x}$

Lösung:

a) $F(x) = \frac{3}{5} x^5 - \frac{5}{3} x^3 + x^2$

Bei jedem x-Term den Exponenten um 1 erhöhen und den Koeffizienten durch den neuen Exponenten dividieren.

b) $f(x) = \frac{1}{\sqrt{x}} + \sqrt{x} = x^{-\frac{1}{2}} + x^{\frac{1}{2}}$

Übergang von der Wurzel- zur Potenzschreibweise

$\Rightarrow \ F(x) = \frac{1}{-\frac{1}{2}+1} x^{-\frac{1}{2}+1} + \frac{1}{\frac{1}{2}+1} x^{\frac{1}{2}+1}$

Bei jedem x-Term den Exponenten um 1 erhöhen und den Koeffizienten durch den neuen Exponenten dividieren.

$= \frac{1}{\frac{1}{2}} x^{\frac{1}{2}} + \frac{1}{\frac{3}{2}} x^{\frac{3}{2}}$

$= 2\sqrt{x} + \frac{2}{3} \sqrt{x^3}$

Übergang von der Potenz- zur Wurzelschreibweise

Für gebrochenrationale Funktionen gestaltet sich das Auffinden von Stammfunktionen wesentlich komplizierter. Man beschränkt sich daher auf einige wenige Spezialfälle (vgl. Abschnitt 9.1, S. 138).

Aufgaben Geben Sie zu den in den Aufgaben 144 und 145 angegebenen Funktionen je eine Stammfunktion an.

144. a) $f(x) = 3x^3 - 2x$ b) $f(x) = \frac{4}{\sqrt[3]{x}} - 2$

c) $f(x) = \frac{e^x + e^{-x}}{2}$ d) $f(x) = \sin(2x) + \cos(3x)$

✳ **145.** a) $f(x) = \frac{e^{2x} - 1}{e^x + 1}$ b) $f(x) = |6 - 2x| - 4$

146. Bestimmen Sie jeweils die Stammfunktion von f, deren Graph durch den angegebenen Punkt P verläuft.

a) $f(x) = 1 + \ln x; \; P(e \,|\, e)$ b) $f(x) = x + 2; \; P(1 \,|\, 2)$

c) $f(x) = \sin x - x; \; P\left(\frac{\pi}{2} \,\middle|\, \frac{\pi^2}{4}\right)$

✳ **147.** In dieser Aufgabe sollen Sie den „trigonometrischen Pythagoras", also die Formel $\sin^2 x + \cos^2 x = 1$, mithilfe der Differenzialrechnung beweisen. Gehen Sie dazu in folgenden Schritten vor.

a) Bilden Sie die Ableitungen der Funktionen $F(x) = \sin^2 x + \cos^2 x$ und $G(x) = 1$.

b) Warum gibt es eine Zahl c so, dass $F(x) - G(x) = c$?

c) Berechnen Sie den numerischen Wert für c.

7.2 Das bestimmte Integral

In diesem Abschnitt werden nur Funktionen betrachtet, die auf einem Intervall J definiert sind, dort nur endliche Werte annehmen und, wenn überhaupt, höchstens endlich viele Sprungstellen besitzen. Solche Funktionen werden im Weiteren **„integrierbar"** genannt.

Ziel dieses Abschnitts ist es, zu zeigen, wie man die vom Graphen einer integrierbaren Funktion f und der x-Achse eingeschlossenen Flächen mithilfe der Stammfunktionen von f ausdrücken kann.

Definition

Für k und x_0 aus J versteht man unter der **Flächenbilanz** einer integrierbaren Funktion f **von k bis x_0** (vorübergehende Kurzschreibweise $A_k(x_0)$) die Summe der mit einem Plus- oder Minuszeichen versehenen Inhalte der Flächen, die von den Geraden x = k, x = x_0, der x-Achse und dem Graphen der Funktion f begrenzt werden.
Rechts von x = k liegende Flächeninhalte werden **positiv** bzw. negativ gezählt, wenn sie **über** bzw. unter der x-Achse liegen.
Links von x = k liegende Flächeninhalte werden **positiv** bzw. negativ gezählt, wenn sie **unter** bzw. über der x-Achse liegen.

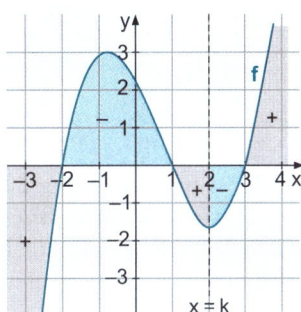

Die folgende Regel beschreibt, wie eine Flächenbilanz $A_k(x)$ auf kleine Änderungen von x reagiert.

Regel

---

1. Fassung des Hauptsatzes der Differenzial- und Integralrechnung (HDI)
Sei f eine auf J differenzierbare Funktion.
Die Funktion
$$A_k: \quad J \to \mathbb{R}$$
$$x \mapsto A_k(x),$$
die jedem x aus J die Flächenbilanz der Funktion f von k bis x zuordnet, ist auf J differenzierbar.
Für ihre Ableitung gilt $A_k'(x) = f(x)$, woraus folgt:
- Die Flächenbilanzfunktion ist eine Stammfunktion von f.
- Die lokale Änderungsrate der Flächenbilanzfunktion von f an einer Stelle x_0 stimmt mit dem Funktionswert $f(x_0)$ überein.

Begründung:
Der Beweis dieses Satzes ist formal wegen diverser Fallunterscheidungen umständlich. Am Beispiel einer streng monoton steigenden Funktion f, deren Graph über der x-Achse verläuft, lässt sich aber die Beweisidee darstellen:
Für eine beliebige Stelle x_0 aus J ist die Differenz der Funktionswerte einer Flächenbilanzfunktion $A_k(x)$ an den Stellen x_0 und $x_0 + h$ gleich dem Inhalt der Fläche, die von den Geraden x = x_0, x = $x_0 + h$, der x-Achse und dem Graphen der Funktion f begrenzt wird (mittleres Bild auf der nächsten Seite).

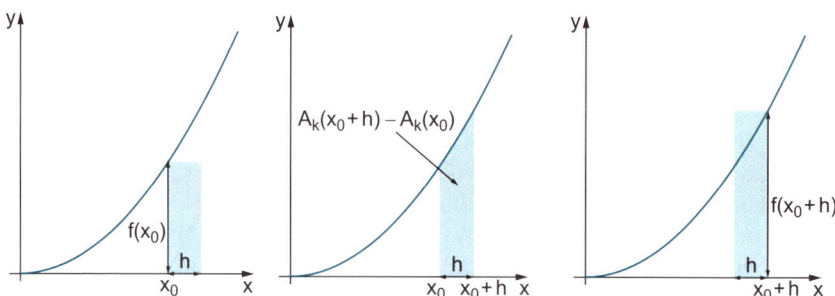

Weil dieser Flächeninhalt größer ist als der Flächeninhalt eines Rechtecks mit den Seiten $f(x_0)$ und h (linkes Bild) und kleiner als der Flächeninhalt eines Rechtecks mit den Seiten $f(x_0 + h)$ und h (rechtes Bild), kann man die Differenz der Flächenbilanzfunktion nach unten und oben abschätzen:

$$f(x_0) \cdot h \leq A_k(x_0 + h) - A_k(x_0) \leq f(x_0 + h) \cdot h$$

$$\Rightarrow \quad f(x_0) \leq \frac{A_k(x_0 + h) - A_k(x_0)}{h} \leq f(x_0 + h) \qquad \text{durch h dividieren}$$

$$\Rightarrow \quad \lim_{h \to 0} f(x_0) \leq \lim_{h \to 0} \frac{A_k(x_0 + h) - A_k(x_0)}{h} \leq \lim_{h \to 0} f(x_0 + h) \qquad \begin{array}{l}\text{Diese Abschätzung nach} \\ \text{oben und unten bleibt erhal-} \\ \text{ten, wenn h gegen 0 strebt.}\end{array}$$

$$\Rightarrow \quad f(x_0) \leq A_k'(x_0) \leq f(x_0) \qquad \begin{array}{l}\text{Definition des Differenzial-} \\ \text{quotienten (vgl. S. 74)}\end{array}$$

$$\Rightarrow \quad A_k'(x_0) = f(x_0)$$

Sind a, b beliebig aus J, so wird die Flächenbilanz der Funktion f von a bis b im Weiteren **bestimmtes Integral** genannt.

Definition Ist f eine auf dem Intervall J integrierbare Funktion und sind $a < b$ aus J, so versteht man unter dem **bestimmten Integral von f über [a, b]** die Flächenbilanz von f von a bis b und schreibt dafür:

$$\int_a^b f(x)\,dx$$

Beachten Sie, dass das **bestimmte Integral** eine **Zahl** ist!

Kennt man eine Stammfunktion F von f, so lässt sich ein bestimmtes Integral von f aus der Differenz der Stammfunktionswerte an den Integralgrenzen berechnen:

Regel

Integrationsformel

Ist f eine auf dem Intervall J integrierbare Funktion, F eine Stammfunktion von f und sind a < b aus J, so gilt:

$$\int_a^b f(x)\,dx = F(b) - F(a)$$

Begründung:

$$\int_a^b f(x)\,dx = A_a(b) \qquad\qquad \text{nach Definition der Flächenbilanzfunktion}$$

$$= A_a(b) - A_a(a) \qquad A_a(a) = 0$$

$$= (F(b) + c) - (F(a) + c) \qquad \begin{array}{l}\text{Da } A_a(x) \text{ und } F(x) \text{ Stammfunktionen von f} \\ \text{sind, gibt es ein c, sodass } A_a(x) = F(x) + c.\end{array}$$

$$= F(b) + c - F(a) - c = F(b) - F(a)$$

Definition

Für die Differenz F(b) – F(a) haben sich die Abkürzungen $\left[F(x)\right]_a^b$ oder $F(x)\big|_a^b$ eingebürgert.

Mithilfe der Integrationsformel lassen sich folgende Eigenschaften des bestimmten Integrals nachweisen.

Regel

Eigenschaften des bestimmten Integrals

Sind f, g auf dem Intervall J integrierbare Funktionen, $k \in \mathbb{R}$ und a, b, c aus J, so gilt:

1. $\displaystyle\int_a^a f(x)\,dx = 0$

2. $\displaystyle\int_a^b f(x)\,dx = -\int_b^a f(x)\,dx$

3. $\displaystyle\int_a^b k \cdot f(x)\,dx = k \cdot \int_a^b f(x)\,dx$ (1. Linearitätseigenschaft)

4. $\displaystyle\int_a^b \left(f(x) \pm g(x)\right)dx = \int_a^b f(x)\,dx \pm \int_a^b g(x)\,dx$ (2. Linearitätseigenschaft)

5. $\displaystyle\int_a^b f(x)\,dx = \int_a^c f(x)\,dx + \int_c^b f(x)\,dx$ (Additivitätseigenschaft)

6. $f(x) \leq g(x)$ für $x \in [a;\,b] \;\Rightarrow\; \displaystyle\int_a^b f(x)\,dx \leq \int_a^b g(x)\,dx$ (Monotonieeigenschaft)

Unter Verwendung der Integrationsformel, der Eigenschaften des bestimmten Integrals und der im vorangehenden Abschnitt tabellierten Stammfunktionen können Sie bestimmte Integrale effektiv berechnen.

Beispiel   Berechnen Sie:

a) $\displaystyle\int_{-\frac{\pi}{2}}^{\pi} \sin(3x)\,dx$
b) $\displaystyle\int_{1}^{3} e^{3x}\,dx$

c) $\displaystyle\int_{-4}^{5} (2x^3 - 7x + 5)\,dx$
d) $\displaystyle\int_{1}^{2} \left(3(\ln x - e^x) + \frac{3}{x}\right) dx$

Lösung:

a) $\displaystyle\int_{-\frac{\pi}{2}}^{\pi} \sin(3x)\,dx = \left[-\frac{1}{3}\cos(3x)\right]_{-\frac{\pi}{2}}^{\pi}$

$= -\frac{1}{3}\cos(3\pi) - \left(-\frac{1}{3}\cos\left(3\cdot\left(-\frac{\pi}{2}\right)\right)\right)$

$= -\frac{1}{3}\cdot(-1) = \frac{1}{3}$

Anwenden der Integrationsformel, wobei $F(x) = -\frac{1}{3}\cos(3x)$ eine Stammfunktion der Integrandenfunktion $f(x) = \sin(3x)$ ist; Einsetzen der Integrationsgrenzen

b) $\displaystyle\int_{1}^{3} e^{3x}\,dx = \left[\frac{1}{3}e^{3x}\right]_{1}^{3} = \frac{1}{3}e^9 - \frac{1}{3}e^3$

$= \frac{e^3}{3}(e^6 - 1) \approx 2\,694,3$

$F(x) = \frac{1}{3}e^{3x}$ ist Stammfunktion von $f(x) = e^{3x}$; Anwenden der Integrationsformel; Einsetzen der Integrationsgrenzen

c) $\displaystyle\int_{-4}^{5} (2x^3 - 7x + 5)\,dx = \left[\frac{1}{2}x^4 - \frac{7}{2}x^2 + 5x\right]_{-4}^{5}$

$= \frac{1}{2}5^4 - \frac{7}{2}5^2 + 5\cdot5 - \left(\frac{1}{2}(-4)^4 - \frac{7}{2}(-4)^2 + 5\cdot(-4)\right)$

$= 198$

Integrationsformel, Stammfunktionstabelle

Einsetzen der Integrationsgrenzen

d) $\displaystyle\int_{1}^{2} \left(3(\ln x - e^x) + \frac{3}{x}\right) dx$

$= 3\cdot\left(\displaystyle\int_{1}^{2} \ln x\,dx - \int_{1}^{2} e^x\,dx + \int_{1}^{2} \frac{1}{x}\,dx\right)$

Linearitätseigenschaften

$= 3\cdot\left(\left[x\ln x - x\right]_{1}^{2} - \left[e^x\right]_{1}^{2} + \left[\ln|x|\right]_{1}^{2}\right)$

Integrationsformel, Stammfunktionstabelle

$= 3\cdot(2\ln 2 - 2 - (1\ln 1 - 1) - e^2 + e^1 + \ln 2 - \ln 1)$

Einsetzen der Integrationsgrenzen

$\approx -10,8$

148. Berechnen Sie.

a) $\displaystyle\int_0^3 (x^3 - x)\, dx$

b) $\displaystyle\int_0^3 \sqrt{x}\, dx$

c) $\displaystyle\int_1^e (x - \ln x)\, dx$

149. Berechnen Sie $\displaystyle\int_{-1}^{+1} x(x-2)(x+2)\,dx$ und deuten Sie das Ergebnis geometrisch.

150. Berechnen Sie nach geeigneter vorheriger Umformung der Integranden-funktion.

a) $\displaystyle\int_{-\frac{\pi}{2}}^{\pi} (\cos x - \sin x)^2\, dx$ *Hinweis:* $2 \sin x \cos x = \sin(2x)$

✳ b) $\displaystyle\int_{-4}^{3} |x^2 + x - 6|\, dx$ *Hinweis:* Stellen Sie die Integranden-funktion betragsfrei dar.

✳ c) $\displaystyle\int_0^{2\pi} |\sin(2x)|\, dx$ *Hinweis:* Skizze des Funktionsgraphen $|\sin(2x)|$

151. Bestimmen Sie $k \in \mathbb{R}$ so, dass die folgenden Beziehungen gültig sind.

a) $\displaystyle\int_0^{\frac{2}{k}} (x(2 - kx))\, dx = \frac{16}{3}$

b) $\displaystyle\int_0^k 2e^x\, dx = 1$

c) $\displaystyle\int_0^k \frac{e^{kx}}{k}\, dx = \frac{1}{k^2}$

7.3 Flächenberechnungen

Da das bestimmte Integral Flächen bilanziert, kann es bei der Flächenberechnung nur abschnittsweise zum Einsatz kommen.

Regel

> **Erster Flächensatz**
> Sind $x_1 < x_2 < \ldots < x_n$ die zwischen a und b liegenden Nullstellen einer auf [a; b] integrierbaren Funktion f, so gilt für den Inhalt A der Fläche, die vom Graphen der Funktion f, der x-Achse und den vertikalen Geraden $x = a$ und $x = b$ begrenzt wird:
>
>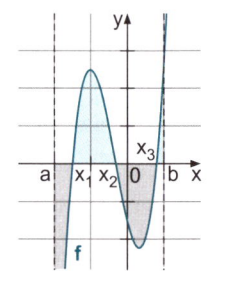
>
> $$A = \left| \int_a^{x_1} f(x)\,dx \right| + \left| \int_{x_1}^{x_2} f(x)\,dx \right| + \ldots + \left| \int_{x_n}^{b} f(x)\,dx \right|$$

Beispiel

Berechnen Sie den Inhalt A der Fläche, die vom Graphen der Funktion $f(x) = e - e^x$, der x-Achse und den vertikalen Geraden $x = -1$ und $x = 1{,}5$ begrenzt wird.

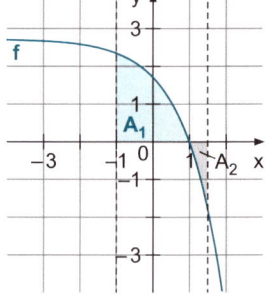

Lösung:

Nullstellen der Integrandenfunktion

$f(x) = 0 \;\Leftrightarrow\; e - e^x = 0 \;\Leftrightarrow\; e^x = e \;\Leftrightarrow\; x = 1$

1 ist die einzige Nullstelle von f zwischen –1 und 1,5.

Flächeninhalt

$$A = \left| \int_{-1}^{1} (e - e^x)\,dx \right| + \left| \int_{1}^{1,5} (e - e^x)\,dx \right| \qquad \text{1. Flächensatz}$$

$$= \left| \left[ex - e^x \right]_{-1}^{1} \right| + \left| \left[ex - e^x \right]_{1}^{1,5} \right| \qquad \text{Integrationsformel, Stammfunktionstabelle}$$

$$= \left| (e - e) - (-e - e^{-1}) \right| + \left| (e \cdot 1{,}5 - e^{1,5}) - (e - e) \right| \qquad \text{Einsetzen der Integrationsgrenzen}$$

$$= \left| e + e^{-1} \right| + \left| e \cdot 1{,}5 - e^{1,5} \right|$$

$$= e + e^{-1} + e^{1,5} - 1{,}5e = e^{-1} + e^{1,5} - 0{,}5e \approx 3{,}5$$

Bei der Berechnung des Inhalts einer Fläche, die von den Graphen zweier Funktionen $f(x)$ und $g(x)$ begrenzt wird, spielt deren Lage bzgl. der x-Achse keine Rolle, nur die Lage der beiden Graphen zueinander ist von Bedeutung.

Regel

Zweiter Flächensatz

Sind f und g zwei integrierbare Funktionen und $x_1 < x_2 < \ldots < x_n$ die x-Koordinaten der Schnittpunkte ihrer Graphen, so gilt für die von den Graphen eingeschlossene Fläche:

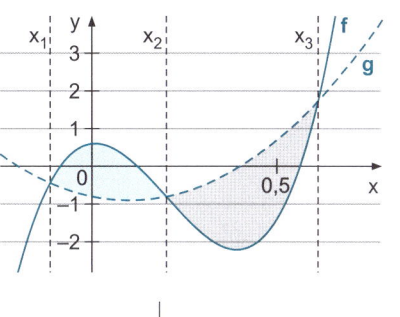

$$A = \left| \int_{x_1}^{x_2} \big(f(x) - g(x)\big)\,dx \right|$$

$$+ \left| \int_{x_2}^{x_3} \big(f(x) - g(x)\big)\,dx \right| + \ldots + \left| \int_{x_{n-1}}^{x_n} \big(f(x) - g(x)\big)\,dx \right|$$

Beispiel

Berechnen Sie den Inhalt A der Fläche, die von den Graphen der Funktionen $f(x) = e^x$ und $g(x) = 5 - 4e^{-x}$ eingeschlossen wird.

Lösung:

x-Koordinaten der Graphenschnitt-punkte

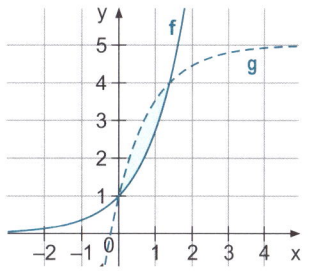

$$e^x = 5 - 4e^{-x}$$
$$e^{2x} - 5e^x + 4 = 0$$

$f(x) = g(x)$

Auf beiden Seiten mit e^x multiplizieren und auf der linken Seite zusammenfassen.

$$z^2 - 5z + 4 = 0$$

Substitution $e^x = z$

$$z_1 = 4 \text{ und } z_2 = 1$$

Lösungsformel für quadratische Gleichungen

$$e^x = 4 \text{ und } e^x = 1$$

Resubstitution

$$x_1 = \ln 4 \text{ und } x_2 = 0$$

Logarithmieren

Flächeninhalt

$$A = \left| \int_0^{\ln 4} \big(e^x - (5 - 4e^{-x})\big)\,dx \right|$$

2. Flächensatz

$$= \left| \int_0^{\ln 4} e^x\,dx - \int_0^{\ln 4} 5\,dx + 4\int_0^{\ln 4} e^{-x}\,dx \right|$$

Linearität

$$= \left| \Big[e^x\Big]_0^{\ln 4} - \Big[5x\Big]_0^{\ln 4} + 4 \cdot \Big[-e^{-x}\Big]_0^{\ln 4} \right|$$

Integrationsformel, Stammfunktionstabelle

$$= \left| (e^{\ln 4} - e^0) - (5\ln 4 - 0) + 4(-e^{-\ln 4} + e^0) \right| \quad \text{Einsetzen der Integrationsgrenzen}$$
$$= \left| 4 - 1 - 5\ln 4 - 4 \cdot \tfrac{1}{4} + 4 \right|$$
$$= \left| 6 - 5\ln 4 \right| \approx 0{,}93$$

Aufgaben **152.** Berechnen Sie den Inhalt der Fläche, die vom Graphen der Funktion

$f(x) = \frac{1}{2}(e^x + e^{-x})$, $x \in \mathbb{R}$,

der x-Achse und den vertikalen Geraden $x = -e$ und $x = e$ begrenzt wird.

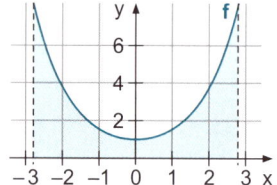

153. Die Skizze zeigt den Graphen der 1. Ableitung der Funktion $f(x) = e^{1 - 0{,}5x^2}$, $x \in \mathbb{R}$.

Berechnen Sie den Inhalt der Fläche, die vom Graphen der Funktion $f'(x)$, der x-Achse und den Geraden $x = -1$ und $x = 1$ eingeschlossen wird.

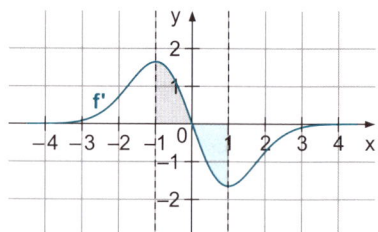

154. Berechnen Sie den Inhalt der Fläche, welche der Graph der Funktion $f(x) = (e^x - 2)^2$, $x \in \mathbb{R}$ und die Geraden $y = 4$ und $x = -4$ einschließen.

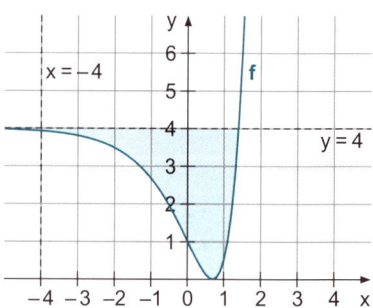

155. Für welchen positiven reellen Scharparameter k besitzt die im 1. Quadranten liegende, vom Graphen der Funktion $f_k(x) = 2e^{-kx}$, $x \in \mathbb{R}$, den Koordinatenachsen und der Geraden $x = \frac{3}{k}$ begrenzte Fläche den Inhalt 2?

156. Berechnen Sie den Inhalt der getönten Fläche, welche die Graphen der Funktionen
$f(x) = 2e^x - e^{2x}$, $x \in \mathbb{R}$
und
$g(x) = -x^2 + 1$, $x \in \mathbb{R}$
im 1. Quadranten miteinander einschließen.

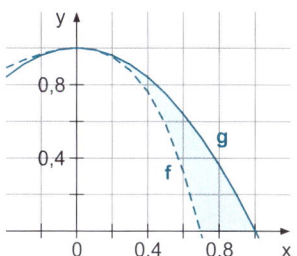

157. Berechnen Sie den Inhalt der Fläche, welche die Graphen der Funktionen
$f(x) = e^{-x}$, $x \in \mathbb{R}$
und
$g(x) = e^{0,2x}$, $x \in \mathbb{R}$
und die Geraden $x = -1$ und $x = 1$ einschließen.

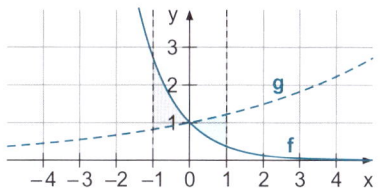

158. Gegeben sind die quadratischen Funktionen
$f(x) = -x^2 + 6x - 5$, $x \in \mathbb{R}$
und
$h(x) = x^2 - 4x + 3$, $x \in \mathbb{R}$.
In welchem Verhältnis teilt die Gerade durch die Schnittpunkte der Funktionsgraphen das Flächenstück, das die beiden Funktionsgraphen einschließen? Entnehmen Sie die Koordinaten der Schnittpunkte aus der Zeichnung.

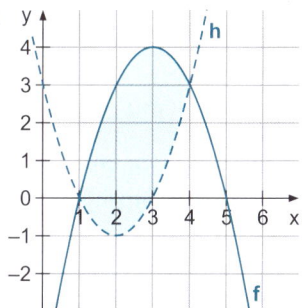

✳ **159.** Die Funktionenscharen
$f_k(x) = \dfrac{x^3}{2} - kx^2 + \dfrac{k^2}{2}x$ und
$g_k(x) = -\dfrac{k}{2}x^2 + \dfrac{k^2}{2}x$

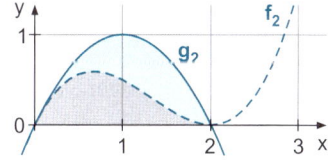

mit $x \in \mathbb{R}$, $k \in \mathbb{R}^+$ weisen folgende Eigenschaften auf, die Sie ohne Begründung im Weiteren verwenden können (vergleichen Sie auch mit der Skizze, in der die Graphen für $f_2(x)$ und $g_2(x)$ gezeichnet sind):

- Die Schnittpunkte zweier Funktionsgraphen mit gleichem Parameter sind die Nullstellen von $g_k(x)$.
- Zwischen diesen Nullstellen verlaufen G_{f_k} und G_{g_k} über der x-Achse.
- Zwischen diesen Nullstellen verläuft G_{f_k} unterhalb von G_{g_k}.

In welchem Verhältnis teilt G_{f_k} die von G_{g_k} und der x-Achse eingeschlossene Fläche?

7.4 Rauminhalt von Drehkörpern

Unter gewissen Voraussetzungen können Sie mithilfe des bestimmten Integrals den Rauminhalt eines Drehkörpers berechnen.

Regel

Drehkörpervolumen

Dreht sich das vom Graphen der Funktion $f(x)$, der x-Achse und den vertikalen Geraden $x = a$ und $x = b$ eingeschlossene Flächenstück um die x-Achse, entsteht ein von zwei parallelen Ebenen begrenzter Rotationskörper vom Rauminhalt

$$V = \pi \int_{a}^{b} \left(f(x) \right)^2 dx.$$

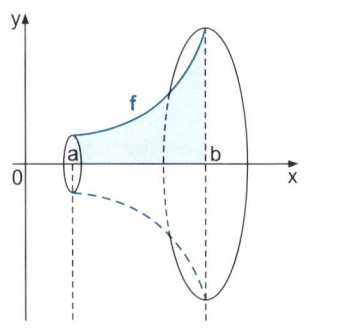

Die Regel lässt sich auch dann anwenden, wenn sich das Flächenstück um die y-Achse dreht. Sie müssen dazu lediglich den Graphen vorher an der Winkelhalbierenden $y = x$ des 1. Quadranten spiegeln (siehe 2. Beispiel).

Beispiele

1. **Rotation um die x-Achse**

   Das vom Graphen der Funktion

   $f(x) = \sqrt{x} \cdot (x - 4)$, $x \in [0; 4]$

   und der x-Achse eingeschlossene Flächenstück rotiert um die x-Achse. Berechnen Sie das Volumen des dabei entstehenden Rotationskörpers.

   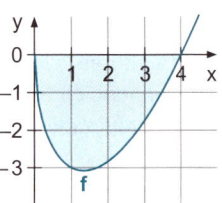

   Lösung:
   Nach der Regel über das Drehkörpervolumen folgt:

   $$V = \pi \int_{0}^{4} (\sqrt{x} \cdot (x-4))^2 \, dx = \pi \int_{0}^{4} \left(x \cdot (x^2 - 8x + 16) \right) dx$$

   $$= \pi \int_{0}^{4} (x^3 - 8x^2 + 16x) \, dx = \pi \cdot \left[\frac{x^4}{4} - \frac{8}{3} x^3 + 8x^2 \right]_{0}^{4}$$

   $$= \pi \cdot \left(\frac{4^4}{4} - \frac{8}{3} \cdot 4^3 + 8 \cdot 4^2 \right) = \frac{64}{3} \pi \approx 67{,}0$$

2. **Rotation um die y-Achse**

Das vom Graphen der Funktion $f(x) = -x^2 + 4$ und den Koordinatenachsen eingeschlossene Flächenstück rotiert um die y-Achse. Berechnen Sie das Volumen des dabei entstehenden Rotationskörpers.

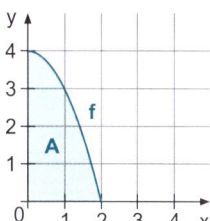

Lösung:

Da die Regel zum Drehkörpervolumen Rotationen um die x-Achse voraussetzt, spiegeln Sie das gegebene Flächenstück A an der Winkelhalbierenden $y = x$. Der bei der Drehung des Spiegelbilds A* um die x-Achse erzeugte Rotationskörper besitzt dann das gleiche Volumen wie der durch die Rotation von A um die y-Achse erzeugte. Die berandende Funktion von A* ist die Umkehrfunktion f^{-1} von f, die sich in bekannter Weise ermitteln lässt (vgl. Kapitel 6, S. 106 f):

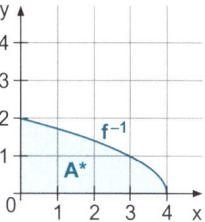

- Auflösen der Gleichung $y = f(x)$ nach x:

  $y = -x^2 + 4 \iff x^2 = -y + 4 \iff x_1 = +\sqrt{-y+4};\ x_2 = -\sqrt{-y+4}$

- Variablentausch: $y_1 = +\sqrt{4-x};\ y_2 = -\sqrt{4-x}$

Die Randfunktion des Spiegelbilds lautet daher $f^{-1}(x) = \sqrt{4-x}$, also:

$$V = \pi \int_0^4 (\sqrt{4-x})^2\, dx = \pi \int_0^4 (4-x)\, dx = \pi \cdot \left[4x - \frac{x^2}{2}\right]_0^4 = \pi \cdot \left(4 \cdot 4 - \frac{4^2}{2}\right)$$
$$= 8\pi \approx 25{,}1$$

Aufgaben　**160.** Das von der Normalparabel, der Geraden $x = 2$ und der x-Achse begrenzte Flächenstück rotiert um die x-Achse. Berechnen Sie das Volumen des dabei entstehenden Rotationskörpers.

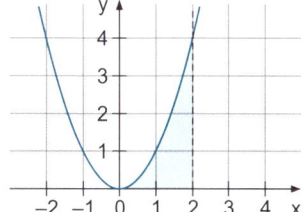

161. Das vom Graphen der Funktion

$f(x) = \sqrt{8 - 2x}$, $x \in [0; 4]$

und den Koordinatenachsen eingeschlossene Flächenstück rotiert um die x-Achse.
Berechnen Sie das Volumen des dabei entstehenden Rotationskörpers.

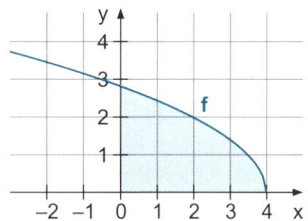

✱ **162.** Die Skizze zeigt zwei Gläser, die durch Rotation der zu den Funktionen $f(x) = x^2$ und $g(x) = |x^3|$ gehörenden Graphen um die jeweilige Symmetrieachse entstehen.
Beide Gläser werden mit derselben Flüssigkeitsmenge gefüllt. Wie viel wurde eingeschenkt, wenn die Füllhöhe h in beiden Gläsern gleich ist?

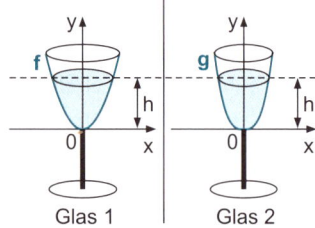

Glas 1   Glas 2

8 Integralfunktionen

Die Flächenbilanzfunktionen, die Sie im vorangegangenen Kapitel kennengelernt haben, sind das Bindeglied zwischen der Differenzial- und der Integralrechnung. Ihre wichtigsten Eigenschaften sind Gegenstand dieses Kapitels.

8.1 Integralfunktionen als Stammfunktionen

Flächenbilanzfunktionen lassen sich als bestimmte Integrale mit variabler oberer Grenze darstellen. Man spricht dann von Integralfunktionen.

Definition | Ist f eine auf dem Intervall [a; b] integrierbare Funktion und c eine beliebig aus [a; b] gewählte Zahl, so heißt eine Funktion der Form

$$I(x) = \int_c^x f(t)\, dt,\ x \in [a;\, b],$$

die jeder Zahl x aus [a; b] die Flächenbilanz der Funktion f auf dem Intervall [c; x] bzw. [x; c] zuordnet, **Integralfunktion von f über [a; b]**.

Um Verwechslungen zu vermeiden, werden im Weiteren die Variable der Integrandenfunktion f mit t und die der Integralfunktion I mit x bezeichnet.
Die in Abschnitt 7.2 hergeleitete Beziehung zwischen der Flächenbilanzfunktion einer integrierbaren Funktion f und den Stammfunktionen von f (vgl. S. 115) lautet für Integralfunktionen:

Regel |
> **Hauptsatz der Differenzial- und Integralrechnung (HDI)**
> Für eine Funktion f, deren Graph sich im Intervall [a; b] ohne Absetzen des Stifts zeichnen lässt, gilt:
> - Die Integralfunktion $I(x) = \int_c^x f(t)\, dt$ mit c, x ∈ [a; b] ist differenzierbar.
> - Die Ableitung der Integralfunktion ist die Integrandenfunktion: $I'(x) = f(x)$

Jede Integralfunktion ist also Stammfunktion der Integrandenfunktion. Die Umkehrung dieser Aussage ist dagegen im Allgemeinen falsch.
Die folgenden Aussagen helfen Ihnen bei der Unterscheidung zwischen Integral- und Stammfunktion.

Regel

Stamm- und Integralfunktionen

Für eine Funktion f, deren Graph sich im Intervall [a; b] ohne Absetzen des Stifts zeichnen lässt, gilt:

a) Jede Integralfunktion von f über [a; b] ist auf [a; b] auch Stammfunktion von f.

b) Wenn eine Stammfunktion F von f mindestens eine Nullstelle in [a; b] besitzt, dann ist F eine Integralfunktion von f über [a; b].

c) Wenn eine Stammfunktion F von f **keine Nullstelle** in [a; b] besitzt, dann ist F **keine Integralfunktion** von f über [a; b].

Beispiele

1. Gegeben ist die Funktion $f(x) = 2x$, $x \in \mathbb{R}$.

   a) Geben Sie alle Stammfunktionen von f auf $\mathbb{R}$ an, die Integralfunktionen von f sind.

   b) Schreiben Sie die Integralfunktionen

   $$I(x) = \int_{\sqrt{2}}^{x} f(t)\, dt \quad \text{und} \quad J(x) = \int_{x}^{3} f(t)\, dt$$

   integralfrei.

   Lösung:

   a) Die Funktion $F(x) = x^2$ ist eine Stammfunktion von f auf $\mathbb{R}$, denn es gilt:
   $F'(x) = 2x = f(x)$
   Da sich Stammfunktionen nur um eine additive Konstante unterscheiden, lässt sich jede Stammfunktion von f über $\mathbb{R}$ schreiben als $F_k(x) = x^2 + k$ mit $k \in \mathbb{R}$. Die Graphen dieser Funktionen $F_k(x)$ sind nach oben offene Parabeln, deren Scheitel in $(0\,|\,k)$ liegen. Nur wenn **k nicht positiv** ist, besitzt $F_k(x)$ mindestens eine Nullstelle und ist nach der Regel über die Stamm- und Integralfunktionen eine Integralfunktion von f.

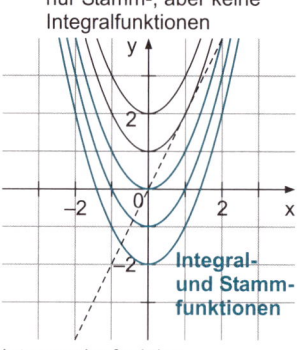

nur Stamm-, aber keine Integralfunktionen

Integral- und Stammfunktionen

Integrandenfunktion

   b) $I(x) = \int_{\sqrt{2}}^{x} f(t)\, dt = \int_{\sqrt{2}}^{x} 2t\, dt = \left[t^2 \right]_{\sqrt{2}}^{x} = x^2 - 2$

   $J(x) = \int_{x}^{3} f(t)\, dt = -\int_{3}^{x} f(t)\, dt = -\int_{3}^{x} 2t\, dt = -\left[t^2 \right]_{3}^{x} = -x^2 + 9$

2. Stellen Sie die Funktion $F(x) = \sin x + 0{,}5$ als Integralfunktion auf $\mathbb{R}$ mit geeigneter fester unterer und variabler oberer Grenze dar.

   Lösung:

   Nach dem HDI lässt sich jede differenzierbare Funktion F mit mindestens einer Nullstelle als Integralfunktion schreiben:

   $$F(x) = \int\limits_{c}^{x} F'(t)\, dt$$

   Eine untere Grenze c finden Sie wegen $F(c) = \int\limits_{c}^{c} F'(t)\, dt = 0$ unter den Nullstellen von F(x):

   $$F(c) = \sin c + 0{,}5 = 0 \quad \Leftrightarrow \quad \sin c = -0{,}5 \quad \overset{z.B.}{\Rightarrow} \quad c = -\frac{\pi}{6}$$

   Wegen $F'(x) = \cos x$ ist damit $\int\limits_{-\frac{\pi}{6}}^{x} \cos t\, dt$ eine mögliche Integralfunktionsdarstellung von F(x).

Aufgaben   **163.** Geben Sie alle Stammfunktionen von f auf $\mathbb{R}$ an, die auch Integralfunktionen von f auf $\mathbb{R}$ sind.

a) $f(x) = x + 3; \ x \in \mathbb{R}$ \qquad\qquad b) $f(x) = \sin x; \ x \in \mathbb{R}$

c) $f(x) = x^2; \ x \in \mathbb{R}$

164. Berechnen Sie für folgende Integralfunktionen eine integralfreie Darstellung.

a) $I(x) = \int\limits_{\ln 2}^{x} (e^{-t} - e^{t})\, dt; \ x \in \mathbb{R}$

b) $I(x) = \int\limits_{x}^{-\frac{\pi}{3}} \sin t\, dt; \ x \in \mathbb{R}$

c) $I_k(x) = \int\limits_{k}^{x} \left(\frac{1}{k} t^2 - t - k \right) dt; \ x \in \mathbb{R}, k \in \mathbb{R} \setminus \{0\}$

165. Schreiben Sie folgende Funktionen als Integralfunktionen mit geeigneter fester unterer und variabler oberer Grenze.

a) $F(x) = x^3 - 2x^2 + 1; \ x \in \mathbb{R}$ \qquad b) $F(x) = \sin(\cos x); \ x \in \mathbb{R}$

c) $F(x) = \ln(x + 1); \ x \in \mathbb{R}_0^+$

166. Zeigen Sie, dass sich jede Funktion der Schar $F_k(x) = x(x - k)^2, x \in \mathbb{R}, k \in \mathbb{R}^+$ auf mehr als eine Art als Integralfunktion schreiben lässt.

✳ **167.** Zeigen Sie, dass die Funktion F auf $\mathbb{R}^+$ eine integralfreie Darstellung der Integralfunktion I ist:

$$F(x) = -\frac{1}{5} \cdot \frac{\sqrt{x^2+5}}{x} + \frac{3}{10}; \quad I(x) = \int_2^x \frac{1}{t^2\sqrt{t^2+5}}\, dt$$

8.2 Nullstellen von Integralfunktionen

Jede Integralfunktion

$$I(x) = \int_{x_0}^x f(t)\, dt$$

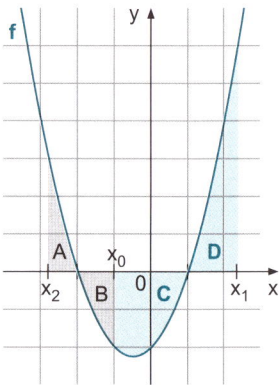

besitzt an der unteren, festen Integrationsgrenze x_0 eine Nullstelle. Nachbarnullstellen können rechts bzw. links davon bei x_1 bzw. x_2 liegen, wenn die Flächenbilanz von f im Intervall $[x_0; x_1]$ bzw. $[x_2; x_0]$ null ist. Das ist der Fall, wenn wie in der Skizze rechts die Beträge der vom Graphen der Funktion f und der x-Achse eingeschlossenen Flächen C und D bzw. B und A gleich sind.

Beispiel

Die Skizze zeigt den Graphen einer linearen Funktion $g(x)$.

a) Ermitteln Sie ohne Rechnung die Lage der zwei Nullstellen der Integralfunktion

$$I_{-2}(x) = \int_{-2}^x g(t)\, dt.$$

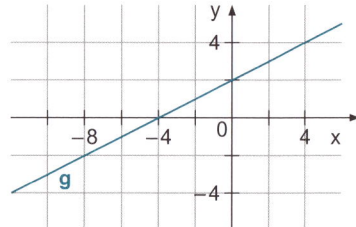

b) Für welche untere Integrationsgrenze x_0 besitzt die Integralfunktion

$$I_{x_0}(x) = \int_{x_0}^x g(t)\, dt$$

nur eine Nullstelle?

Lösung:

a) Eine Nullstelle der Integralfunktion liegt an der unteren, festen Integrationsgrenze $x_0 = -2$. Rechts davon gibt es keine weiteren Nullstellen, da die Gerade nur über der x-Achse verläuft und die Flächenbilanz A positiv ist. Links davon geht B in die Flächenbilanz negativ und C positiv ein. Sie wird bei $x = -6$ null, wenn $|C| = |B|$. Die zweite Nullstelle ist also -6.

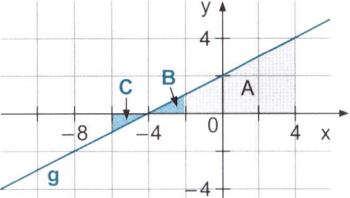

b) $I_{-4}(x)$ besitzt nur an der unteren festen Integrationsgrenze $x_0 = -4$ eine Nullstelle. Rechts bzw. links davon verläuft die Gerade nur über bzw. unter der x-Achse, sodass in beiden Fällen die Flächenbilanz positiv ist.

Hinweis: Diese Aussagen lassen sich rechnerisch überprüfen, indem Sie der Abbildung die Gleichung der Geraden entnehmen ($g(x) = \frac{1}{2}x + 2$), die Integralfunktion integralfrei darstellen und die Nullstellen ermitteln.

Aufgaben **168.** Die Skizze zeigt den Graphen einer quadratischen Funktion q(x). Ermitteln Sie ohne Rechnung die ungefähre Lage der beiden Nullstellen der Integralfunktion

$$I_{-3}(x) = \int_{-3}^{x} q(t)\, dt.$$

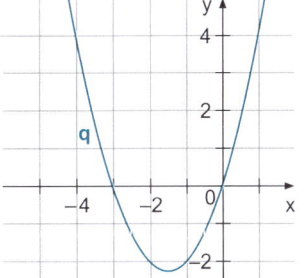

169. Die Skizze zeigt drei Graphen der Funktionenschar $f_k(x) = |2x - 2| + k$ für die Parameter $k = -2, 0, +2$.

Geben Sie in Abhängigkeit von k, aber ohne Rechnung die Anzahl der Nullstellen für jede Funktion der folgenden Schar an:

$$I_k(x) = \int_{1}^{x} f_k(t)\, dt;\ \ k \in \mathbb{R}$$

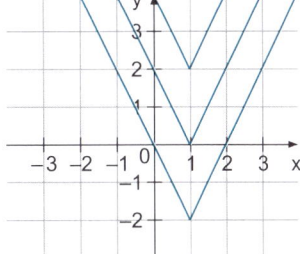

✳ **170.** Die Skizze zeigt den Graphen einer linearen
Funktion $\ell(x)$.
Geben Sie für jede Funktion der Schar

$$I_k(x) = \int_k^x \ell(t)\, dt, \ k \in \mathbb{R}$$

ohne Rechnung die Anzahl und die genaue
Lage ihrer Nullstellen an. Unterscheiden Sie
hierfür die Fälle $k < 4$, $k = 4$, $k > 4$.

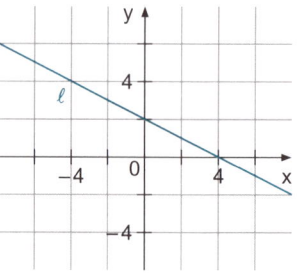

8.3 Symmetrie von Integralfunktionen bezüglich des Koordinatensystems

Wählt man null als untere Grenze einer Integralfunktion, so besteht zwischen den
Symmetrieeigenschaften der Integranden- und der Integralfunktion ein Zusammenhang.

Regel

Symmetrie von Integralfunktionen bezüglich des Koordinatensystems
- Ist $f : x \mapsto f(x)$ eine reelle Funktion, deren Graph **punktsymmetrisch** bezüglich
  des Koordinatenursprungs ist, so ist der Graph der Integralfunktion $\ell(x)$

$$F : x \mapsto \int_0^x f(t)\, dt \quad F(x)$$

  achsensymmetrisch bezüglich der y-Achse.
- Ist $f : x \mapsto f(x)$ eine reelle Funktion, deren Graph **symmetrisch** bezüglich der
  y-Achse ist, so ist der Graph der Integralfunktion $\ell(x)$

$$F : x \mapsto \int_0^x f(t)\, dt \quad F(x)$$

  punktsymmetrisch bezüglich des Koordinatenursprungs.

Begründung der 1. Aussage:
Da der Graph der Funktion f punktsymmetrisch
bezüglich des Koordinatenursprungs ist, besitzen
die Flächen A und B in der Skizze den gleichen
Inhalt. Beide gehen positiv in die vom Ursprung
aus gezählte Flächenbilanz ein. Daher gilt:

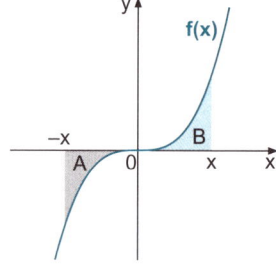

$$F(-x) = \int_0^{-x} f(t)\, dt = \int_0^x f(t)\, dt = F(x)$$

Begründung der 2. Aussage:
Da der Graph der Funktion f achsensymmetrisch
bezüglich der y-Achse ist, besitzen die Flächen A
und B in der Skizze den gleichen Inhalt. In die
vom Ursprung aus gezählte Flächenbilanz geht A
positiv und B negativ ein. Daher gilt:

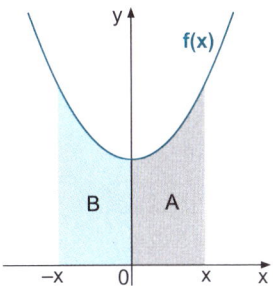

$$F(-x) = \int_0^{-x} f(t)\,dt = -\int_0^{x} f(t)\,dt = -F(x)$$

Beispiel

Welches Symmetrieverhalten weisen folgende Integralfunktionen auf?

a) $I_0(x) = \int_0^{x} (e^{-t} - e^{t})\,dt; \ x \in \mathbb{R}$ b) $I_0(x) = \int_0^{x} e^{-t^2}\,dt; \ x \in \mathbb{R}$

Lösung:
a) Da $f(x) = e^{-x} - e^{x}$ punktsymmetrisch zum Koordinatenursprung ist, ist $I_0(x)$
   nach der Regel über die Symmetrie von Integralfunktionen achsensymmetrisch zur y-Achse.

b) Weil $f(x) = e^{-x^2}$ achsensymmetrisch zur y-Achse ist, ist $I_0(x)$ nach der
   Regel über die Symmetrie von Integralfunktionen symmetrisch bezüglich
   des Koordinatenursprungs.

Aufgaben   **171.** Ermitteln Sie mit möglichst geringem Rechenaufwand das Symmetrieverhalten folgender auf $\mathbb{R}$ definierter Integralfunktionen.

$$A(x) = \int_0^{x} e^{|t|}\,dt \qquad\qquad B(x) = \int_0^{x} \sin t\,dt$$

$$C(x) = \int_0^{x} t^{11}\,dt \qquad\qquad D(x) = \int_0^{x} |t|\,dt$$

172. In den Abbildungen auf der nächsten Seite ist links der Graph einer integrierbaren Funktion f(x) dargestellt.
Einer der in der Abbildung rechts gezeigten Graphen gehört zur Funktion

$$J: x \mapsto \int_0^{x} f(t)\,dt.$$

Welcher ist es? Begründen Sie Ihre Aussage.

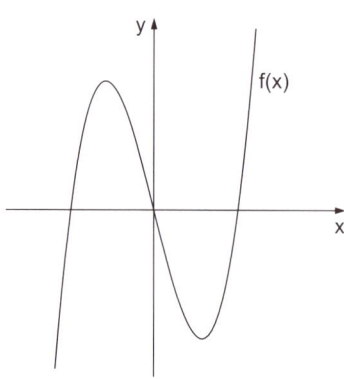
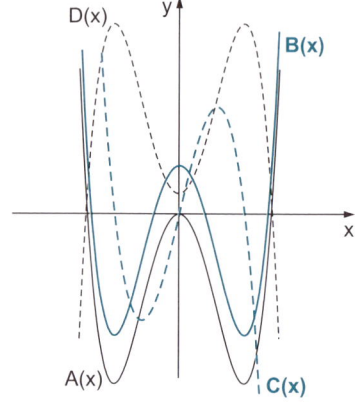

✳ **173.** Welche Symmetrieeigenschaften weist die Funktion $F: x \mapsto \int_{-x}^{x} f(t)\, dt$ auf, wenn $f(x)$ symmetrisch bezüglich

　　a) des Koordinatenursprungs ist?

　　b) der y-Achse ist?

8.4 Monotonie und Krümmungsverhalten von Integralfunktionen

Der vom Hauptsatz der Differenzial- und Integralrechnung beschriebene Zusammenhang zwischen einer Integralfunktion und ihrer Integrandenfunktion macht es möglich, ohne Integration vom Verlauf der Integrandenfunktion und deren Steigungsverhalten auf das Steigungs- und Krümmungsverhalten und die Lage der relativen Extrema und Wendepunkte der Integralfunktion zu schließen.

Nach dem HDI gilt für die beiden ersten Ableitungen der Integralfunktion

$$I_k(x) = \int_{k}^{x} f(t)\, dt$$

einer auf [a, b] differenzierbaren Funktion f: $I_k'(x) = f(x);\ \ I_k''(x) = f'(x)$

Hieraus ergeben sich nach den Sätzen über das Monotonie- und Krümmungsverhalten bzw. über die Lage der relativen Extrema und der Wendepunkte einer Funktion folgende Eigenschaften der Integralfunktion (vgl. Kapitel 5, S. 92 ff):

Regel

> Eine **Integralfunktion**
> - **steigt** überall dort **streng monoton**, wo f(x) positiv ist, wo der Graph G_f der Integrandenfunktion also über der x-Achse verläuft.
> - **fällt** überall dort **streng monoton**, wo f(x) negativ ist, wo der Graph G_f der Integrandenfunktion also unter der x-Achse verläuft.
> - besitzt dort **relative Minima**, wo die Integrandenfunktion Nullstellen ungerader Ordnung besitzt und deren Graph die x-Achse von unten nach oben durchstößt.
> - besitzt dort **relative Maxima**, wo die Integrandenfunktion Nullstellen ungerader Ordnung besitzt und deren Graph die x-Achse von oben nach unten durchstößt.
> - ist überall dort **rechtsgekrümmt**, wo f'(x) negativ ist, wo der Graph G_f der Integrandenfunktion also streng monoton fällt.
> - ist überall dort **linksgekrümmt**, wo f'(x) positiv ist, wo der Graph G_f der Integrandenfunktion also streng monoton steigt.
> - hat dort **Wendepunkte**, wo die Integrandenfunktion relative Extrema aufweist.

Damit lassen sich aus dem Graphen einer Integrandenfunktion Eigenschaften der zugehörigen Integralfunktion ablesen und umgekehrt.

Beispiel

Treffen Sie anhand des Graphen der Integrandenfunktion f(x) Aussagen über
- die ungefähre Lage der Nullstellen,
- das Steigungsverhalten,
- die Lage der relativen Extrema,
- das Krümmungsverhalten,
- die Lage der Wendestellen
der zugehörigen Integralfunktion

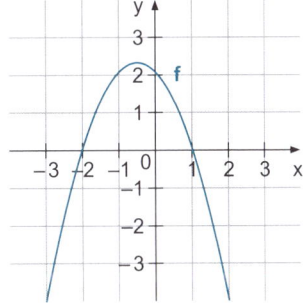

$$I_{-0,5}(x) = \int\limits_{-0,5}^{x} f(t)\, dt.$$

Lösung:
- $I_{-0,5}(x)$ besitzt bei −0,5 an der unteren, festen Integrationsgrenze eine **Nullstelle**. Weitere Nullstellen liegen aufgrund der Flächenbilanz rechts von 1 sowie links von −2.
- $I_{-0,5}(x)$ **fällt** auf $]-\infty;\ -2[$ und $]1;\ +\infty[$ **streng monoton**, weil G_f dort unter der x-Achse verläuft.
- $I_{-0,5}(x)$ **steigt** auf $]-2;\ 1[$ **streng monoton**, weil G_f dort über der x-Achse verläuft.
- $I_{-0,5}(x)$ besitzt bei $x = -2$ ein **relatives Minimum**, weil dort G_f die x-Achse von unten nach oben durchstößt.
- $I_{-0,5}(x)$ besitzt bei $x = 1$ ein **relatives Maximum**, weil dort G_f die x-Achse von oben nach unten durchstößt.

- Der Graph von $I_{-0,5}(x)$ ist auf $]-\infty;\, -0,5[$ **linksgekrümmt**, weil G_f dort streng monoton steigt.
- Der Graph von $I_{-0,5}(x)$ ist auf $]-0,5;\, +\infty[$ **rechtsgekrümmt**, weil G_f dort streng monoton fällt.
- Der Graph von $I_{-0,5}(x)$ besitzt bei $-0,5$ einen **Wendepunkt**, weil $f(x)$ dort ein relatives Extremum aufweist.

Aufgaben **174.** Treffen Sie anhand der Graphen der Integrandenfunktionen f(x), g(x) und h(x) Aussagen über
- die ungefähre Lage der Nullstellen,
- das Steigungsverhalten,
- die Lage der relativen Extrema,
- das Krümmungsverhalten,
- die Lage der Wendestellen

der zugehörigen Integralfunktionen:

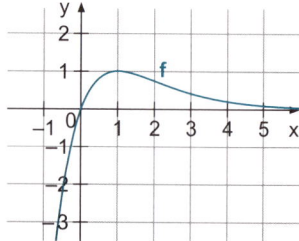

a) $\displaystyle F_{-0,5}(x) = \int_{-0,5}^{x} f(t)\,dt$

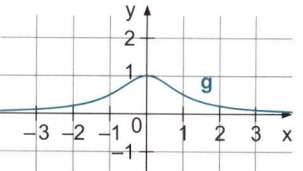

b) $\displaystyle G_{0}(x) = \int_{0}^{x} g(t)\,dt$

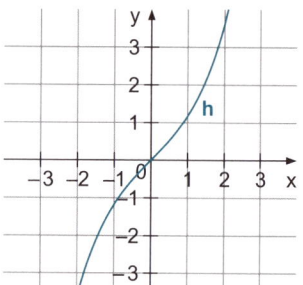

✱ c) $\displaystyle H_{1}(x) = \int_{1}^{x} h(t)\,dt$

175. Treffen Sie anhand des Graphen der gezeichneten Integralfunktion I(x) Aussagen über
- nicht durchlaufene Gebiete,
- die Lage der Nullstellen,
- das Steigungsverhalten,
- die Lage und Art der relativen Extrema

der zugehörigen Integrandenfunktion f.

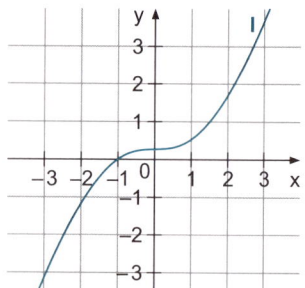

176. Berechnen Sie, an welchen Stellen folgende, auf $\mathbb{R}$ definierte Integralfunktionen relative Extrema und Wendepunkte besitzen.

a) $\displaystyle I(x) = \int_0^x \frac{t^2 - 1}{t^2 + 1}\, dt$

b) $\displaystyle J(x) = \int_0^x e^{-t}(1 - e^{-t})\, dt$

c) $\displaystyle H(x) = \int_1^x \ln(t^2 + 2t + 2)\, dt$

9 Integration einfacher Funktionstypen

In diesem Kapitel werden drei Funktionstypen vorgestellt, für die man ohne großen Rechenaufwand mithilfe der Kettenregel Stammfunktionen angeben kann.

9.1 Erste elementare Integrationsregel

Mithilfe der logarithmischen Integration finden Sie für eine Funktion, die ein Quotient zweier Funktionen ist, immer dann ohne Rechenaufwand eine Stammfunktion, wenn im Zähler die Ableitung des Nenners steht. Wie Sie mit der Kettenregel leicht überprüfen können, gilt nämlich:

Regel

> **Erste elementare Integrationsregel oder logarithmische Integration**
> Ist f eine auf einem Intervall differenzierbare Funktion ohne Nullstellen, so gilt:
> $$\int \frac{f'(x)}{f(x)}\,dx = \ln|f(x)| + C$$

Beispiel

Berechnen Sie $\displaystyle\int_{-\ln 2}^{0} \frac{4e^x}{2e^x+1}\,dx$.

Lösung:
Nach Berechnung der Ableitung der Nennerfunktion
$f(x) = 2e^x + 1 \;\Rightarrow\; f'(x) = 2e^x$
erkennen Sie, dass die Integrandenfunktion die Form $\dfrac{2 \cdot f'(x)}{f(x)}$ besitzt. Durch logarithmische Integration folgt:

$$\int_{-\ln 2}^{0} \frac{4e^x}{2e^x+1}\,dx = \int_{-\ln 2}^{0} 2 \cdot \frac{2e^x}{2e^x+1}\,dx = 2 \cdot \int_{-\ln 2}^{0} \frac{\overbrace{2e^x}^{f'(x)}}{\underbrace{2e^x+1}_{f(x)}}\,dx = 2 \cdot \Big[\ln|2e^x+1|\Big]_{-\ln 2}^{0}$$

$$= 2\ln|2e^0+1| - 2\ln|2e^{-\ln 2}+1| = 2\ln 3 - 2\ln 2 \approx 0{,}81$$

Aufgaben **177.** Berechnen Sie.

a) $\displaystyle\int_0^1 \frac{6x+6}{x^2+2x+7}\,dx$

b) $\displaystyle\int_1^3 \frac{2x+3}{x^2+3x}\,dx$

c) $\displaystyle\int_{\frac{\pi}{4}}^{\frac{\pi}{3}} \tan x\,dx$

d) $\displaystyle\int_{\ln 2}^{\ln 3} \frac{e^{2x}+e^{-2x}}{e^{2x}-e^{-2x}}\,dx$

e) $\displaystyle\int_0^1 \frac{x^3+x^2+5x+2}{x^2+2}\,dx$

f) $\displaystyle\int_e^{e^2} \frac{1}{x\ln x}\,dx$

Hinweis zu Aufgabe e: Sie können ohne Begründung verwenden, dass
$(x^3+x^2+5x+2):(x^2+2)=x+1+\dfrac{3x}{x^2+2}$.

✳ **178.** Geben Sie den Funktionsterm einer auf $\mathbb{R}$ differenzierbaren Funktion $f(x)$ an, deren Graph immer über der x-Achse verläuft und für die $f(0)=2$ sowie $f'(x)=x\cdot f(x)$ ist.

9.2 Zweite elementare Integrationsregel

Kennen Sie eine Stammfunktion $F(x)$ einer Funktion $f(x)$, so können Sie mithilfe folgender Regel auch eine Stammfunktion der Funktion $f(ax+b)$ angeben.

Regel

> **Zweite elementare Integrationsregel**
> Ist f eine auf einem Intervall integrierbare Funktion und F eine Stammfunktion von f, so gilt:
> $$\int f(ax+b)\,dx = \frac{1}{a}F(ax+b)+C$$

Begründung:

$F'(ax+b)=f(ax+b)\cdot a$ nach der Kettenregel

$\Rightarrow\quad f(ax+b)=\dfrac{1}{a}F'(ax+b)$ Auf beiden Seiten durch a dividieren.

Beispiel

Berechnen Sie $\displaystyle\int_{\frac{\pi}{3}}^{\frac{2\pi}{3}} \sin(3x-\pi)\,dx$.

Lösung:

Da $-\cos x$ eine Stammfunktion von $\sin x$ ist, ist nach der Regel $-\frac{1}{3}\cos(3x-\pi)$ eine Stammfunktion von $\sin(3x-\pi)$.

Nach dem HDI gilt damit:

$$\int_{\frac{\pi}{3}}^{\frac{2\pi}{3}} \sin(3x-\pi)\, dx = \left[-\frac{1}{3}\cos(3x-\pi)\right]_{\frac{\pi}{3}}^{\frac{2\pi}{3}}$$

$$= -\frac{1}{3}\cos\left(3\cdot\frac{2\pi}{3}-\pi\right) + \frac{1}{3}\cos\left(3\cdot\frac{\pi}{3}-\pi\right)$$

$$= -\frac{1}{3}\cos\pi + \frac{1}{3}\cos 0$$

$$= -\frac{1}{3}\cdot(-1) + \frac{1}{3}\cdot 1 = \frac{2}{3}$$

Aufgabe 179. Berechnen Sie.

a) $\displaystyle\int_0^1 (2-7x)^9\, dx$

b) $\displaystyle\int_1^2 \sqrt{6x-6}\, dx$

c) $\displaystyle\int_0^1 10\cdot\sqrt[4]{2x+3}\, dx$

d) $\displaystyle\int_{-1}^0 2\cdot e^{2x+2}\, dx$

e) $\displaystyle\int_0^3 \ln(2x+1)\, dx$

f) $\displaystyle\int_0^{\frac{\pi}{4}} \left(\cos\left(4x+\frac{\pi}{2}\right)-\cos\left(3x-\frac{\pi}{2}\right)\right)dx$

✳ g) $\displaystyle\int_0^1 (\sqrt{x}+1)^8\cdot(\sqrt{x}-1)^8\, dx$

9.3 Dritte elementare Integrationsregel

Kennen Sie eine Stammfunktion $F(x)$ einer Funktion $f(x)$, so können Sie mithilfe folgender Regel auch eine Stammfunktion der Funktion $f(x)\cdot e^{F(x)}$ angeben.

Regel

Dritte elementare Integrationsregel

Ist f eine auf einem Intervall differenzierbare Funktion, so gilt:

$$\int f'(x)\cdot e^{f(x)}\, dx = e^{f(x)} + C$$

Begründung:

$e^{f(x)}$ ist nach der Kettenregel eine Stammfunktion von $e^{f(x)} \cdot f'(x)$.

Beispiel

Berechnen Sie $\displaystyle\int_0^{\sqrt{\ln 3}} x \cdot e^{x^2}\ dx$.

Lösung:

$$\int_0^{\sqrt{\ln 3}} x \cdot e^{x^2}\ dx = \frac{1}{2} \cdot \int_0^{\sqrt{\ln 3}} 2x \cdot e^{x^2}\ dx \qquad \text{1. Linearitätseigenschaft des Integrals}$$

$$= \frac{1}{2}\left[e^{x^2}\right]_0^{\sqrt{\ln 3}} \qquad \begin{array}{l}\text{dritte elementare Integrationsregel;}\\ f(x) = x^2,\ f'(x) = 2x\end{array}$$

$$= \frac{1}{2}e^{\ln 3} - \frac{1}{2}e^0 \qquad \text{Einsetzen der Integrationsgrenzen}$$

$$= \frac{3}{2} - \frac{1}{2} = 1$$

Aufgabe 180. Berechnen Sie.

a) $\displaystyle\int_0^{\frac{\pi}{2}} \cos x \cdot e^{\sin x}\ dx$

b) $\displaystyle\int_{-4}^{1} (2x + 3) \cdot e^{x^2 + 3x - 4}\ dx$

c) $\displaystyle\int_0^{(\ln 2)^2} \frac{e^{\sqrt{x}}}{\sqrt{x}}\ dx$

Anwendungsaufgaben

Das Schlusskapitel dieses Buches vermittelt Ihnen einen kleinen Einblick in die Vielfalt der Anwendungsmöglichkeiten der Infinitesimalrechnung.

10 Steckbriefaufgaben

Bei Steckbriefaufgaben sind ein oder mehrere Parameter im Funktionsterm einer – meist ganzrationalen – Funktion mithilfe von vorgegebenen Funktionseigenschaften zu berechnen. Dabei ist es immer möglich, mithilfe der Angaben des Aufgabentextes ein eindeutig lösbares Gleichungssystem aufzustellen, das die Parameter als Unbekannte besitzt.

Beispiel

Stellen Sie den Funktionsterm einer ganzrationalen Funktion 3. Grades auf, die in $(0|4{,}5)$ einen Wendepunkt besitzt, deren Graph zusammen mit den Koordinatenachsen und der Geraden $x = -3$ eine über der x-Achse liegende Fläche vom Inhalt $\frac{81}{16}$ einschließt und deren sämtliche Stammfunktionen an der Stelle $x_W = 3$ einen Wendepunkt besitzt.

Lösung:

Der Term einer ganzrationalen Funktion 3. Grades hat die Form:

$f(x) = ax^3 + bx^2 + cx + d$

Die Parameter a, b, c, d erhält man als Lösungen eines Gleichungssystems mit vier Gleichungen:

(1) Da der Punkt $(0|4{,}5)$ auf G_f liegt, gilt: **$f(0) = 4{,}5$**

(2) Da f bei $(0|4{,}5)$ einen Wendepunkt hat, gilt: **$f''(0) = 0$**

(3) Da die Koordinatenachsen, die Gerade $x = -3$ und G_f eine über der x-Achse liegende Fläche vom Inhalt $\frac{81}{16}$ einschließen, gilt:

$$\int_{-3}^{0} f(x)\,dx = \frac{81}{16}$$

(4) Da eine Stammfunktion F von f bei $x_W = 3$ eine Wendestelle hat, gilt:
$0 = F''(3) = f'(3)$

Unter Berücksichtigung von

- $f'(x) - 3ax^2 + 2bx + c,$

- $f''(x) = 6ax + 2b$ und

- $\int_{-3}^{0} (ax^3 + bx^2 + cx + d)\,dx = \left[\frac{a}{4}x^4 + \frac{b}{3}x^3 + \frac{c}{2}x^2 + dx\right]_{-3}^{0}$

erhält man aus dieser mathematischen Fassung des Aufgabentextes folgendes Gleichungssystem:

(1) $d = 4{,}5$

(2) $2b = 0 \;\Rightarrow\; b = 0$

(3) $\left[\frac{a}{4}x^4 + \frac{b}{3}x^3 + \frac{c}{2}x^2 + dx\right]_{-3}^{0} = -\frac{81}{4}a + 9b - \frac{9}{2}c + 3d = \frac{81}{16}$

(4) $27a + 6b + c = 0$

Setzt man die Zahlenwerte der Gleichungen (1) und (2) in (3) und (4) ein, reduziert sich das System auf 2 Gleichungen mit den Unbekannten a und c:

(3*) $-\frac{81}{4}a - \frac{9}{2}c + \frac{27}{2} = \frac{81}{16}$ $\Rightarrow$ $-\frac{81}{4}a - \frac{9}{2}c = -\frac{135}{16}$

(4*) $27a + c = 0$ $\Rightarrow$ $c = -27a$

Eingesetzt in (3*) folgt:

$-\frac{81}{4}a - \frac{9}{2} \cdot (-27a) = -\frac{135}{16}$ $\Rightarrow$ $a = -\frac{1}{12}$ $\overset{(4^*)}{\Rightarrow}$ $c = \frac{9}{4}$

Die gesuchte Funktion lautet daher:

$f(x) = -\frac{1}{12}x^3 + \frac{9}{4}x + \frac{9}{2}$

Aufgaben

181. Gesucht ist eine ganzrationale Funktion 3. Grades, deren Graph durch den Koordinatenursprung verläuft, in $(-1\,|\,?)$ eine zur Geraden g: $15x - 8y - 48 = 0$ parallele Tangente besitzt, mit der x-Achse und den Geraden $x = -1$ und $x = 1$ eine nicht über der x-Achse liegende Fläche vom Inhalt 0,5 einschließt und deren Stammfunktionen in $(0\,|\,?)$ einen Wendepunkt besitzen.

182. Gesucht ist eine ganzrationale Funktion 4. Grades, deren Graph im Koordinatenursprung einen Terrassenpunkt und in $(-1\,|\,-1)$ ein relatives Minimum besitzt.

183. Stellen Sie den Funktionsterm einer ganzrationalen Funktion 3. Grades auf, deren Graph zum Koordinatenursprung punktsymmetrisch ist, im Intervall [0; 1] eine vollständig unter der x-Achse liegende Fläche vom Inhalt 1 einschließt und deren sämtliche Stammfunktionen in $\left(\frac{1}{2}\sqrt{6}\,\middle|\,?\right)$ ein relatives Minimum besitzen.

184. Jede Integralfunktion der Schar

$$J_k(x) = \int\limits_{-k}^{x} (at^2 + b)\, dt$$

besitzt für $x = \frac{k\sqrt{3}}{3}$ eine horizontale Tangente und in $(0\,|\,?)$ eine Normale mit der Steigung $\frac{1}{k^2}$. Geben Sie für $J_k(x)$ eine integralfreie Darstellung an.

185. Die Skizze zeigt den Graphen einer ganzrationalen Funktion 4. Grades. Stellen Sie den zugehörigen Funktionsterm auf.

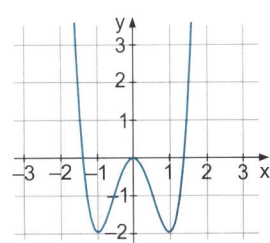

11 Änderung des Funktionswerts infolge der Änderung des Arguments

Oft interessiert man sich dafür, wie eine Größe y, die von einer Größe x abhängt, auf Änderungen der Größe x reagiert.

Lässt sich y als Funktion von x darstellen, $y = f(x)$, und handelt es sich nur um eine sehr kleine Änderung von x, so unterscheiden sich der Differenzial- und der Differenzenquotient von f nur geringfügig und man kann beide in guter Näherung gleichsetzen:

$$\frac{\Delta f}{\Delta x} = \frac{f(x) - f(x_0)}{x - x_0} \approx f'(x_0)$$

Mithilfe dieser Beziehung können Sie bestimmte Aufgabentypen ohne großen Rechenaufwand effektiv lösen.

Beispiel

Der Zerfall von $2,9 \cdot 10^{20}$ Uran 238-Kernen folgt dem Exponentialgesetz $N(t) = 2,9 \cdot 10^{20} \cdot e^{-3,2 \cdot 10^{-17} \cdot t}$. Dabei bezeichnet N(t) die Anzahl der zum Zeitpunkt t noch unzerfallen vorhandenen Kerne und t die in Sekunden gemessene Zeit. Wie viele Urankerne zerfallen in den ersten drei Sekunden nach Beginn der Zeitrechnung?

Lösung:

Diese Aufgabe können Sie **nicht** lösen, indem Sie die Differenz $N(0) - N(3)$ berechnen. Der Taschenrechner liefert nämlich auch für $e^{-3,2 \cdot 10^{-17} \cdot 3}$ den Wert 1 und folglich für die Differenz $N(0) - N(3)$ den Wert 0.

Durch Gleichsetzen von Differenzen- und Differenzialquotient ergibt sich für das Zerfallsgesetz: $\frac{\Delta N}{\Delta t} \approx N'(0)$

$$
\begin{aligned}
N'(t) &= 2,9 \cdot 10^{20} \cdot e^{-3,2 \cdot 10^{-17} \cdot t} \cdot (-3,2 \cdot 10^{-17}) && \text{Ableiten mithilfe der Kettenregel} \\
&= -9\,280 \cdot e^{-3,2 \cdot 10^{-17} \cdot t} \\
N'(0) &= -9\,280 \cdot e^{-3,2 \cdot 10^{-17} \cdot 0} = -9\,280 && \text{Einsetzen von } t = 0 \\
\frac{\Delta N}{\Delta t} &\approx -9\,280 && \text{Einsetzen in } \frac{\Delta N}{\Delta t} \approx N'(0) \\
\Delta N &\approx -9\,280 \cdot \Delta t && \text{Auf beiden Seiten mit } \Delta t \text{ multiplizieren.} \\
&= -9\,280 \cdot 3 = -27\,840 && \Delta t = 3 \text{ einsetzen}
\end{aligned}
$$

In den ersten drei Sekunden nach Beginn der Zeitrechnung zerfallen 27 840 Kerne. Das Minuszeichen berücksichtigt, dass die Anzahl N(t) der Kerne abnimmt.

Aufgaben **186.** Zwischen der absoluten Helligkeit M, der scheinbaren Helligkeit m und der in Parallaxensekunden (pc) gemessenen Entfernung r eines Sterns von der Erde besteht der Zusammenhang:

$m = M - 5 + 2{,}17 \cdot \ln r$

M ist ein Maß für die vom Stern pro Zeiteinheit abgestrahlte Energie; m gibt an, wie viel von dieser Strahlungsleistung auf der Erde eintrifft. Dabei ist m so definiert, dass es mit zunehmender Entfernung größer wird. Unser Nachbarstern Proxima Centauri hat eine Entfernung von 1,3 pc und eine scheinbare Helligkeit von 11,05.
Welche scheinbare Helligkeit besäße er in einer Entfernung von 1,25 pc?

187. Zwischen der in Sekunden gemessenen Schwingungsdauer T eines Fadenpendels und seiner in Metern gemessenen Länge ℓ besteht der Zusammenhang $T = 2 \cdot \sqrt{\ell}$.
Wie groß war die ursprüngliche Fadenlänge, wenn bei einer Verlängerung um 1 cm die Schwingungsdauer um 0,005 Sekunden zunimmt?

188. Zwei Elektronen, deren Ladungsschwerpunkte den Abstand r besitzen, stoßen sich mit der Kraft $F(r) = 2{,}3 \cdot 10^{-28} \cdot \frac{1}{r^2}$ ab (F in Newton, r in Meter). Um welchen Betrag nimmt diese Kraft zu, wenn der Abstand $r = 10^{-10}$ m um 1 % verringert wird?

✳ **189.** Zwischen der Wellenlänge λ und der Frequenz f einer elektromagnetischen Welle besteht der Zusammenhang $f = \frac{c}{\lambda}$. Die Konstante c bezeichnet dabei die Lichtgeschwindigkeit im Vakuum.

a) Zeigen Sie, dass $\frac{\Delta f}{f} = -\frac{\Delta \lambda}{\lambda}$.

Hinweis: Verwenden Sie auch $\frac{c}{\lambda^2} = \frac{f}{\lambda}$.

b) Um wie viel Prozent ändert sich die Wellenlänge einer elektromagnetischen Welle, die von einem nicht frequenzstabilen Sender abgestrahlt wird, wenn dessen Frequenz um 0,27 % zunimmt?

12 Extremwertaufgaben

In Extremwertaufgaben wird nach den Voraussetzungen gefragt, unter denen eine bestimmte Größe maximal oder minimal wird, und die Berechnung dieses größten bzw. kleinsten Werts gefordert. Bei der Lösung gehen Sie schrittweise vor.

Regel

> **Schrittweises Bestimmen der Extremwerte**
> 1. Schritt: Stellen Sie die Größe, für die Sie einen Extremalwert berechnen sollen, als sogenannte **Zielfunktion** von einer oder mehreren Variablen dar.
> 2. Schritt: Suchen Sie im Aufgabentext nach **Nebenbedingungen** und stellen Sie damit Zusammenhänge zwischen den Variablen der Zielfunktion her. Kommen in der Zielfunktion n Variablen vor, so enthält der Aufgaben-text mindestens n – 1 Nebenbedingungen, die zu einem Gleichungssys-tem von n – 1 Gleichungen und n Unbekannten führen.
> 3. Schritt: Stellen Sie mithilfe dieses Gleichungssystems die Zielfunktion als **Funktion einer einzigen Variablen** dar und bestimmen Sie einen **sinn-vollen Definitionsbereich**.
> 4. Schritt: Bestimmen Sie mit den Werkzeugen der Analysis die absoluten **Maxima** bzw. **Minima** der einvariabligen Zielfunktion.

Beispiel

Aus einem Baumstamm (gerader Kreiszylinder) mit einem Durchmesser von 100 cm soll ein Balken mit möglichst großem rechteckigen Querschnitt her-ausgeschnitten werden. Berechnen Sie die Maße des Rechtecks und seinen Flächeninhalt.

Lösung:
Die Größe, deren Maximalwert berechnet werden soll, ist der Flächeninhalt A des Rechtecks.

Schritt 1: Mit den in der Skizze einge-führten Benennungen können Sie A als Zielfunktion der Variablen x und y darstel-len: $A(x, y) = 2x \cdot 2y = 4xy$

Schritt 2: Die Nebenbedingung, dass das Rechteck einem Kreis vom Radius r ein-beschrieben ist, können Sie mithilfe des Satzes von Pythagoras in Form einer Glei-chung schreiben:
$x^2 + y^2 = r^2$ mit $r = \dfrac{100\,\text{cm}}{2} = 50\,\text{cm}$

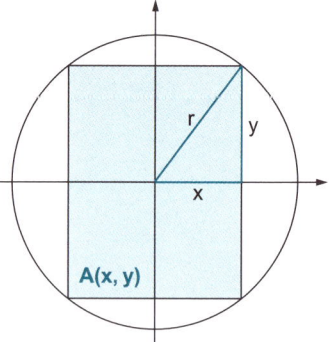

Schritt 3: Lösen Sie diese Gleichung nach y auf: $y = \pm\sqrt{r^2 - x^2}$

Da für x und y als geometrische Größen nur positive Werte sinnvoll sind, setzen Sie den Ausdruck $+\sqrt{r^2 - x^2}$ für y in $A(x, y)$ ein und erhalten so eine einvariablige Zielfunktion:

$A(x) = 4x \cdot \sqrt{r^2 - x^2}$, $\mathbb{D}_{max} = [-r; +r]$

Aufgrund des geometrischen Hintergrunds ist ein sinnvoller Definitionsbereich durch das Intervall $[0; r]$ gegeben.

Schritt 4: Produkt- und Kettenregel liefern für die 1. Ableitung:

$$A'(x) = 4x \cdot \frac{-2x}{2\sqrt{r^2 - x^2}} + \sqrt{r^2 - x^2} \cdot 4 = \frac{-4x^2}{\sqrt{r^2 - x^2}} + \sqrt{r^2 - x^2} \cdot 4$$

$$= \frac{-4x^2 + (r^2 - x^2) \cdot 4}{\sqrt{r^2 - x^2}} = \frac{-8x^2 + 4r^2}{\sqrt{r^2 - x^2}} = \frac{4(r^2 - 2x^2)}{\sqrt{r^2 - x^2}}$$

Weiter gilt:

$$A'(x) = 0 \iff \frac{4(r^2 - 2x^2)}{\sqrt{r^2 - x^2}} = 0 \iff 4(r^2 - 2x^2) = 0 \iff r^2 - 2x^2 = 0$$

$$\iff x_+ = +\frac{r}{\sqrt{2}}; \; x_- = -\frac{r}{\sqrt{2}}$$

Aufgrund des geometrischen Hintergrunds bleibt x_- unberücksichtigt. Da $A'(x)$ für $0 \leq x < x_+$ positiv, für $x_+ < x \leq r$ negativ ist, besitzt $A(x)$ an der Stelle x_+ ein relatives und absolutes Maximum. Die benachbarte Seite des Rechtecks hat die halbe Länge

$$y = \sqrt{r^2 - x_+^2} = \sqrt{r^2 - \left(\frac{r}{\sqrt{2}}\right)^2} = \frac{r}{\sqrt{2}} = x_+.$$

Das gesuchte Rechteck ist also ein Quadrat mit der Seitenlänge

$2 \cdot \frac{r}{\sqrt{2}} = r\sqrt{2} = 50 \cdot \sqrt{2}$ cm $\approx 70,7$ cm

und dem Flächeninhalt $A_{max} = A\left(\frac{r}{\sqrt{2}}\right) = 2r^2 = 5\,000$ cm^2.

Gelegentlich können Sie die Zielfunktion sofort als Funktion einer Variablen angeben und die Schritte 2 und 3 überspringen.

Beispiel

Die Skizze zeigt den Graphen der Funktion

$f(x) = \frac{x^2 - 4}{x^2 + 2}$, $x \in \mathbb{R}$

und ein Dreieck ABC, das zur y-Achse symmetrisch ist, dessen Spitze in C(0|1) liegt und dessen Basisendpunkte A und B auf dem Graphen von f liegen.
Berechnen Sie den größten Flächeninhalt aller Dreiecke mit diesen Eigenschaften.

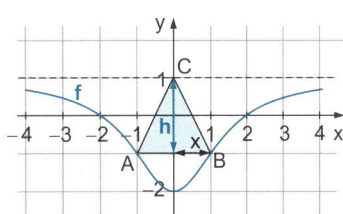

Lösung:

Schritt 1, 2 und 3: Zielfunktion ist die Fläche A des Dreiecks. Bezeichnet man die Rechtswertkoordinate des Punktes B mit x, so gilt nach der Flächenformel für Dreiecke:

$$A(x) = \frac{2x \cdot (1 - f(x))}{2} \qquad\qquad A = \tfrac{1}{2}gh \text{ mit } g = 2x \text{ und } h = 1 - f(x)$$

$$= x\left(1 - \frac{x^2 - 4}{x^2 + 2}\right) \qquad\qquad \text{Einsetzen des Funktionsterms}$$

$$= x \cdot \frac{x^2 + 2 - x^2 + 4}{x^2 + 2} = \frac{6x}{x^2 + 2} \text{ mit } x \in \mathbb{R}^+ \quad \begin{array}{l}\text{Auf Hauptnenner bringen und}\\ \text{zusammenfassen.}\end{array}$$

Schritt 4: Mithilfe der Quotientenregel erhalten Sie:

$$A'(x) = \frac{(x^2 + 2) \cdot 6 - 6x \cdot 2x}{(x^2 + 2)^2} = \frac{12 - 6x^2}{(x^2 + 2)^2}$$

Weiter gilt:

$$A'(x) = 0 \iff 12 - 6x^2 = 0 \iff 6x^2 = 12 \iff x^2 = 2 \iff x = \pm\sqrt{2}$$

Wegen $x > 0$ bleibt $x = -\sqrt{2}$ unberücksichtigt. Da $A'(x)$ für $0 \leq x < \sqrt{2}$ positiv, für $\sqrt{2} < x \leq \infty$ negativ ist, besitzt $A(x)$ an der Stelle $x = \sqrt{2}$ ein relatives und absolutes Maximum.

Für den größtmöglichen Inhalt der Dreiecksfläche gilt:

$$A_{max} = A(\sqrt{2}) = \frac{6\sqrt{2}}{\sqrt{2}^2 + 2} = \frac{3}{2}\sqrt{2} \approx 2{,}12$$

Aufgaben **190.** Aus einem Baumstamm (gerader Kreiszylinder) mit einem Durchmesser von 2r soll ein Balken mit rechteckigem Querschnitt und möglichst großer Tragfähigkeit herausgeschnitten werden. Berechnen Sie die Maße des Balkenquerschnitts und sein Seitenverhältnis, wenn die Tragfähigkeit proportional zur Grundseite und zum Quadrat der Rechteckhöhe ist.

191. Die Skizze zeigt den Graphen der Funktion

$$f(x) = \ln\tfrac{1}{x}, \; x \in \mathbb{R}^+.$$

Welches Rechteck mit achsenparallelen Seiten zwischen dem Graphen von f und den Koordinatenachsen im I. Quadranten besitzt maximalen Flächeninhalt?

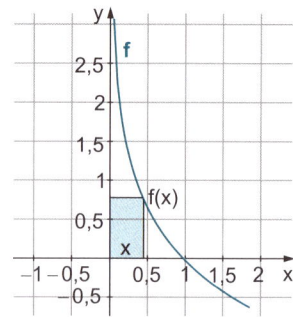

192. Zur Abfallvermeidung sollten Konser-
vendosen bei vorgegebenem Füllgutvo-
lumen so dimensioniert sein, dass ihre
Oberfläche minimal ist.
Berechnen Sie unter diesem Gesichts-
punkt die Innenabmessungen einer beid-
seitig geschlossenen, zylindrischen Kon-
servendose, die 333 cm^3 fasst.
Wie groß sind in diesem Fall die Oberfläche und das Verhältnis von Höhe und
Durchmesser der Dose?

* **193.** Hans befindet sich in seinem Ruderboot
im Punkt A, als sich plötzlich der kleine
Hunger bei ihm meldet. Seinen Lieb-
lingsschokoriegel gibt es in einem Laden
im Punkt D. Durchschnittlich kann Hans
in einer Stunde 7 km rudern und 9 km
laufen.
Welchen Punkt C am Strand muss er an-
steuern, dass er in möglichst kurzer Zeit
zu seinem Schokoriegel kommt? Wie
lange braucht er mindestens?

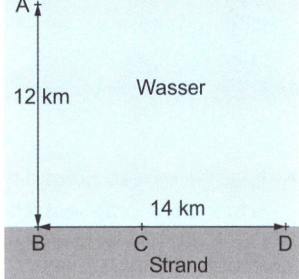

13 Abnahmeprozesse

Dieser Abschnitt befasst sich mit realen Abnahmeprozessen, die sich durch Funktionen der Form

$f(x) = a \cdot e^{-bx} + c$; $a, b, c \in \mathbb{R}$; $a, b > 0$; $c \geq 0$

mathematisch beschreiben lassen.

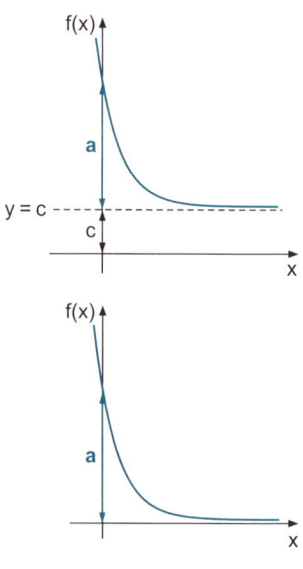

- Ist $c > 0$, so spricht man von **beschränkter exponentieller Abnahme**. Die Funktionswerte nehmen vom Anfangswert $a + c$ bei $x = 0$ exponentiell ab und nähern sich für $x \to +\infty$ der horizontalen Asymptote $y = c$.

- Ist $c = 0$, so spricht man von **unbeschränkter exponentieller Abnahme**. Die Funktionswerte nehmen vom Anfangswert a bei $x = 0$ exponentiell ab und nähern sich für $x \to +\infty$ asymptotisch der x-Achse. Handelt es sich um einen von der Zeit t abhängigen Abnahmeprozess, so besteht zwischen dem Parameter b und der Halbwertszeit T_H (vgl. S. 33 f) der Zusammenhang:

$$T_H = \frac{\ln 0{,}5}{-b} = \frac{\ln 2}{b}$$

Aufgaben **194.** Der Wirkstoff eines Medikaments wird vom Körper unbeschränkt exponentiell abgebaut. 48 Minuten nach der Medikamentengabe sind in einem Liter Blut 7,5 mg der Wirksubstanz nachweisbar, nach weiteren 180 Minuten nur noch 2,5 mg.

a) Stellen Sie die in einem Liter Blut enthaltene Medikamentenmasse m(t) als Funktion der Zeit t dar. Gehen Sie dabei von der vereinfachenden Annahme aus, dass sich der Wirkstoff ohne zeitliche Verzögerung im Körper ausbreitet.

b) Zeigen Sie, dass die Medikamentenmasse in 1 Minute prozentual stets um denselben Wert abnimmt.

195. Das Isotop Ta184 des Schwermetalls Tantal ist ein β^--Strahler, der unbeschränkt exponentiell mit der Halbwertszeit $T_H = 8{,}7$ h zerfällt. Zu Beginn der Zeitmessung waren $7{,}2 \cdot 10^{19}$ Ta-Kerne vorhanden.

a) Nach welcher Zeit sind nur noch $3 \cdot 10^{19}$ Ta-Kerne vorhanden?

b) Nach welcher Zeit sind $3 \cdot 10^{19}$ Ta-Kerne zerfallen?

c) Wie viele Ta-Kerne sind nach 10 h noch vorhanden?

d) Wie viele Ta-Kerne sind nach 10 h zerfallen?

e) Nach welcher Zeit τ wäre die Anzahl der Ta-Kerne auf null gefallen, wenn der Zerfallsprozess linear mit der anfänglichen Abnahmegeschwindigkeit fortgeschritten wäre?

196. Eine Vakuumluftpumpe senkt laut Herstellerangaben den Luftdruck p in einer Druckkammer alle zwei Sekunden unbegrenzt exponentiell um $3{,}5\,\%$. 50 Sekunden nach Einschalten der Pumpe zeigt ein eingebauter Druckmesser an, dass der Druck in der Kammer exakt um die Hälfte abgenommen hat. Verspricht der Hersteller zu viel?

197. Das Radioisotop Jod131 hat eine Halbwertszeit von 8,0 Tagen. Sind in dem Moment, in dem Sie diese Zeilen lesen, N_0 Jod131-Atome auf der Erde vorhanden, sind davon t Zeiteinheiten später nur noch $N(t) = N_0 \cdot e^{-\frac{\ln 2}{8{,}0}\frac{1}{d} \cdot t}$ unzerfallen vorhanden. d steht dabei für die Zeiteinheit Tage.

a) Zeigen Sie, dass zu jedem beliebigen Zeitpunkt t für eine daran anschließende, im Sekundenbereich liegende Zeitspanne Δt gilt:

$$\frac{\Delta N}{N} = \frac{\ln 2}{8{,}0}\frac{1}{d} \cdot \Delta t$$

ΔN bzw. N bezeichnet dabei die Anzahl aller Jod131-Kerne, die auf der Erde im Zeitintervall Δt zerfallen sind bzw. am Anfang dieses Zeitintervalls unzerfallen vorhanden waren.

Hinweis: Setzen Sie den Differenzial- und den Differenzenquotienten näherungsweise gleich und drücken Sie N'(t) mithilfe von N(t) aus.

b) Wie groß ist die Wahrscheinlichkeit P, dass ein beliebiger radioaktiver Jod131-Kern innerhalb der nächsten 3 Sekunden zerfällt?

198. Einem radioaktiven Gamma-Präparat steht in 10 cm Entfernung ein Detektor gegenüber. Dieser registriert pro Sekunde 166 700 Gammateilchen. Bringt man Bleiplatten zwischen Präparat und Detektor, so gelangen umso weniger Gammaquanten zum Detektor, je dicker die Platten sind. In der Tabelle auf der nächsten Seite sind für einige Plattendicken x die Anzahl z(x) der in einer Sekunde registrierten Gammateilchen aufgeführt:

x in cm	0	1,0	2,0	3,0	4,0	5,0	6,0	7,0
z(x)	166 700	64 450	24 917	9 634	3 725	1 440	557	215

a) Berechnen Sie für jedes x den Wert $\ln \frac{z(x)}{z(0)}$.

b) Tragen Sie die Wertepaare $\left(x \mid \ln \frac{z(x)}{z(0)} \right)$ in ein x-$\ln \frac{z(x)}{z(0)}$-Diagramm ein.

c) Zeigen Sie, dass gilt: $\ln \frac{z(x)}{z(0)} = -0,95 \, \frac{1}{cm} \cdot x$

d) Geben Sie mithilfe des Ergebnisses aus Teilaufgabe c die Funktion an, welche die Absorption von Gammaquanten in Bleiplatten als Funktion der Plattendicke wiedergibt.

199. In natürlichem Uran treffen heute auf ein U 235-Nuklid 140 U 238-Nuklide. Nehmen Sie an, dass bei der Entstehung der Erde beide Isotope gleich häufig vorhanden gewesen waren und seitdem unbeschränkt exponentiell mit den Halbwertszeiten $T_{238} = 4,5 \cdot 10^9$ a und $T_{235} = 7 \cdot 10^8$ a zerfallen sind (a steht dabei für die Zeiteinheit Jahre).
Welches Alter ergibt sich hieraus für unsere Erde?

200. Ursprünglich 90° C heißer Tee kühlt in einem 20° C warmen Raum beschränkt exponentiell so ab, dass die Differenz zwischen Tee- und Raumtemperatur in jeweils 45 Sekunden um 10 % abnimmt.

a) Stellen Sie die Temperatur $\vartheta(t)$ des Tees als Funktion der Zeit dar.

b) Wann ist der Tee 30° C warm?

14 Wachstumsprozesse

Bei Wachstumsprozessen nimmt eine Größe im Laufe der Zeit zu.

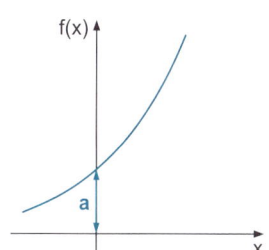

- Von **exponentiellem Wachstum** spricht man, wenn die Wachstumsgröße pro Zeiteinheit nicht um einen festen Betrag, sondern um einen festen Prozentsatz des Momentanwerts zunimmt. Solche Vorgänge lassen sich mit Funktionen der Form $f(x) = a \cdot e^{b \cdot x}$ beschreiben. a und b sind dabei positive reelle Zahlen. Handelt es sich um ein von der Zeit t abhängiges exponentielles Wachstum, so besteht zwischen dem Parameter b und der Verdoppelungszeit T_D (vgl. S. 33 f) der Zusammenhang: $T_D = \frac{\ln 2}{b}$

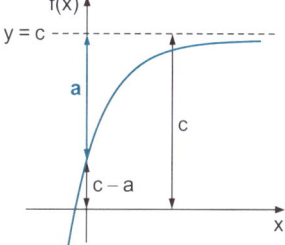

- **Begrenztes exponentielles Wachstum** liegt vor, wenn die Wachstumsgröße proportional zur Differenz zwischen einem Zielwert (in der Skizze c), den sie weder überschreitet noch erreicht, und dem Momentanwert zunimmt. Dieser Vorgang lässt sich mit Funktionen der Form $f(x) = -a \cdot e^{-b \cdot x} + c$ beschreiben. a, b und c sind positive reelle Zahlen, wobei $c \geq a$.

Aufgaben

201. Cholerabakterien vermehren sich exponentiell. Gibt man 200 Cholerabakterien in eine Nährlösung, so zählt man 2 Stunden später 15 000.

  a) Geben Sie die zugehörige Wachstumsfunktion an.

  b) Wie viele Bakterien zählt man 3 Stunden nach der Kontamination der Nährlösung?

202. Die Weltbevölkerung nahm im Mittelalter und nimmt zurzeit exponentiell zu.

  a) Zurzeit verdoppelt sie sich in 30 Jahren. Wie groß ist der prozentuale Anstieg pro Jahr?

  b) Im Mittelalter betrug der jährliche prozentuale Anstieg nur 0,28 %. Wie groß war damals die Verdoppelungszeit T_{MA}?

203. Beim Aufladen eines Fotoblitzgeräts steigt die Spannung U während des Ladevorgangs begrenzt exponentiell von 0 V auf 500 V an.

a) Wie lautet der Funktionsterm, wenn die Spannung nach 5 s den Wert 350 V erreicht hat?

b) Nach welcher Zeit ist das Blitzgerät einsatzbereit, wenn die Mindestspannung 430 V beträgt?

204. Die Temperatur eines Eiswürfels, der mit der Anfangstemperatur ϑ_0 in einen Raum mit konstanter Temperatur $\vartheta_R = 30\,°C$ gelegt wird, nimmt begrenzt exponentiell zu. 10 Minuten nach Einbringen beträgt die Eistemperatur $-10\,°C$, nach weiteren 10 Minuten nur noch $-5\,°C$. Berechnen Sie ϑ_K.

15 Beispiele aus der Mechanik und der Elektrizitätslehre

In den Aufgaben 205 bis 207 werden Probleme aus der Mechanik betrachtet. Beachten Sie hierzu folgende Erläuterung: Um die Bewegung eines Massenpunkts längs einer Geraden mathematisch zu beschreiben, legt man die Achse eines eindimensionalen Koordinatensystems so, dass sie mit der Geraden zusammenfällt. Dann ordnet man jedem Zeitpunkt t den orientierten Abstand s des Massenpunkts vom Koordinatenursprung zu und erhält so die Zeit-Ort-Funktion s(t). Ihr Graph wird in einem kartesischen Koordinatensystem mit t als Rechts- und s als Hochwert-Achse dargestellt.
Die zugehörige Zeit-Geschwindigkeit-Funktion v(t) bzw. Zeit-Beschleunigung-Funktion a(t) ist gegeben durch die erste bzw. zweite Ableitung der Zeit-Ort-Funktion s(t): v(t) = s'(t) bzw. a(t) = s''(t)

Aufgaben **205.** Das t-s-Diagramm gibt die Bewegung eines Massenpunkts längs einer Geraden wieder.
Wann fährt der Körper am schnellsten rückwärts?
Begründen Sie Ihre Aussage.

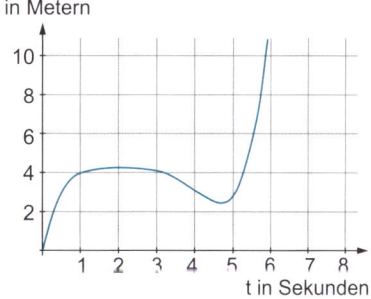

206. Das t-v-Diagramm zeigt, wie die Fallgeschwindigkeit v(t) eines Körpers unter Berücksichtigung der Luftreibung zunimmt.
Die zugehörige Funktion lautet:
$$v(t) = 50\,\frac{m}{s}\left(1 - e^{-0{,}75\frac{1}{s}\cdot t}\right)$$

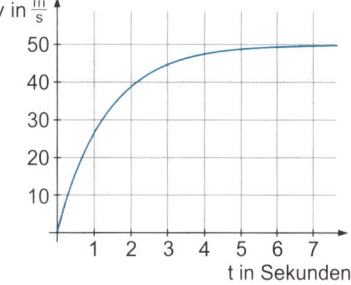

a) Versuchen Sie die Strecke, die der Körper in den ersten 7 Sekunden durchfällt, ohne aufwendige Rechnungen näherungsweise auf grafischem Weg zu bestimmen.

b) Berechnen Sie die exakte Fallstrecke mithilfe der Integralrechnung und vergleichen Sie mit dem Ergebnis aus Teilaufgabe a.

207. Das t-a-Diagramm gibt die orientierte Beschleunigung wieder, die ein Körper längs einer Geraden aus der Ruhe heraus während der ersten 5 Sekunden erfährt.
Die zugehörige Funktion lautet:
$a(t) = t^3 - 8t^2 + 15t$

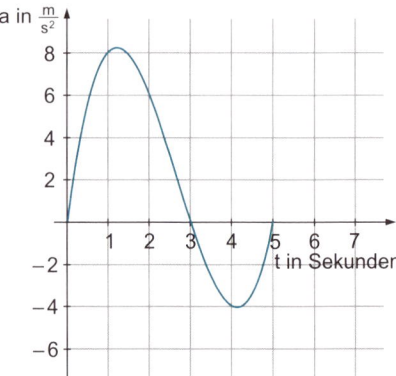

a) Wie groß ist seine Endgeschwindigkeit?

b) Geben Sie ohne Rechnung den Zeitpunkt an, zu dem der Körper seine Maximalgeschwindigkeit erreicht.

208. Zwischen dem in Ohm gemessenen Wechselstromwiderstand Z einer Reihenschaltung – bestehend aus einem ohmschen Widerstand R = 40 Ohm, einer Induktivität L = 50 Henry und einer Kapazität C = 40 Mikrofarad – und der in Hertz gemessenen Kreisfrequenz ω des Wechselstroms besteht folgender Zusammenhang:

$$Z(\omega) = \sqrt{1\,600 + \left(50\omega - \frac{25\,000}{\omega}\right)^2}$$

a) Bestimmen Sie mit den Methoden der Differenzialrechnung die Lage und die Art des einzigen Extremums von $Z(\omega)$.

Hinweis: Beachten Sie Aufgabe 131 auf Seite 100.

b) Wie lässt sich diese Extremalstelle auch ohne Zuhilfenahme der Differenzialrechnung bestimmen?

209. Um den Abstand eines Elektrons von einem Proton von R auf R + h zu vergrößern, benötigt man die Energie

$$E = \int\limits_{R}^{R+h} \frac{1}{4\pi\varepsilon_0} \cdot \frac{e^2}{r^2}\, dr.$$

ε_0 und e sind dabei Naturkonstanten.
Drücken Sie mithilfe von R, ε_0 und e integralfrei die Energie aus, die erforderlich ist, um das Elektron unendlich weit vom Proton zu entfernen.

210. Legt man an eine ideale Spule eine sinusförmige Wechselspannung der Form

$$U(t) = U_0 \sin\left(\frac{2\pi}{T} \cdot t\right),$$

so fließt durch sie ein sinusförmiger Wechselstrom der Form

$$I(t) = -I_0 \cos\left(\frac{2\pi}{T} \cdot t\right).$$

Während der Zeitspanne Δt wird dabei die elektrische Arbeit

$$W_{el} = \int_{t}^{t + \Delta t} U(t)I(t)\, dt$$

verrichtet.

Berechnen Sie die während einer vollen Schwingungsdauer T verrichtete elektrische Arbeit.

Hinweis: Berechnen Sie die Ableitung der Funktion $h(x) = (\sin(ax))^2$.

Lösungen

Auf den folgenden Seiten finden Sie vollständige Lösungen zu allen Übungsaufgaben in diesem Buch.

1. a) Das Einsetzen der Punktkoordinaten in die Steigungsformel $m = \frac{y_B - y_A}{x_B - x_A}$ liefert den numerischen Wert der Steigung m:

    $$m = \frac{4-1}{2-(-4)} = \frac{3}{6} = \frac{1}{2}$$

    Die Bestimmungsgleichung für t erhalten Sie durch Einsetzen der Koordinaten eines der beiden Punkte, z. B. von B, in die vorläufige Geradengleichung $y = \frac{1}{2}x + t$:

    $$4 = \frac{1}{2} \cdot 2 + t$$

    Auflösen nach t führt auf: $t = 3$
    Die Geradengleichung lautet also: $g: y = \frac{1}{2}x + 3$

    b) • Wegen $\frac{1}{2} \cdot 1 + 3 = 3,5 > 2$ liegt C unter der Geraden g.
        • Umrechnung von der impliziten in die explizite Geradengleichung:

        $h: 3x - 6y + 2 = 0$

        $h: 3x + 2 = 6y$ Auf beiden Seiten 6y addieren.

        $h: y = \frac{1}{2}x + \frac{1}{3}$ Auf beiden Seiten durch 6 dividieren.

        h und g verlaufen parallel, weil sie beide die Steigung $\frac{1}{2}$ besitzen. Sie sind nicht identisch, weil die Achsenabschnitte 3 und $\frac{1}{3}$ verschieden sind.

    c) • Eine zu AB parallele Gerade p hat die Steigung $m_p = m_g = \frac{1}{2}$.
        Die Bestimmungsgleichung für den Achsenabschnitt t erhalten Sie durch Einsetzen der Koordinaten des Punktes $C(1|2)$ in die vorläufige Geradengleichung $y = \frac{1}{2}x + t_p$:

        $$2 = \frac{1}{2} \cdot 1 + t_p$$

        $t_p = \frac{3}{2}$ Von beiden Seiten $\frac{1}{2}$ subtrahieren.

        Die gesuchte Geradengleichung lautet: $p: y = \frac{1}{2}x + \frac{3}{2}$

        • Für die Steigungen m_g und m_n der Geraden g und einer dazu senkrechten Geraden n gilt: $m_g \cdot m_n = -1$

        $\frac{1}{2} \cdot m_n = -1$ Einsetzen des Zahlenwerts für m_g

        $m_n = -2$ Auf beiden Seiten mit 2 multiplizieren.

        Die Bestimmungsgleichung für den Achsenabschnitt t erhalten Sie durch Einsetzen der Koordinaten des Punktes $C(1|2)$ in die vorläufige Geradengleichung $y = -2x + t_n$:

        $$2 = -2 \cdot 1 + t_n$$

        $t_n = 4$ Auf beiden Seiten 2 addieren.

        Die gesuchte Geradengleichung lautet: $n: y = -2x + 4$

2. Die Geradengleichungen lauten

a) $y = 2$, weil die Gerade parallel zur und im Abstand 2 über der x-Achse verläuft.

b) $x = 3$, weil die Gerade parallel zur und im Abstand 3 rechts von der y-Achse verläuft.

c) $y = -\frac{1}{2}x + 1$, weil die Gerade die Steigung $m = -\frac{1}{2}$ und den Achsenabschnitt $t = 1$ besitzt.

d) $y = 2x + 3$, weil die Gerade die Steigung $m = 2$ und den Achsenabschnitt $t = 3$ besitzt.

e) $y = 3x - 3$, weil die Gerade die Steigung $m = 3$ und den Achsenabschnitt $t = -3$ besitzt.

f) $y = -\frac{1}{4}x - 1$, weil die Gerade die Steigung $m = -\frac{1}{4}$ und den Achsenabschnitt $t = -1$ besitzt.

3. In der Skizze ist $\overline{OA} = 3$ der Abstand der Geraden g von der Winkelhalbierenden. Nach dem Satz des Pythagoras gilt:

$$t_g^2 = \overline{OY}^2 = \overline{OA}^2 + \overline{AY}^2$$

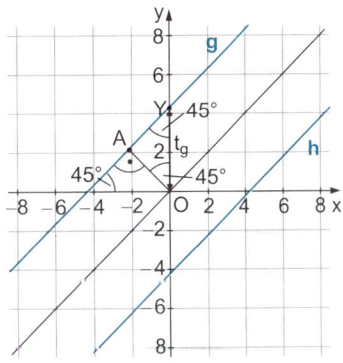

$\Rightarrow \quad t_g^2 = 3^2 + 3^2 = 18 \quad$ $\overline{AY} = \overline{OA} = 3$, da das Dreieck AOY rechtwinklig und gleichschenklig ist.

$\Rightarrow \quad t_g = \sqrt{18} = 3\sqrt{2} \quad$ Auf beiden Seiten radizieren.

Die Gleichung der Geraden g lautet:

g: $y = x + 3\sqrt{2}$

Die Gleichung der zweiten Lösung lautet:

h: $y = x - 3\sqrt{2}$

4. Nach dem Satz über die Winkelsumme
    im Dreieck gilt für den gesuchten
    Winkel δ (vgl. Skizze):
    $$\delta = 180° - 55° - 70° = 55°$$

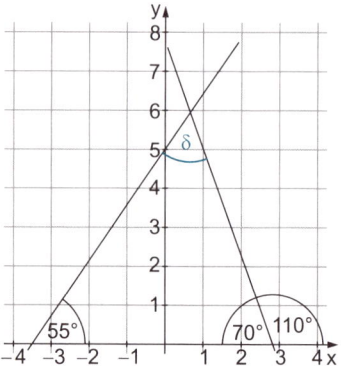

5. a) Sie rechnen den Funktionsterm mittels quadratischer Ergänzung in die
        Scheitelform um:

$-2x^2 - 8x - 10 = -2(x^2 + 4x + 5)$	Ausklammern des Koeffizienten bei x^2
$= -2(x^2 + 4x + 2^2 - 2^2 + 5)$	Quadratische Ergänzung
$= -2((x + 2)^2 - 2^2 + 5)$	Binomische Formel
$= -2((x + 2)^2 + 1)$	Zusammenfassen
$= -2(x + 2)^2 - 2$	Ausmultiplizieren

    Der Scheitel der Parabel liegt bei (–2│–2). Sie ist wegen $a = -2 < 0$ **nach
    unten geöffnet** und wegen $|a| = |-2| > 1$ **schmäler als die Normalpa-
    rabel**.

    b) Die gesuchten Koordinaten lassen sich ohne quadratische Ergänzung
        rascher durch Überlegung finden.
        Die x-Koordinate x_S des Scheitels S liegt in der Mitte zwischen den
        beiden Nullstellen $x_1 = -4$ und $x_2 = 2$:
        $$x_S = \frac{-4 + 2}{2} = -1$$

        Die y-Koordinate y_S des Scheitels ist der Funktionswert der quadratischen
        Funktion an der Stelle x_S:
        $$y_S = g(x_S) = 0{,}5 \cdot (-1 - 2)(-1 + 4) = -4{,}5$$
        S besitzt daher die Koordinaten S(–1│–4,5).
        Die Parabel ist wegen $a = 0{,}5 > 0$ **nach oben offen** und wegen $|a| = 0{,}5 < 1$
        breiter als die Normalparabel.

6. a) Einsetzen von $a = \frac{1}{3}$, $b = -\sqrt{3}$, $c = 2$ in die Lösungsformel ergibt:

$$x_{1;2} = \frac{\sqrt{3} \pm \sqrt{(-\sqrt{3})^2 - 4 \cdot \frac{1}{3} \cdot 2}}{2 \cdot \frac{1}{3}} = \frac{\sqrt{3} \pm \sqrt{\frac{1}{3}}}{\frac{2}{3}} = \frac{\sqrt{3} \pm \frac{1}{3}\sqrt{3}}{\frac{2}{3}} = \begin{cases} \dfrac{\frac{2}{3}\sqrt{3}}{\frac{2}{3}} = \sqrt{3} \\[2mm] \dfrac{\frac{4}{3}\sqrt{3}}{\frac{2}{3}} = 2\sqrt{3} \end{cases}$$

b)

$4x^2 - 28x = 0$	
$x^2 - 7x = 0$	Auf beiden Seiten mit 4 dividieren.
$x(x - 7) = 0$	Auf der linken Seite x ausklammern.
$\Rightarrow \;\; x_1 = 0; \;\; x_2 = 7$	Ein Produkt ist genau dann null, wenn mindestens ein Faktor null ist.

c)

$x^2 + 6x + 9 = 16$	
$(x + 3)^2 = 16$	Binomische Formel
$|x + 3| = 4$	Auf beiden Seiten radizieren.
$x + 3 = \pm 4$	Betrag auflösen
$\Rightarrow \;\; x_1 = 4 - 3 = 1; \;\; x_2 = -4 - 3 = -7$	Auf beiden Seiten 3 subtrahieren.

7. a) Da die bzgl. der y-Achse symmetrischen Punkte P(3|1), Q(−3|1) auf der Parabel liegen, besitzt ihr Scheitel die x-Koordinate 0. Daher hat der Funktionsterm nach der Regel zur Scheitelform die Gestalt:

$f(x) = ax^2 + c$

Durch Einsetzen der Koordinaten der Punkte P und R in den Funktionsterm erhalten Sie folgendes Gleichungssystem:

$$\left.\begin{array}{l} (1) \;\; 1 = a \cdot 3^2 + c \;\; \Leftrightarrow \;\; (1)^* \;\; 9a + c = 1 \\ (2) \;\; 3 = a \cdot 1^2 + c \;\; \Leftrightarrow \;\; (2)^* \;\; a + c = 3 \end{array}\right\} \overset{(1)^* - (2)^*}{\Rightarrow} 8a = -2 \;\; \Rightarrow \;\; a = -0{,}25$$

Einsetzen in (2) und Auflösen nach c ergibt c = 3,25. Der Funktionsterm lautet also:

$f(x) = -0{,}25x^2 + 3{,}25$

b)

$f(x) = a(x - 3)^2 - 5$	Einsetzen der Scheitelkoordinaten S(3|−5) in die Scheitelform
$4 = a(0 - 3)^2 - 5$	Punkt (0|4) liegt auf der Parabel.
$4 = 9a - 5$	
$9 = 9a$	Auf beiden Seiten 5 addieren.
$a = 1$	Auf beiden Seiten durch 9 dividieren.
$f(x) = 1 \cdot (x - 3)^2 - 5 = x^2 - 6x + 4$	Einsetzen von a, ausmultiplizieren und zusammenfassen

c) Da die Parabel nach oben geöffnet und zur Normalparabel kongruent ist, gilt $a = 1$. Da $x_1 = 0$ und $x_2 = 5$ ihre Nullstellen sind, gilt für den Funktionsterm nach der Regel über die Linearfaktorzerlegung:
$$f(x) = 1 \cdot (x - 0) \cdot (x - 5) = x^2 - 5x$$

8. Es gibt hier, anders als bei der vorhergehenden Aufgabe, keine Möglichkeit, den Rechenaufwand zu reduzieren. Durch Einsetzen der Punktkoordinaten in die allgemeine Form $f(x) = ax^2 + bx + c$ einer quadratischen Gleichung erhält man ein Gleichungssystem mit 3 Gleichungen und 3 Unbekannten:

(1)	$-4 = a \cdot 1^2 + b \cdot 1 + c \Leftrightarrow$	$a + b + c = -4$
(2)	$3 = a \cdot 2^2 + b \cdot 2 + c \Leftrightarrow$	$4a + 2b + c = 3$
(3)	$14 = a \cdot 3^3 + b \cdot 3 + c \Leftrightarrow$	$9a + 3b + c = 14$

(2)*	$3a + b = 7$	Additionsverfahren (2) − (1)
(3)*	$8a + 2b = 18$	Additionsverfahren (3) − (1)
(2)*	$3a + b = 7$	
(3)**	$4a + b = 9$	(3)* auf beiden Seiten durch 2 dividieren.
(3)***	$\mathbf{a = 2}$	Additionsverfahren (3)** − (2)*
$3 \cdot 2 + b = 7$		$a = 2$ in (2)* einsetzen
	$\mathbf{b = 1}$	Auf beiden Seiten $3 \cdot 2 = 6$ subtrahieren.
$2 + 1 + c = -4$		$a = 2$ und $b = 1$ in (1) einsetzen
	$\mathbf{c = -7}$	Auf beiden Seiten $2 + 1 = 3$ subtrahieren.

Die gesuchte Funktionsgleichung lautet: $f(x) = 2x^2 + x - 7$

9. a) Mithilfe der Lösungsformel berechnen Sie zunächst die Lösungen der zugehörigen quadratischen Gleichung $x^2 - 9x + 20 = 0$. Diese lauten: $x_1 = 4$ und $x_2 = 5$
Die nach oben offene Parabel $y = x^2 - 9x + 20$ verläuft daher nur auf $]-\infty; 4] \cup [5; \infty[$ nicht unterhalb der x-Achse. Die Lösungsmenge der Ungleichung $x^2 - 9x + 20 \geq 0$ lautet somit:
$$\mathbb{L} = {]-\infty; 4] \cup [5; \infty[}$$

b) Da die Diskriminante des quadratischen Terms $x^2 + 6x + 14$ wegen $D = 6^2 - 4 \cdot 1 \cdot 14 = -20$ negativ ist, besitzt die nach oben offene Parabel $y = x^2 + 6x + 14$ keine gemeinsamen Punkte mit der x-Achse und verläuft ausschließlich oberhalb der x-Achse. Die Lösungsmenge der Ungleichung $x^2 + 6x + 14 < 0$ ist daher leer:
$$\mathbb{L} = { }$$

10. Der Skizze in der Angabe entnehmen Sie zunächst die Koordinaten des Scheitels und das Vorzeichen des Koeffizienten a ($|a| = 1$ wegen Kongruenz zur Normalparabel). Daraus berechnen Sie mithilfe der Regel zur Scheitelform den Funktionsterm.

	Scheitelkoordinaten	a	Funktionsterm
a)	$S(-3\,|\,1)$	$+1$	$f(x) = (x+3)^2 + 1 = x^2 + 6x + 10$
b)	$S(-1\,|\,-2)$	$+1$	$f(x) = (x+1)^2 - 2 = x^2 + 2x - 1$
c)	$S(2\,|\,3)$	-1	$f(x) = -(x-2)^2 + 3 = -x^2 + 4x - 1$
d)	$S(4\,|\,-2)$	-1	$f(x) = -(x-4)^2 - 2 = -x^2 + 8x - 18$

11. a) **Ja!**

Für die Summenfunktion der quadratischen Funktionen
$q_1(x) = x^2 + 4x + 3$ und $q_2(x) = -x^2 - x - 3$ gilt zum Beispiel:
$q_1(x) + q_2(x) = 3x$

b) **Ja!**

Zum Beispiel lautet die Produktfunktion der linearen Funktionen
$\ell_1(x) = 2x + 3$ und $\ell_2(x) = 4$:
$\ell_1(x) \cdot \ell_2(x) = (2x + 3) \cdot 4 = 8x + 12$
Dies ist eine lineare und keine quadratische Funktion.

c) **Ja!**

Mithilfe der Lösungsformel findet man, dass $x_1 = 2$ und $x_2 = 3$ Lösungen der Gleichung $x^2 - 5x + 6 = 0$ sind. Nach der Regel zur Linearfaktorzerlegung gilt damit: $x^2 - 5x + 6 = (x-2)(x-3)$
Die gesuchten linearen Funktionen lauten:
$\ell_1(x) = x - 2$ und $\ell_2(x) = x - 3$

d) **Ja!**

Z. B. ist der Quotient der quadratischen Funktion $q(x) = (x+1)(x+2)$ und der linearen Funktion $\ell(x) = x + 2$ die lineare Funktion $g(x) = x + 1$.

12. a) $-x^7 - x^5 - x^9 = 0$

$\Leftrightarrow \quad -x^5(x^4 + x^2 + 1) = 0$ Ausklammern von $-x^5$ und Ordnen nach Potenzen

$\Leftrightarrow \quad x = 0$ Ein Produkt ist genau dann null, wenn mindestens ein Faktor null ist.
$x^4 + x^2 + 1$ ist für alle reellen x positiv, weil jeder Summand positiv ist.

$x = 0$ ist daher 5-fache Lösung.

b) Durch die Substitution $z := x^2$ erhält man eine quadratische Gleichung:

$x^4 - 9x^2 + 20 = 0 \;\Leftrightarrow\; z^2 - 9z + 20 = 0$ Substitution $z := x^2$

$\Rightarrow\; z_1 = 5;\; z_2 = 4$ $a = 1$, $b = -9$ und $c = 20$ in die Lösungsformel für quadratische Gleichungen
einsetzen.

$\Rightarrow\; x^2 = 5;\; x^2 = 4$ Resubstitution $x^2 = z$

$x^2 = 5 \;\Leftrightarrow\; x_1 = \sqrt{5};\; x_2 = -\sqrt{5}$ Die rein quadratische Gleichung $x^2 = a$

$x^2 = 4 \;\Leftrightarrow\; x_3 = -2;\; x_4 = 2$ besitzt für positives a die beiden Lösungen $x_1 = \sqrt{a}$ und $x_2 = -\sqrt{a}$.

Die Lösungen der Gleichung sind also $x_1 = \sqrt{5}$, $x_2 = -\sqrt{5}$, $x_3 = -2$ und $x_4 = 2$, jeweils mit Vielfachheit 1.

c) $x^3 - x^2 + x - 1 = 0$

$\Leftrightarrow\; x^2(x - 1) + (x - 1) = 0$ Teiweises Ausklammern

$\Leftrightarrow\; (x^2 + 1)(x - 1) = 0$ Ausklammern von $x - 1$

$\Leftrightarrow\; x^2 + 1 = 0$ oder $x - 1 = 0$ Ein Produkt ist genau dann null, wenn mindestens ein Faktor null ist.

Da $x^2 + 1$ stets positiv ist, ist $x = 1$ die einzige Lösung der Gleichung. Ihre Vielfachheit ist 1.

13. a) Da f bei $x_0 = 1$ eine Nullstelle 1. (ungerader) Ordnung besitzt und $x^2 + 1$ positiv ist, durchstößt G_f die x-Achse von unten nach oben.

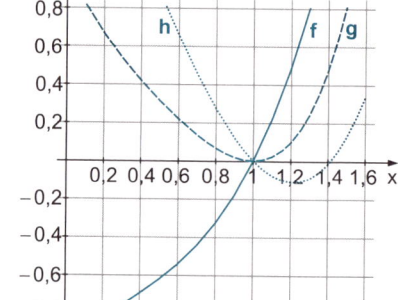

b) Da g bei $x_0 = 1$ eine Nullstelle 2. (gerader) Ordnung besitzt und $x^2 + 1$ positiv ist, berührt G_g die x-Achse von oben.

c) Da h bei $x_0 = 1$ eine Nullstelle 1. (ungerader) Ordnung besitzt und $x^2 - 2$ negativ ist, durchstößt G_h die x-Achse von oben nach unten.

14. a) Nullstellen sind –2, –1, +3.
- $x - 3 > 0$, wenn $x > 3$ und $x - 3 < 0$, wenn $x < 3$.
- $(x + 1)^2$ ist als Quadrat für alle x nicht negativ.
- $x + 2 > 0$, wenn $x > -2$ und $x + 2 < 0$, wenn $x < -2$.

Weil ein Produkt mit einer geraden (ungeraden) Anzahl negativer Faktoren positiv (negativ) ist, ist der Funktionsterm $f(x)$ entsprechend nebenstehender Skizze
- für $x < -2$ positiv (2 Minuszeichen),
- für $-2 < x < -1$ negativ (1 Minuszeichen),
- für $-1 < x < 3$ negativ (1 Minuszeichen),
- für $x > 3$ positiv (nur Pluszeichen).

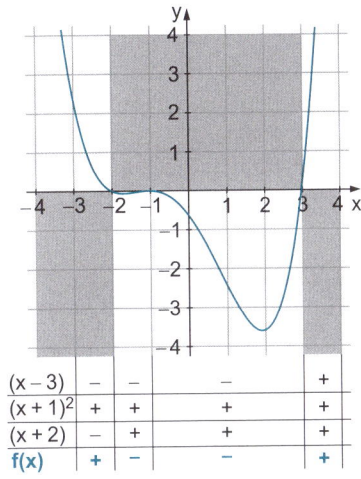

$(x - 3)$	–	–	–	+
$(x + 1)^2$	+	+	+	+
$(x + 2)$	–	+	+	+
$f(x)$	+	–	–	+

b) $g(x) = 0{,}1(x^4 + 2x^3) = 0{,}1x^3(x + 2)$
Nullstellen sind –2 und 0.
- $x^3 > 0$, wenn $x > 0$ und $x^3 < 0$, wenn $x < 0$.
- $x + 2 > 0$, wenn $x > -2$ und $x + 2 < 0$, wenn $x < -2$.

Weil ein Produkt mit einer geraden (ungeraden) Anzahl negativer Faktoren positiv (negativ) ist, ist der Funktionsterm $g(x)$ entsprechend nebenstehender Skizze
- für $x < -2$ positiv (2 Minuszeichen),
- für $-2 < x < 0$ negativ (1 Minuszeichen),
- für $x > 0$ positiv (nur Pluszeichen).

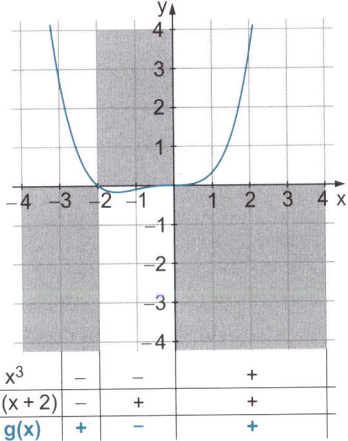

x^3	–	–	+
$(x + 2)$	–	+	+
$g(x)$	+	–	+

15. a) Wegen $f(x) = 2x^3 - 6x^8 + 8x^6 = x^3(2 - 6x^5 + 8x^3)$ besitzt f **höchstens 6** verschiedene reelle Nullstellen. x^3 besitzt nämlich nur 0 als einzige Nullstelle und $2 - 6x^5 + 8x^3$ hat als ganzzahlige rationale Funktion vom Grad 5 höchstens 5 verschiedene reelle Nullstellen. Eine aufwendige Rechnung zeigt, dass die Funktion nur 4 Nullstellen aufweist.

b) $g(x) = (x + 3)^3(x - 4)^5$ besitzt **genau 2** Nullstellen, nämlich –3 und +4.

c) $h(x) = (x^3 - 2)^4$ besitzt **genau 1** reelle Nullstelle, nämlich $\sqrt[3]{2}$.

d) $i(x) = (x^2 + 2x - 3)^3(x^4 + 3x - 2)$ besitzt **höchstens 6** verschiedene reelle Nullstellen, weil $x^2 + 2x - 3$ als Polynom 2. Grades bzw. $x^4 + 3x - 2$ als Polynom 4. Grades höchstens 2 bzw. 4 verschiedene reelle Nullstellen besitzt. Eine aufwendige Rechnung zeigt, dass die Funktion nur 4 Nullstellen aufweist.

16.

Graph	Funktionsterm	Begründung
A	$n(x)$	–3 ist Nullstelle gerader Ordnung, –1 und +1 sind Nullstellen ungerader Ordnung.
B	$g(x)$	1 ist Nullstelle gerader Ordnung, –3 und –1 sind Nullstellen ungerader Ordnung.
C	$k(x)$	–1 ist Nullstelle gerader Ordnung, –3 und 1 sind Nullstellen ungerader Ordnung.
D	$i(x)$	–3, –1, 1 sind Nullstellen ungerader Ordnung.
E	$f(x)$	–3 und 1 sind Nullstellen gerader Ordnung, –1 ist keine Nullstelle.
F	$o(x)$	–3 ist Nullstelle ungerader Ordnung, –1 und 1 sind Nullstellen gerader Ordnung.

17. a) $f(x) = (x-1)(x-2)(x-3) \ldots (x-2\,007)(x-2\,008)$

b) $f(x) = (x-1)^2(x-3)^2(x-5)^2 \ldots (x-2\,005)^2(x-2\,007)^2$

c) $f(x) = (x-1)^2(x-2)^{2\,006}$
Da alle Exponenten gerade sind, ist kein Funktionswert von f negativ.

d) $f(x) = -(x-1)^2(x-2)^2(x-3)^{2\,004}$
Da alle Exponenten gerade sind, nimmt $(x-1)^2(x-2)^2(x-3)^{2\,004}$ für kein x negative Werte an. Daher nimmt $f(x)$ für kein x positive Werte an.

e) $f(x) = x^{2\,008}$

f) $f(x) = x^{2\,008} + 2\,008$

18. Man berechnet den Funktionswert f(1).
Bei Verwendung der Polynomform erhalten Sie:

$$f(1) = a_{2008} \cdot 1^{2008} + a_{2007} \cdot 1^{2007} + \ldots + a_2 \cdot 1^2 + a_1 \cdot 1 + a_0$$

$$= a_{2008} + a_{2007} + \ldots + a_2 + a_1 + a_0$$

Bei Verwendung der faktorisierten Form ergibt sich:

$$f(1) = (1-2)^{2008} = (-1)^{2008} = 1$$

Daher ist $a_{2008} + a_{2007} + \ldots + a_2 + a_1 + a_0 = 1$.

19. a) f(x) besitzt

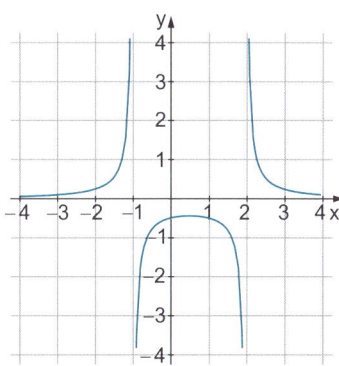

- bei **–1** eine **Polstelle 1., also ungerader Ordnung**. Weil $\frac{1}{x-2}$ dort negativ ist, strebt f(x) bei Annäherung von links (rechts) an die Polstelle –1 gegen $+\infty$ $(-\infty)$.
- bei **+2** eine **Polstelle 1., also ungerader Ordnung**. Weil $\frac{1}{x+1}$ dort positiv ist, strebt f(x) bei Annäherung von links (rechts) an die Polstelle 2 gegen $-\infty$ $(+\infty)$.
- **keine Nullstellen**.

b) g(x) besitzt

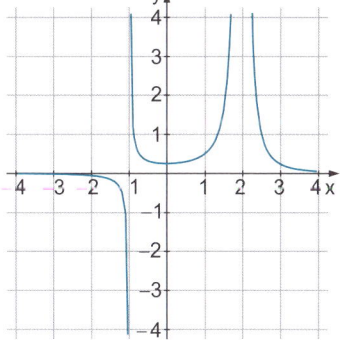

- bei **–1** eine **Polstelle 1., also ungerader Ordnung**. Weil $\frac{1}{(x-2)^2}$ dort positiv ist (ein Quadrat wird nie negativ!), strebt g(x) bei Annäherung von links (rechts) an die Polstelle –1 gegen $-\infty$ $(+\infty)$.
- bei **+2** eine **Polstelle 2., also gerader Ordnung**. Weil $\frac{1}{x+1}$ dort positiv ist, strebt g(x) bei Annäherung von links und rechts an die Polstelle 2 gegen $+\infty$.
- **keine Nullstellen**.

c) h(x) besitzt

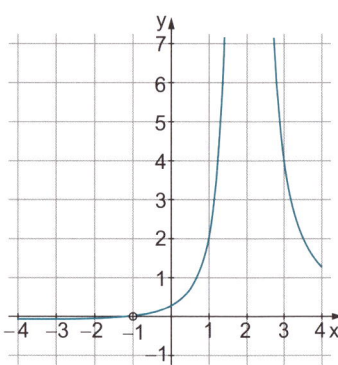

- bei **–1** eine **stetig hebbare Definitionslücke**. Der Graph besitzt dort ein auf der x-Achse liegendes Loch. In der Umgebung des Lochs verhält sich der Graph wie in der Umgebung einer Nullstelle 1. Ordnung, durchstößt dort also die x-Achse von unten nach oben.
- bei **+2** eine **Polstelle 2., also gerader Ordnung**. Weil $\frac{(x+1)^2}{x+1}$ dort positiv ist, strebt h(x) bei Annäherung von links und rechts an die Polstelle gegen $+\infty$.

d) Der Graph weist bei $x=-1$ und bei $x=2$ Pole 1. Ordnung auf. Er stimmt mit dem Graphen aus Teilaufgabe a überein.

e) j(x) besitzt

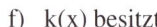

- bei **–2** eine **Polstelle 2. Ordnung**. Weil $\frac{(x-1)^2}{(x-3)^2}$ dort positiv ist, strebt j(x) bei Annäherung von links und rechts an die Polstelle gegen $+\infty$.
- bei **+1** eine **Nullstelle 2. Ordnung**. Weil $(x+2)^2(x-3)^2$ dort positiv ist, berührt der Graph die x-Achse von oben.
- bei **+3** eine **Polstelle 2. Ordnung**. Weil $\frac{(x-1)^2}{(x+2)^2}$ dort positiv ist, strebt j(x) bei Annäherung von links und rechts an die Polstelle gegen $+\infty$.

f) k(x) besitzt

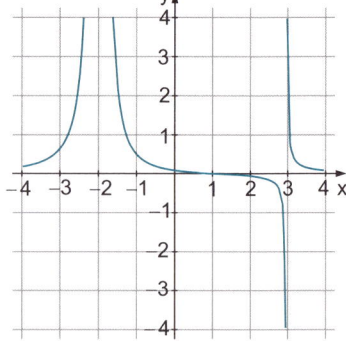

- bei **–2** eine **Polstelle 2. Ordnung**. Da $\frac{x-1}{x-3}$ dort positiv ist, strebt k(x) bei Annäherung von links und rechts an die Polstelle gegen $+\infty$.
- bei **+1** eine **Nullstelle 1. Ordnung**. Da $(x+2)^2(x-3)$ dort negativ ist, durchstößt der Graph die x-Achse von oben nach unten.
- bei **+3** eine **Polstelle 1. Ordnung**. Da $\frac{x-1}{(x+2)^2}$ dort positiv ist, strebt

k(x) bei Annäherung von links (rechts) an die Polstelle gegen $-\infty$ ($+\infty$).

20. Der genannte Funktionsterm erfüllt jeweils als einziger unter den vorgeschlagenen Termen die nötigen Eigenschaften.

Graph	Funktionsterm	Begründung
A	$m(x)$	−3 und −1 sind Pole gerader Ordnung, −2 ist Nullstelle ungerader Ordnung.
B	$l(x)$	−3 und −1 sind Pole ungerader Ordnung, −2 ist Nullstelle gerader Ordnung.
C	$h(x)$	−2 und −3 sind Pole ungerader Ordnung, −1 ist Nullstelle ungerader Ordnung.
D	$k(x)$	−1 ist Nullstelle gerader Ordnung, −2 und −3 sind Pole ungerader Ordnung.
E	$f(x)$	−2 ist Nullstelle ungerader Ordnung, −1 ist ein Pol gerader Ordnung, −3 ein Pol ungerader Ordnung.

21. Die Begründungen der folgenden Antworten sind durch die im Haupttext genannten Eigenschaften von Parabeln und Hyperbeln gerader bzw. ungerader Ordnung gegeben und werden durch die dort dargestellten Funktionsgraphen veranschaulicht.

a) Der Graph ist entweder eine Parabel oder eine Hyperbel ungerader Ordnung, n ist also ungerade.

b) Die Aussage ist nur für eine Hyperbel gerader Ordnung erfüllt, n ist daher negativ und gerade.

c) Aus $(-3)^n = -\frac{1}{27}$ folgt zunächst $(-3)^n = (-3)^{-3}$ und hieraus $n = -3$.

d) Die Aussage trifft für Parabeln mit $n \in \{8, 9, 10, 11, \ldots\}$, d. h. $n > 7$, zu.

e) Die Aussage ist nur für Hyperbeln ungerader Ordnung erfüllt, n ist daher negativ und ungerade.

f) Die Aussage ist nur für Parabeln und Hyperbeln ungerader Ordnung erfüllt, n ist daher ungerade.

g) Die Aussage ist nur für Parabeln und Hyperbeln gerader Ordnung erfüllt, n ist daher gerade.

h) Die Aussage ist nur für Hyperbeln erfüllt, n ist daher negativ.

i) Die Aussage ist nur für Hyperbeln gerader Ordnung erfüllt, n ist daher negativ und gerade.

22. Da der gestrichelte Graph für $x > 1$ steiler als der durchgezogene verläuft, gehört er zum Exponenten 4.

Für den gesuchten Wert erhält man unter Beachtung, dass $x \mapsto \sqrt[n]{x}$ die Umkehrung von $x \mapsto x^n$ ist, entsprechend der Skizze folgende Werte:

a) $\sqrt[3]{0,2} \approx 0,6$

b) $\sqrt[4]{0,4} \approx 0,8$

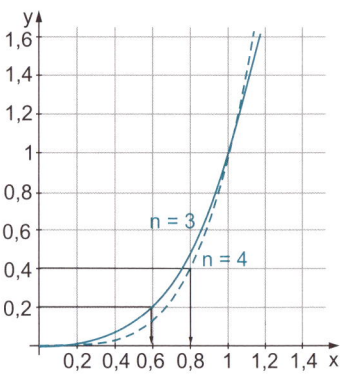

23. a) $\sqrt[s]{4} > \sqrt[t]{4}$ $\qquad \Rightarrow \quad s < t$ $\qquad\qquad$ Regel 1

b) $\sqrt[s]{0,3} > \sqrt[t]{0,3}$ $\qquad \Rightarrow \quad s > t$ $\qquad\qquad$ Regel 2

c) $\sqrt[7]{a} > \sqrt[7]{b}$ $\qquad \Rightarrow \quad a > b$ $\qquad\qquad$ Regel 3

d) $\sqrt[7]{6} < \sqrt[6]{7}$ $\qquad\qquad\qquad$ da $\sqrt[7]{6} \overset{\text{Regel 3}}{<} \sqrt[7]{7} \overset{\text{Regel 1}}{<} \sqrt[6]{7}$

e) $\sqrt[7]{0,6} > \sqrt[6]{0,5}$ $\qquad\qquad\qquad$ da $\sqrt[7]{0,6} \overset{\text{Regel 2}}{>} \sqrt[6]{0,6} \overset{\text{Regel 3}}{>} \sqrt[6]{0,5}$

24. a) $\sqrt{x+3} + \sqrt{x-2} = 5$

$\qquad\qquad \sqrt{x+3} = 5 - \sqrt{x-2}$ $\qquad$ Isolieren einer Wurzel auf der linken Gleichungsseite

$\qquad\qquad x+3 = 25 - 10\sqrt{x-2} + (x-2)$ $\quad$ Quadrieren der beiden Gleichungsseiten

$\qquad\qquad 10\sqrt{x-2} = 25 + x - 2 - x - 3$ $\qquad$ Isolieren der Wurzel auf der linken Gleichungsseite

$\qquad\qquad 10\sqrt{x-2} = 20$ $\qquad$ Zusammenfassen auf der rechten Gleichungsseite

$\qquad\qquad 100(x-2) = 400$ $\qquad$ Quadrieren der beiden Gleichungsseiten

$\qquad\qquad\qquad\qquad x = 6$ $\qquad$ Auf beiden Seiten durch 100 dividieren und 2 addieren.

Probe: $x = 6$ ist eine Lösung, da man beim Einsetzen von $x = 6$ in die ursprüngliche Gleichung auf beiden Seiten 5 erhält.

b) $\sqrt{5 + \sqrt{3x-3} - x} = 2$

$\qquad\qquad 5 + \sqrt{3x-3} - x = 4$ $\qquad$ Quadrieren der beiden Gleichungsseiten

$\qquad\qquad\qquad \sqrt{3x-3} = x - 1$ $\qquad$ Isolieren der Wurzel auf der linken Gleichungsseite

$\qquad\qquad\qquad 3x - 3 = x^2 - 2x + 1$ $\qquad$ Quadrieren der beiden Gleichungsseiten

$\qquad\qquad x^2 - 5x + 4 = 0$ $\qquad$ Zusammenfassen auf einer Seite und Ordnen nach Potenzen

$\qquad x_1 = 1; \quad x_2 = 4$ $\qquad$ Anwenden der Lösungsformel für quadratische Gleichungen

Probe: x_1 und x_2 sind Lösungen, da man beim Einsetzen von $x_1 = 1$ und $x_2 = 4$ in die ursprüngliche Gleichung auf beiden Seiten jeweils 2 erhält.

25. a) Die Lösungen sind die x-Koordinaten der Punkte, in denen die Sinuskurve von der Geraden $y = 0{,}3$
geschnitten wird.
Der Taschenrechner liefert als
Lösung der Gleichung $\sin x = 0{,}3$
nur $x_1 \approx 0{,}3$.

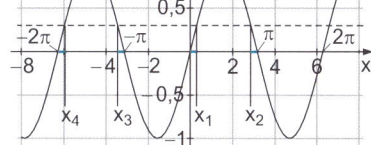

Mithilfe der **Skizze** findet man die
in der Grundmenge liegenden x-Koordinaten weiterer Schnittpunkte:
$x_2 = \pi - x_1 \approx 2{,}8$
$x_3 = -\pi - x_1 \approx -3{,}4$
$x_4 = -2\pi + x_1 \approx -6{,}0$
Daher lautet die Lösungsmenge: $\mathbb{L} = \{-6{,}0; -3{,}4; 0{,}3; 2{,}8\}$

b) Zunächst bestimmt man wie bei
Teilaufgabe a die Lösungen der
Gleichung $\sin x = -0{,}4$.
Der Taschenrechner liefert als
Lösung nur $x_1 \approx -0{,}4$.
Mithilfe der **Skizze** findet man die
in der Grundmenge liegenden
x-Koordinaten weiterer Schnitt-
punkte:

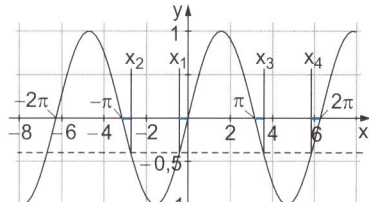

$x_2 = -\pi + |x_1| \approx -2{,}7$
$x_3 = \pi + |x_1| \approx 3{,}6$
$x_4 = 2\pi - |x_1| \approx 5{,}9$

Die Skizze zeigt weiter, dass die größtmögliche, in der Grundmenge liegende Teilmenge, auf der die Sinuskurve nicht unter der Gerade $y = -0{,}4$
verläuft, die Menge $[-2\pi; x_2] \cup [x_1; x_3] \cup [x_4; 2\pi]$ ist.
Daher gilt: $\mathbb{L} = [-2\pi; -2{,}7] \cup [-0{,}4; 3{,}6] \cup [5{,}9; 2\pi]$

c) Die Lösungen sind die x-Koordinaten der Punkte, in denen die Kosinuskurve von der Geraden $y = -0{,}7$ geschnitten wird.
Dabei kann man sich auf die Bestimmung der Lösungen im Intervall
$[0; 2\pi]$ beschränken, da sich die Lösungen in $[-2\pi; 0]$ aus der Achsen-
symmetrie der Kosinuskurve ermitteln lassen.

Der Taschenrechner liefert als Lösung der Gleichung $\cos x = -0{,}7$ nur
$x_1 \approx 2{,}3$.

Mithilfe der **Skizze** findet man
die x-Koordinate des zweiten
Schnittpunkts:
$x_2 = 2\pi - x_1 \approx 3{,}9$
Symmetrisch dazu liegen im
Intervall $[-2\pi; 0]$:
$x_3 = -2{,}3$ und $x_4 = -3{,}9$
Daher lautet die Lösungsmenge:
$\mathbb{L} = \{-3{,}9; -2{,}3; 2{,}3; 3{,}9\}$

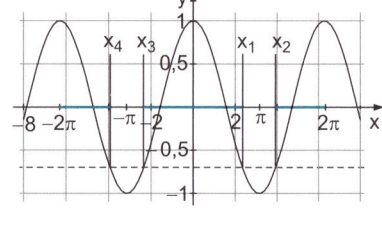

d) Zunächst bestimmt man wie bei
Teilaufgabe c die Lösungen der
Gleichung $\cos x = 0{,}5$.
Der **Taschenrechner** liefert als
Lösung nur $x_1 \approx 1{,}0$.
Mithilfe der **Skizze** findet man
die x-Koordinate des zweiten
Schnittpunkts:
$x_2 = 2\pi - x_1 \approx 5{,}3$
Symmetrisch dazu liegen im Intervall $[-2\pi; 0]$:
$x_3 = -1{,}0$ und $x_4 = -5{,}3$

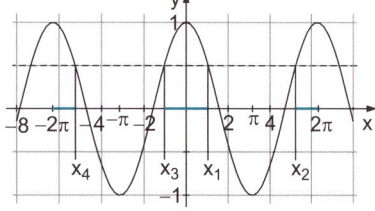

Die Skizze zeigt weiter, dass die größtmögliche, in der Grundmenge liegende Teilmenge, auf der die Kosinuskurve unter der Gerade $y = 0{,}5$ verläuft, die Menge $]x_4; x_3[\cup]x_1; x_2[$ ist.
Daher gilt: $\mathbb{L} =]-5{,}3; -1{,}0[\cup]1{,}0; 5{,}3[$

26. $\left[\frac{\pi}{4}; \frac{5\pi}{4}\right]$ ist die gesuchte
Lösungsmenge, weil nach der
Skizze rechts die gestrichelt
gezeichnete Kosinuskurve nur
auf diesem Intervall innerhalb
der Grundmenge $[0; 2\pi]$ nicht
über der Sinuskurve verläuft.

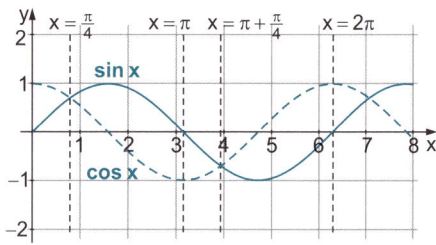

27. G_f verläuft überall auf $\mathbb{R}$ über der Sinuskurve.

Begründung:

• Für alle x aus $\mathbb{R}$ gilt $\mathbf{f(x) \geq \sin x}$, da die Sinusfunktion keine größeren
   Werte als 1 und f(x) keine kleineren als $2 - 1 = 1$ annimmt.

- G_f besitzt auch **keine gemeinsamen Punkte** mit der Sinuskurve. Andernfalls gäbe es nämlich ein x_0 aus $\mathbb{R}$, sodass $\sin x_0 = 2 - \cos x_0$, d. h. $\sin x_0 + \cos x_0 = 2$. Da 1 das Maximum der Sinus- und der Kosinusfunktion ist, müsste $\sin x_0 = \cos x_0 = 1$ sein. Dies steht aber im Widerspruch dazu, dass die Sinusfunktion dort dem Betrag nach die größten Funktionswerte annimmt, wo die Kosinusfunktion ihre Nullstellen aufweist und umgekehrt.

28. a) Aus $f(x) = 2\sin\left(\frac{x}{2} - \frac{\pi}{4}\right)$ folgt: $a = 2$, $b = \frac{1}{2}$, $c = -\frac{\pi}{4}$

Eine volle Schwingung des Graphen
- beginnt auf der x-Achse an der Stelle $-\frac{c}{b} = -\frac{-\frac{\pi}{4}}{\frac{1}{2}} = \frac{\pi}{2}$, also 3 Kästchen rechts vom Ursprung,
- beansprucht $\frac{2\pi}{b} = \frac{2\pi}{\frac{1}{2}} = 4\pi$ Längeneinheiten, also 24 Kästchen, nach rechts
- und nach oben und unten je $a = 2$ Längeneinheiten, also 4 Kästchen.

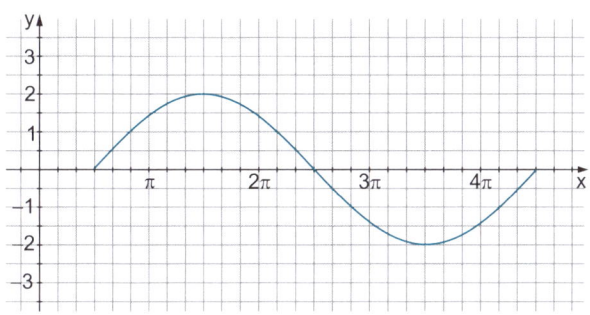

b) Aus $g(x) = \frac{1}{2}\cos\left(2x + \frac{\pi}{3}\right)$ folgt: $a = \frac{1}{2}$, $b = 2$, $c = \frac{\pi}{3}$

Eine volle Schwingung des Graphen
- beginnt auf der x-Achse an der Stelle $-\frac{c}{b} = -\frac{\frac{\pi}{3}}{2} = -\frac{\pi}{6}$, also 1 Kästchen links vom Ursprung,
- beansprucht $\frac{2\pi}{b} = \frac{2\pi}{2} = \pi$ Längeneinheiten, also 6 Kästchen, nach rechts
- und nach oben und unten je $a = \frac{1}{2}$ Längeneinheiten, also 1 Kästchen.

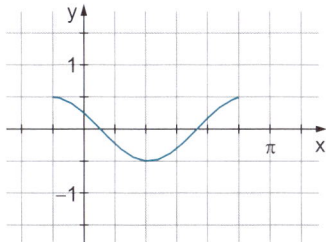

29. a) Ein zum Graphen A gehörender Funktionsterm kann z. B. lauten:

$$a(x) = \tfrac{1}{2}\cos\left(\tfrac{1}{2}x + \tfrac{\pi}{2}\right)$$

Begründung:
- $a = \tfrac{1}{2}$, da der größte Funktionswert $\tfrac{1}{2}$ beträgt (vgl. Schritt 3 der Regel).
- Da der Graph auf einem Intervall der Länge 2π, nämlich von $-\pi$ bis $+\pi$, eine halbe Schwingung ausführt, besitzt er die kleinste Periode 4π. Nach Schritt 1 der Regel gilt dann $\tfrac{2\pi}{b} = 4\pi$. Durch Auflösen nach b folgt: $b = \tfrac{1}{2}$
- Da die Kosinusfunktion um π Längeneinheiten nach links verschoben worden ist, gilt nach Schritt 2 der Regel: $\tfrac{c}{b} = \pi$
Setzt man für $b = \tfrac{1}{2}$ ein und löst nach c auf, erhält man: $c = \tfrac{\pi}{2}$

b) Ein zum Graphen B gehörender Funktionsterm kann z. B. lauten:
$$b(x) = 2\sin(2x + \pi)$$

Begründung:
- $a = 2$, da der größte Funktionswert 2 beträgt (vgl. Schritt 3 der Regel).
- Da der Graph auf einem Intervall der Länge 2π, nämlich von $-\pi$ bis $+\pi$, zwei volle Schwingungen ausführt, besitzt er die kleinste Periode π. Nach Schritt 1 der Regel gilt dann $\tfrac{2\pi}{b} = \pi$. Durch Auflösen nach b folgt: $b = 2$
- Da die Sinusfunktion um $\tfrac{\pi}{2}$ Längeneinheiten nach links verschoben worden ist, gilt nach Schritt 2 der Regel: $\tfrac{c}{b} = \tfrac{\pi}{2}$
Setzt man für $b = 2$ ein und löst nach c auf, erhält man: $c = \pi$

c) Ein zum Graphen C gehörender Funktionsterm kann z. B. lauten:
$$c(x) = 3\cos(x + \pi)$$

Begründung:
- $a = 3$, da der größte Funktionswert 3 beträgt (vgl. Schritt 3 der Regel).
- Da der Graph auf einem Intervall der Länge 2π, nämlich von $-\pi$ bis $+\pi$, eine volle Schwingung ausführt, besitzt er die kleinste Periode 2π. Nach Schritt 1 der Regel gilt dann $\tfrac{2\pi}{b} = 2\pi$, woraus $b = 1$ folgt.
- Da die Kosinusfunktion um π Längeneinheiten nach links verschoben worden ist, gilt nach Schritt 2 der Regel: $\tfrac{c}{b} = \pi$
Setzt man für $b = 1$ ein, erhält man: $c = \pi$

d) Ein zum Graphen D gehörender Funktionsterm kann z. B. lauten:
$$d(x) = 3\sin\left(\tfrac{1}{4}x + \tfrac{1}{4}\right)$$

Begründung:
- $a = 3$, da der größte Funktionswert 3 beträgt (vgl. Schritt 3 der Regel).

- Da der Graph auf einem Intervall der Länge 2π, nämlich von -1 bis $2\pi - 1$, eine viertel Schwingung ausführt, besitzt er die kleinste Periode 8π. Nach Schritt 1 der Regel gilt dann $\frac{2\pi}{b} = 8\pi$, woraus $b = \frac{1}{4}$ folgt.
- Da die Sinusfunktion um 1 Längeneinheit nach links verschoben worden ist, gilt nach Schritt 2 der Regel: $\frac{c}{b} = 1$
  Setzt man für $b = \frac{1}{4}$ ein und löst nach c auf, erhält man: $c = \frac{1}{4}$

30. Der Abstand zwischen zwei benachbarten Nullstellen entspricht jeweils der Hälfte der kleinsten Periode.

a) $a(x) = 3,5\sin\left(6x - \frac{\pi}{3}\right)$ besitzt $\frac{2\pi}{6} = \frac{\pi}{3}$ als kleinste Periode.
   Der gesuchte Abstand beträgt: $\frac{\pi}{3} : 2 = \frac{\pi}{6} \approx 0,5$

b) $b(x) = \frac{2}{3}\cos\left(\frac{x}{4} + \frac{\pi}{12}\right)$ besitzt $\frac{2\pi}{\frac{1}{4}} = 8\pi$ als kleinste Periode.
   Der gesuchte Abstand beträgt: $8\pi : 2 = 4\pi \approx 12,6$

31. (1) $f(0) = 4\sin 0 + 3\cos 0 = 4 \cdot 0 + 3 \cdot 1 = 3$ Setzt man für x in beide Funktionsterme die gleiche Zahl ein, z. B. $x = 0$, erhält man eine Bestimmungsgleichung für c.

(2) $f(0) = 5\sin c$

$\Rightarrow$ $5\sin c = 3$ Gleichsetzen von (1) und (2)

$\Rightarrow$ $\sin c = \frac{3}{5}$ Auf beiden Seiten durch 5 dividieren.

$\Rightarrow$ $c \approx 0,644$ Taschenrechner

32. Da die zugehörigen Funktionen auf $\mathbb{R}^+$ steigen, sind k_3 und k_4 positiv; entsprechend sind k_1 und k_2 negativ, da die zugehörigen Funktionen fallen.
Da die Funktionswerte bei k_4 stärker zunehmen als bei k_3, gilt: $k_4 > k_3 > 0$
Da die Funktionswerte bei k_1 schneller gegen 0 streben als bei k_2, gilt: $k_1 < k_2 < 0$
Insgesamt gilt: $k_1 < k_2 < 0 < k_3 < k_4$

33. $f(x)$ schneidet die y-Achse in $(0\,|\,1,5)$. Daher gilt: $f(x) = 1,5e^{kx}$

Da $(2\,|\,1)$ auf dem Graphen von f liegt, gilt:

$\qquad f(2) = 1$

$1,5 \cdot e^{k \cdot 2} = 1$

$\qquad e^{k \cdot 2} = \frac{2}{3}$ Auf beiden Seiten durch 1,5 dividieren.

$\qquad 2k = \ln\frac{2}{3}$ Logarithmieren

$\qquad k = \frac{\ln\frac{2}{3}}{2} \approx -0,20$ Auf beiden Seiten durch 2 dividieren.

Insgesamt gilt: $f(x) = 1,5 \cdot e^{-0,20x}$

g(x) schneidet die y-Achse in $(0\,|\,2)$. Daher gilt: $g(x) = 2e^{kx}$

Da $(2\,|\,5{,}436)$ auf dem Graphen von g liegt, gilt:

$$g(2) = 5{,}436$$

$$2 \cdot e^{k \cdot 2} = 5{,}436$$

$$e^{k \cdot 2} = \frac{5{,}436}{2} \qquad\qquad \text{Auf beiden Seiten durch 2 dividieren.}$$

$$2k = \ln\frac{5{,}436}{2} \qquad\qquad \text{Logarithmieren}$$

$$k = \frac{\ln\frac{5{,}436}{2}}{2} \approx 0{,}500 \qquad\qquad \text{Auf beiden Seiten durch 2 dividieren.}$$

Insgesamt gilt: $g(x) = 2 \cdot e^{0{,}500x}$

34. Die Parameter b und k müssen so bestimmt werden, dass für jedes x gilt:

$23{,}4 \cdot \left(\frac{1}{3}\right)^{x} = b \cdot e^{kx}$

Einsetzen von $x = 0$ liefert wegen $\left(\frac{1}{3}\right)^{0} = 1 = e^{0}$: $b = 23{,}4$

Einsetzen von $x = 1$ liefert:

$$\frac{1}{3} = e^{k}$$

$$\ln\left(\frac{1}{3}\right) = k \qquad\qquad \text{Logarithmieren und beachten, dass } \ln e^{k} = k \cdot \ln e = k \cdot 1 = k.$$

$$\ln 1 - \ln 3 = k \qquad\qquad \text{Quotientenregel für Logarithmen}$$

$$k = -\ln 3 \qquad\qquad \ln 1 = 0$$

Unter Verwendung der Exponentialfunktion kann man schreiben:

$f(x) = 23{,}4 \cdot e^{-\ln 3 \cdot x}$

35. Die y-Koordinate des Punktes A ist doppelt so groß wie die des Punktes B. Daher ist T_H die Differenz der x-Koordinaten von A und B: $T_H \stackrel{\triangle}{=} 2$ Kästchen

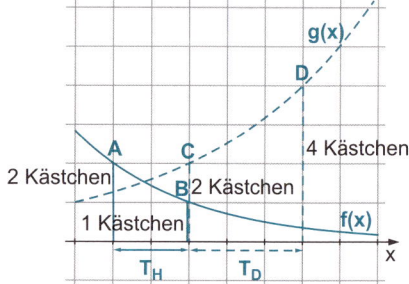

Die y-Koordinate des Punktes C ist halb so groß wie die des Punktes D. Daher ist T_D die Differenz der x-Koordinaten von C und D: $T_D \stackrel{\triangle}{=} 3$ Kästchen

36. a) $\frac{1}{2} \cdot (e^x \cdot (e^x - 2) + e^x \cdot e^x)$

$\qquad = \frac{1}{2} \cdot (e^x \cdot e^x - 2e^x + e^x \cdot e^x)$ Distributivgesetz

$\qquad = \frac{1}{2} \cdot (2e^{2x} - 2e^x)$ Addition gleichartiger Terme, 1. Potenzgesetz

$\qquad = e^{2x} - e^x$ Distributivgesetz

b) $-2e^{-x} + (1 - 2x) \cdot e^{-x} \cdot (-1)$

$\qquad = -2e^{-x} - e^{-x} + 2xe^{-x}$ Distributivgesetz

$\qquad = -3e^{-x} + 2xe^{-x}$ Addition gleichartiger Terme

c) $\dfrac{4 - e^{2x}}{2 + e^x} = \dfrac{2^2 - (e^x)^2}{2 + e^x}$ 5. Potenzgesetz

$\qquad = \dfrac{(2 - e^x)(2 + e^x)}{2 + e^x}$ 3. binomische Formel

$\qquad = 2 - e^x$ Kürzen mit $2 + e^x$

d) $\dfrac{e^x - 1}{1 - \sqrt{e^x}} = \dfrac{(\sqrt{e^x})^2 - 1}{1 - \sqrt{e^x}}$ Umformen des Zählers

$\qquad = \dfrac{(\sqrt{e^x} - 1)(\sqrt{e^x} + 1)}{1 - \sqrt{e^x}}$ 3. binomische Formel

$\qquad = -(\sqrt{e^x} + 1)$ Kürzen mit $1 - \sqrt{e^x}$. Beachten Sie, dass $x = 0$ nicht zugelassen ist (Polstelle).

37.

Graph	A	B	C	D	E	F
Basis	$\sqrt{3}$	3	9	$\frac{1}{8}$	$\frac{1}{3}$	$3^{-0,5}$

Begründung:
Basen, die größer als 1 sind, also $\sqrt{3}$, 3, 9, gehören zu den streng monoton steigenden Graphen, also zu A, B, C.
Die genaue Zuordnung ergibt sich daraus, dass die jeweilige Logarithmuskurve für $x \to +\infty$ umso rascher gegen $+\infty$ strebt, je kleiner die Basis ist.

Basen, die größer als 0 und kleiner als 1 sind, also $\frac{1}{8}$, $\frac{1}{3}$, $3^{-0,5}$, gehören zu den streng monoton fallenden Graphen, also zu D, E, F. Die genaue Zuordnung ergibt sich daraus, dass die jeweilige Logarithmuskurve für $x \to 0$ umso rascher gegen $+\infty$ strebt, je größer die Basis ist.

38. Zur Kurve A bzw. B gehört die Basis 2,5 bzw. 0,5, da die Gerade y = 1 die Logarithmuskurve im Punkt (2,5 | 1) bzw. (0,5 | 1) schneidet.

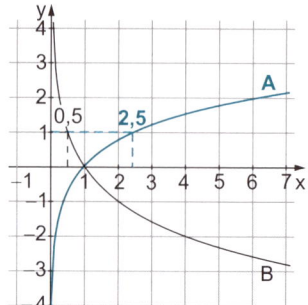

39. Die Logarithmuskurve $x \mapsto \log_a x$ entsteht durch Spiegelung des Graphen der Exponentialfunktion $x \mapsto a^x$ an der Winkelhalbierenden y = x des 1. und 3. Quadranten.

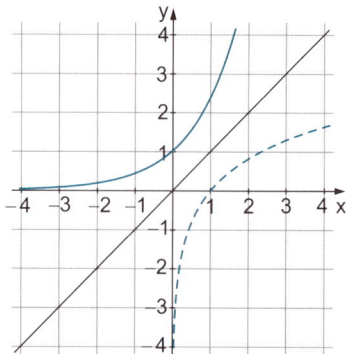

40. Die über den Gleichheitszeichen stehenden Ziffern geben jeweils die Nummern der verwendeten Logarithmus-Rechenregeln an.

a) $\frac{1}{3}\ln 27 - \ln 3 + \frac{1}{2}\ln 64 - 2\ln 2^2 = \frac{1}{3}\ln 3^3 - \ln 3 + \frac{1}{2}\ln 2^6 - 2\ln 2^2$

$\overset{(3)}{=} \frac{1}{3} \cdot 3\ln 3 - \ln 3 + \frac{1}{2} \cdot 6\ln 2 - 2 \cdot 2\ln 2 = \ln 3 - \ln 3 + 3\ln 2 - 4\ln 2 = -\ln 2$

b) $2\ln 1 - 4\ln 2 + \ln\frac{1}{3} + 4\ln 3 \overset{(2)}{=} 2\ln 1 - 4\ln 2 + \ln 1 - \ln 3 + 4\ln 3$

$\overset{(5)}{=} -4\ln 2 + 3\ln 3 \overset{(3)}{=} \ln 3^3 - \ln 2^4 \overset{(2)}{=} \ln\frac{3^3}{2^4} = \ln\frac{27}{16}$

c) $(\ln e^2)^2 - \ln\sqrt{e} + \sqrt{\ln e} \underset{\sqrt{e}=e^{\frac{1}{2}}}{\overset{(3)}{=}} (2\ln e)^2 - \frac{1}{2} \cdot \ln e + \sqrt{\ln e}$

$\overset{(4)}{=} (2 \cdot 1)^2 - \frac{1}{2} \cdot 1 + \sqrt{1} = 4 - \frac{1}{2} + 1 = 4,5$

d) $\ln e^{-1} - \ln(2e) + \ln 2 \overset{(3)}{=} -\ln e - \ln(2e) + \ln 2$

$\overset{(1)}{=} -\ln e - \ln 2 - \ln e + \ln 2 \overset{(4)}{=} -2$

e) $-4e + 2e \cdot \ln e^2 + 4 - 2 \cdot \ln e \overset{(3)}{=} -4e + 2e \cdot 2 \cdot \ln e + 4 - 2 \cdot \ln e$

$\overset{(4)}{=} -4e + 2e \cdot 2 + 4 - 2 = -4e + 4e + 2 = 2$

f) $\sqrt{e^{2 \cdot \ln e}} : (e^{\ln \sqrt{e}})^2 \underset{\sqrt{e} = e^{\frac{1}{2}}}{\overset{(3)}{=}} \sqrt{e^{2 \cdot \ln e}} : (e^{\frac{1}{2} \ln e})^2 \overset{(4)}{=} \sqrt{e^2} : (e^{\frac{1}{2}})^2 = e : e = 1$

41. Die über den Gleichheitszeichen stehenden Ziffern geben jeweils die Nummern der verwendeten Logarithmus-Rechenregeln an.

a) $\ln(x+1) + \ln(x-1) - 2\ln x$

$\overset{(3)}{=} \ln(x+1) + \ln(x-1) - \ln x^2$

$\overset{(1), (2)}{=} \ln\left(\frac{(x+1)(x-1)}{x^2}\right) = \ln\left(\frac{x^2 - 1}{x^2}\right)$ 3. binomische Formel

b) $x - \ln(1 + e^x) \overset{(9)}{=} \ln e^x - \ln(1 + e^x) \overset{(2)}{=} \ln \frac{e^x}{1 + e^x}$

42. $\ln(-x^2 + 3x + 10) = \ln(x+2)(5-x)$

Regel zur Linearfaktorzerlegung:
$-x^2 + 3x + 10 = -(x+2)(x-5)$
$= (x+2)(5-x)$
($x_1 = -2$ und $x_2 = 5$ sind Lösungen der Gleichung $-x^2 + 3x + 10 = 0$ gemäß der Lösungsformel für quadratische Gleichungen.)

$= \ln(x+2) + \ln(5-x)$ Produktregel für Logarithmen

43. a) $6^x = 42$

$\ln 6^x = \ln 42$ Auf beiden Seiten logarithmieren.

$x \ln 6 = \ln 42$ Potenzregel für Logarithmen

$x = \frac{\ln 42}{\ln 6} \approx 2,09$ Auf beiden Seiten durch $\ln 6$ dividieren und Taschenrechner einsetzen.

b) $7 \cdot 3^x = 28$

$3^x = 4$ Auf beiden Seiten durch 7 dividieren.

$\ln 3^x = \ln 4$ Auf beiden Seiten logarithmieren.

$x \ln 3 = \ln 4$ Potenzregel für Logarithmen

$x = \frac{\ln 4}{\ln 3} \approx 1,26$ Auf beiden Seiten durch $\ln 3$ dividieren und Taschenrechner einsetzen.

c) $3^x = e^3$

$\ln 3^x = \ln e^3$ Auf beiden Seiten logarithmieren.

$x \ln 3 = 3 \ln e$ Potenzregel für Logarithmen

$x = \frac{3 \ln e}{\ln 3} = \frac{3}{\ln 3} \approx 2,73$ Auf beiden Seiten durch $\ln 3$ dividieren, $\ln e = 1$ und Taschenrechner einsetzen.

44. a) $e^{-x} - e^{-\frac{x}{2}} = 2 \implies z^2 - z - 2 = 0$ Substitution: $z = e^{-\frac{x}{2}}$

$z_1 = -1; \quad z_2 = 2$ Anwenden der Lösungsformel für quadratische Gleichungen

$(1)\, e^{-\frac{x}{2}} = -1 \quad$ und $\quad (2)\, e^{-\frac{x}{2}} = 2$ Resubstitution

(1) keine Lösung   Wegen $e^{-\frac{x}{2}} > 0$

$(2) -\frac{x}{2} = \ln 2$ Logarithmieren

$\quad\quad x = -2\ln 2 = -\ln 2^2 = -\ln 4$ Auf beiden Seiten mit -2 multiplizieren.

b) $e^{-2x} - 10 = 0 \implies e^{-2x} = 10$ Auf beiden Seiten 10 addieren.

$-2x = \ln 10$ Logarithmieren

$x = -0{,}5\ln 10$ Auf beiden Seiten durch -2 dividieren.

c) $2e^{-x}(1 - 4e^{-x}) = 0 \implies 1 - 4e^{-x} = 0$ Da ein Produkt null ist, wenn mindestens ein Faktor null ist, und $2e^{-x} > 0$.

$e^{-x} = \frac{1}{4}$ Auf beiden Seiten 1 subtrahieren und dann durch -4 dividieren.

$-x = \ln\frac{1}{4} \implies -x = -\ln 4 \implies x = \ln 4$ Logarithmieren; Quotientenregel für Logarithmen; $\ln 1 = 0$

d) $\frac{1}{1+e^x} - 1 + \frac{2e^x}{(1+e^x)^2} = 0$

$1 + e^x - (1+e^x)^2 + 2e^x = 0$ Auf beiden Seiten mit $(1+e^x)^2$ multiplizieren und anschließend kürzen.

$1 + e^x - 1 - 2e^x - e^{2x} + 2e^x = 0$ 1. binomische Formel

$e^x - e^{2x} = 0$ Zusammenfassen

$e^x(1 - e^x) = 0$ Ausklammern von e^x

$1 - e^x = 0$ Da ein Produkt null ist, wenn mindestens ein Faktor null ist, und $e^x > 0$.

$e^x = 1$ Auf beiden Seiten e^x addieren.

$x = \ln 1 = 0$ Logarithmieren

Einsetzen bestätigt 0 als Lösung.

e) $e^{-x^2} = \frac{1}{4} \implies -x^2 = \ln\frac{1}{4}$ Logarithmieren

$x^2 = -\ln\frac{1}{4} = -(\ln 1 - \ln 4) = \ln 4$ Auf beiden Seiten mit -1 multiplizieren; Quotientenregel für Logarithmen; $\ln 1 = 0$

$x_1 = \sqrt{\ln 4} \quad$ und $\quad x_2 = -\sqrt{\ln 4}$ Lösen einer reinquadratischen Gleichung

f) $\frac{1}{4e^x} = \frac{1}{e^x + k} - \frac{1}{4e^x} \implies \frac{2}{4e^x} = \frac{1}{e^x + k}$ Auf beiden Seiten $\frac{1}{4e^x}$ addieren.

$\frac{1}{2e^x} = \frac{1}{e^x + k}$ Auf der linken Seite mit 2 kürzen.

$2e^x = e^x + k$ Bilden der Kehrwerte

$e^x = k$ Auf beiden Seiten e^x subtrahieren.

$x = \ln k$ Logarithmieren

45. a) $e^{4x} - e^3 \cdot e^{\frac{1}{x}} = 0$

$$e^{4x} = e^{3 + \frac{1}{x}}$$

Subtrahend auf rechte Gleichungsseite bringen und 1. Potenzgesetz anwenden.

$$4x = 3 + \frac{1}{x}$$

Exponentenvergleich

$$4x^2 - 3x - 1 = 0$$

Auf beiden Seiten mit x multiplizieren, alle Terme auf der linken Gleichungsseite sammeln und nach Potenzen von x ordnen.

$$x_1 = 1; \ x_2 = -\frac{1}{4}$$

Lösungsformel für quadratische Gleichungen

b) $(e^x)^{2x-4} = (e^{2x+4})^{x-2}$

$$e^{x(2x-4)} = e^{(2x+4)(x-2)}$$

5. Potenzgesetz

$$x(2x-4) = (2x+4)(x-2)$$

Exponentenvergleich

$$8 - 4x = 0 \implies x = 2$$

Ausmultiplizieren und auf der linken Seite zusammenfassen

c) $(\sqrt{13})^{x^2+2} - 69 = 100$

$$(\sqrt{13})^{x^2+2} = 169$$

Auf beiden Seiten 69 addieren.

$$(\sqrt{13})^{x^2+2} = \sqrt{13}^4$$

Da $169 = 13^2 = \sqrt{13}^4$

$$x^2 + 2 = 4 \implies x^2 = 2$$

Exponentenvergleich

$$x_1 = \sqrt{2} \ ; \ \ x_2 = -\sqrt{2}$$

Lösen einer reinquadratischen Gleichung

d) $0,25 \cdot 2^{6x+8} + 0,5 \cdot 4^{3x+5} - 8^{2x+2} = 512$

$$2^{-2} \cdot 2^{6x+8} + 2^{-1} \cdot (2^2)^{3x+5} - (2^3)^{2x+2} = 2^9$$

Umrechnen aller Potenzen auf die Basis 2: $0,25 = 2^{-2}$, $0,5 = 2^{-1}$, $8 = 2^3$, $512 = 2^9$

$$2^{6x+8-2} + 2^{6x+10-1} - 2^{6x+6} = 2^9$$

1. und 5. Potenzgesetz

$$2^{6x+6} + 2^{6x+9} - 2^{6x+6} = 2^9$$

$$2^{6x+9} = 2^9$$

Zusammenfassen gleichartiger Terme

$$6x + 9 = 9 \implies x = 0$$

Exponentenvergleich

46. a) $\log_{10}(x - 2,5) = 3$

Die Gleichung liegt bereits in der Form $\log_a T(x) = k$ vor.

$$\implies \ x - 2,5 = 10^3$$

Auf beiden Seiten exponenzieren.

$$\implies \ x = 1002,5$$

Auf beiden Seiten 2,5 addieren.

Probe: 1 002,5 ist Lösung, weil $\log_{10}(1002,5 - 2,5) = \log_{10}(1000) = 3$.

b) $\ln x^2 = 2$

Die Gleichung liegt bereits in der Form $\log_a T(x) = k$ vor.

$$\implies \ x^2 = e^2$$

Auf beiden Seiten exponenzieren.

$$\implies \ x_1 = e \ \text{ und } \ x_2 = -e$$

Lösen einer reinquadratischen Gleichung

Probe: Einsetzen bestätigt e und −e als Lösungen.

c) $\ln(2x^2 + e) = 0$ Die Gleichung liegt bereits in der Form $\log_a T(x) = k$ vor.

$\Rightarrow 2x^2 + e = e^0 = 1$ Auf beiden Seiten exponenzieren.

Diese Gleichung besitzt keine Lösung, weil $\underset{\geq 0}{2x^2} + e > 0 + 2,7 > 1$.

47. a) $2\ln x = 1$

$\quad \ln x = 0,5$ Auf beiden Seiten durch 2 dividieren.

$\quad\quad x = e^{0,5} = \sqrt{e}$ Auf beiden Seiten exponenzieren.

Einsetzen bestätigt $\sqrt{e}$ als Lösung.

b) $(\ln x + 1)^2 = 4$

$\quad |\ln x + 1| = 2$ Radizieren auf beiden Gleichungsseiten

$\quad \ln x + 1 = \pm 2$ Auflösen des Betrags

$(1)\ \ln x = 1$ bzw. $(2)\ \ln x = -3$ Auf beiden Seiten 1 subtrahieren.

$(1)\ x_1 = e$ bzw. $(2)\ x_2 = e^{-3}$ Auf beiden Seiten exponenzieren.

Einsetzen bestätigt e und e^{-3} als Lösungen.

c) $\quad x\ln x = x$

$x(\ln x - 1) = 0$ Auf beiden Seiten x subtrahieren und dann x ausklammern.

$(1)\ x_1 = 0$ bzw.   Ein Produkt ist null, wenn mindestens ein Faktor null ist.

$(2)\ \ln x - 1 = 0 \Rightarrow \ln x = 1 \Rightarrow x_2 = e$ Auf beiden Seiten exponenzieren.

Da $\ln x$ für $x = 0$ nicht definiert ist, ist nur $x_2 = e$ eine Lösung.

d) $2\ln x - (\ln x)^2 = 0$

$\quad \ln x (2 - \ln x) = 0$ Ausklammern von ln x

$(1)\ \ln x = 0 \Rightarrow x_1 = 1$ Ein Produkt ist null, wenn mindestens

$(2)\ 2 - \ln x = 0 \Rightarrow \ln x = 2 \Rightarrow x_2 = e^2$ ein Faktor null ist. Definition des ln

Einsetzen bestätigt 1 und e^2 als Lösungen.

e) $\quad x^{\ln x} = e$

$\ln(x^{\ln x}) = \ln e$ Auf beiden Seiten logarithmieren.

$\ln x \cdot \ln x = 1$ Regeln (3) und (4) für das Rechnen mit Logarithmen

$\quad |\ln x| = 1$ Radizieren auf beiden Seiten

$(1)\ \ln x = 1$ bzw. $(2)\ \ln x = -1$ Auflösen des Betrags

$(1)\ x_1 = e$ bzw. $(2)\ x_2 = e^{-1} = \frac{1}{e}$ Auf beiden Seiten exponenzieren.

Einsetzen bestätigt e und e^{-1} als Lösungen.

48. a) $\mathbb{D}_{f,\,max} = \mathbb{R} \setminus \{1\}$

Begründung: Von $\mathbb{R}$ sind die Zahlen auszuschließen, für die der Nenner $1 - x$ null wird, also 1.

b) $\mathbb{D}_{f,\,max} = \mathbb{R} \setminus \{-1;\,3\}$

Begründung: Von $\mathbb{R}$ sind die Zahlen auszuschließen, für die der Nenner $x^2 - 2x - 3$ null wird. Das sind nach der Lösungsformel für quadratische Gleichungen -1 und 3.

c) $\mathbb{D}_{f,\,max} = \mathbb{R} \setminus \{1\}$

Begründung: Von $\mathbb{R}$ sind die Zahlen auszuschließen, für die der Nenner $1 - x$ null wird, also 1.

d) $\mathbb{D}_{f,\,max} = \mathbb{R} \setminus \{-1 - \sqrt{5};\, -3;\, 1;\, -1 + \sqrt{5}\}$

Begründung: Von $\mathbb{R}$ sind die Zahlen auszuschließen, für welche die Nenner (1) $x^2 + 2x - 3$ und (2) $\dfrac{1}{x^2 + 2x - 3} - 1$ null werden.

(1) $x^2 + 2x - 3 = 0 \;\Rightarrow\; x_1 = -3;\; x_2 = 1$ Anwenden der Lösungsformel für quadratische Gleichungen

(2) $\dfrac{1}{x^2 + 2x - 3} - 1 = 0 \;\Rightarrow\; x^2 + 2x - 3 = 1$ Addieren von 1 auf beiden Seiten und Bilden der Kehrwerte

$\qquad\qquad\qquad x^2 + 2x - 4 = 0$ Subtrahieren von 1 auf beiden Seiten

$x_3 = -1 - \sqrt{5};\; x_4 = -1 + \sqrt{5}$ Anwenden der Lösungsformel für quadratische Gleichungen

49. a) $\mathbb{D}_{f,\,max} = \mathbb{R}^+$

Begründung: Für $\mathbb{D}_{f,\,max}$ sind nur die reellen Zahlen zugelassen, für die der Radikand x positiv ist (0 ist nicht zugelassen, da die Wurzel zusätzlich im Nenner steht).

b) $\mathbb{D}_{f,\,max} = \,]-\infty;\,-1] \cup [1;\,+\infty[$

Begründung: Für $\mathbb{D}_{f,\,max}$ sind nur die reellen Zahlen zugelassen, für die der Radikand $x^2 - 1$ nicht negativ wird. Da die Parabel $y = x^2 - 1$ nach oben offen ist und die x-Achse bei -1 und $+1$ schneidet, sind dies die Zahlen aus der Menge $]-\infty;\,-1] \cup [1;\,+\infty[$.

c) $\mathbb{D}_{f,\,max} = [2;\,4[$

Begründung: Für $\mathbb{D}_{f,\,max}$ sind nur die reellen Zahlen zugelassen, für die

(1) der Radikand $\dfrac{x-2}{4-x}$ nicht negativ und

(2) der Nenner $4 - x$ nicht null wird.

Das Vorzeichen des Terms $\dfrac{x-2}{4-x}$ erhalten Sie aus den Vorzeichen der Linearfaktoren $x - 2$ und $4 - x$ (siehe Abbildung). Die Bedingungen (1) und (2) sind genau für die Zahlen $[2;\,4[$ erfüllt.

d) $\mathbb{D}_{f,\,max} = \,]-\infty;\,-3] \cup [1;\,+\infty[\,\backslash\,\{-4\}$

Begründung: Für $\mathbb{D}_{f,\,max}$ sind nur die reellen Zahlen zugelassen, für die

(1) der Radikand $x^2 + 2x - 3$ nicht negativ und

(2) der Nenner $x^2 + 4x$ nicht null wird.

(1) $x^2 + 2x - 3 \geq 0$ Nullstellen $x_1 = -3$ und $x_2 = 1$ (Anwen-
$\Rightarrow\ x \in\ ]-\infty;\,-3] \cup [1;\,+\infty[$ den der Lösungsformel für quadratische
               Gleichungen); Parabel ist nach oben
               offen.

(2) $x^2 + 4x = 0\ \Rightarrow\ x(x+4) = 0$ Ausklammern von x
  $x_1 = 0;\ \ x_2 = -4$ Ein Produkt ist genau dann null, wenn
              mindestens ein Faktor null ist.

50. a) $\mathbb{D}_{f,\,max} = \mathbb{R}$

Begründung: Wegen $\dfrac{1}{1 + \underbrace{x^2}_{\geq 0}} > 0$ ist das Argument des Logarithmus für alle Zahlen positiv.

b) $\mathbb{D}_{f,\,max} = \mathbb{R} \setminus \{1\}$

Begründung: Für $\mathbb{D}_{f,\,max}$ sind nur die reellen Zahlen zugelassen, für die das Argument des Logarithmus positiv ist. Da Beträge nie negativ sind und $|x - 1|$ nur für $x = 1$ null wird, sind das alle Zahlen aus der Menge $\mathbb{R} \setminus \{1\}$.

c) $\mathbb{D}_{f,\,max} = \mathbb{R}^+ \setminus \{1\}$

Begründung: Für $\mathbb{D}_{f,\,max}$ sind nur die reellen Zahlen zugelassen, für die das Argument x des Logarithmus positiv ist und der Nenner ln x von 0 verschieden ist.

d) $\mathbb{D}_{f,\,max} = [2;\,+\infty[$

Begründung: Für $\mathbb{D}_{f,\,max}$ sind nur die reellen Zahlen zugelassen, für die

(1) das Argument $x - 1$ des Logarithmus positiv ist und

(2) der Radikand $\ln(x - 1)$ nicht negativ ist.

(1) $x - 1 > 0\ \Leftrightarrow\ x > 1$ Auf beiden Seiten 1 addieren.

(2) $\ln(x - 1) \geq 0$
$\Leftrightarrow\ x - 1 \geq e^0$ Auf beiden Seiten exponenzieren.
$\Leftrightarrow\ x - 1 \geq 1$ $e^0 = 1$
$\Leftrightarrow\ \ \ \ x \geq 2$ Auf beiden Seiten 1 addieren.

51. a) $\mathbb{D}_{f,\,max} = \mathbb{R}$

Begründung: Im Funktionsterm kommen keine Quotienten, Wurzeln oder Logarithmen vor.

b) $\mathbb{D}_{f,\,max} = \,]2;\,+\infty[$

Begründung: Für $\mathbb{D}_{f,\,max}$ sind nur die reellen Zahlen zugelassen, für welche das Argument des Logarithmus positiv ist und der Nenner von null verschieden ist.

(1) $\dfrac{e^x - e^2}{e^x + e^2} > 0$ ist wegen $\underset{>0}{\underline{e^x}} + \underset{>0}{\underline{e^2}} > 0$ erfüllt, wenn $e^x - e^2 > 0 \;\Leftrightarrow\; e^x > e^2$
  $\Leftrightarrow\; x > 2$.

(2) $e^x + e^2 \neq 0$ ist wegen $\underset{>0}{\underline{e^x}} + \underset{>0}{\underline{e^2}} > 0$ für alle $x \in \mathbb{R}$ erfüllt.

52. a) $a(x)$ ist dort definiert, wo der Radikand $f(x)$ nicht negativ ist, der Graph von f also nicht unter der x-Achse verläuft: $\mathbb{D}_a = [-2;\,1] \cup [3;\,\infty[$

b) $b(x)$ ist dort definiert, wo der Nenner $f(x)$ nicht null ist, also dort, wo der Graph von f die x-Achse nicht schneidet: $\mathbb{D}_b = \mathbb{R} \setminus \{-2;\,1;\,3\}$

c) $c(x)$ ist dort definiert, wo der Nenner $g(x) - f(x)$ nicht null ist, also dort, wo sich die Graphen von f und g nicht schneiden: $\mathbb{D}_c = \mathbb{R} \setminus \{2\}$

53. Mögliche Lösungen sind:

a) $f(x) = \sqrt{x - \pi}$, weil $x - \pi \geq 0 \;\Leftrightarrow\; x \geq \pi$

b) $f(x) = \sqrt{-x - \pi}$, weil $-x - \pi \geq 0 \;\Leftrightarrow\; -x \geq \pi \;\Leftrightarrow\; x \leq -\pi$

c) $f(x) = \dfrac{1}{\sin x}$, weil $\sin x = 0 \;\Leftrightarrow\; x \in \{0,\, \pm\pi,\, \pm 2\pi,\, \pm 3\pi,\, \pm 4\pi,\, ...\}$

54. a) Nullstellen sind alle Lösungen der Gleichung $f(x) = 0$ aus $\mathbb{R} \setminus \{0\}$.

$$\frac{|x| - 2}{x} = 0$$

$\Leftrightarrow\; |x| - 2 = 0$	Ein Quotient ist genau dann null, wenn der Zähler null ist.
$|x| = 2$	Auf beiden Seiten 2 addieren.
$x_1 = -2$ oder $x_2 = 2$	Auflösen des Betrags

G_f schneidet die x-Achse in den Punkten $(-2\,|\,0)$ und $(2\,|\,0)$.

Da 0 nicht zur Definitionsmenge gehört, gibt es keinen Schnittpunkt von G_f mit der y-Achse.

b) Nullstellen sind alle Lösungen der Gleichung $f(x) = 0$ aus $\mathbb{R} \setminus \{0\}$.

$$\frac{x^2 - 7x + 10}{3x^2} = 0$$

$\Leftrightarrow\; x^2 - 7x + 10 = 0$	Ein Quotient ist genau dann null, wenn der Zähler null ist.
$x_1 = 2,\; x_2 = 5$	Lösungsformel für quadratische Gleichungen

G_f schneidet die x-Achse in den Punkten $(2\,|\,0)$ und $(5\,|\,0)$.

Da 0 nicht zur Definitionsmenge gehört, gibt es keinen Schnittpunkt von G_f mit der y-Achse.

c) Nullstellen sind alle Lösungen der Gleichung $f(x) = 0$ aus $\mathbb{R} \setminus \{-2; 2\}$.

$$\frac{x^3 + x^2 - 6x}{x^2 - 4} = 0$$

$\Leftrightarrow \quad x^3 + x^2 - 6x = 0$	Ein Quotient ist genau dann null, wenn der Zähler null ist.
$x(x^2 + x - 6) = 0$	x ausklammern
$x = 0$ oder $x^2 + x - 6 = 0$	Ein Produkt ist genau dann null, wenn mindestens ein Faktor null ist.

Die Lösungsformel für quadratische Gleichungen liefert für die Gleichung $x^2 + x - 6 = 0$ die Lösungen $x_1 = -3$ und $x_2 = 2$.

Da $x_2 = 2$ nicht zur Definitionsmenge gehört, lauten die Schnittpunkte mit der x-Achse $(-3\,|\,0)$ und $(0\,|\,0)$.

In $(0\,|\,0)$ schneidet G_f auch die y-Achse.

55. a) Nullstellen sind alle zu $\mathbb{R}$ gehörenden Lösungen der Gleichung $f(x) = 0$.

$$\frac{e^x - 2}{e^x + 1} = 0$$

$\Leftrightarrow \quad e^x - 2 = 0$	Ein Quotient ist genau dann null, wenn der Zähler null ist.
$e^x = 2$	Auf beiden Seiten 2 addieren.
$x = \ln 2$	Auf beiden Seiten logarithmieren.

G_f schneidet die x-Achse im Punkt $(\ln 2\,|\,0)$.

Schnittpunkt mit der y-Achse:

$$f(0) = \frac{e^0 - 2}{e^0 + 1} = \frac{1 - 2}{1 + 1} = -\frac{1}{2} \quad \Rightarrow \quad \left(0\,\Big|\,-\frac{1}{2}\right)$$

b) Nullstellen sind alle zu $\mathbb{R}$ gehörenden Lösungen der Gleichung $f(x) = 0$.

$6e^x - 2xe^x = 0$

$2e^x(3 - x) = 0$	$2e^x$ ausklammern
$3 - x = 0$	Ein Produkt ist genau dann null, wenn mindestens ein Faktor null ist, $e^x > 0$.
$x = 3$	Auf beiden Seiten x addieren.

G_f schneidet die x-Achse im Punkt $(3\,|\,0)$.

Schnittpunkt mit der y-Achse:

$f(0) = 2e^0(3 - 0) = 2 \cdot 3 = 6 \quad \Rightarrow \quad (0\,|\,6)$

56. a) Nullstellen sind alle Lösungen der Gleichung $f(x) = 0$ aus $\mathbb{R} \setminus \{0\}$.

$x \cdot \ln(x^2) = 0$

$\qquad \ln(x^2) = 0$ Ein Produkt ist genau dann null, wenn mindestens ein Faktor null ist, $x \neq 0$.

$\qquad\qquad x^2 = 1$ Der ln ist genau dann null, wenn sein Argument 1 ist.

$x_1 = 1$ oder $x_2 = -1$ Lösen der reinquadratischen Gleichung

G_f schneidet die x-Achse in den Punkten $(-1 \mid 0)$ und $(1 \mid 0)$.

Da 0 nicht zur Definitionsmenge gehört, gibt es keinen Schnittpunkt von G_f mit der y-Achse.

b) Nullstellen sind alle Lösungen der Gleichung $f(x) = 0$ aus $]0; 2[$.

$\ln(2x - x^2) = 0$

$\qquad 2x - x^2 = 1$ Der ln ist genau dann null, wenn sein Argument 1 ist.

$x^2 - 2x + 1 = 0$ Auf beiden Seiten $-2x + x^2$ addieren und nach Potenzen von x ordnen.

$\qquad (x - 1)^2 = 0$ Binomische Formel

$\qquad\qquad x = 1$ Lösen der reinquadratischen Gleichung

G_f schneidet die x-Achse im Punkt $(1 \mid 0)$.

Da 0 nicht zur Definitionsmenge gehört, gibt es keinen Schnittpunkt von G_f mit der y-Achse.

c) Nullstellen sind alle zu $\mathbb{R}^+$ gehörenden Lösungen der Gleichung $f(x) = 0$.

$\dfrac{\ln x + 1}{x} = 0$

$\Longleftrightarrow \quad \ln x + 1 = 0$ Ein Quotient ist genau dann null, wenn der Zähler null ist.

$\qquad \ln x = -1$ Auf beiden Seiten 1 subtrahieren.

$\qquad\qquad x = e^{-1} = \dfrac{1}{e}$ Auf beiden Seiten exponenzieren.

G_f schneidet die x-Achse im Punkt $\left(\dfrac{1}{e} \mid 0\right)$.

Da 0 nicht zur Definitionsmenge gehört, gibt es keinen Schnittpunkt von G_f mit der y-Achse.

57. a) Nullstellen sind alle zu $\mathbb{R}$ gehörenden Lösungen der Gleichung $f(x) = 0$.

$e^{-x}(x - e^x) = 0$

$\qquad x - e^x = 0$ Ein Produkt ist genau dann null, wenn mindestens ein Faktor null ist, $e^x > 0$.

$\qquad\qquad x = e^x$ Auf beiden Seiten e^x addieren.

Da sich die Graphen der Funktionen $y = x$ und $y = e^x$ laut Skizze nicht schneiden, besitzt die Gleichung $x = e^x$ keine Lösung und f daher keine Nullstellen.

b) Nullstellen sind alle Lösungen der Gleichung $f(x) = 0$ aus $]2; +\infty[$.

$$-x + \ln(x-2) = 0$$

$$\ln(x-2) = x \qquad \text{Auf beiden Seiten x addieren.}$$

$$x - 2 = e^x \qquad \text{Auf beiden Seiten exponenzieren.}$$

Da sich die Graphen der Funktionen $y = x - 2$ und $y = e^x$ laut Skizze nicht schneiden, besitzt die Gleichung $x - 2 = e^x$ keine Lösung und f daher keine Nullstellen.

58. Nullstellen sind alle zu $\mathbb{R}$ gehörenden Lösungen der Gleichung $f(x) = 0$.

$$\sin x - \cos(2x) = 0$$

$$\sin x = \cos(2x) \qquad \text{Auf beiden Seiten cos(2x) addieren.}$$

Der Skizze entnimmt man, dass die Funktionen $y = \sin x$ und $y = \cos(2x)$ im Intervall $[0; 2\pi]$ nur an den Stellen $x_1 = \frac{\pi}{6}$; $x_2 = \frac{5\pi}{6}$ und $x_3 = \frac{9\pi}{6} = \frac{3\pi}{2}$ gleiche Funktionswerte besitzen.

Aus der Periodizität der Funktionen $y = \sin x$ und $y = \cos(2x)$ ergibt sich die Gesamtheit aller Nullstellen:

$x_{k_1} = \frac{\pi}{6} + 2k\pi$, $x_{k_2} = \frac{5\pi}{6} + 2k\pi$ und $x_{k_3} = \frac{3\pi}{2} + 2k\pi$; k ist dabei eine beliebige ganze Zahl.

59. a) Nullstellen sind alle Lösungen der Gleichung $f(x) = 0$ aus $[1; 3]$.

$$\sqrt{p(x)} = 0$$

$$p(x) = 0 \qquad \text{Eine Quadratwurzel ist genau dann null, wenn der Radikand null ist.}$$

$$x_1 = 1 \text{ und } x_2 = 3 \qquad \text{Werte aus der Skizze}$$

b) Nullstellen sind alle Lösungen der Gleichung $f(x) = 0$ aus $]1; 3[$.

$$\ln p(x) = 0$$

$$p(x) = 1 \qquad \text{Der ln ist genau dann null, wenn sein Argument 1 ist.}$$

$$x = 2 \qquad \text{Wert aus der Skizze}$$

c) Nullstellen sind die Lösungen der Gleichung $f(x) = 0$.

Da ein Quotient genau dann null ist, wenn der Zähler null ist, und $1 \neq 0$ ist, besitzt die Funktion keine Nullstellen.

d) Nullstellen sind die Lösungen der Gleichung $f(x) = 0$.

$$(p(x))^2 - p(x) = 0$$

$$p(x) \cdot (p(x) - 1) = 0 \qquad \text{p(x) ausklammern}$$

$$p(x) = 0 \text{ oder } p(x) = 1 \qquad \text{Ein Produkt ist genau dann null, wenn mindestens ein Faktor null ist.}$$

$$x_1 = 1, \ x_2 = 3, \ x_3 = 2 \qquad \text{Werte aus der Skizze}$$

60. a) $\frac{2}{1+x} = -\frac{x}{6}+1$ Gleichsetzen der Funktionsterme

$\quad\quad 12 = -x(1+x)+6(1+x)$ Auf beiden Seiten mit $6(1+x)$ multiplizieren und anschließend teilweise kürzen.

$\quad\quad 0 = x^2 - 5x + 6$ Ausmultiplizieren, Terme auf einer Seite sammeln, gleichartige Terme zusammenfassen, nach Potenzen von x ordnen

$\quad\quad x_1 = 2; \; x_2 = 3$ Anwenden der Lösungsformel für quadratische Gleichungen

$\quad\quad g(2) = -\frac{2}{6}+1 = \frac{2}{3}; \; g(3) = -\frac{3}{6}+1 = \frac{1}{2}$ Einsetzen in einen Funktionsterm

$\quad\quad S_1\left(2 \mid \frac{2}{3}\right); \; S_2\left(3 \mid \frac{1}{2}\right)$ Schnittpunkte

b) $e^{-x} = 1 - e^{-x}$ Gleichsetzen der Funktionsterme

$\quad\quad e^{-x} = \frac{1}{2}$ Auf beiden Seiten e^{-x} addieren und durch 2 dividieren.

$\quad\quad -x = \ln\frac{1}{2}$ Auf beiden Seiten logarithmieren.

$\quad\quad x = \ln 2$ Wegen $\ln\frac{1}{2} = \ln 1 - \ln 2$

$\quad\quad f(\ln 2) = e^{-\ln 2} = (e^{\ln 2})^{-1} = 2^{-1} = \frac{1}{2}$ Einsetzen in einen Funktionsterm

$\quad\quad S\left(\ln 2 \mid \frac{1}{2}\right)$ Schnittpunkt

c) $\ln\frac{1}{x(4+x^2)} = \ln\frac{4}{4+x^2}$ Gleichsetzen der Funktionsterme

$\quad\quad \frac{1}{x(4+x^2)} = \frac{4}{4+x^2}$ Wegen der strengen Monotonie des ln

$\quad\quad \frac{1}{x} = 4$ Auf beiden Seiten mit $4+x^2$ multiplizieren.

$\quad\quad x = \frac{1}{4}$ Kehrwert bilden

$\quad\quad g\left(\frac{1}{4}\right) = \ln\frac{4}{4+\left(\frac{1}{4}\right)^2} = \ln\frac{4}{\frac{65}{16}} = \ln\frac{64}{65}$ Einsetzen in einen Funktionsterm

$\quad\quad S\left(\frac{1}{4} \mid \ln\frac{64}{65}\right)$ Schnittpunkt

61. a) $\ln\left(\frac{1}{1-x^2}\right) = \ln\left(\frac{2}{2-x^2}\right)$ Gleichsetzen der Funktionsterme für zwei spezielle Parameter, z. B. $k_1 = 1, k_2 = 2$

$\quad\quad \frac{1}{1-x^2} = \frac{2}{2-x^2}$ wegen der strengen Monotonie des ln

$\quad\quad 1 \cdot (2-x^2) = 2 \cdot (1-x^2)$ Auf beiden Seiten mit $(1-x^2)(2-x^2)$ multiplizieren und teilweise kürzen.

$\quad\quad x^2 = 0$ Ausmultiplizieren, Terme auf einer Seite sammeln und zusammenfassen

$\quad\quad x = 0$

$\quad\quad f_k(0) = \ln\left(\frac{k}{k - 0^2}\right) = \ln 1 = 0$ Einsetzen in den Funktionsterm $(0 \in \mathbb{D}_{f_k})$

$\quad\quad S(0 \mid 0)$ Da $f(0)$ unabhängig von k ist, ist S einziger Schnittpunkt der Scharkurven.

b) $\dfrac{2x+1}{3x^2} = \dfrac{2x+2}{3x^2}$ Gleichsetzen der Funktionsterme für zwei spezielle Parameter, z. B. $k_1 = 1$, $k_2 = 2$

$2x+1 = 2x+2$ Zwei Quotienten mit gleichem Nenner sind gleich, wenn die Zähler gleich sind.

$1 = 2$ Von beiden Seiten 2x subtrahieren.

Wegen dieses Widerspruchs besitzt die ursprüngliche Gleichung keine Lösungen und die Scharkurven keinen gemeinsamen Punkt.

62. $\dfrac{x^2-k}{x-1} = x+1$ Gleichsetzen der Funktionsterme

$x^2 - k = (x+1)(x-1)$ Für $x \neq 1$ auf beiden Seiten mit x – 1 multiplizieren, anschließend kürzen.

$x^2 - k = x^2 - 1 \implies k = 1$ Ausmultiplizieren und Umstellen

$f_1(x) = \dfrac{x^2-1}{x-1} = \dfrac{(x+1)(x-1)}{x-1} = x+1$ Einsetzen des Scharparameters

mit $x \in \mathbb{R} \setminus \{1\}$

Nur die zu $k = 1$ gehörende Scharfunktion schneidet die Gerade g. Da $f_1(x)$ die Einschränkung der Geraden g auf $\mathbb{R} \setminus \{1\}$ ist, stimmen g und f_1 sogar in allen Punkten bis auf $(1 \mid 2)$ überein.

63. Da die Lösungen der Gleichung den x-Koordinaten der Graphenschnittpunkte entsprechen und die Parabel bzw. die Gerade die Graphen der Funktionen $p(x) = \frac{1}{4}x^2$ bzw. $\ell(x) = 3x - 2$ sind, lautet die Gleichung: $\frac{1}{4}x^2 = 3x - 2$

Mithilfe der Lösungsformel für quadratische Gleichungen findet man als Lösungsmenge für die Gleichung $\frac{1}{4}x^2 - 3x + 2 = 0$:

$\mathbb{L} = \{6 + 2 \cdot \sqrt{7}; 6 - 2 \cdot \sqrt{7}\}$

64. Der Zeitpunkt des Einholens ist die t-Koordinate des Punktes, in dem sich die Graphen der Funktionen $x(t) = 0,7\,t^2 + 100$ und $x(t) = 1,4\,t^2$ schneiden:

$1,4\,t^2 = 0,7\,t^2 + 100$ Gleichsetzen der Funktionsterme

$0,7\,t^2 = 100$ Auf beiden Seiten $0,7\,t^2$ subtrahieren.

$t^2 \approx 142,9$ Auf beiden Seiten durch 0,7 dividieren.

$t \approx 11,95$ Auf beiden Seiten radizieren, $t \geq 0$.

Der Fahrweg des schnelleren Autos ist der Funktionswert der Funktion $x(t) = 1,4\,t^2$ für $t = 11,95$:

$x(11,95) = 1,4 \cdot 11,95^2 = 200$

Das schnellere Fahrzeug überholt nach 11,95 Sekunden das langsamere. Es hat bis zum Überholpunkt eine Strecke von 200 m zurückgelegt.

65. a) • Spiegelung an der y-Achse: ln x wird zu ln(–x).
  • Verschiebung um 3 Längeneinheiten parallel zur x-Achse nach rechts: ln(–x) wird zu ln(–(x – 3)).
  Daher gilt $g(x) = \ln(-x + 3)$. Die Reihenfolge der Termänderungen spielt hier eine Rolle.

  b) • Dehnung parallel zur x-Achse um den Faktor 4: ln x wird zu $\ln\left(\frac{1}{4} \cdot x\right)$.
  • Verschiebung um 3 Längeneinheiten parallel zur y-Achse nach unten: $\ln\left(\frac{1}{4} \cdot x\right)$ wird zu $\ln\left(\frac{1}{4} \cdot x\right) - 3$.
  Daher gilt $g(x) = \ln\left(\frac{1}{4} \cdot x\right) - 3$. Die Reihenfolge der Termänderungen spielt hier keine Rolle.

  c) • Verschiebung um 2 Längeneinheiten parallel zur x-Achse nach links: ln x wird zu ln(x + 2).
  • Hochklappen der unter der x-Achse liegenden Graphenteile: ln(x + 2) wird zu $|\ln(x + 2)|$.
  Daher gilt $g(x) = |\ln(x + 2)|$. Die Reihenfolge der Termänderungen spielt hier eine Rolle.

  d) • Verschiebung um jeweils 1 Längeneinheit parallel zur y-Achse nach oben und parallel zur x-Achse nach links: ln x wird zu ln(x + 1) + 1.
  • Alle jetzt rechts von der y-Achse liegenden Graphenteile bleiben unverändert. Die jetzt links davon liegenden Teile werden durch die an der y-Achse gespiegelten Teile ersetzt, die rechts von der y-Achse liegen: ln(x + 1) + 1 wird zu ln(|x| + 1) + 1.
  Daher gilt $g(x) = \ln(|x| + 1) + 1$. Die Reihenfolge der Termänderungen spielt hier eine Rolle.

66. a) • x wird durch $|x|$ ersetzt: Graphenteile rechts von der y-Achse bleiben unverändert, Graphenteile links von der y-Achse verschwinden, Graphenteile rechts von der y-Achse werden an der y-Achse gespiegelt.

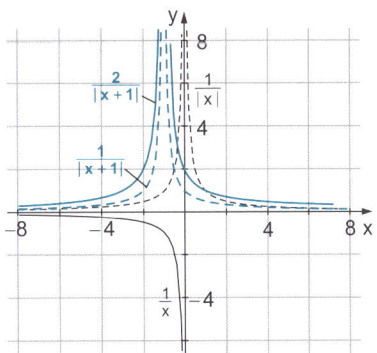

  • x wird durch x + 1 ersetzt: Verschiebung parallel zur x-Achse um eine Längeneinheit nach links
  • Multiplikation mit 2: Dehnung parallel zur y-Achse um den Faktor 2

b) • x wird durch x – 2 ersetzt:
Verschiebung parallel zur
x-Achse um 2 Längen-
einheiten nach rechts
 • Addition von 1:
Verschiebung parallel zur
y-Achse um eine Längen-
einheit nach oben

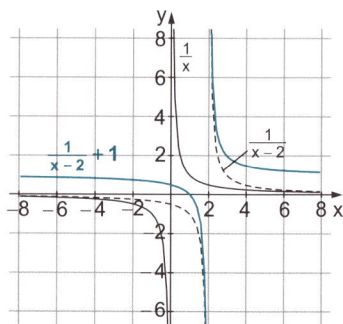

c) • x wird durch x + 1 ersetzt:
Verschiebung parallel zur
x-Achse um eine Längen-
einheit nach links
 • x wird durch |x| ersetzt:
Graphenteile rechts von der
y-Achse bleiben unverändert,
Graphenteile links von der
y-Achse verschwinden,
Graphenteile rechts von
der y-Achse werden an der
y-Achse gespiegelt.

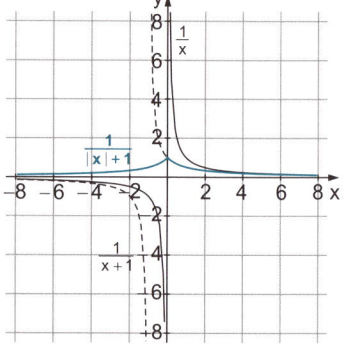

67. a) • x wird durch –x ersetzt:
Spiegelung an der y-Achse
 • Multiplikation mit –1:
Spiegelung an der x-Achse
 • Addition von 1:
Verschiebung parallel zur
y-Achse um eine Längen-
einheit nach oben

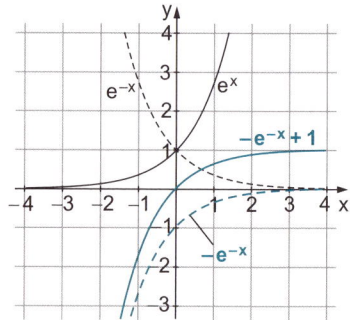

b) • Multiplikation von x mit 0,5:
Dehnung parallel zur x-Achse
um Faktor 2
 • Multiplikation des Funktionsterms mit 0,5:
Stauchung parallel zur y-Achse
um Faktor 2

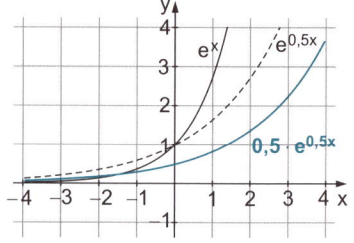

c) • Subtraktion von 1:
    Verschiebung parallel zur y-Achse
    um eine Längeneinheit nach
    unten
  • Setzen des Betrags:
    Nur was unter der x-Achse liegt,
    wird an der x-Achse gespiegelt.

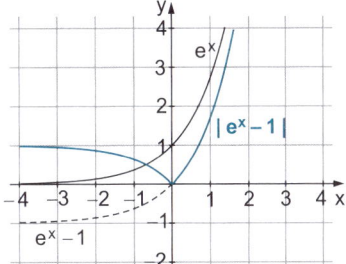

d) • x wird durch |x| ersetzt:
    Graphenteile rechts von der
    y-Achse bleiben unverändert,
    Graphenteile links von der
    y-Achse verschwinden, Graphen-
    teile rechts von der y-Achse wer-
    den an der y-Achse gespiegelt.
  • Subtraktion von 1:
    Verschiebung parallel zur y-Achse
    um eine Längeneinheit nach unten

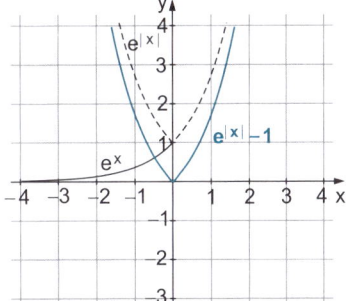

68. a) x wird durch |x| ersetzt:
    Graphenteile rechts von der y-Achse
    bleiben unverändert, Graphenteile
    rechts von der y-Achse werden an
    der y-Achse gespiegelt.

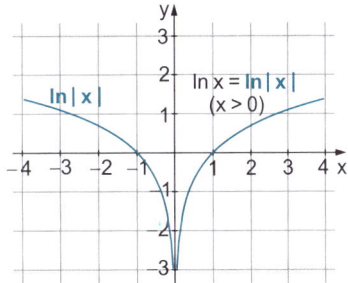

b) Setzen des Betrags:
    Graphenteile über der x-Achse blei-
    ben unverändert, Graphenteile unter
    der x-Achse werden an der x-Achse
    gespiegelt.

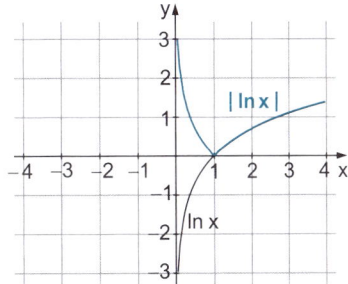

c) x wird durch x – 1 ersetzt:
Verschiebung parallel zur x-Achse
um eine Längeneinheit nach rechts

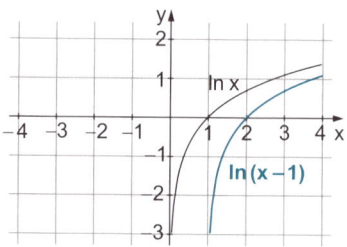

d) • x wird durch 2x ersetzt:
Stauchung parallel zur x-Achse
um Faktor 2
• Multiplikation des Terms mit 2:
Dehnung parallel zur y-Achse
um Faktor 2

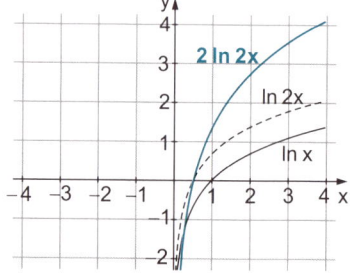

69. a) Der Graph von f entsteht aus der Winkelhalbierenden des 1. und
3. Quadranten durch
• eine Stauchung um den Faktor 3 parallel zur x-Achse: x wird zu 3x;
• eine anschließende Spiegelung an der y-Achse: 3x wird zu 3(–x);
• eine anschließende Verschiebung parallel zur y-Achse um 2 Längeneinheiten nach oben: 3(–x) wird zu 3(–x) + 2.

b) Der Graph von f entsteht aus der Normalparabel durch
• eine Dehnung parallel zur y-Achse um den Faktor 2: x^2 wird zu $2x^2$;
• eine anschließende Verschiebung parallel zur x-Achse um 4 Längeneinheiten nach rechts: $2x^2$ wird zu $2(x-4)^2$;
• eine anschließende Verschiebung parallel zur y-Achse um 6 Längeneinheiten nach unten: $2(x-4)^2$ wird zu $2(x-4)^2 - 6$.

c) Der Graph von f entsteht aus der Sinuskurve durch
• eine Stauchung parallel zur x-Achse um den Faktor 3:
$\sin x$ wird zu $\sin(3x)$;
• eine anschließende Dehnung parallel zur y-Achse um den Faktor 2:
$\sin(3x)$ wird zu $2\sin(3x)$;
• eine anschließende Spiegelung an der x-Achse:
$2\sin(3x)$ wird zu $-2\sin(3x)$;
• eine anschließende Verschiebung parallel zur x-Achse um 2 Längeneinheiten nach rechts: $-2\sin(3x)$ wird zu $-2\sin(3(x-2)) = -2\sin(3x-6)$;
• eine anschließende Verschiebung parallel zur y-Achse um 5 Längeneinheiten nach oben: $-2\sin(3x-6)$ wird zu $-2\sin(3x-6) + 5$.

70. $\frac{1}{4}x^2 + \frac{1}{2}x + \frac{1}{4} = \frac{1}{4}(x^2 + 2x + 1)$ $\frac{1}{4}$ ausklammern

$\qquad\qquad\qquad = \frac{1}{4}(x+1)^2$ 1. binomische Formel

$g(x) = e^{\frac{1}{4}(x+1)^2}$

Daher entsteht der Graph von g aus dem Graphen von $f(x) = e^{x^2}$ durch
- eine Dehnung parallel zur x-Achse um den Faktor 2:

  e^{x^2} wird zu $e^{\left(\frac{1}{2}x\right)^2} = e^{\frac{1}{4}x^2}$;
- eine anschließende Verschiebung parallel zur x-Achse um 1 Längeneinheit nach links: $e^{\frac{1}{4}x^2}$ wird zu $e^{\frac{1}{4}(x+1)^2}$.

71. a) $f(-x) = \frac{|-x|-1}{-x} = \frac{|x|-1}{-x} = -\frac{|x|-1}{x} \neq f(x)$

$\qquad -f(-x) = -\left(-\frac{|x|-1}{x}\right) = \frac{|x|-1}{x} = f(x)$

G_f ist **punktsymmetrisch** bezüglich des Koordinatenursprungs.

b) $f(-x) = \frac{1-(-x)^2}{1+(-x)^2} = \frac{1-x^2}{1+x^2} = f(x)$

G_f ist **achsensymmetrisch** bezüglich der y-Achse.

c) $f(-x) = \frac{(-x)^2 - (-x)}{1+(-x)^2} = \frac{x^2+x}{1+x^2} \neq f(x)$

$\qquad -f(-x) = -\frac{x^2+x}{1+x^2} \neq f(x)$

G_f weist **keine Symmetrie** bezüglich des Koordinatensystems auf.

72. a) $f(-x) = e^{-(-x)} - e^{-x} = e^x - e^{-x} = -e^{-x} + e^x = -(e^{-x} - e^x) \neq f(x)$

$\qquad -f(-x) = -(-(e^{-x} - e^x)) = e^{-x} - e^x = f(x)$

G_f ist **punktsymmetrisch** bezüglich des Koordinatenursprungs.

b) $f(-x) = e^{-(-x)} + e^{-x} = e^x + e^{-x} = e^{-x} + e^x = f(x)$

G_f ist **achsensymmetrisch** bezüglich der y-Achse.

c) $f(-x) = \frac{1-e^{-x}}{1+e^{-x}}$

$\qquad = \frac{e^x - e^{-x} \cdot e^x}{e^x + e^{-x} \cdot e^x}$ Mit e^x erweitern

$\qquad = \frac{e^x - 1}{e^x + 1}$ $e^x \cdot e^{-x} = e^{x-x} = e^0 = 1$

$\qquad = \frac{-(1-e^x)}{1+e^x} \neq f(x)$ Im Nenner Summanden vertauschen, im Zähler -1 ausklammern

$$-f(-x) = -\frac{-(1-e^x)}{1+e^x} = \frac{1-e^x}{1+e^x} = f(x)$$

G_f ist **punktsymmetrisch** bezüglich des Koordinatenursprungs.

73. a) $f(-x) = \frac{\ln(-x)^2}{-x} = \frac{\ln x^2}{-x} = -\frac{\ln x^2}{x} \neq f(x)$

$$-f(-x) = -\left(-\frac{\ln x^2}{x}\right) = \frac{\ln x^2}{x} = f(x)$$

G_f ist **punktsymmetrisch** bezüglich des Koordinatenursprungs.

b) $f(-x) = \ln\frac{4}{4+(-x)^2} = \ln\frac{4}{4+x^2} = f(x)$

G_f ist **achsensymmetrisch** bezüglich der y-Achse.

c) $f(-x) = \ln\frac{1+(-x)}{1-(-x)}$

$$= \ln\frac{1-x}{1+x}$$

$$= \ln\left(\frac{1+x}{1-x}\right)^{-1} \qquad \frac{1-x}{1+x} = \left(\frac{1+x}{1-x}\right)^{-1}$$

$$= -\ln\frac{1+x}{1-x} \neq f(x) \qquad \ln a^r = r\ln a$$

$$-f(-x) = -\left(-\ln\frac{1+x}{1-x}\right) = \ln\frac{1+x}{1-x} = f(x)$$

G_f ist **punktsymmetrisch** bezüglich des Koordinatenursprungs.

74. a) $f(-x) = \frac{3\sin(-x)}{-x}$

$$= \frac{-3\sin x}{-x} \qquad \sin(-x) = -\sin x$$

$$= \frac{3\sin x}{x} = f(x) \qquad \text{Mit } -1 \text{ erweitern}$$

G_f ist **achsensymmetrisch** bezüglich der y-Achse.

b) $f(-x) = (-x)^3\cos(-x)$

$$= -x^3\cos x \neq f(x) \qquad \cos(-x) = \cos x$$

$$-f(-x) = -(-x^3\cos x) = x^3\cos x = f(x)$$

G_f ist **punktsymmetrisch** bezüglich des Koordinatenursprungs.

c) $f(-x) = \sin(-x)\cos(-x)$

$$= -\sin x \cdot \cos x \neq f(x) \qquad \cos(-x) = \cos x;\ \sin(-x) = -\sin x$$

$$-f(-x) = -(-\sin x \cdot \cos x) = \sin x \cdot \cos x = f(x)$$

G_f ist **punktsymmetrisch** bezüglich des Koordinatenursprungs.

75. a) $g(x) = f(x+1)$

$$= \frac{3}{(x+1)^2 - 2(x+1)}$$

Verschiebung um eine Längeneinheit parallel zur x-Achse nach links: im Funktionsterm wird x durch x + 1 ersetzt.

$$= \frac{3}{x^2 + 2x + 1 - 2x - 2}$$

1. binomische Formel; Ausmultiplizieren

$$= \frac{3}{x^2 - 1}$$

Zusammenfassen gleichartiger Terme

b) $g(-x) = \frac{3}{(-x)^2 - 1} = \frac{3}{x^2 - 1} = g(x)$

G_g ist **achsensymmetrisch** bezüglich der y-Achse.

c) Verschiebt man G_g parallel zur x-Achse um eine Längeneinheit nach rechts, erhält man G_f. Da G_g achsensymmetrisch bezüglich der y-Achse ist, ist G_f achsensymmetrisch bezüglich der Achse $x = 1$.

76. a) $g(-x) = e^{f(-x)} = e^{f(x)} = g(x)$

$f(-x) = f(x)$, da G_f symmetrisch bezüglich der y-Achse ist.

G_g ist **achsensymmetrisch** bzgl. der y-Achse.

b) $g(-x) = e^{f(-x)} = e^{-f(x)}$

$f(-x) = -f(x)$, da G_f punktsymmetrisch bezüglich des Koordinatenursprungs ist.

$$= \frac{1}{e^{f(x)}} \neq g(x)$$

$a^{-1} = \frac{1}{a}$

$$-g(-x) = -\frac{1}{e^{f(x)}} \neq g(x)$$

G_g weist **keine Symmetrie** bezüglich des Koordinatensystems auf.

77. a) f(x) ist symmetrisch bezüglich der y-Achse.

Begründung:

$$f(-x) = \frac{z(-x)}{n(-x)}$$

$z(-x) = z(x)$ und $n(-x) = n(x)$, da $z(x)$ und $n(x)$ symmetrisch bezüglich der y-Achse sind.

$$= \frac{z(x)}{n(x)} = f(x)$$

b) f(x) ist symmetrisch bezüglich des Koordinatenursprungs.

Begründung:

$$f(-x) = \frac{z(-x)}{n(-x)}$$

$z(-x) = z(x)$ und $n(-x) = -n(x)$, da $z(x)$ symmetrisch bezüglich der y-Achse und $n(x)$ symmetrisch bezüglich des Koordinatenursprungs ist.

$$= \frac{z(x)}{-n(x)} = -f(x)$$

c) f(x) ist symmetrisch bezüglich der y-Achse.

   Begründung:

   $f(-x) = \frac{z(-x)}{n(-x)}$ $z(-x) = -z(x)$ und $n(-x) = -n(x)$, da $z(x)$ und $n(x)$ symmetrisch bezüglich des Koordinatenursprungs sind.

   $= \frac{-z(x)}{-n(x)} = \frac{z(x)}{n(x)} = f(x)$

78. a) Der Graph von $f(x) = \frac{1}{x-3}$ entsteht aus dem Graphen von $g(x) = \frac{1}{x}$ durch Verschiebung um 3 Längeneinheiten parallel zur x-Achse nach rechts. Da $g(x)$ punktsymmetrisch bezüglich des Koordinatenursprungs ist, ist $f(x)$ punktsymmetrisch bezüglich des Punktes $(3\,|\,0)$.

   b) Der Graph von $f(x) = \left(\frac{1}{x-4}\right)^4 + 4$ entsteht aus dem Graphen von $g(x) = \frac{1}{x^4}$ durch Verschiebung um 4 Längeneinheiten parallel zur x-Achse nach rechts und um 4 Längeneinheiten parallel zur y-Achse nach oben. Da $g(x)$ symmetrisch bezüglich der y-Achse ist, ist $f(x)$ achsensymmetrisch bezüglich der Geraden $x = 4$.

   c) Durch quadratische Ergänzung führt man den Funktionsterm in die Scheitelform über.

   $2x^2 - 4x + 6 = 2[x^2 - 2x + 3]$ 2 ausklammern

   $= 2[x^2 - 2x + 1 - 1 + 3]$ Quadratisch ergänzen

   $= 2[(x-1)^2 + 2]$ 2. binomische Formel

   $= 2(x-1)^2 + 4$ Eckige Klammern durch Ausmultiplizieren beseitigen.

   Da die zugehörige Parabel ihren Scheitel in $(1\,|\,4)$ besitzt, ist der Graph von f symmetrisch bezüglich der Geraden $x = 1$.

   d) Der Graph von $f(x) = \sin(x-2) + 3$ entsteht aus der Sinuskurve durch Verschiebung um 2 Längeneinheiten parallel zur x-Achse nach rechts und um 3 Längeneinheiten parallel zur y-Achse nach oben. Da die Sinuskurve punktsymmetrisch bezüglich der Punkte $(k \cdot \pi\,|\,0)$ und achsensymmetrisch bezüglich der Achsen $x = \frac{2k+1}{2}\pi$ ist (vgl. S. 26), ist $f(x)$ punktsymmetrisch bezüglich der Punkte $(k \cdot \pi + 2\,|\,3)$ und achsensymmetrisch bezüglich der Achsen $x = \frac{2k+1}{2}\pi + 2$.

79. a) $\quad \lim\limits_{x \to -\infty} \dfrac{-2e^x}{(1+e^x)^2}$

$$= \dfrac{\lim\limits_{x \to -\infty} (-2) \cdot \lim\limits_{x \to -\infty} e^x}{\left(\lim\limits_{x \to -\infty} 1 + \lim\limits_{x \to -\infty} e^x \right)^2} \qquad \text{Anwenden der Grenzwertsätze}$$

$$= \dfrac{-2 \cdot 0}{(1+0)^2} = 0 \qquad \text{tabellierte Grenzwerte}$$

$$\lim\limits_{x \to +\infty} \dfrac{-2e^x}{(1+e^x)^2}$$

$$= \lim\limits_{x \to +\infty} \dfrac{-2e^x}{1 + 2e^x + e^{2x}} \qquad \begin{array}{l}\text{Ausmultiplizieren im Nenner mit}\\ \text{1. binomischer Formel}\end{array}$$

$$= \lim\limits_{x \to +\infty} \dfrac{\frac{-2}{e^x}}{\frac{1}{e^{2x}} + \frac{2}{e^x} + 1} \qquad \text{Zähler und Nenner durch } e^{2x} \text{ dividieren.}$$

$$= \dfrac{\lim\limits_{x \to +\infty} \frac{-2}{e^x}}{\lim\limits_{x \to +\infty} \frac{1}{e^{2x}} + \lim\limits_{x \to +\infty} \frac{2}{e^x} + \lim\limits_{x \to +\infty} 1} \qquad \text{Anwenden der Grenzwertsätze}$$

$$= \dfrac{0}{0 + 0 + 1} = 0 \qquad \text{tabellierte Grenzwerte}$$

b) $\quad \lim\limits_{x \to -\infty} \ln \dfrac{e^x}{1+e^x}$

$$= \ln \dfrac{\lim\limits_{x \to -\infty} e^x}{\lim\limits_{x \to -\infty} 1 + \lim\limits_{x \to -\infty} e^x} \qquad \text{Anwenden der Grenzwertsätze}$$

$$= \ln \dfrac{0}{1+0} = -\infty \qquad \ln x \text{ strebt für } x \to 0 \text{ gegen } -\infty.$$

$$\lim\limits_{x \to +\infty} \ln \dfrac{e^x}{1+e^x}$$

$$= \lim\limits_{x \to +\infty} \ln \dfrac{1}{\frac{1}{e^x} + 1} \qquad \begin{array}{l}\text{Zähler und Nenner des ln-Arguments}\\ \text{durch } e^x \text{ dividieren.}\end{array}$$

$$= \ln \dfrac{\lim\limits_{x \to +\infty} 1}{\lim\limits_{x \to +\infty} \frac{1}{e^x} + \lim\limits_{x \to +\infty} 1} \qquad \text{Anwenden der Grenzwertsätze}$$

$$= \ln \dfrac{1}{0+1} = \ln 1 = 0 \qquad \text{tabellierte Grenzwerte}$$

80. a) $\quad \lim\limits_{x \to \pm\infty} (x^5 - 3x^4 + 2x^2 - 1)$

$$= \lim\limits_{x \to \pm\infty} x^5 = \pm\infty \qquad \text{Ganzrationale Funktion im Unendlichen}$$

b) $\lim\limits_{x \to \pm\infty} (4x^4 - 3x^3 - 2x + 1)$

$= \lim\limits_{x \to \pm\infty} (4x^4) = +\infty$ Ganzrationale Funktion im Unendlichen

c) $\lim\limits_{x \to \pm\infty} (1 - x^2 - 2x^3)$

$= \lim\limits_{x \to \pm\infty} (-2x^3) = \mp\infty$ Ganzrationale Funktion im Unendlichen

81. a) $\lim\limits_{x \to \pm\infty} \dfrac{2x^2 - 5x - 3}{3x - x^3} = \lim\limits_{x \to \pm\infty} \dfrac{\frac{2}{x} - \frac{5}{x^2} - \frac{3}{x^3}}{\frac{3}{x^2} - 1}$ Zähler und Nenner durch x^3 dividieren.

$= \dfrac{\lim\limits_{x \to \pm\infty} \frac{2}{x} - \lim\limits_{x \to \pm\infty} \frac{5}{x^2} - \lim\limits_{x \to \pm\infty} \frac{3}{x^3}}{\lim\limits_{x \to \pm\infty} \frac{3}{x^2} - \lim\limits_{x \to \pm\infty} 1}$ Anwenden der Grenzwertsätze

$= \dfrac{0 - 0 - 0}{0 - 1} = 0$ tabellierte Grenzwerte

b) $\lim\limits_{x \to \pm\infty} \dfrac{|2x - x^3 + 1|}{4x + 3 + x^2}$

$= \lim\limits_{x \to \pm\infty} \dfrac{\mp(2x - x^3 + 1)}{4x + 3 + x^2}$ Beachten Sie beim Auflösen des Betrags, dass der Betragsinhalt negativ (positiv) ist, wenn $x \to +\infty$ ($x \to -\infty$).

$= \lim\limits_{x \to \pm\infty} \mp \dfrac{\frac{2}{x} - x + \frac{1}{x^2}}{\frac{4}{x} + \frac{3}{x^2} + 1}$ Zähler und Nenner durch x^2 dividieren.

$= \mp \dfrac{\lim\limits_{x \to \pm\infty} \frac{2}{x} - \lim\limits_{x \to \pm\infty} x + \lim\limits_{x \to \pm\infty} \frac{1}{x^2}}{\lim\limits_{x \to \pm\infty} \frac{4}{x} + \lim\limits_{x \to \pm\infty} \frac{3}{x^2} + \lim\limits_{x \to \pm\infty} 1}$ Anwenden der Grenzwertsätze

$= \mp \dfrac{0 - \lim\limits_{x \to \pm\infty} x + 0}{0 + 0 + 1}$ tabellierte Grenzwerte

$= \lim\limits_{x \to \pm\infty} \mp(-x) = \lim\limits_{x \to \pm\infty} \pm x = +\infty$

82. a) $\lim\limits_{x \to \pm\infty} \dfrac{\sqrt{x^2 + 1}}{\sqrt{x^2 + 2}} = \lim\limits_{x \to \pm\infty} \sqrt{\dfrac{1 + \frac{1}{x^2}}{1 + \frac{2}{x^2}}}$ Zuerst $\frac{\sqrt{a}}{\sqrt{b}} = \sqrt{\frac{a}{b}}$, dann unter der Wurzel Zähler und Nenner durch x^2 dividieren.

$= \sqrt{\dfrac{\lim\limits_{x \to \pm\infty} 1 + \lim\limits_{x \to \pm\infty} \frac{1}{x^2}}{\lim\limits_{x \to \pm\infty} 1 + \lim\limits_{x \to \pm\infty} \frac{2}{x^2}}}$ Anwenden der Grenzwertsätze

$= \sqrt{\dfrac{1 + 0}{1 + 0}} = 1$ tabellierte Grenzwerte

b) $\lim\limits_{x \to \pm\infty} \left(1 + \ln \dfrac{x+1}{x-1}\right)$

$= \lim\limits_{x \to \pm\infty} \left(1 + \ln \dfrac{1 + \frac{1}{x}}{1 - \frac{1}{x}}\right)$ Im Argument des ln Zähler und Nenner durch x dividieren.

$= \lim\limits_{x \to \pm\infty} 1 + \ln \dfrac{\lim\limits_{x \to \pm\infty} 1 + \lim\limits_{x \to \pm\infty} \frac{1}{x}}{\lim\limits_{x \to \pm\infty} 1 - \lim\limits_{x \to \pm\infty} \frac{1}{x}}$ Anwenden der Grenzwertsätze

$= 1 + \ln \dfrac{1+0}{1-0} = 1 + \ln 1 = 1 + 0 = 1$ tabellierte Grenzwerte

83. Der Graph der Funktion $f(x) = \dfrac{1}{(x-2)^7} + 3$ entsteht aus der Potenzfunktion $g(x) = \dfrac{1}{x^7}$ durch Verschiebung parallel zur x-Achse um 2 Längeneinheiten nach rechts und parallel zur y-Achse um 3 Längeneinheiten nach oben.

Wegen $\lim\limits_{x \to \pm\infty} \dfrac{1}{x^7} = 0$ gilt daher: $\lim\limits_{x \to \pm\infty} \dfrac{1}{(x-2)^7} + 3 = 3$

84. $\lim\limits_{x \to +\infty} (x - \sqrt{x^2 - x})$

$= \lim\limits_{x \to +\infty} \left[(x - \sqrt{x^2 - x}) \cdot \dfrac{x + \sqrt{x^2 - x}}{x + \sqrt{x^2 - x}}\right]$ Erweitern mit $x + \sqrt{x^2 - x}$

$= \lim\limits_{x \to +\infty} \left[\dfrac{x^2 - (x^2 - x)}{x + \sqrt{x^2 - x}}\right]$ 3. binomische Formel im Zähler

$= \lim\limits_{x \to +\infty} \left[\dfrac{x}{x + \sqrt{x^2 - x}}\right]$ Zusammenfassen im Zähler

$= \lim\limits_{x \to +\infty} \left[\dfrac{1}{1 + \frac{\sqrt{x^2 - x}}{x}}\right]$ Zähler und Nenner durch x dividieren.

$= \lim\limits_{x \to +\infty} \left[\dfrac{1}{1 + \sqrt{\frac{x^2 - x}{x^2}}}\right]$ x unter die Wurzel ziehen

$= \lim\limits_{x \to +\infty} \left[\dfrac{1}{1 + \sqrt{1 - \frac{1}{x}}}\right]$ Unter der Wurzel im Zähler und Nenner durch x dividieren.

$= \dfrac{1}{1+1} = \dfrac{1}{2}$ Anwenden der Grenzwertsätze und tabellierte Grenzwerte

Also hat Korbinian recht. Jakobs Näherung $x - \sqrt{x^2 - x} \approx x - \sqrt{x^2}$ für große x ist unzulässig.

85. Da man den Graphen der Funktion $f(x) = x^5 + ax + a^5$ auf $\mathbb{R}$ ohne Absetzen des Zeichenstifts zeichnen kann und unabhängig von a

$$\lim_{x \to +\infty} (x^5 + ax + a^5) = \lim_{x \to +\infty} (x^5) = +\infty \text{ und}$$

$$\lim_{x \to -\infty} (x^5 + ax + a^5) = \lim_{x \to -\infty} (x^5) = -\infty$$

gilt, schneidet der Graph für jedes a mindestens einmal die x-Achse. Es gibt also für jedes a mindestens ein x_0 so, dass $x_0^5 + ax_0 + a^5 = 0$.

86. a) $\displaystyle\lim_{x \to 1 \pm 0} \frac{x+3}{x-1} = \lim_{\substack{h \to 0 \\ h > 0}} \frac{(1 \pm h) + 3}{(1 \pm h) - 1}$ Übergang zur h-Methode

$\displaystyle = \lim_{\substack{h \to 0 \\ h > 0}} \frac{4 \pm h}{\pm h} = \lim_{\substack{h \to 0 \\ h > 0}} \left(\frac{1}{\pm h}\right) \cdot \lim_{\substack{h \to 0 \\ h > 0}} (4 \pm h)$ Zusammenfassen; Anwenden der Grenzwertsätze

$\displaystyle = \pm\infty \cdot 4 = \pm\infty$ tabellierte Grundtypen

Weder links- noch rechtsseitiger Grenzwert existieren; daher existiert $\displaystyle\lim_{x \to 1} \frac{x+3}{x-1}$ nicht.

b) $\displaystyle\lim_{x \to 1,5 \pm 0} \frac{2 \cdot |1,5 - x|}{2x^2 - x - 3}$

$\displaystyle = \lim_{\substack{h \to 0 \\ h > 0}} \frac{2 \cdot |1,5 - (1,5 \pm h)|}{2(1,5 \pm h)^2 - (1,5 \pm h) - 3}$ Übergang zur h-Methode

$\displaystyle = \lim_{\substack{h \to 0 \\ h > 0}} \frac{2 \cdot h}{\pm 5h + 2h^2}$ Zusammenfassen; beachten Sie, dass $|\pm h| = h$.

$\displaystyle = \lim_{\substack{h \to 0 \\ h > 0}} \frac{2}{\pm 5 + 2h}$ Kürzen mit h

$\displaystyle = \frac{\lim_{\substack{h \to 0 \\ h > 0}} 2}{\lim_{\substack{h \to 0 \\ h > 0}} (\pm 5 + 2h)} = \pm\frac{2}{5}$ Anwenden der Grenzwertsätze; tabellierte Grundtypen

Links- und rechtsseitiger Grenzwert existieren, sind aber verschieden. Daher existiert $\displaystyle\lim_{x \to 1,5} \frac{2 \cdot |1,5 - x|}{2x^2 - x - 3}$ nicht.

87. a) $\displaystyle\lim_{x \to 2+0} \frac{x}{\sqrt{x^2-4}} = \lim_{x \to 2+0} \frac{x}{\sqrt{(x-2)(x+2)}}$ 3. binomische Formel

$\displaystyle= \lim_{\substack{h \to 0 \\ h>0}} \frac{2+h}{\sqrt{(2+h-2)(2+h+2)}}$ Übergang zur h-Methode

$\displaystyle= \lim_{\substack{h \to 0 \\ h>0}} \frac{2+h}{\sqrt{h \cdot (4+h)}} = \lim_{\substack{h \to 0 \\ h>0}} \sqrt{\frac{1}{h}} \cdot \frac{2+h}{\sqrt{4+h}}$ Zusammenfassen

$\displaystyle= \sqrt{\lim_{\substack{h \to 0 \\ h>0}} \frac{1}{h}} \cdot \frac{\lim_{\substack{h \to 0 \\ h>0}} (2+h)}{\sqrt{\lim_{\substack{h \to 0 \\ h>0}} (4+h)}}$ Anwenden der Grenzwertsätze

$\displaystyle= +\infty \cdot \frac{2}{\sqrt{4}} = +\infty$ tabellierte Grundtypen

b) $\displaystyle\lim_{x \to 2-0} \frac{2x-4}{\sqrt{2x}-2}$

$\displaystyle= \lim_{x \to 2-0} \frac{(2x-4)(\sqrt{2x}+2)}{(\sqrt{2x}-2)(\sqrt{2x}+2)}$ Erweitern mit $\sqrt{2x}+2$

$\displaystyle= \lim_{x \to 2-0} \frac{(2x-4)(\sqrt{2x}+2)}{2x-4}$ 3. binomische Formel im Nenner

$\displaystyle= \lim_{x \to 2-0} (\sqrt{2x}+2)$ Kürzen mit $2x-4$

$\displaystyle= \sqrt{2 \cdot 2}+2 = 4$

88. a) $\displaystyle\lim_{x \to 1+0} \ln\left(\frac{x+1}{x-1}\right) = \lim_{\substack{h \to 0 \\ h>0}} \ln\left(\frac{(1+h)+1}{(1+h)-1}\right)$ Übergang zur h-Methode

$\displaystyle= \lim_{\substack{h \to 0 \\ h>0}} \ln\left(\frac{1}{h} \cdot (2+h)\right)$ Zusammenfassen

Betrachten Sie zunächst das Argument des ln:

$\displaystyle\lim_{\substack{h \to 0 \\ h>0}} \left(\frac{1}{h} \cdot (2+h)\right) = \lim_{\substack{h \to 0 \\ h>0}} \left(\frac{1}{h}\right) \cdot \lim_{\substack{h \to 0 \\ h>0}} (2+h) = +\infty \cdot 2 = +\infty$

Weil die ln-Funktion gegen ∞ strebt, wenn ihr Argument gegen ∞ strebt, folgt:

$\displaystyle\lim_{x \to 1+0} \ln\left(\frac{x+1}{x-1}\right) = +\infty$

Der rechtsseitige Grenzwert existiert nicht.

b) $\displaystyle\lim_{\substack{x \to 1-0}} \ln\left(\frac{1}{1-x}\right) = \lim_{\substack{h \to 0 \\ h > 0}} \ln\left(\frac{1}{1-(1-h)}\right)$ Übergang zur h-Methode

$\displaystyle = \lim_{\substack{h \to 0 \\ h > 0}} \ln\left(\frac{1}{h}\right)$ Zusammenfassen

$= +\infty$ Die ln-Funktion strebt gegen $+\infty$, wenn ihr Argument gegen $+\infty$ strebt.

Der linksseitige Grenzwert existiert nicht.

89. a) $\displaystyle\lim_{x \to 1} \frac{1 - e^{2x-2}}{1 - e^{x-1}} = \lim_{x \to 1} \frac{1 - (e^{x-1})^2}{1 - e^{x-1}}$ 5. Potenzgesetz

$\displaystyle = \lim_{x \to 1} \frac{(1 - e^{x-1})(1 + e^{x-1})}{1 - e^{x-1}}$ 3. binomische Formel

$\displaystyle = \lim_{x \to 1} (1 + e^{x-1})$ Kürzen

$= 1 + e^0 = 1 + 1 = 2$

b) $\displaystyle\lim_{\substack{x \to 1 \pm 0}} e^{\frac{x}{1-x}} = \lim_{\substack{h \to 0 \\ h > 0}} e^{\frac{1 \pm h}{1-(1 \pm h)}}$ Übergang zur h-Methode

$\displaystyle = \lim_{\substack{h \to 0 \\ h > 0}} e^{\frac{1 \pm h}{\mp h}} = \lim_{\substack{h \to 0 \\ h > 0}} e^{\mp \frac{1}{h} - 1} = \lim_{\substack{h \to 0 \\ h > 0}} e^{\mp \frac{1}{h}} \cdot e^{-1}$ Zusammenfassen, Umformen mit dem 1. und 2. Potenzgesetz

$\displaystyle = \lim_{\substack{h \to 0 \\ h > 0}} e^{-1} \cdot \lim_{\substack{h \to 0 \\ h > 0}} e^{\mp \frac{1}{h}}$ Anwenden der Grenzwertsätze

$= \begin{cases} e^{-1} \cdot 0 = 0, & \text{weil } e^{-\infty} = 0 \\ e^{-1} \cdot \infty = \infty, & \text{weil } e^{+\infty} = +\infty \end{cases}$ tabellierte Grundtypen

Nur der rechtsseitige Grenzwert existiert; daher existiert $\displaystyle\lim_{x \to 1} e^{\frac{x}{1-x}}$ nicht.

90. Sie müssen zeigen, dass die Differenz aus Funktions- und Geradenterm für $x \to -\infty$ jeweils gegen 0 strebt.

a) $\displaystyle\lim_{x \to -\infty} \left(\frac{e^x - x^2}{x} - (-x)\right)$

$\displaystyle = \lim_{x \to -\infty} \left(\frac{e^x - x^2}{x} + \frac{x^2}{x}\right)$ Auf Hauptnenner bringen.

$\displaystyle = \lim_{x \to -\infty} \left(\frac{e^x}{x}\right) = 0$ Zusammenfassen; tabellierte Grenzwerte

b) $\lim\limits_{x \to -\infty} (|x-2| + xe^x - (-x+2))$

$= \lim\limits_{x \to -\infty} (-x+2+xe^x+x-2)$ Für $x \to -\infty$ ist $x-2 < 0$ und daher $|x-2| = -(x-2) = -x+2$.

$= \lim\limits_{x \to -\infty} (xe^x) = 0$ Zusammenfassen; tabellierte Grenzwerte

91. a)   Es gilt:

$$\lim\limits_{x \to +\infty} \frac{e^x+1}{2e^x-1}$$

$= \lim\limits_{x \to +\infty} \dfrac{1+\frac{1}{e^x}}{2-\frac{1}{e^x}}$ Zähler und Nenner durch e^x dividieren.

$= \dfrac{\lim\limits_{x \to +\infty} 1 + \lim\limits_{x \to +\infty} \frac{1}{e^x}}{\lim\limits_{x \to +\infty} 2 - \lim\limits_{x \to +\infty} \frac{1}{e^x}} = \dfrac{1}{2}$ Grenzwertsätze; tabellierte Grenzwerte

$$\lim\limits_{x \to -\infty} \frac{e^x+1}{2e^x-1}$$

$= \dfrac{\lim\limits_{x \to -\infty} e^x + \lim\limits_{x \to -\infty} 1}{\lim\limits_{x \to -\infty} 2 \cdot \lim\limits_{x \to -\infty} e^x - \lim\limits_{x \to -\infty} 1}$ Grenzwertsätze

$= \dfrac{0+1}{0-1} = -1$ tabellierte Grenzwerte

Daher besitzt f für $x \to +\infty$ die Gerade mit der Gleichung $y = 0{,}5$ und für $x \to -\infty$ die Gerade mit der Gleichung $y = -1$ als horizontale Asymptoten.

b)   Wegen

$$\lim\limits_{x \to \pm\infty} \frac{4-2x^2}{x^2+4} = \lim\limits_{x \to \pm\infty} \frac{\frac{4}{x^2}-2}{1+\frac{4}{x^2}} = \frac{-2}{1} = -2$$

besitzt f für $x \to +\infty$ und $x \to -\infty$ die Gerade mit der Gleichung $y = -2$ als horizontale Asymptote.

92. f ist bei $-\infty$, $+\infty$, -1 und 0 zu untersuchen.

Verhalten im Unendlichen:

Es gilt:

$$\lim\limits_{x \to \pm\infty} \frac{1+x}{x} = \lim\limits_{x \to \pm\infty} \left(\frac{1}{x}+1\right) = 1 \quad \Rightarrow \quad \lim\limits_{x \to \pm\infty} \ln\left(\frac{1+x}{x}\right) = \ln 1 = 0$$

f besitzt für $x \to +\infty$ und $x \to -\infty$ die x-Achse mit der Gleichung $y = 0$ als horizontale Asymptote.

Verhalten an der Stelle –1:

$$\lim_{\substack{x \to -1-0}} \ln\frac{1+x}{x} = \lim_{\substack{h \to 0 \\ h>0}} \ln\frac{1+(-1-h)}{-1-h} = \lim_{\substack{h \to 0 \\ h>0}} \ln\frac{-h}{-1-h} = \lim_{\substack{h \to 0 \\ h>0}} \ln\underbrace{\frac{h}{1+h}}_{\to 0} = -\infty$$

f besitzt eine vertikale Asymptote mit der Gleichung $x = -1$.

Verhalten an der Stelle 0:

$$\lim_{\substack{x \to 0+0}} \ln\frac{1+x}{x} = \lim_{\substack{x \to 0+0}} \ln(\underbrace{\frac{1}{x}}_{\to +\infty}+1) = +\infty$$

f besitzt die y-Achse mit der Gleichung $x = 0$ als vertikale Asymptote.

93. Vertikale Asymptoten gibt es an den Definitionslücken oder an den endlichen Rändern der Definitionsmenge, wenn der Funktionswert bei Annäherung der Argumente an diese Stellen gegen $+\infty$ oder $-\infty$ strebt.

a) $$L = \lim_{\substack{x \to 1-0}} e^{\frac{x}{1-x}} = \lim_{\substack{h \to 0 \\ h>0}} e^{\frac{1-h}{1-(1-h)}} = \lim_{\substack{h \to 0 \\ h>0}} e^{\overbrace{\frac{1-h}{h}}^{\to +\infty}} = +\infty$$

$$R = \lim_{\substack{x \to 1+0}} e^{\frac{x}{1-x}} = \lim_{\substack{h \to 0 \\ h>0}} e^{\frac{1+h}{1-(1+h)}} = \lim_{\substack{h \to 0 \\ h>0}} e^{\overbrace{\frac{1+h}{-h}}^{\to -\infty}} = 0$$

f besitzt die Gerade $x = 1$ als vertikale Asymptote.

b) Wegen

$$\lim_{\substack{x \to -1-0}} \frac{x+1}{x-1} = 0 \quad \text{und} \quad \lim_{\substack{x \to 1+0}} \frac{x+1}{x-1} = \lim_{\substack{h \to 0 \\ h>0}} \frac{1+h+1}{1+h-1} = \lim_{\substack{h \to 0 \\ h>0}} \frac{2+h}{h} = +\infty$$

einerseits und

$$\lim_{\substack{x \to 0+0}} \ln x = -\infty \quad \text{und} \quad \lim_{\substack{x \to \infty}} \ln x = +\infty$$

andererseits gilt:

$$\lim_{\substack{x \to -1-0}} f(x) = \lim_{\substack{x \to -1-0}} \left(-2 + \ln\frac{x+1}{x-1}\right) = -2 - \infty = -\infty$$

$$\lim_{\substack{x \to 1+0}} f(x) = \lim_{\substack{x \to 1+0}} \left(-2 + \ln\frac{x+1}{x-1}\right) = -2 + \infty = +\infty$$

f besitzt daher die Geraden $x = -1$ und $x = +1$ als vertikale Asymptoten.

94. Bei beiden Funktionen dieser Aufgabe ist der Grad des Zählerpolynoms genau um 1 größer als der Grad des Nennerpolynoms. Sie besitzen daher beide für $x \to \pm\infty$ eine schräge Asymptote.

a) Die Gleichung der schrägen Asymptote lautet $y = -x + 4$, weil

$$\lim_{x \to \pm\infty} \left(f(x) - (-x+4)\right) = \lim_{x \to \pm\infty} \frac{-4}{x^2 - 2x + 1} = 0.$$

Wegen $f(x) - (-x+4) = \dfrac{\overset{<0}{\overbrace{-4}}}{\underset{>0}{\underbrace{x^2 - 2x + 1}}} < 0$ verläuft der Funktionsgraph stets

unter der schrägen Asymptote.

b) Die Gleichung der schrägen Asymptote lautet $y = \frac{1}{2}x + 1$, weil

$$\lim_{x \to \pm\infty} \left(f(x) - \left(\tfrac{1}{2}x + 1\right)\right) = \lim_{x \to \pm\infty} \frac{-3}{-2x + 4} = 0.$$

Wegen $f(x) - \left(\tfrac{1}{2}x + 1\right) = \dfrac{-3}{-2x+4} \begin{cases} > 0 \text{ für } x > 2 \\ < 0 \text{ für } x < 2 \end{cases}$ verläuft der Funktionsgraph für $x > 2$ über und für $x < 2$ unter der Asymptote.

95. Da $x = 1$ vertikale Asymptote ist, muss bei allen Funktionen der Linearfaktor $(x - 1)$ im Nenner stehen. Mögliche Lösungen sind dann:

a) $f(x) = 2x - 1 + \dfrac{1}{x-1}$, weil dann $y = 2x - 1$ schräge Asymptote ist.

b) $f(x) = \dfrac{2x+1}{x-1}$, weil Zähler- und Nennergrad gleich sind und der Quotient der höchsten x-Potenz im Zähler und Nenner 2 ergeben muss, damit $y = 2$ horizontale Asymptote ist.

c) $f(x) = \dfrac{x+1}{(x-1)^2}$, weil der Zählergrad kleiner als der Nennergrad sein muss, damit $y = 0$ horizontale Asymptote ist.

96. $f'_L(1) = \lim_{\substack{h \to 0 \\ h > 0}} \dfrac{|1-h-1| - |1-1|}{-h}$ Linksseitiger Differenzialquotient mit h-Methode

$$= \lim_{\substack{h \to 0 \\ h > 0}} \frac{|-h|}{-h} \qquad\qquad \text{Algebraisch vereinfachen}$$

$$= \lim_{\substack{h \to 0 \\ h > 0}} \frac{h}{-h} = -1 \qquad\qquad h > 0 \; \Rightarrow \; |-h| = h; \text{ mit h kürzen.}$$

$$f'_R(1) = \lim_{\substack{h \to 0 \\ h > 0}} \frac{|1 + h - 1| - |1 - 1|}{h}$$

Rechtsseitiger Differenzialquotient mit h-Methode

$$= \lim_{\substack{h \to 0 \\ h > 0}} \frac{|h|}{h}$$

Algebraisch vereinfachen

$$= \lim_{\substack{h \to 0 \\ h > 0}} \frac{h}{h} = 1$$

$h > 0 \ \Rightarrow \ |h| = h;$ mit h kürzen.

Links- und rechtsseitiger Differenzialquotient existieren zwar, stimmen aber nicht überein. Daher ist f an der Stelle $x_0 = 1$ nicht differenzierbar.

97. $$f'_L(0) = \lim_{\substack{h \to 0 \\ h > 0}} \frac{f(0 - h) - f(0)}{-h}$$

Linksseitiger Differenzialquotient mit h-Methode

$$= \lim_{\substack{h \to 0 \\ h > 0}} \frac{\frac{0 - h}{0 - h - 1} - 0}{-h}$$

Einsetzen in den Term $\frac{x}{x - 1}$. Beachten Sie, dass $f(0) = -0 = 0$.

$$= \lim_{\substack{h \to 0 \\ h > 0}} \frac{\frac{-1}{-h - 1}}{-1}$$

Algebraisch vereinfachen, mit h kürzen.

$$= \lim_{\substack{h \to 0 \\ h > 0}} -\frac{1}{h + 1} = -1$$

Algebraisch vereinfachen; Grenzübergang durch Einsetzen von $h = 0$

$$f'_R(0) = \lim_{\substack{h \to 0 \\ h > 0}} \frac{f(0 + h) - f(0)}{h}$$

Rechtsseitiger Differenzialquotient mit h-Methode

$$= \lim_{\substack{h \to 0 \\ h > 0}} \frac{-(0 + h) - (-0)}{h}$$

Einsetzen in den Term $-x$

$$= \lim_{\substack{h \to 0 \\ h > 0}} \frac{-h}{h} = -1$$

Mit h kürzen.

Links- und rechtsseitiger Differenzialquotient existieren und stimmen überein. f ist an der Stelle $x_0 = 0$ differenzierbar.

98. Schritt 1: $$\lim_{x \to \frac{2}{3} - 0} f(x) = \lim_{x \to \frac{2}{3} - 0} \left(-x^2 + 3x - \frac{2}{3}\right) = -\left(\frac{2}{3}\right)^2 + 3 \cdot \frac{2}{3} - \frac{2}{3} = \frac{8}{9}$$

$$\lim_{x \to \frac{2}{3} + 0} f(x) = \lim_{x \to \frac{2}{3} + 0} \left(2x^2 - x + \frac{2}{3}\right) = 2\left(\frac{2}{3}\right)^2 - \frac{2}{3} + \frac{2}{3} = \frac{8}{9}$$

$$\Rightarrow \quad \lim_{x \to \frac{2}{3} - 0} f(x) = f\left(\frac{2}{3}\right) = \lim_{x \to \frac{2}{3} + 0} f(x)$$

Schritt 2: $f_L'(x_0) = -2x_0 + 3 \quad \Rightarrow \quad f_L'\left(\frac{2}{3}\right) = -2 \cdot \frac{2}{3} + 3 = \frac{5}{3}$

$f_R'(x_0) = 4x_0 - 1 \quad \Rightarrow \quad f_R'\left(\frac{2}{3}\right) = 4 \cdot \frac{2}{3} - 1 = \frac{5}{3}$

Schritt 3: Es gilt: $f_L'\left(\frac{2}{3}\right) = \frac{5}{3} = f_R'\left(\frac{2}{3}\right)$

f ist an der Stelle $x_0 = \frac{2}{3}$ differenzierbar.

99. Schritt 1: $\lim_{x \to 0-0} f(x) = \lim_{x \to 0-0} (2x - 1) = -1$

$\lim_{x \to 0+0} f(x) = \lim_{x \to 0+0} (2x + 1) = 1$

$\Rightarrow \quad \lim_{x \to 0-0} f(x) \neq \lim_{x \to 0+0} f(x)$

f weist an der Stelle $x_0 = 0$ eine Sprungstelle auf und ist daher nicht differenzierbar, obwohl $f_L'(0) = 2 = f_R'(0)$.

100. Schritt 1: $\lim_{x \to 0-0} f(x) = \lim_{x \to 0-0} x = 0$

$\lim_{x \to 0+0} f(x) = \lim_{x \to 0+0} \sin x = \sin 0 = 0$

$\Rightarrow \quad \lim_{x \to 0-0} f(x) = f(0) = \lim_{x \to 0+0} f(x)$

Schritt 2: $f_L'(x_0) = 1 \qquad \Rightarrow \quad f_L'(0) = 1$

$f_R'(x_0) = \cos x_0 \quad \Rightarrow \quad f_R'(0) = \cos 0 = 1$

Schritt 3: Es gilt: $f_L'(0) = 1 = f_R'(0)$

f ist an der Stelle $x_0 = 0$ differenzierbar.

101. Schritt 1: $\lim_{x \to 0-0} f(x) = \lim_{x \to 0-0} e^x = e^0 = 1$

$\lim_{x \to 0+0} f(x) = \lim_{x \to 0+0} (2x + 1) = 1$

$\Rightarrow \quad \lim_{x \to 0-0} f(x) = f(0) = \lim_{x \to 0+0} f(x)$

Schritt 2: $f_L'(x_0) = e^{x_0} \quad \Rightarrow \quad f_L'(0) = e^0 = 1$

$f_R'(x_0) = 2 \qquad \Rightarrow \quad f_R'(0) = 2$

Schritt 3: Es gilt: $f_L'(0) \neq f_R'(0)$

f ist an der Stelle $x_0 = 0$ nicht differenzierbar.

102. Die Funktionen
$u(x) = -|x|, x \in \mathbb{R}$ und $v(x) = |x|, x \in \mathbb{R}$
sind an der Stelle $x_0 = 0$ nicht differenzierbar, da ihre Graphen dort jeweils einen „Knick" aufweisen.
Ihr Produkt
$p(x) = u(x) \cdot v(x)$
$= -|x| \cdot |x| = -|x|^2 = -x^2$
ist bei $x_0 = 0$ aber differenzierbar, da der zugehörige Graph die an der x-Achse gespiegelte Normalparabel ist.

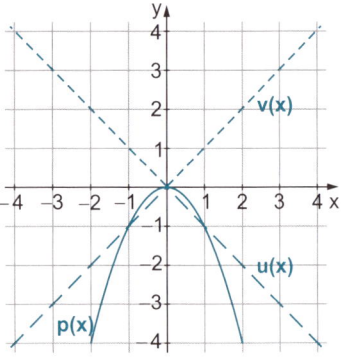

103. $f(x) = x \cdot |x| = \begin{cases} x^2, & x \geq 0 \\ -x^2, & x < 0 \end{cases}$

ist an der Stelle $x_0 = 0$ differenzierbar, da der Graph aus der Normalparabel und deren Spiegelbild an der x-Achse so zusammengesetzt ist, dass an der „Nahtstelle" weder eine Lücke noch ein Knick auftritt.
$g(x) = |x|, x \in \mathbb{R}$ ist an der Stelle $x_0 = 0$ nicht differenzierbar, da der zugehörige Graph dort einen „Knick" aufweist.
Das Produkt der beiden Funktionen
$p(x) = f(x) \cdot g(x) = x \cdot |x| \cdot |x| = x \cdot x^2 = x^3$
ist als Polynom 3. Grades bei $x_0 = 0$ differenzierbar.

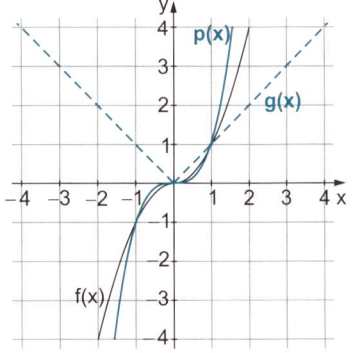

104. a) Summen- und Differenzregel: $f'(x_0) = 9x_0^2 - 4$

b) Kettenregel: $f'(x_0) = \underbrace{3(x_0^2 - x_0^4)^2}_{\text{äußere Ableitung}} \cdot \underbrace{(2x_0 - 4x_0^3)}_{\text{innere Ableitung}}$

c) Ausmultiplizieren der Klammern führt auf den einfacheren Term:
$f(x) = (x^5 + x^4)(x^2 - x) = x^7 - x^5$
Differenzregel: $f'(x_0) = 7x_0^6 - 5x_0^4$

105. a) Die Darstellung mit negativen Exponenten vereinfacht den Term:
$f(x) = x^{-3} - x^{-2}$
Differenzregel: $f'(x_0) = -3x_0^{-4} + 2x_0^{-3}$

b) Quotientenregel: $f'(x_0) = \dfrac{\overbrace{(x_0^2 + 3x_0 + 1)}^{\text{Nenner}} \cdot \overbrace{3x_0^2}^{\substack{\text{Ableitung} \\ \text{Zähler}}} - \overbrace{(x_0^3 - 1)}^{\text{Zähler}} \cdot \overbrace{(2x_0 + 3)}^{\substack{\text{Ableitung} \\ \text{Nenner}}}}{\underbrace{(x_0^2 + 3x_0 + 1)^2}_{\text{Nenner im Quadrat}}}$

106. a) Kettenregel: $f'(x_0) = \underbrace{\dfrac{1}{2\sqrt{2x_0^2 + 3x_0^4}}}_{\text{äußere Ableitung}} \cdot \underbrace{(4x_0 + 12x_0^3)}_{\text{innere Ableitung}}$

b) Übergang zur Potenzschreibweise führt auf einfacheren Funktionsterm:

$f(x) = \dfrac{1}{\sqrt{x-2}} = (x-2)^{-0,5}$

Kettenregel: $f'(x_0) = \underbrace{-0,5(x_0 - 2)^{-1,5}}_{\text{äußere Ableitung}} \cdot \underbrace{1}_{\substack{\text{innere} \\ \text{Ableitung}}}$

c) Übergang zur Potenzschreibweise führt auf einfacheren Funktionsterm:

$f(x) = \sqrt[7]{(2x-1)^6} = (2x-1)^{\frac{6}{7}}$

Kettenregel: $f'(x_0) = \underbrace{\dfrac{6}{7}(2x_0 - 1)^{-\frac{1}{7}}}_{\text{äußere Ableitung}} \cdot \underbrace{2}_{\substack{\text{innere} \\ \text{Ableitung}}}$

107. a) Kettenregel: $f'(x_0) = \underbrace{4\cos(2x_0 - 3)}_{\text{äußere Ableitung}} \cdot \underbrace{2}_{\substack{\text{innere} \\ \text{Ableitung}}}$

b) Quotienten- und Kettenregel:

$f'(x_0) = \dfrac{\overbrace{\cos(2x_0 - \frac{\pi}{2})}^{\text{Nenner}} \cdot \overbrace{\cos(3x_0 + \frac{\pi}{3}) \cdot 3}^{\text{Ableitung Zähler}} - \overbrace{\sin(3x_0 + \frac{\pi}{3})}^{\text{Zähler}} \cdot \overbrace{(-\sin(2x_0 - \frac{\pi}{2}) \cdot 2)}^{\text{Ableitung Nenner}}}{\underbrace{\cos^2(2x_0 - \frac{\pi}{2})}_{\text{Nenner im Quadrat}}}$

c) Verwendung von $\sin^2\beta + \cos^2\beta = 1$ führt auf $f(x) = 1$ und daher: $f'(x_0) = 0$

d) Produkt- und Kettenregel:

$f'(x_0) = \underbrace{\cos x_0}_{\text{Ableitung 1. Faktor}} \cdot \underbrace{\cos(2x_0)}_{\text{2. Faktor}} + \underbrace{\sin x_0}_{\text{1. Faktor}} \cdot \underbrace{(-\sin(2x_0)) \cdot 2}_{\text{Ableitung 2. Faktor}}$

e) Kettenregel: $f'(x_0) = \underbrace{\dfrac{1}{2\sqrt{1 - \sin x_0}}}_{\text{äußere Ableitung}} \cdot \underbrace{(-\cos x_0)}_{\text{innere Ableitung}}$

108. a) Ketten- und Summenregel: $f'(x_0) = \underbrace{\overbrace{e^{3x_0}}^{\text{äußere Ableitung}} \cdot \overbrace{3}^{\text{innere Ableitung}}}_{\text{Ableitung 1. Summand}} + \underbrace{0}_{\substack{\text{Ableitung} \\ \text{2. Summand}}}$

b) Kettenregel: $f'(x_0) = 3 \cdot \underbrace{e^{3x_0+2}}_{\substack{\text{äußere} \\ \text{Ableitung}}} \cdot \underbrace{3}_{\substack{\text{innere} \\ \text{Ableitung}}}$

c) Kettenregel: $f'(x_0) = \underbrace{2e^{x_0}}_{\substack{\text{äußere} \\ \text{Ableitung}}} \cdot \underbrace{e^{x_0}}_{\substack{\text{innere} \\ \text{Ableitung}}}$

d) Kettenregel: $f'(x_0) = \underbrace{e^{x_0^2}}_{\substack{\text{äußere} \\ \text{Ableitung}}} \cdot \underbrace{2x_0}_{\substack{\text{innere} \\ \text{Ableitung}}}$

e) Quotientenregel: $f'(x_0) = \dfrac{\overbrace{x_0}^{\text{Nenner}} \cdot \overbrace{e^{x_0}}^{\substack{\text{Ableitung} \\ \text{Zähler}}} - \overbrace{e^{x_0}}^{\text{Zähler}} \cdot \overbrace{1}^{\substack{\text{Ableitung} \\ \text{Nenner}}}}{\underbrace{x_0^2}_{\text{Nenner im Quadrat}}}$

f) Kettenregel: $f'(x_0) = \underbrace{\dfrac{1}{2\sqrt{e^{x_0}}}}_{\substack{\text{äußere} \\ \text{Ableitung}}} \cdot \underbrace{e^{x_0}}_{\substack{\text{innere} \\ \text{Ableitung}}}$

g) Differenz- und Kettenregel: $f'(x_0) = \underbrace{0}_{\substack{\text{Ableitung} \\ \text{Minuend}}} - \underbrace{\overbrace{e^{-\sqrt{x_0}}}^{\substack{\text{äußere} \\ \text{Ableitung}}} \cdot \overbrace{\dfrac{-1}{2\sqrt{x_0}}}^{\substack{\text{innere} \\ \text{Ableitung}}}}_{\text{Ableitung Subtrahend}}$

h) Quotienten- und Differenzregel: $f'(x_0) = \dfrac{\overbrace{(1-e^{x_0})}^{\text{Nenner}} \cdot \overbrace{e^{x_0}}^{\substack{\text{Ableitung} \\ \text{Zähler}}} - \overbrace{e^{x_0}}^{\text{Zähler}} \cdot \overbrace{(-e^{x_0})}^{\substack{\text{Ableitung} \\ \text{Nenner}}}}{\underbrace{(1-e^{x_0})^2}_{\text{Nenner im Quadrat}}}$

i) Produktregel: $f'(x_0) = \underbrace{-4x_0}_{\text{Ableitung 1. Faktor}} \cdot \underbrace{e^{x_0^2}}_{\text{2. Faktor}} + \underbrace{(-2x_0^2)}_{\text{1. Faktor}} \cdot \underbrace{e^{x_0^2} \cdot 2x_0}_{\text{Ableitung 2. Faktor}}$

j) Algebraische Vereinfachung führt auf den einfacheren Funktionsterm:

$f(x) = (1+e^x)^2 (1-e^x)^2$

$\quad = [(1+e^x)(1-e^x)]^2$ Potenzgesetz

$\quad = (1-e^{2x})^2$ 3. binomische Formel

$\quad = 1 - 2e^{2x} + e^{4x}$ 2. binomische Formel

Summen- und Kettenregel: $f'(x_0) = 0 - 2e^{2x_0} \cdot 2 + e^{4x_0} \cdot 4$

109. a) Differenz- und Kettenregel:

$$f'(x_0) = \underbrace{\overbrace{\frac{1}{2\sqrt{\ln x_0}}}^{\text{Ableitung Minuend}} \cdot \underbrace{\frac{1}{x_0}}_{\substack{\text{innere}\\\text{Ableitung}}}}_{\substack{\text{äußere}\\\text{Ableitung}}} - \overbrace{\underbrace{\frac{1}{\sqrt{x_0}}}_{\substack{\text{äußere}\\\text{Ableitung}}} \cdot \underbrace{\frac{1}{2\sqrt{x_0}}}_{\substack{\text{innere}\\\text{Ableitung}}}}^{\text{Ableitung Subtrahend}}$$

b) Differenz-, Ketten- und Produktregel:

$$f'(x_0) = \overbrace{\underbrace{2\ln x_0}_{\substack{\text{äußere}\\\text{Ableitung}}} \cdot \underbrace{\frac{1}{x_0}}_{\substack{\text{innere}\\\text{Ableitung}}}}^{\text{Ableitung Minuend}} - (\;\overbrace{\underbrace{1}_{\substack{\text{Ableitung}\\\text{1. Faktor}}} \cdot \underbrace{\ln x_0}_{\text{2. Faktor}} + \underbrace{x_0}_{\text{1. Faktor}} \cdot \underbrace{\frac{1}{x_0}}_{\substack{\text{Ableitung}\\\text{2. Faktor}}}}^{\text{Ableitung Subtrahend}}\;)$$

c) Quotientenregel:

$$f'(x_0) = \frac{\overbrace{x_0}^{\text{Nenner}} \cdot \overbrace{\frac{1}{x_0}}^{\substack{\text{Ableitung}\\\text{Zähler}}} - \overbrace{\ln x_0}^{\text{Zähler}} \cdot \overbrace{1}^{\substack{\text{Ableitung}\\\text{Nenner}}}}{\underbrace{x_0^2}_{\text{Nenner im Quadrat}}}$$

d) Durch algebraische Umformung des Funktionsterms verringert sich der Rechenaufwand beim Ableiten:

$$f(x) = \ln\frac{1}{x} = \ln 1 - \ln x = -\ln x$$

$$f'(x_0) = -\frac{1}{x_0}$$

e) Zweimaliges Anwenden der Kettenregel von außen nach innen:

$$f'(x_0) = \underbrace{\frac{1}{\ln\sqrt{x_0}}}_{\substack{\text{Ableitung von }\ln x\\\text{an der Stelle }\ln\sqrt{x_0}}} \cdot \underbrace{\frac{1}{\sqrt{x_0}}}_{\substack{\text{Ableitung von }\ln x\\\text{an der Stelle }\sqrt{x_0}}} \cdot \underbrace{\frac{1}{2\cdot\sqrt{x_0}}}_{\substack{\text{Ableitung von }\sqrt{x}\\\text{an der Stelle }x_0}}$$

f)
$$f(x) = 2\ln\left(\frac{1}{x}\right)^2 = 2\ln\left|\frac{1}{x}\right|^2 \qquad \text{Algebraische Umformung}$$

$$= 4(\ln 1 - \ln|x|) = -4\ln|x| \qquad \text{Logarithmusgesetze}$$

$$= \begin{cases} -4\ln x, & \text{falls } x > 0 \\ -4\ln(-x), & \text{falls } x < 0 \end{cases} \qquad \text{Auflösen des Betrags}$$

$$f'(x_0) = \begin{cases} -4\cdot\frac{1}{x_0}, & \text{falls } x_0 > 0 \\ -4\cdot\frac{1}{-x_0}(-1), & \text{falls } x_0 < 0 \end{cases} \qquad \text{Ableitung}$$

$$f'(x_0) = -\frac{4}{x_0} \quad (x_0 \neq 0)$$

g) Zweimaliges Anwenden der Kettenregel von außen nach innen:

$$f'(x_0) = \underbrace{\frac{1}{2\sqrt{\ln(x_0^2+1)}}}_{\substack{\text{Ableitung von }\sqrt{x}\\\text{an der Stelle }\ln(x_0^2+1)}} \cdot \underbrace{\frac{1}{x_0^2+1}}_{\substack{\text{Ableitung von }\ln x\\\text{an der Stelle }x_0^2+1}} \cdot \underbrace{2x_0}_{\substack{\text{Ableitung von }x^2+1\\\text{an der Stelle }x_0}}$$

110. a) $f'(x) = \dfrac{(2x-1)^2 \cdot 5 - 5x \cdot 2 \cdot (2x-1) \cdot 2}{(2x-1)^4}$ Quotientenregel

$\qquad = \dfrac{(2x-1) \cdot 5 - 20x}{(2x-1)^3} = \dfrac{-10x-5}{(2x-1)^3}$

$\quad f''(x) = \dfrac{(2x-1)^3 \cdot (-10) - (-10x-5) \cdot 3 \cdot (2x-1)^2 \cdot 2}{(2x-1)^6}$ Nochmaliges Anwenden der Quotientenregel

$\qquad = \dfrac{(2x-1) \cdot (-10) - (-10x-5) \cdot 3 \cdot 2}{(2x-1)^4} = \dfrac{40x+40}{(2x-1)^4}$

b) $f'(x) = \underbrace{\dfrac{1}{\frac{1}{(1-e^x)^2}} \cdot \dfrac{(1-e^x)^2 \cdot 0 - 1 \cdot 2 \cdot (1-e^x) \cdot (-e^x)}{(1-e^x)^4}}_{\text{Ableitung von } \frac{1}{(1-e^x)^2} \text{ mit Quotientenregel}}$ Ketten- und Quotientenregel

$\qquad = \dfrac{2e^x(1-e^x)}{(1-e^x)^2} = \dfrac{2e^x}{1-e^x}$

$\quad f''(x) = \dfrac{(1-e^x) \cdot 2e^x - 2e^x(-e^x)}{(1-e^x)^2} = \dfrac{2e^x}{(1-e^x)^2}$ Quotientenregel

c) $f'(x) = \underbrace{2 \cdot (2\ln x - 1)}_{\text{äußere Ableitung}} \cdot \underbrace{2 \cdot \frac{1}{x}}_{\text{innere Ableitung}} = \dfrac{4}{x}(2\ln x - 1)$ Kettenregel

$\quad f''(x) = \underbrace{\dfrac{-4}{x^2}}_{\substack{\text{Ableitung} \\ \text{1. Faktor}}} \cdot \underbrace{(2\ln x - 1)}_{\text{2. Faktor}} + \underbrace{\dfrac{4}{x}}_{\text{1. Faktor}} \cdot \underbrace{\dfrac{2}{x}}_{\substack{\text{Ableitung} \\ \text{2. Faktor}}}$ Produktregel

$\qquad = \dfrac{4}{x^2}(-2\ln x + 1 + 2) = \dfrac{4}{x^2}(3 - 2\ln x)$

d) $f'(x) = \underbrace{\dfrac{1}{\frac{1+x^2}{1-x^2}}}_{\substack{\text{Ableitung von } \ln x \text{ an} \\ \text{der Stelle } \frac{1+x^2}{1-x^2}}} \cdot \underbrace{\dfrac{(1-x^2) \cdot 2x - (1+x^2) \cdot (-2x)}{(1-x^2)^2}}_{\text{Ableitung von } \frac{1+x^2}{1-x^2} \text{ mit Quotientenregel}}$ Kettenregel

$\qquad = \dfrac{4x}{(1+x^2)(1-x^2)} = \dfrac{4x}{1-x^4}$ 3. binomische Formel

$\quad f''(x) = \dfrac{(1-x^4) \cdot 4 - 4x \cdot (-4x^3)}{(1-x^4)^2} = \dfrac{4+12x^4}{(1-x^4)^2}$ Quotientenregel

111. a) Mithilfe der tabellierten Differenzialquotienten finden Sie zunächst:

$f(x) \quad = \sin x$

$f^{(1)}(x) = \cos x$

$f^{(2)}(x) = -\sin x$

$f^{(3)}(x) = -\cos x$

$f^{(4)}(x) = -(-\sin x) = \sin x$

Hieraus können Sie erkennen:

$f^{(4)} = f,\ f^{(5)} = f^{(1)},\ f^{(6)} = f^{(2)},\ f^{(7)} = f^{(3)},\ f^{(8)} = f$

Folgende Vermutung lässt sich daher aufstellen:

$$f^{(n)}(x) = \begin{cases} \sin x, & \text{wenn } n = 4k \\ \cos x & \text{wenn } n = 4k+1 \\ -\sin x & \text{wenn } n = 4k+2 \\ -\cos x & \text{wenn } n = 4k+3 \end{cases} \quad (k \in \mathbb{N})$$

b) $f'(x) = \underbrace{1}_{\substack{\text{Ableitung} \\ \text{1. Faktor}}} \cdot \underbrace{e^x}_{\text{2. Faktor}} + \underbrace{x}_{\text{1. Faktor}} \cdot \underbrace{e^x}_{\substack{\text{Ableitung} \\ \text{2. Faktor}}}$ ⟶ Produktregel

$\qquad = (x+1) \cdot e^x$ ⟶ e^x ausklammern

$f''(x) = \underbrace{1}_{\substack{\text{Ableitung} \\ \text{1. Faktor}}} \cdot \underbrace{e^x}_{\text{2. Faktor}} + \underbrace{(x+1)}_{\text{1. Faktor}} \cdot \underbrace{e^x}_{\substack{\text{Ableitung} \\ \text{2. Faktor}}}$ ⟶ Produktregel

$\qquad = (x+2) \cdot e^x$ ⟶ e^x ausklammern

$f'''(x) = \underbrace{1}_{\substack{\text{Ableitung} \\ \text{1. Faktor}}} \cdot \underbrace{e^x}_{\text{2. Faktor}} + \underbrace{(x+2)}_{\text{1. Faktor}} \cdot \underbrace{e^x}_{\substack{\text{Ableitung} \\ \text{2. Faktor}}}$ ⟶ Produktregel

$\qquad = (x+3) \cdot e^x$ ⟶ e^x ausklammern

Eine Formel zur Berechnung von $f^{(n)}(x)$ lautet daher vermutlich:

$f^{(n)}(x) = (x+n) \cdot e^x$

112. $f'(x) = \dfrac{(x-1) \cdot (e^x - 1) - (e^x - x) \cdot 1}{(x-1)^2}$ ⟶ 1. Ableitung mit der Quotientenregel

$\qquad = \dfrac{x e^x - 2 e^x + 1}{(x-1)^2}$

$f(0) = \dfrac{e^0 - 0}{0 - 1} = -1$ ⟶ Einsetzen von $x_B = 0$ in $f(x)$ und $f'(x)$

$f'(0) = \dfrac{0 \cdot e^0 - 2 e^0 + 1}{(0-1)^2} = -1$

$t(x) = f'(x_B) \cdot (x - x_B) + f(x_B)$ ⟶ Einsetzen in die Tangentenformel

$\qquad = (-1)(x - 0) + (-1) = -x - 1$

$n(x) = -\dfrac{1}{f'(x_B)} \cdot (x - x_B) + f(x_B)$ ⟶ Einsetzen in die Normalenformel

$\qquad = -\dfrac{1}{-1} \cdot (x - 0) + (-1) = x - 1$

Die beiden Geraden haben eine Steigung vom Betrag 1 und schneiden die x-Achse an den Stellen $x_1 = -1$ bzw. $x_2 = 1$. Daher besitzt das von t, n und der x-Achse eingeschlossene Dreieck den Flächeninhalt 1.

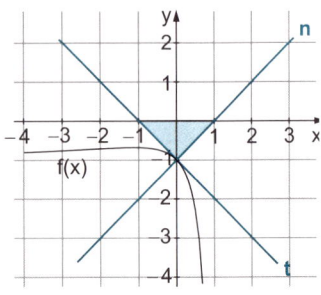

113. $f'(x) = \dfrac{(4x+2) \cdot 3 - 3x \cdot 4}{(4x+2)^2} = \dfrac{6}{(4x+2)^2}$

1. Ableitung mit der Quotientenregel

$\dfrac{6}{(4x_B+2)^2} = \dfrac{1}{6}$

Gleichsetzen von Tangentensteigung $f'(x_B)$ im Punkt B und der Steigung einer zu $y + 6x - 4 = 0$ senkrechten Geraden $\left(m = \dfrac{1}{6}\right)$

$(4x_B+2)^2 = 36$

Multiplizieren mit dem Hauptnenner $6 \cdot (4x_B+2)^2$ auf beiden Gleichungsseiten

$|4x_B+2| = 6 \;\Rightarrow\; 4x_B+2 = \pm 6$

$x_{B_1} = -2; \; x_{B_2} = 1$

Radizieren und Auflösen nach x_B

Es gibt also genau zwei Tangenten mit den geforderten Eigenschaften. Sie berühren G_f in den Punkten $B_1(-2\,|\,f(-2)) = B_1(-2\,|\,1)$ und $B_2(1\,|\,f(1)) = B_2(1\,|\,0{,}5)$.

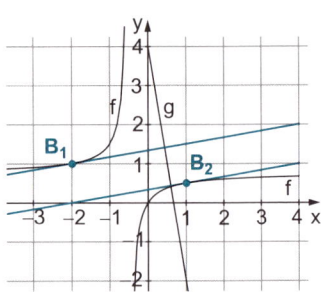

114. $f_k'(x) = 1 \cdot e^{2-\frac{x}{k}} + (x-k) \cdot e^{2-\frac{x}{k}} \cdot \left(\dfrac{-1}{k}\right)$

1. Ableitung mit Produkt- und Kettenregel

$= \left(-\dfrac{x}{k} + 1 + 1\right) \cdot e^{2-\frac{x}{k}}$

$e^{2-\frac{x}{k}}$ ausklammern

$= \left(2 - \dfrac{x}{k}\right) \cdot e^{2-\frac{x}{k}}$

Zusammenfassen in der Klammer

$f_k'(3k) = \left(2 - \dfrac{3k}{k}\right) \cdot e^{2-\frac{3k}{k}}$

Steigung der Tangente im Punkt $P_k(3k\,|\,?)$

$= (2-3)e^{2-3} = -e^{-1}$

Alle Tangenten in $P_k(3k\,|\,?)$ besitzen die gleiche, vom Parameter k unabhängige Steigung $-e^{-1}$, sind also parallel.

115. a) **Schritt 1:** Berechnung der x-Koordinate des Schnittpunkts:

$$e^{-x_S} = 1 - e^{-x_S}$$

$2e^{-x_S} = 1$ Auf beiden Seiten e^{-x_S} addieren.

$e^{-x_S} = \frac{1}{2}$ Auf beiden Seiten durch 2 dividieren.

$-x_S = \ln \frac{1}{2}$ Auf beiden Seiten logarithmieren.

$x_S = \ln 2$ $\ln \frac{1}{2} = \ln 1 - \ln 2 = -\ln 2$

Schritt 2: Berechnung der ersten Ableitungen

$f'(x) = -e^{-x}$ $g'(x) = e^{-x}$

Schritt 3: Berechnung der Tangentensteigungen

$$f'(\ln 2) = -e^{-\ln 2} = -\frac{1}{e^{\ln 2}} = -0,5$$

$$g'(\ln 2) = e^{-\ln 2} = \frac{1}{e^{\ln 2}} = 0,5$$

Schritt 4: Ermittlung der Winkel α und β, unter denen die Tangenten die x-Achse schneiden

$\tan \alpha = -0,5 \quad \Rightarrow \quad \alpha \approx 153,43°$

$\tan \beta = 0,5 \quad \Rightarrow \quad \beta \approx 26,57°$

Schritt 5: Winkelsummensatz im Dreieck

$\delta' + \beta + (180° - \alpha) = 180° \quad \Rightarrow$

$\delta' = \alpha - \beta = 153,43° - 26,57° = 126,86°$

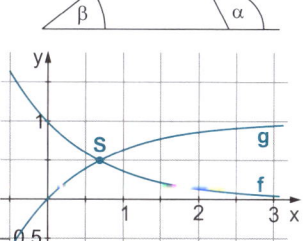

Der Schnittwinkel ist aber laut Definition der spitze, von den Tangenten eingeschlossene Winkel, also:

$\delta = 180° - 126,86° - 53,14°$

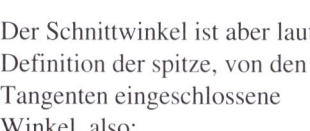

b) **Schritt 1:** Berechnung der x-Koordinate des Schnittpunkts:

$$(1 + \ln x_S) \ln x_S = 1 + \ln x_S$$

$(1 + \ln x_S) \ln x_S - (1 + \ln x_S) = 0$ Auf beiden Seiten $(1 + \ln x_S)$ subtrahieren.

$(1 + \ln x_S)(\ln x_S - 1) = 0$ $(1 + \ln x_S)$ ausklammern

$\ln x_S = -1$ oder $\ln x_S = 1$ Ein Produkt ist genau dann null, wenn mindestens ein Faktor null ist.

$\Rightarrow \quad x_{S_1} = e^{-1}; \quad x_{S_2} = e$ Auf beiden Seiten exponenzieren.

Schritt 2: Berechnung der ersten Ableitungen

$f'(x) = \frac{1}{x} \cdot \ln x + (1 + \ln x) \cdot \frac{1}{x} = \frac{1 + 2 \ln x}{x}$ Produkt- und Summenregel

$g'(x) = \frac{1}{x}$

Schritt 3: Berechnung der Tangentensteigungen

$$f'(e^{-1}) = \frac{1 + 2\ln e^{-1}}{e^{-1}} = (1-2)e = -e$$

$$f'(e) = \frac{1 + 2\ln e}{e} = \frac{1+2}{e} = 3e^{-1}$$

$$g'(e^{-1}) = \frac{1}{e^{-1}} = e$$

$$g'(e) = \frac{1}{e} = e^{-1}$$

Schritt 4: Ermittlung der Winkel α und β, unter denen die Tangenten die x-Achse schneiden

$$\tan\alpha_1 = -e \quad \Rightarrow \quad \alpha_1 \approx 110,20°$$

$$\tan\beta_1 = e \quad \Rightarrow \quad \beta_1 \approx 69,80°$$

$$\tan\alpha_2 = \frac{3}{e} \quad \Rightarrow \quad \alpha_2 \approx 47,82°$$

$$\tan\beta_2 = \frac{1}{e} \quad \Rightarrow \quad \beta_2 \approx 20,20°$$

Schritt 5: Winkelsummensatz im Dreieck

$$\delta_1 + (180° - \alpha_1) + \beta_1 = 180° \quad \Rightarrow$$

$$\delta_1 = \alpha_1 - \beta_1 = 110,20° - 69,80° = 40,40°$$

$$\delta_2 + (180° - \alpha_2) + \beta_2 = 180° \quad \Rightarrow$$

$$\delta_2 = \alpha_2 - \beta_2 = 47,82° - 20,20° = 27,62°$$

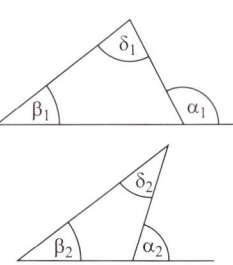

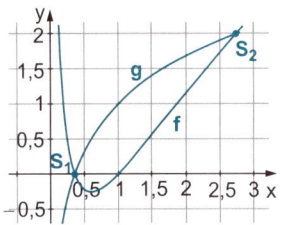

116. $f_k'(x) = \dfrac{1}{x+3}$

$$\frac{1}{x_B + 3} = \frac{1}{2} \quad \Rightarrow \quad x_B = -1$$

$$y_B = 0,5 \cdot (-1) + 4 = 3,5$$

$$f_k(-1) = 3,5 \quad \Leftrightarrow \quad \ln(-1+3) + k = 3,5$$

$$\Rightarrow \quad k = 3,5 - \ln 2 \approx 2,8$$

1. Ableitung mit der Kettenregel

Gleichsetzen von Tangentensteigung $f'(x_B)$ im Punkt B und der Steigung der Geraden mit $m_g = \frac{1}{2}$

Die Ordinate des Berührpunktes B folgt aus der Geradengleichung.

Einsetzen der Koordinaten von B in die Funktionsgleichung liefert den gesuchten Scharparameter k.

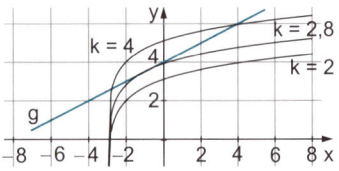

117. **Schritt 1:** Startwert $x_0 = 1$ ist vorgegeben.

Schritt 2: Berechnung der Ableitung

$f(x) = e^{-x} - 3x + 2 \quad \Rightarrow \quad f'(x) = -e^{-x} - 3$

Schritt 3: Aufstellen der Iterationsformel

$$x_{n+1} = x_n - \frac{f(x_n)}{f'(x_n)}$$

$$= x_n - \frac{e^{-x_n} - 3x_n + 2}{-e^{-x_n} - 3} \qquad \text{Einsetzen der Funktionsterme}$$

$$= \frac{-x_n \cdot e^{-x_n} - 3 \cdot x_n}{-e^{-x_n} - 3} - \frac{e^{-x_n} - 3x_n + 2}{-e^{-x_n} - 3} \qquad \text{Auf Hauptnenner bringen}$$

$$= \frac{-e^{-x_n}(1 + x_n) - 2}{-e^{-x_n} - 3} \qquad \text{Zusammenfassen im Zähler}$$

$$= \frac{e^{-x_n}(1 + x_n) + 2}{e^{-x_n} + 3} \qquad \text{Kürzen mit } -1$$

Schritt 4: Iteration

$$x_1 = \frac{e^{-1}(1 + 1) + 2}{e^{-1} + 3} = 0{,}81230903$$

$$x_2 = \frac{e^{-0{,}81230903}(1 + 0{,}81230903) + 2}{e^{-0{,}81230903} + 3} = 0{,}814314055$$

Ergebnis: Die Gleichung wird durch $x \approx 0{,}81$ näherungsweise gelöst.

118. Schnittbedingung:

$$g(x) = h(x)$$
$$\ln x = -2x + 3$$

$\ln x + 2x - 3 = 0$ \qquad Auf beiden Seiten $2x - 3$ addieren.

Die gesuchte x-Koordinate des Schnittpunkts von g und h ist die Nullstelle der Funktion $f(x) = \ln x + 2x - 3$.

Schritt 1: Aufgrund der Zeichnung wird $x_0 = 1{,}5$ als Anfangswert gewählt.

Schritt 2: Berechnung der Ableitung

$$f'(x) = \frac{1}{x} + 2 = \frac{2x + 1}{x}$$

Schritt 3: Aufstellen der Iterationsformel

$$x_{n+1} = x_n - \frac{f(x_n)}{f'(x_n)}$$

$$= x_n - \frac{\ln x_n + 2x_n - 3}{\frac{2x_n + 1}{x_n}} \qquad \text{Einsetzen der Funktionsterme}$$

$$= x_n - \frac{x_n \ln x_n + 2x_n^2 - 3x_n}{2x_n + 1} \qquad \begin{array}{l}\text{Im Subtrahenden Zähler und Nenner mit}\\ x_n \text{ multiplizieren.}\end{array}$$

$$= \frac{2x_n^2 + x_n}{2x_n + 1} - \frac{x_n \ln x_n + 2x_n^2 - 3x_n}{2x_n + 1}$$ Auf Hauptnenner bringen.

$$= \frac{4x_n - x_n \ln x_n}{2x_n + 1}$$ Zusammenfassen im Zähler

Schritt 4: Iteration

$$x_1 = \frac{4 \cdot 1,5 - 1,5 \cdot \ln 1,5}{2 \cdot 1,5 + 1} = 1,347950584$$

$$x_2 = \frac{4 \cdot 1,347950584 - 1,347950584 \cdot \ln 1,347950584}{2 \cdot 1,347950584 + 1} = 1,349961432$$

$$x_3 = \frac{4 \cdot 1,349961432 - 1,349961432 \cdot \ln 1,349961432}{2 \cdot 1,349961432 + 1} = 1,349961838$$

Ergebnis: Die beiden Graphen schneiden sich bei $x \approx 1,35$.

119. a) $\quad\quad \dfrac{x_1^2}{x_1^2 + 4} < \dfrac{x_2^2}{x_2^2 + 4}$ $\quad\quad$ Einsetzen des Funktionsterms in die Ungleichung $f(x_1) < f(x_2)$

$$x_1^2(x_2^2 + 4) < x_2^2(x_1^2 + 4)$$ Mit Hauptnenner multiplizieren und kürzen (Hauptnenner $(x_1^2 + 4)(x_2^2 + 4) > 0$ für $x_1, x_2 \in \mathbb{R}$).

$$x_1^2 x_2^2 + 4x_1^2 < x_1^2 x_2^2 + 4x_2^2$$ Ausmultiplizieren

$$4x_1^2 < 4x_2^2$$ Auf beiden Seiten $x_1^2 \cdot x_2^2$ subtrahieren.

$$|x_1| < |x_2|$$ Auf beiden Seiten durch 4 dividieren und radizieren.

Wegen

$$|x_1| < |x_2| \quad \Leftrightarrow \quad \begin{cases} x_1 < x_2, & \text{falls } x_1, x_2 \in \mathbb{R}^+ \\ x_2 < x_1, & \text{falls } x_1, x_2 \in \mathbb{R}^- \end{cases}$$

gilt insgesamt:

$$f(x_1) < f(x_2) \quad \Leftrightarrow \quad \begin{cases} x_1 < x_2 & \text{für } x_1, x_2 \in \mathbb{R}^+ \\ x_1 > x_2 & \text{für } x_1, x_2 \in \mathbb{R}^- \end{cases}$$

f steigt daher auf $\mathbb{R}^+$ streng monoton und fällt auf $\mathbb{R}^-$ streng monoton.

b) $\quad\quad \dfrac{6x_1}{3 - x_1} < \dfrac{6x_2}{3 - x_2}$ $\quad\quad$ Einsetzen des Funktionsterms in die Ungleichung $f(x_1) < f(x_2)$

$$6x_1 \cdot (3 - x_2) < 6x_2 \cdot (3 - x_1)$$ Mit Hauptnenner multiplizieren und kürzen (Hauptnenner $(3 - x_1)(3 - x_2) > 0$ sowohl für $x_1, x_2 \in\ ]3; +\infty[$ als auch für $x_1, x_2 \in\ ]-\infty; 3[$).

$$18x_1 - 6x_1 x_2 < 18x_2 - 6x_1 x_2$$ Ausmultiplizieren

$$x_1 < x_2$$ Auf beiden Seiten $6x_1 x_2$ addieren, dann durch 18 dividieren.

Insgesamt gilt in beiden Teilintervallen $f(x_1) < f(x_2) \Leftrightarrow x_1 < x_2$, d. h., f steigt auf $]-\infty; 3[$ und auf $]3; +\infty[$ streng monoton.

120. a) $f'(x) = (x-1) \cdot e^{2-x} \cdot (-1) + e^{2-x}$ Ableiten mit der Produkt- und Kettenregel

$\qquad = e^{2-x}(2-x)$ e^{2-x} ausklammern

$e^{2-x}(2-x) > 0 \iff 2-x > 0$ Einsetzen in $f'(x) > 0$, Auflösen nach x

$\qquad\qquad\qquad\quad \iff 2 > x$ ($e^{2-x} > 0$ für alle x)

f ist auf   1. Monotoniesatz

- $]{-}\infty; 2[$ streng monoton steigend;
- $]2; +\infty[$ streng monoton fallend.

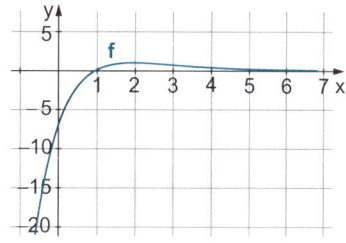

b) $f'(x) = 4x \cdot e^{-0,5x^2} \cdot (-x) + e^{-0,5x^2} \cdot 4$ Ableiten mit der Produkt- und Kettenregel

$\qquad = 4e^{-0,5x^2}(1-x^2)$ $4e^{-0,5x^2}$ ausklammern

$4e^{-0,5x^2}(1-x^2) > 0 \iff 1-x^2 > 0$ Einsetzen in $f'(x) > 0$, Auflösen nach x

$\qquad\qquad\qquad\qquad ($4e^{-0,5x^2} > 0$ für alle x)$

$\qquad\qquad\qquad\quad \iff x \in]{-}1; +1[$ Der Graph von $y = 1 - x^2$ ist eine nach unten offene Parabel, die die x-Achse in -1 und $+1$ schneidet.

f ist auf   1. Monotoniesatz

- $]{-}1; +1[$ streng monoton steigend;
- $]{-}\infty; -1[$ und $]1; +\infty[$ streng monoton fallend.

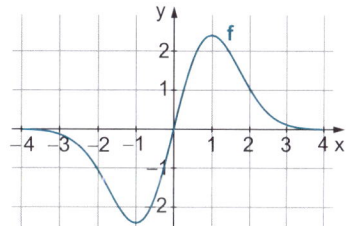

121. a) $f'(x) = x \cdot \left(-\frac{1}{x}\right) + (2 - \ln x) \cdot 1 = 1 - \ln x$ Ableiten mit der Produktregel

$1 - \ln x > 0 \iff \ln x < 1 \iff 0 < x < e$ Einsetzen in $f'(x) > 0$, Auflösen nach x (mit $x \in \mathbb{D}_{f,\,max} = \mathbb{R}^+$)

f ist auf   1. Monotoniesatz

- $]0; e[$ streng monoton steigend;
- $]e; \infty[$ streng monoton fallend.

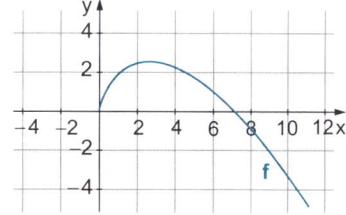

b) $f(x) = (\ln x)^2 - \ln x^2 = (\ln x)^2 - 2\ln x$ Algebraische Umformung von f

$f'(x) = 2\ln x \cdot \frac{1}{x} - 2 \cdot \frac{1}{x} = \frac{2}{x}(\ln x - 1)$ Ableiten mit der Kettenregel; $\frac{2}{x}$ ausklammern

$\frac{2}{x}(\ln x - 1) > 0 \iff \ln x - 1 > 0$ Einsetzen in $f'(x) > 0$, Auflösen nach x ($\frac{2}{x} > 0$ für $x \in D_{f,\,max} = \mathbb{R}^+$)

$\iff x > e$

f ist auf

- $]e; \infty[$ streng monoton steigend;
- $]0; e[$ streng monoton fallend.

1. Monotoniesatz

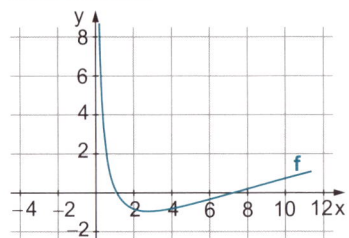

122. a) Mithilfe von Ketten- und Quotientenregel finden Sie:

$f'(x) = \frac{1}{\frac{3x}{x^2-1}} \cdot \frac{(x^2-1) \cdot 3 - 3x \cdot 2x}{(x^2-1)^2}$

$= \frac{x^2-1}{3x} \cdot \frac{-3x^2-3}{(x^2-1)^2} = \frac{1}{3x} \cdot \frac{-3x^2-3}{x^2-1}$

$= \frac{-1}{x} \cdot \frac{x^2+1}{x^2-1} = \frac{1}{x} \cdot \frac{x^2+1}{1-x^2}$

$= \frac{x^2+1}{x(1-x)(1+x)}$

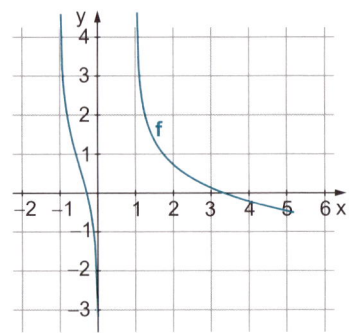

Da der Zähler $x^2 + 1$ positiv ist, wird das Vorzeichen des Quotienten vom Vorzeichen des Nenners bestimmt. Dessen Linearfaktoren $(1-x)$ und $(1+x)$ sind auf dem ersten Intervall $]-1; 0[$ der Definitionsmenge positiv. Der Faktor x ist dort negativ. Insgesamt ist der Quotient dort negativ.

Auf dem zweiten Intervall $]1; \infty[$ der Definitionsmenge sind die Linearfaktoren $(1+x)$ und x positiv und der Faktor $(1-x)$ negativ. Insgesamt ist der Quotient auch dort negativ.

Da $f'(x)$ auf beiden Teilintervallen der Definitionsmenge negativ ist, fällt f nach dem 1. Monotoniesatz in beiden Bereichen jeweils streng monoton.

b) Mithilfe der Quotienten- und Kettenregel finden Sie:

$f'(x) = \frac{(x-2)^2(6x-8) - (3x^2-8x) \cdot 2(x-2)}{(x-2)^4} = \frac{(x-2)(6x-8) - (3x^2-8x) \cdot 2}{(x-2)^3}$

$= \frac{4(4-x)}{(x-2)^3}$

Aus der Vorzeichenverteilung des Zählers $4(4-x)$ und des Nenners $(x-2)^3$ erhalten Sie die Vorzeichenverteilung des gesamten Bruchterms (siehe Schema).

Daraus folgt: f ist nach dem 1. Monotoniesatz auf $]2;4[$ streng monoton steigend und auf $]-\infty;2[$ sowie auf $]4;\infty[$ streng monoton fallend.

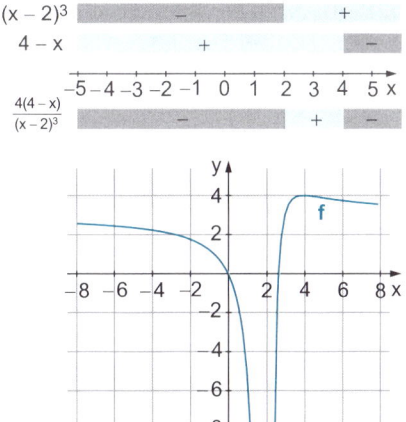

123. Da -1 der kleinste negative Wert ist, den die Kosinusfunktion annimmt, gilt folgende Abschätzung:

$$f'(x) = \underbrace{\frac{2\,010}{2\,009}}_{>1} + \underbrace{\cos x}_{\geq -1} > 0$$

Nach dem 1. Monotoniesatz steigt f daher auf $\mathbb{R}$ streng monoton.

Wegen $\frac{2\,008}{2\,009} < 1$ ist $g'(x) = \underbrace{\frac{2\,008}{2\,009}}_{<1} + \underbrace{\cos x}_{\geq -1}$ nicht mehr überall auf $\mathbb{R}$ positiv.

124. a) Die Aussage ist **wahr** nach dem 2. Monotoniesatz, da aus $f'(x) \geq 0$ und $g'(x) \geq 0$ auch $f'(x) + g'(x) \geq 0$ folgt.

b) Die Aussage ist **falsch**, da z. B. die linearen Funktionen $f(x) = -x$ und $g(x) = -2x$ auf $\mathbb{R}$ monoton fallen, die Differenz

$f(x) - g(x) = -x - (-2x) = x$ aber auf $\mathbb{R}$ monoton steigt.

c) Die Aussage ist **falsch**, da z. B. die linearen Funktionen $f(x) = x$ und $g(x) = 2x$ auf $\mathbb{R}$ monoton steigen, das Produkt $f(x) \cdot g(x) = x \cdot 2x = 2x^2$ aber, als nach oben offene Parabel mit Scheitel in $(0\,|\,0)$, auf $\mathbb{R}^-$ monoton fällt und auf $\mathbb{R}^+$ monoton steigt.

d) Die Aussage ist **falsch**, da z. B. die Potenzfunktionen $f(x) = -x^5$ und $g(x) = -x^3$ auf $\mathbb{R}$ monoton fallen, ihr Quotient $\frac{f(x)}{g(x)} = \frac{-x^5}{-x^3} = x^2$ aber auf $\mathbb{R}^-$ monoton fällt und auf $\mathbb{R}^+$ monoton steigt (Normalparabel).

125. a) Nach der Kettenregel gilt: $g'(x) = 2 \cdot f(x) \cdot f'(x)$
Da der Graph von f stets über der x-Achse verläuft, gilt: $f(x) > 0$
Nach Aufgabenstellung gilt: $f'(x) > 0$
$g'(x)$ ist auf $\mathbb{R}$ positiv, weil alle Faktoren auf der rechten Seite der Gleichung für $g'(x)$ positiv sind.

$\Rightarrow$ g steigt nach dem 1. Monotoniesatz auf $\mathbb{R}$ streng monoton.

b) Nach der Quotientenregel gilt: $h'(x) = \dfrac{f(x) \cdot 0 - 1 \cdot f'(x)}{\left(f(x)\right)^2} = \dfrac{-f'(x)}{\left(f(x)\right)^2}$

Der Nenner ist als Quadrat eines positiven Terms stets positiv.
Der Zähler $-f'(x)$ ist negativ, weil nach Aufgabenstellung $f'(x) > 0$ gilt.
$h'(x)$ ist daher auf $\mathbb{R}$ negativ.

$\Rightarrow$ h fällt nach dem 1. Monotoniesatz auf $\mathbb{R}$ streng monoton.

126. a) **Schritt 1:** Berechnung der 1. Ableitung von f(x)
$f'(x) = 4x \cdot e^{-0,5x^2} \cdot (-x) + 4 \cdot e^{-0,5x^2} = 4e^{-0,5x^2}(-x^2 + 1)$

Schritt 2: Berechnung der Nullstellen der 1. Ableitung
Weil $4e^{-0,5x^2}$ stets positiv ist, folgt:
$4e^{-0,5x^2}(-x^2 + 1) = 0 \Leftrightarrow -x^2 + 1 = 0 \Leftrightarrow |x| = 1 \Rightarrow x_1 = 1; \ x_2 = -1$

Schritt 3: Weil $4e^{-0,5x^2}$ stets positiv ist, stimmt das Vorzeichen von $f'(x)$ mit dem von $g(x) = -x^2 + 1$ überein. Da $g(x)$ eine nach unten offene Parabel ist, welche die x-Achse in den Punkten -1 und $+1$ schneidet, wechselt $g(x)$ und damit $f'(x)$ an der Stelle $x_2 = -1$ das Vorzeichen von $-$ nach $+$ und an der Stelle $x_1 = 1$ von $+$ nach $-$.

Schritt 4: Auswertung
Nach Satz 2 a über die Extremstellen besitzt f an der Stelle $x_1 = 1$ ein relatives Maximum und an der Stelle $x_2 = -1$ ein relatives Minimum.

b) **Schritt 1:** $f'(x) = -2\ln(1-x) \cdot \dfrac{1}{1-x} \cdot (-1) = \dfrac{2\ln(1-x)}{1-x}$

Schritt 2: $f'(x) = 0 \Leftrightarrow \dfrac{2\ln(1-x)}{1-x} = 0 \Leftrightarrow \ln(1-x) = 0 \Leftrightarrow x_1 = 0$

Schritt 3: Für ein hinreichend kleines positives h gilt:

$f'(0-h) = \dfrac{\overbrace{2\ln(1+h)}^{>0}}{\underbrace{1+h}_{>0}} > 0$ und $f'(0+h) = \dfrac{\overbrace{2\ln(1-h)}^{<0}}{\underbrace{1-h}_{>0}} < 0$

Schritt 4: $f'(x)$ wechselt an der Stelle $x_1 = 0$ das Vorzeichen von $+$ nach $-$, f besitzt daher bei $x_1 = 0$ ein relatives Maximum.

127. a) **Schritt 1:** Berechnung der 1. Ableitung von f(x): $f'(x) = x^2 + x - 6$

Schritt 2: Berechnung der Nullstellen der 1. Ableitung
Mithilfe der Lösungsformel für quadratische Gleichungen finden Sie
$x_1 = -3$ und $x_2 = 2$.

Schritt 5: Berechnung der 2. Ableitung von f(x): $f''(x) = 2x + 1$

Schritt 6: Vorzeichen der 2. Ableitung bei $x_1 = -3$ bzw. $x_2 = 2$
$f''(x_1) = f''(-3) = 2(-3) + 1 = -5 < 0$
$f''(x_2) = f''(2) = 2 \cdot 2 + 1 = 5 > 0$

An der Stelle $x_1 = -3$ liegt ein relatives Maximum, an der Stelle $x_2 = 2$
ein relatives Minimum vor.

b) **Schritt 1:** Berechnung der 1. Ableitung von f(x)

$$f'(x) = \frac{(x^2 + 1) \cdot 2x - x^2 \cdot 2x}{(x^2 + 1)^2} = \frac{2x}{(x^2 + 1)^2}$$

Schritt 2: Berechnung der Nullstellen der 1. Ableitung

$$\frac{2x}{(x^2 + 1)^2} = 0 \Leftrightarrow x_0 = 0$$

Schritt 5: Berechnung der 2. Ableitung von f(x)

$$f''(x) = \frac{(x^2 + 1)^2 \cdot 2 - 2x \cdot 2(x^2 + 1) \cdot 2x}{(x^2 + 1)^4} = \frac{(x^2 + 1) \cdot 2 - 2x \cdot 2 \cdot 2x}{(x^2 + 1)^3}$$

$$= \frac{2x^2 + 2 - 8x^2}{(x^2 + 1)^3} = \frac{2 - 6x^2}{(x^2 + 1)^3}$$

Schritt 6: Vorzeichen der 2. Ableitung bei $x_0 = 0$

$$f''(0) = \frac{2 - 6 \cdot 0^2}{(0^2 + 1)^3} = 2 > 0$$

An der Stelle $x_0 = 0$ liegt ein relatives Minimum vor.

c) **Schritt 1:** Berechnung der 1. Ableitung von f(x)

$$f'(x) = x \cdot 2(\ln x) \cdot \frac{1}{x} + (\ln x)^2 \cdot 1 = (\ln x)^2 + 2\ln x$$

$$= \ln x \cdot (\ln x + 2)$$

Schritt 2: Berechnung der Nullstellen der 1. Ableitung

$$f'(x) = 0 \Leftrightarrow \ln x \cdot (\ln x + 2) = 0 \Leftrightarrow \begin{cases} \ln x = 0 & \Leftrightarrow x_1 = 1 \\ \ln x + 2 = 0 & \Leftrightarrow x_2 = e^{-2} \end{cases}$$

Schritt 5: Berechnung der 2. Ableitung von f(x)

$$f''(x) = 2(\ln x) \cdot \frac{1}{x} + 2 \cdot \frac{1}{x} = \frac{2}{x}(1 + \ln x)$$

Schritt 6: Vorzeichen der 2. Ableitung bei x_1 bzw. x_2

$$f''(x_1) = \frac{2}{1} \cdot (1 + \ln 1) = 2 > 0$$

$$f''(x_2) = \frac{2}{e^{-2}} \cdot (1 + \ln e^{-2}) = 2e^2(1 - 2) = -2e^2 < 0$$

An der Stelle $x_1 = 1$ liegt ein relatives Minimum vor, an der Stelle $x_2 = e^{-2}$ ein relatives Maximum.

d) **Schritt 1:** Berechnung der 1. Ableitung von f(x)

$$f'(x) = \cos x + \frac{1}{2}$$

Schritt 2: Berechnung der Nullstellen der 1. Ableitung

$$f'(x) = 0 \Leftrightarrow \cos x + \frac{1}{2} = 0 \Leftrightarrow \cos x = -\frac{1}{2}$$

$$\Leftrightarrow x_k = 2 \cdot \frac{\pi}{3} + 2k\pi \text{ oder } x_m = 4 \cdot \frac{\pi}{3} + 2m\pi,$$

k, m bezeichnen dabei ganze Zahlen.

Schritt 5: Berechnung der 2. Ableitung von f(x)
$$f''(x) = -\sin x$$

Schritt 6: Vorzeichen der 2. Ableitung bei x_k bzw. x_m

$$f''(x_k) = -\sin(x_k) = -\sin\left(2 \cdot \frac{\pi}{3} + 2k\pi\right) = -\frac{1}{2}\sqrt{3} < 0$$

$$f''(x_m) = -\sin(x_m) = -\sin\left(4 \cdot \frac{\pi}{3} + 2m\pi\right) = -\left(-\frac{1}{2}\sqrt{3}\right) = \frac{1}{2}\sqrt{3} > 0$$

An den Stellen $x_k = 2 \cdot \frac{\pi}{3} + 2k\pi$ liegen relative Maxima vor, an den Stellen $x_m = 4 \cdot \frac{\pi}{3} + 2m\pi$ relative Minima.

128. a) **Schritt 1:** Berechnung der 1. Ableitung von f(x)

$$f'(x) = \frac{(e^x + 1) \cdot e^x - (e^x - 1) \cdot e^x}{(e^x + 1)^2} = \frac{2e^x}{(e^x + 1)^2}$$

$f'(x)$ nimmt für kein reelles x den Wert null an, weil Zähler und Nenner für alle reellen x positiv sind. Daher besitzt f nach Satz 1 über die Extremstellen keine relativen Extrema.

b) **Schritt 1:** $f'(x) = \frac{1}{\frac{x}{x^2-1}} \cdot \frac{(x^2-1) \cdot 1 - x \cdot 2x}{(x^2-1)^2} = \frac{1}{x} \cdot \frac{-x^2-1}{x^2-1} = -\frac{x^2+1}{x(x^2-1)}$

$f'(x) \neq 0$ für $x \in \mathbb{D}_f$, weil der Zähler $x^2 + 1$ für alle reellen x positiv ist. Daher besitzt f nach Satz 1 keine relativen Extrema.

c) **Schritt 1:** $f'(x) = \frac{1}{2\sqrt{xe^x}} \cdot (xe^x + e^x) = \frac{e^x(x+1)}{2\sqrt{xe^x}}$

$f'(x) \neq 0$ für $x \in \mathbb{D}_f$, weil der Zähler $e^x(x+1)$ für positive x stets positiv ist. Daher besitzt f nach Satz 1 keine relativen Extrema.

d) **Schritt 1:** $f'(x) = \frac{(x^2-4) \cdot 1 - x \cdot 2x}{(x^2-4)^2} = \frac{-x^2-4}{(x^2-4)^2} = -\frac{x^2+4}{(x^2-4)^2}$

$f'(x) \neq 0$ für $x \in \mathbb{D}_f$, weil der Zähler $x^2 + 4$ stets positiv ist. Daher besitzt f nach Satz 1 keine relativen Extrema.

129. • Eine Funktion F mit F'(x) = f(x) besitzt wegen f(1) = 0 an der Stelle $x_0 = 1$ eine horizontale Tangente, aber kein Extremum, weil f dort nicht das Vorzeichen wechselt. Der einzige von den abgebildeten Graphen mit dieser Eigenschaft ist h(x). Also gilt h'(x) = f(x).

• Eine Funktion G mit G'(x) = g(x) besitzt an der Stelle $x_1 = -1$ bzw. $x_2 = 1$ ein relatives Maximum bzw. Minimum, weil g dort eine Nullstelle besitzt und das Vorzeichen von + nach – bzw. von – nach + wechselt. Der einzige von den abgebildeten Graphen mit dieser Eigenschaft ist f(x). Also gilt f'(x) = g(x).

• Eine Funktion J mit J'(x) = j(x) besitzt an der Stelle $x_1 = -2$ bzw. $x_2 = 0$ ein relatives Maximum bzw. Minimum, weil j dort eine Nullstelle besitzt und das Vorzeichen von + nach – bzw. von – nach + wechselt. Der einzige von den abgebildeten Graphen mit diesen Eigenschaften ist i(x). Also gilt i'(x) = j(x).

130. **Schritt 1:** Berechnung der 1. Ableitung von $f_k(x)$

$$f_k'(x) = \cos x + k$$

Schritt 2: Berechnung der Nullstellen der 1. Ableitung

$$f_k'(x) = 0 \iff \cos x = -k$$

Diese Gleichung besitzt wegen $|\cos x| \leq 1$ keine Lösung, wenn $|k| > 1$.

Daher besitzt f_k nach Satz 1 keine relativen Extrema, wenn $|k| > 1$.

131. **Schritt 1:** Berechnung der 1. Ableitung von w(x)

Nach der Kettenregel gilt: $w'(x) = \dfrac{1}{2\sqrt{f(x)}} \cdot f'(x)$

Wegen $\dfrac{1}{2\sqrt{f(x)}} > 0$ gilt: $w'(x) \begin{cases} > 0 & \iff f'(x) > 0 \\ = 0 & \iff f'(x) = 0 \\ < 0 & \iff f'(x) < 0 \end{cases}$

Daher besitzt w'(x) die gleichen Nullstellen und das gleiche Vorzeichenverhalten an diesen Nullstellen wie die Funktion f(x) und damit nach Satz 1 und 2 über relative Extrema an den gleichen Stellen die gleiche Art von relativen Extrema wie die Funktion f(x).

132. a) **Schritt 1:** Berechnung der 2. Ableitung von f(x)

$$f'(x) = \frac{e^{2x} \cdot 1 - (x+1) \cdot e^{2x} \cdot 2}{e^{4x}} = -\frac{2x+1}{e^{2x}}$$

$$f''(x) = -\frac{e^{2x} \cdot 2 - (2x+1) \cdot e^{2x} \cdot 2}{e^{4x}} = -\frac{2 - (2x+1) \cdot 2}{e^{2x}} = \frac{4x}{e^{2x}}$$

Schritt 2: Berechnung der Nullstellen der 2. Ableitung

$f''(x) = 0 \iff \frac{4x}{e^{2x}} = 0 \iff x = 0$

f besitzt nach Satz 1 über die Wendestellen höchstens bei $x = 0$ eine Wendestelle.

Schritt 3: Da e^{2x} stets positiv ist, gilt:

$f''(x) \gtrless 0 \iff \frac{4x}{e^{2x}} \gtrless 0 \iff 4x \gtrless 0 \iff x \gtrless 0$

Schritt 4: $f''(x)$ wechselt an der Stelle $x_0 = 0$ das Vorzeichen, x_0 ist daher nach Satz 2 a Wendestelle von f.

Wegen $f(0) = 1$ lauten die Koordinaten des Wendepunkts $W(0\,|\,1)$.

b) **Schritt 1:** Nach Beseitigung der Klammer mittels Distributivgesetz,

$f_k(x) = 4e^{-x} \cdot (k - e^{-x}) = 4ke^{-x} - 4e^{-2x}$,

berechnen Sie die 2. Ableitung von $f_k(x)$ mithilfe der Kettenregel:

$f_k'(x) = 4ke^{-x} \cdot (-1) - 4e^{-2x} \cdot (-2) = -4ke^{-x} + 8e^{-2x}$

$f_k''(x) = -4ke^{-x} \cdot (-1) + 8e^{-2x} \cdot (-2) = 4ke^{-x} - 16e^{-2x} = 4e^{-x}(k - 4e^{-x})$

Schritt 2: $f_k''(x) = 0 \iff 4e^{-x}(k - 4e^{-x}) = 0 \iff k - 4e^{-x} = 0$

$\iff e^{-x} = \frac{k}{4} \iff x = -\ln\frac{k}{4} = \ln\frac{4}{k}$

f_k besitzt nach Satz 1 über die Wendestellen höchstens bei $x = \ln\frac{4}{k}$ eine Wendestelle.

Schritt 3: Wegen $4e^{-x} > 0$ gilt:

$f_k''(x) \gtrless 0 \iff k - 4e^{-x} \gtrless 0 \iff \frac{k}{4} \gtrless e^{-x} \iff \ln\frac{k}{4} \gtrless -x \iff x \gtrless \ln\frac{4}{k}$

Schritt 4: $f_k''(x)$ wechselt an der Stelle $x_0 = \ln\frac{4}{k}$ das Vorzeichen, x_0 ist daher nach Satz 2 a Wendestelle von f_k.

$f_k\left(\ln\frac{4}{k}\right) = 4ke^{\ln\frac{k}{4}} - 4e^{2\ln\frac{k}{4}} = \frac{4k \cdot k}{4} - 4\left(\frac{k}{4}\right)^2 = \frac{3k^2}{4} \implies W_k\left(\ln\frac{4}{k}\,\Big|\,\frac{3k^2}{4}\right)$

133. Sie müssen zunächst (in vier Schritten) die Koordinaten des Wendepunkts ermitteln; anschließend können Sie den Schnittpunkt der Wendetangente mit der x-Achse mithilfe des Newton-Verfahrens bestimmen.

Schritt 1: $f'(x) = x \cdot e^{1-x} \cdot (-1) + e^{1-x} \cdot 1 = e^{1-x}(1 - x)$

$f''(x) = e^{1-x} \cdot (-1) + (1 - x) \cdot e^{1-x} \cdot (-1) = e^{1-x}(x - 2)$

Schritt 2: $f''(x) = 0 \iff e^{1-x}(x - 2) = 0 \iff x - 2 = 0 \iff x = 2$

f besitzt höchstens bei $x = 2$ eine Wendestelle.

Schritt 3: Wegen $e^{1-x} > 0$ gilt:

$f''(x) \gtrless 0 \iff x - 2 \gtrless 0 \iff x \gtrless 2$

Schritt 4: $f''(x)$ wechselt an der Stelle $x_0 = 2$ das Vorzeichen, x_0 ist daher nach Satz 2 a Wendestelle von f.

Durch Einsetzen von $f(2) = 2e^{1-2} = 2e^{-1}$ und $f'(2) = e^{1-2}(1-2) = -e^{-1}$ in die Formel des Newton-Verfahrens (vgl. S. 89), erhalten Sie die x-Koordinate x_T des gesuchten Schnittpunkts:

$$x_T = x_0 - \frac{f(x_0)}{f'(x_0)} = 2 - \frac{2e^{-1}}{-e^{-1}} = 2 - (-2) = 4$$

Die Wendetangente schneidet die x-Achse im Punkt $(4\,|\,0)$.

134. Hier müssen Sie zeigen, dass die Steigungen der Scharkurven an den Wendestellen unabhängig vom Scharparameter k sind.

Schritt 1: $f_k'(x) = (x-k) \cdot e^{2-\frac{x}{k}} \cdot \left(-\frac{1}{k}\right) + e^{2-\frac{x}{k}} \cdot 1 = e^{2-\frac{x}{k}}\left(-\frac{x}{k} + 2\right)$

$\quad\quad\quad f_k''(x) = e^{2-\frac{x}{k}} \cdot \left(-\frac{1}{k}\right) + \left(-\frac{x}{k}+2\right) \cdot e^{2-\frac{x}{k}} \cdot \left(-\frac{1}{k}\right) = e^{2-\frac{x}{k}}\left(-\frac{3}{k}+\frac{x}{k^2}\right)$

Schritt 2: $f_k''(x) = 0 \;\Leftrightarrow\; e^{2-\frac{x}{k}}\left(-\frac{3}{k}+\frac{x}{k^2}\right) = 0 \;\Leftrightarrow\; -\frac{3}{k}+\frac{x}{k^2} = 0 \;\Leftrightarrow\; x = 3k$

Schritt 3: Wegen $e^{2-\frac{x}{k}} > 0$ und $k \in \mathbb{R}^+$ gilt:

$$f_k''(x) \gtrless 0 \;\Leftrightarrow\; -\frac{3}{k}+\frac{x}{k^2} \gtrless 0 \;\Leftrightarrow\; \frac{x}{k^2} \gtrless \frac{3}{k} \;\Leftrightarrow\; x \gtrless 3k$$

Schritt 4: $f_k''(x)$ wechselt an der Stelle $x_0 = 3k$ das Vorzeichen, x_0 ist daher nach Satz 2 a Wendestelle von f_k.

Wegen $f_k'(3k) = e^{2-\frac{3k}{k}}\left(-\frac{3k}{k}+2\right) = -e^{-1}$ haben alle Wendetangenten die gleiche Steigung und verlaufen daher parallel.

135. Der Graph der Funktion f besitzt dort Wendepunkte, wo sich sein Krümmungsverhalten ändert. Da dieses wegen $f''(x) = (f')'(x)$ durch das Steigungsverhalten von f' bestimmt wird, besitzt der Graph von f' also bei den Wendestellen von f relative Extrema. Der Skizze entnimmt man, dass f' bei

- $x_1 \approx -4{,}7$ vom Fallen ins Steigen,
- $x_2 \approx -1{,}3$ vom Steigen ins Fallen,
- $x_3 = 0$ vom Fallen ins Steigen

wechselt. Daher sind x_1, x_2, x_3 die Wendestellen von f.

136. Zunächst versuchen Sie im Ausschlussverfahren herauszufinden, welcher Graph f(x) ist.

- Annahme $c(x) = f(x)$: Dann wäre entweder $a(x) = f'(x)$ oder $b(x) = f'(x)$. Beides ist nicht möglich, weil weder $a(x)$ noch $b(x)$ bei $x_0 = -0{,}4$ eine Nullstelle aufweisen, obwohl c dort ein relatives Minimum besitzt. **Die Annahme $c(x) = f(x)$ ist daher falsch.**

- Annahme $b(x) = f(x)$: Dann wäre entweder $a(x) = f'(x)$ oder $c(x) = f'(x)$.
  – $a(x) = f'(x)$ ist nicht möglich, da $a(x)$ an der Stelle $x_0 = -1{,}3$ keine Nullstelle besitzt, obwohl $b(x)$ dort ein relatives Maximum aufweist.
  – $c(x) = f'(x)$ ist nicht möglich, weil dann $a(x) = f''(x)$ wäre und $b(x)$ an der Stelle $x_0 = -0{,}4$ eine Wendestelle aufweist, obwohl $a(x)$ dort keine Nullstelle besitzt.
  Die Annahme $b(x) = f(x)$ ist daher falsch.

Es bleibt nur noch $f(x) = a(x)$. Da $a'(x) \neq c(x)$, weil $a(x)$ bei $x_0 = -1{,}3$ keine horizontale Tangente besitzt, obwohl $c(x)$ dort eine Nullstelle aufweist, gilt $a'(x) = b(x)$ und somit: $f(x) = a(x)$, $f'(x) = b(x)$, $f''(x) = c(x)$

137. Folgende Überlegungen führen zum rechts gezeigten Graphen von f':

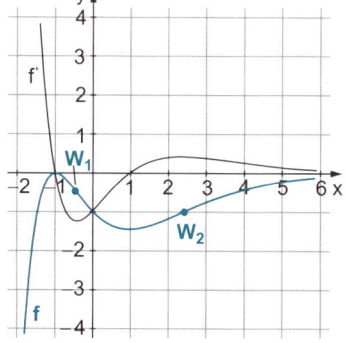

- Die Nullstellen von $f'(x)$ liegen dort, wo G_f horizontale Tangenten besitzt, also bei $x_1 = -1$ und $x_2 = 1$.
- $G_{f'}$ verläuft dort unterhalb der x-Achse, wo G_f streng monoton fällt, und dort oberhalb der x-Achse, wo G_f streng monoton steigt.
- $G_{f'}$ weist dort ein relatives Minimum auf, wo G_f von einer Rechts- in eine Linkskrümmung übergeht.
- $G_{f'}$ weist dort ein relatives Maximum auf, wo G_f von einer Links- in eine Rechtskrümmung übergeht.
- Gemäß Aufgabenstellung liegen alle Schnittpunkte von G_f und $G_{f'}$ auf den Koordinatenachsen, also bei $(-1 \mid 0)$ und $(0 \mid -1)$.

138. Alle Aussagen sind falsch.

a) Die Funktion
   $f(x) = x^3$, $x \in \mathbb{R}$
   ist zweimal differenzierbar und weist bei $x_0 = 0$ eine Wendestelle auf, besitzt aber kein relatives Extremum.

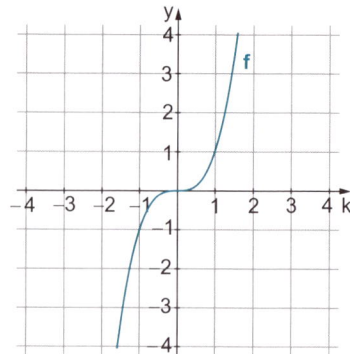

b) Die Funktion

$f(x) = \frac{1}{x}, \; x \in \mathbb{R} \setminus \{0\}$

ist zweimal differenzierbar, auf $\mathbb{R}^+$
links- und auf $\mathbb{R}^-$ rechtsgekrümmt,
besitzt aber in ihrer Definitions-
menge $\mathbb{R} \setminus \{0\}$ keine Wendestelle.

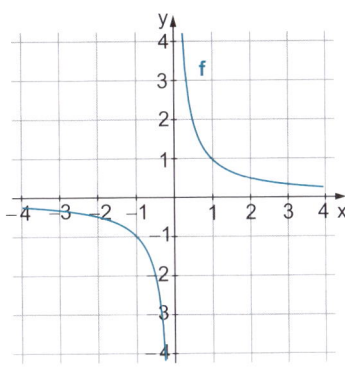

c) Die Funktion

$f(x) = e^x, \; x \in \mathbb{R}$

ist auf $\mathbb{R}$ linksgekrümmt, ohne ein
relatives Minimum zu besitzen.

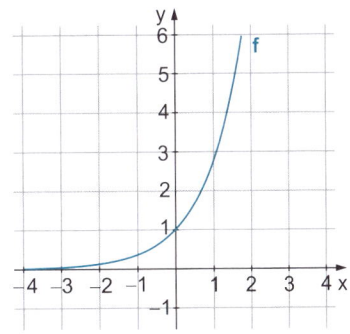

139. a) **Umkehrbarkeit:**

$$f'(x) = \frac{(e^x + e)e^x - (e^x - e)e^x}{(e^x + e)^2}$$

1. Ableitung von f mit Quotientenregel

$$= \frac{2e \cdot e^x}{(e^x + e)^2} = \frac{2e^{x+1}}{(e^x + e)^2}$$

$\Rightarrow f'(x) > 0$ für $x \in \mathbb{D}_f$

Der Nenner als Quadrat und der Zähler
$2e^{x+1}$ sind für alle x aus $\mathbb{R}$ positiv.
Regel b

$\Rightarrow$ f umkehrbar

Gleichung der Umkehrfunktion:

$$y = \frac{e^x - e}{e^x + e}$$

$ye^x + ye = e^x - e$

Multiplikation mit dem Nenner

$ye^x - e^x = -ye - e$

Terme mit x auf eine Seite

$e^x(y-1) = -e(y+1)$

Ausklammern

$$e^x = \frac{-e(y+1)}{y-1}$$

Division durch y – 1

$$e^x = \frac{1+y}{1-y} \cdot e$$

$$x = \ln\left(\frac{1+y}{1-y}\cdot e\right) = \ln\frac{1+y}{1-y} + \ln e$$

Definition des ln; Logarithmus-Rechenregeln

$$= \ln\frac{1+y}{1-y} + 1$$

$$f^{-1}(x) = \ln\frac{1+x}{1-x} + 1$$

Tausch der Variablen

Hinweis: $\mathbb{D}_{f^{-1}} = W_f = \,]-1; 1[$

b) Umkehrbarkeit:

$$f(x) = \ln\sqrt{\frac{1-x}{1+x}} = \ln\frac{\sqrt{1-x}}{\sqrt{1+x}}$$

Um den Rechenaufwand zu reduzieren, wird der Funktionsterm zunächst umgeformt und dann mithilfe der Kettenregel abgeleitet.

$$= \ln\sqrt{1-x} - \ln\sqrt{1+x}$$

$$= \ln(1-x)^{\frac{1}{2}} - \ln(1+x)^{\frac{1}{2}}$$

$$= \frac{1}{2}(\ln(1-x) - \ln(1+x))$$

$$f'(x) = \frac{1}{2}\left(\frac{-1}{1-x} - \frac{1}{1+x}\right)$$

$$= \frac{1}{2}\cdot\frac{-(1+x)-(1-x)}{(1-x)(1+x)}$$

$$= \frac{1}{2}\cdot\frac{-2}{(1-x)(1+x)}$$

$$= \frac{1}{(x-1)(x+1)}$$

$$\Rightarrow f'(x) < 0 \text{ für } x \in \mathbb{D}_f$$

Für x aus $]-1; 1[$ ist $(x-1)$ negativ, $(x+1)$ positiv und daher $(x-1)(x+1)$ negativ.

$$\Rightarrow f \text{ umkehrbar}$$

Regel b

Gleichung der Umkehrfunktion:

$$y = \ln\sqrt{\frac{1-x}{1+x}}$$

$$e^y = \sqrt{\frac{1-x}{1+x}}$$

Exponenzieren

$$e^{2y} = \frac{1-x}{1+x}$$

Quadrieren

$$e^{2y}(1+x) = 1-x$$

Multiplikation mit $1 + x$

$$e^{2y} + e^{2y}\cdot x = 1-x$$

Ausmultiplizieren

$$e^{2y}\cdot x + x = 1 - e^{2y}$$

Terme mit x auf eine Seite

$$x(e^{2y}+1) = 1 - e^{2y}$$

x ausklammern

$$x = \frac{1-e^{2y}}{1+e^{2y}}$$

Division durch den Klammerausdruck

$$f^{-1}(x) = \frac{1-e^{2x}}{1+e^{2x}}$$

Tausch der Variablen

140. $f(f(x)) = -\ln\left(1 - e^{-f(x)}\right)$

$\qquad = -\ln\left(1 - e^{-(-\ln(1 - e^{-x}))}\right)$

$\qquad = -\ln\left(1 - e^{\ln(1 - e^{-x})}\right)$

$\qquad = -\ln\left(1 - (1 - e^{-x})\right)$

$\qquad = -\ln\left(1 - 1 + e^{-x}\right)$

$\qquad = -\ln\left(e^{-x}\right)$

$\qquad = -(-x) = x$

Deutung des Ergebnisses: $f(x)$ und $f^{-1}(x)$ stimmen überein, der zugehörige Graph ist symmetrisch zur Winkelhalbierenden $y = x$.

141. a) **Definitionsmenge, auf der f umkehrbar ist:**

$f'(x) = \dfrac{(1 + x^2) \cdot 8x - (4x^2 + 2) \cdot 2x}{(1 + x^2)^2}$

1. Ableitung von f mit Quotientenregel

$\qquad = \dfrac{8x + 8x^3 - 8x^3 - 4x}{(1 + x^2)^2} = \dfrac{4x}{(1 + x^2)^2}$

$\Rightarrow f'(x) < 0$ für $x < 0$
$ f'(x) > 0$ für $x > 0$

Da der Nenner als Quadrat für alle x positiv ist, stimmt das Vorzeichen der 1. Ableitung mit dem des Zählers $4x$ überein. Dieser ist für $x \in \mathbb{R}^-$ negativ und für $x \in \mathbb{R}^+$ positiv.

Gleichung der Umkehrfunktion:

$f_1(x) := \dfrac{4x^2 + 2}{1 + x^2}$; $x \in \mathbb{R}^-$

Umkehrbare Einschränkungen von f nach Regel b

$f_2(x) := \dfrac{4x^2 + 2}{1 + x^2}$; $x \in \mathbb{R}^+$

$y = \dfrac{4x^2 + 2}{1 + x^2}$

$y + yx^2 = 4x^2 + 2$

Multiplikation mit $1 + x^2$

$yx^2 - 4x^2 = 2 - y$

Terme mit x auf eine Seite

$x^2 = \dfrac{2 - y}{y - 4} \Rightarrow x_{\pm} = \pm\sqrt{\dfrac{2 - y}{y - 4}}$

Auflösen nach x

$f_+^{-1}(x) = +\sqrt{\dfrac{2 - x}{x - 4}}$; $f_-^{-1}(x) = -\sqrt{\dfrac{2 - x}{x - 4}}$

Tausch der Variablen

Die Wertemenge der zu f_1 gehörenden Umkehrfunktion ist $\mathbb{R}^-$. Der zugehörige Funktionsterm muss also $f_-^{-1}(x)$ sein, da dieser nur negative Werte annimmt. Entsprechend gehört zu f_2 die Umkehrfunktion $f_+^{-1}(x)$, weil diese nur positive Werte annimmt.

b) **Definitionsmenge, auf der f umkehrbar ist:**

$f'(x) = \frac{e^{x^2}}{4} \cdot 2x = \frac{1}{2}xe^{x^2}$ 1. Ableitung von f mit Kettenregel

$\Rightarrow f'(x) < 0 \text{ für } x < 0$ Da $\frac{1}{2}e^{x^2}$ für alle x positiv ist, stimmt
$\quad f'(x) > 0 \text{ für } x > 0$ das Vorzeichen der 1. Ableitung mit dem des Faktors x überein. Dieser ist für $x \in \mathbb{R}^-$ negativ und für $x \in \mathbb{R}^+$ positiv.

Gleichung der Umkehrfunktion:

$f_1(x) := \frac{1}{4}e^{x^2}; \ x \in \mathbb{R}^+$ Umkehrbare Einschränkungen von f nach Regel b

$f_2(x) := \frac{1}{4}e^{x^2}; \ x \in \mathbb{R}^-$

$y = \frac{1}{4}e^{x^2} \Leftrightarrow e^{x^2} = 4y$ Auflösen nach x

$\Leftrightarrow x^2 = \ln(4y) \Leftrightarrow x_{\pm} = \pm\sqrt{\ln(4y)}$

$f_+^{-1}(x) = +\sqrt{\ln(4x)}; \ f_-^{-1}(x) = -\sqrt{\ln(4x)}$ Tausch der Variablen

Die Wertemenge der zu f_1 gehörenden Umkehrfunktion ist $\mathbb{R}^+$. Der zugehörige Funktionsterm muss also $f_+^{-1}(x)$ sein, da dieser nur positive Werte annimmt. Entsprechend gehört zu f_2 die Umkehrfunktion $f_-^{-1}(x)$, weil diese nur negative Werte annimmt.

142. Berechnung der Koordinaten des Wendepunkts von f. Die hierfür benötigten Ableitungen lauten:

$f'(x) = \frac{1}{\sqrt{x}} + x^2 = x^{-\frac{1}{2}} + x^2; \quad f''(x) = -\frac{1}{2}x^{-\frac{3}{2}} + 2x; \quad f'''(x) = \frac{3}{4}x^{-\frac{5}{2}} + 2$

Die Abszisse des Wendepunkts ist Nullstelle der 2. Ableitung.

Für $x > 0$ gilt:

$f''(x) = 0 \Leftrightarrow -\frac{1}{2}x^{-\frac{3}{2}} + 2x = 0 \Leftrightarrow -\frac{1}{2}x^{-\frac{5}{2}} = -2 \Leftrightarrow x = 4^{-\frac{2}{5}} = 2^{-\frac{4}{5}}$

Wegen $f'''(2^{-\frac{4}{5}}) = 5 \neq 0$ handelt es sich tatsächlich um eine Wendestelle, der einzige Wendepunkt von f besitzt also die Koordinaten

$W_f\left(2^{-\frac{4}{5}} \mid f(2^{-\frac{4}{5}})\right) = W_f\left(2^{-\frac{4}{5}} \mid \frac{25}{24} \cdot 2^{\frac{3}{5}}\right)$.

Nach Punkt 7 der Regel über die Vererbung von Funktionseigenschaften auf die Umkehrfunktion ist der Wendepunkt von f^{-1} das Spiegelbild von W_f bzgl. der Geraden $y = x$:

$W_{f^{-1}}\left(\frac{25}{24} \cdot 2^{\frac{3}{5}} \mid 2^{-\frac{4}{5}}\right)$

143. a) Die Aussage ist falsch, wie die Funktion

$$f(x) = \begin{cases} x, & \text{falls } x \le 0 \\ \frac{1}{x}, & \text{falls } x > 0 \end{cases}$$

zeigt: f steigt auf $\mathbb{R}_0^-$ streng monoton, fällt auf $\mathbb{R}^+$ streng monoton und ist trotzdem umkehrbar. Die Umkehrfunktion $f^{-1}(x)$ ist mit $f(x)$ identisch.

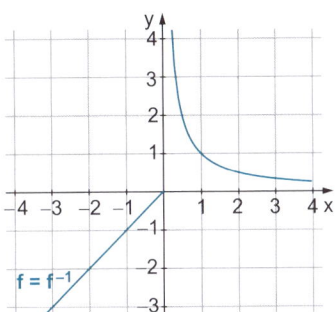

b) Die Aussage ist falsch, wie das Beispiel der Funktion aus Teilaufgabe a zeigt. Da diese identisch mit ihrer Umkehrfunktion ist, besitzen G_f und $G_{f^{-1}}$ unendlich viele gemeinsame Punkte.

c) Die Aussage ist falsch. So gelten z. B. für $f(x) = -x$ mit $\mathbb{D}_f = W_f = \mathbb{R}$ und $g(x) = 2x$ mit $\mathbb{D}_g = W_g = \mathbb{R}$ die geforderten Bedingungen $W_g = \mathbb{D}_f$ und $\mathbb{D}_g = W_f$, f ist aber nicht Umkehrfunktion von g oder umgekehrt.

d) Die Aussage ist falsch, wie die Funktion

$$f(x) = \begin{cases} \frac{1}{x} + 2, & \text{falls } x < 0 \\ 2 - x, & \text{falls } x \ge 0 \end{cases}$$

zeigt: $f'(x)$ ist für alle x aus $\mathbb{D}_f$ negativ, aber f ist nicht umkehrbar, weil z. B. $f(1) = 1 = f(-1)$.

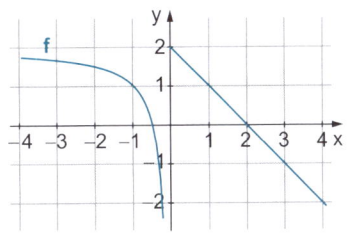

144. a) $f(x) = 3x^3 - 2x$

$\Rightarrow \quad F(x) = \frac{3}{4}x^4 - \frac{2}{2}x^2 = \frac{3}{4}x^4 - x^2$ Zu den Exponenten 1 addieren und durch den neuen Exponenten dividieren.

b) $f(x) = \frac{4}{\sqrt[3]{x}} - 2 = 4x^{-\frac{1}{3}} - 2$ Übergang zur Potenzschreibweise

$\Rightarrow \quad F(x) = \frac{4}{\frac{2}{3}}x^{\frac{2}{3}} - 2x$ Zu den Exponenten 1 addieren und durch den neuen Exponenten dividieren.

$= 6x^{\frac{2}{3}} - 2x = 6\sqrt[3]{x^2} - 2x$ $\frac{4}{\frac{2}{3}} = 4 : \frac{2}{3} = 4 \cdot \frac{3}{2} = \frac{12}{2} = 6$; Übergang zur Wurzelschreibweise

c) $f(x) = \frac{e^x + e^{-x}}{2} = \frac{1}{2}e^x + \frac{1}{2}e^{-x}$ Distributivgesetz der Division

$\Rightarrow \quad F(x) = \frac{1}{2}e^x + \frac{1}{2}(-e^{-x})$ tabellierte Stammfunktionen

$= \frac{e^x - e^{-x}}{2}$

d) $f(x) = \sin(2x) + \cos(3x)$

$\Rightarrow \quad F(x) = -\frac{1}{2}\cos(2x) + \frac{1}{3}\sin(3x)$ \qquad tabellierte Stammfunktionen

145. a) Der Funktionsterm wird zunächst vereinfacht:

$f(x) = \dfrac{e^{2x} - 1}{e^x + 1} = \dfrac{(e^x)^2 - 1}{e^x + 1}$

$= \dfrac{(e^x + 1)(e^x - 1)}{e^x + 1}$ \qquad 3. binomische Formel

$= e^x - 1$ \qquad Kürzen mit $e^x + 1$

$\Rightarrow \quad F(x) = e^x - x$ \qquad tabellierte Stammfunktionen

b) Wegen $6 - 2x \geq 0 \iff 3 \geq x$ lautet die abschnittsweise, betragsfreie Darstellung von f:

$|6 - 2x| - 4 = \begin{cases} 6 - 2x - 4 & \text{für } x \in\,]-\infty;\, 3] \\ -6 + 2x - 4 & \text{für } x \in\,]3;\, +\infty[\end{cases}$

$= \begin{cases} 2 - 2x & \text{für } x \in\,]-\infty;\, 3] \\ -10 + 2x & \text{für } x \in\,]3;\, +\infty[\end{cases}$

Für die Teilintervalle kann man folgende Stammfunktionen angeben:

$F_1(x) = 2x - x^2 \qquad$ für $x \in\,]-\infty;\, 3]$

$F_2(x) = -10x + x^2 \qquad$ für $x \in\,]3;\, +\infty[$

Wegen $\quad F_1(3) = 2 \cdot 3 - 3^2 \quad = 6 - 9 \quad = -3$

und $\qquad F_2(3) = -10 \cdot 3 + 3^2 = -30 + 9 = -21$

weist die aus F_1 und F_2 zusammengesetzte Funktion an der Stelle $x = 3$ aber eine endliche Strungstelle auf, ist also dort nicht differenzierbar. Dies ist nicht mehr der Fall, wenn man anstelle von $F_1(x)$ die Stammfunktion $F_1^*(x) = F_1(x) - 18$ verwendet, weil

$F_1^*(3) = F_1(3) - 18 = -3 - 18 = -21 = F_2(3)$.

Eine Stammfunktion von f(x) ist daher:

$F(x) = \begin{cases} -x^2 + 2x - 18 & \text{für } x \in\,]-\infty;\, 3] \\ x^2 - 10x & \text{für } x \in\,]3;\, +\infty[\end{cases}$

146. a) $f(x) = 1 + \ln x$

$\Rightarrow \quad F(x) = x + x \ln x - x + c$ \qquad tabellierte Stammfunktionen

$= x \ln x + c$

$e = e \cdot \ln e + c$ \qquad P(e | e) liegt auf dem Graphen von F.

$e = e + c$ \qquad $\ln e = 1$

$c = 0$

Die gesuchte Stammfunktion lautet: $F(x) = x \ln x$

b) $f(x) = x + 2$

$\Rightarrow \quad F(x) = \frac{1}{2}x^2 + 2x + c$ tabellierte Stammfunktionen

$2 = \frac{1}{2} \cdot 1^2 + 2 \cdot 1 + c$ P(1 | 2) liegt auf dem Graphen von F.

$c = -\frac{1}{2}$ Auflösen nach c

Die gesuchte Stammfunktion lautet: $F(x) = \frac{1}{2}x^2 + 2x - \frac{1}{2}$

c) $f(x) = \sin x - x$

$\Rightarrow \quad F(x) = -\cos x - \frac{x^2}{2} + c$ tabellierte Stammfunktionen

$\frac{\pi^2}{4} = -\cos\frac{\pi}{2} - \frac{\left(\frac{\pi}{2}\right)^2}{2} + c$ $P\left(\frac{\pi}{2} \middle| \frac{\pi^2}{4}\right)$ liegt auf dem Graphen von F.

$\frac{\pi^2}{4} = -\frac{\pi^2}{8} + c$ $\cos\frac{\pi}{2} = 0$; $\frac{\left(\frac{\pi}{2}\right)^2}{2} = \frac{\frac{\pi^2}{4}}{2} = \frac{\pi^2}{4} : 2 = \frac{\pi^2}{8}$

$c = \frac{3}{8} \cdot \pi^2$ Auflösen nach c

Die gesuchte Stammfunktion lautet: $F(x) = -\cos x - \frac{x^2}{2} + \frac{3}{8} \cdot \pi^2$

147. a) $F(x) = \sin^2 x + \cos^2 x$

$\Rightarrow \quad F'(x) = 2\sin x \cos x + 2\cos x (-\sin x)$

$\qquad\qquad = 2\sin x \cos x - 2\sin x \cos x = 0$

$G(x) = 1 \quad \Rightarrow \quad G'(x) = 0$

b) F und G sind Stammfunktionen der Funktion h(x) = 0 und unterscheiden sich daher nur um eine additive Konstante. Es gibt also eine Zahl c so, dass $F(x) = G(x) + c \Rightarrow F(x) - G(x) = c$.

c) Nach Teilaufgabe b gilt für alle reellen Zahlen x: $F(x) - G(x) = c$
Insbesondere gilt daher auch für x = 0:

$c = F(0) - G(0)$

$\quad = \sin^2 0 + \cos^2 0 - 1$

$\quad = 0^2 + 1^2 - 1 = 0$

Mit c = 0 folgt $F(x) - G(x) = 0$, also $F(x) = G(x)$ und damit:

$\sin^2 x + \cos^2 x = 1$

148. a) $\displaystyle\int_0^3 (x^3 - x)\, dx$

$\displaystyle = \left[\tfrac{1}{4}x^4 - \tfrac{1}{2}x^2\right]_0^3$ Integrationsformel, Stammfunktions-tabelle

$\displaystyle = \tfrac{1}{4}\cdot 3^4 - \tfrac{1}{2}\cdot 3^2 = 15{,}75$ Einsetzen der Integrationsgrenzen

b) $\displaystyle\int_0^3 \sqrt{x}\, dx = \int_0^3 x^{\frac{1}{2}}\, dx$ Übergang von der Wurzel- zur Potenz-schreibweise

$\displaystyle = \left[\tfrac{2}{3}x^{\frac{3}{2}}\right]_0^3$ Integrationsformel, Stammfunktions-tabelle

$\displaystyle = \tfrac{2}{3}\cdot 3^{\frac{3}{2}} = 2\sqrt{3} \approx 3{,}5$ Einsetzen der Integrationsgrenzen

c) $\displaystyle\int_1^e (x - \ln x)\, dx = \int_1^e x\, dx - \int_1^e \ln x\, dx$ 2. Linearitätseigenschaft

$\displaystyle = \left[\tfrac{1}{2}x^2\right]_1^e - \big[x\ln x - x\big]_1^e$ Integrationsformel, Stammfunktions-tabelle

$\displaystyle = \tfrac{1}{2}e^2 - \tfrac{1}{2}\cdot 1^2 - (e\ln e - e) + (1\cdot\ln 1 - 1)$ Einsetzen der Integrationsgrenzen

$\displaystyle = \tfrac{1}{2}e^2 - \tfrac{3}{2} \approx 2{,}2$

149. $\displaystyle\int_{-1}^{+1} x(x-2)(x+2)\, dx$

$\displaystyle = \int_{-1}^{+1} x(x^2 - 4)\, dx$ 3. binomische Formel

$\displaystyle = \int_{-1}^{+1} (x^3 - 4x)\, dx$ Ausmultiplizieren

$\displaystyle = \left[\tfrac{x^4}{4} - 2x^2\right]_{-1}^{+1}$ Integrationsformel, Stammfunktionstabelle

$\displaystyle = \left(\tfrac{1}{4} - 2\right) - \left(\tfrac{1}{4} - 2\right) = 0$ Einsetzen der Integrationsgrenzen

Deutung: Die Integrandenfunktion schließt mit der x-Achse auf dem Inter-vall $[-1;\ +1]$ genauso viel Fläche über wie unter der x-Achse ein.

150. a) $(\cos x - \sin x)^2$ Umformen der Integrandenfunktion:

$= (\cos x)^2 - 2\sin x \cos x + (\sin x)^2$ 2. binomische Formel

$= \underbrace{(\cos x)^2 + (\sin x)^2}_{=1} - \underbrace{2\sin x \cos x}_{=\sin(2x)}$ Termumstellung (1. Klammer: trigonometrischer Pythagoras, 2. Klammer: Hinweis)

$= 1 - \sin(2x)$

$$\int\limits_{-\frac{\pi}{2}}^{\pi} (\cos x - \sin x)^2 \, dx = \int\limits_{-\frac{\pi}{2}}^{\pi} (1 - \sin(2x)) \, dx$$ Berechnung des Integrals:

$$= \left[x + \frac{1}{2}\cos(2x) \right]_{-\frac{\pi}{2}}^{\pi}$$ Integrationsformel, Stammfunktionstabelle

$$= \left(\pi + \frac{1}{2}\cos(2\pi) \right) - \left(-\frac{\pi}{2} + \frac{1}{2}\cos(-\pi) \right)$$ Einsetzen der Integrationsgrenzen

$$= \left(\pi + \frac{1}{2} \right) - \left(-\frac{\pi}{2} - \frac{1}{2} \right) = \frac{3}{2}\pi + 1 \approx 5,7$$

b) Da $x_1 = -3$ und $x_2 = 2$ die Lösungen der quadratischen Gleichung $x^2 + x - 6 = 0$ sind, verläuft die nach oben offene Parabel $f(x) = x^2 + x - 6$ auf $]-\infty; -3[\cup]2; +\infty[$ über und auf $]-3; 2[$ unter der x-Achse. Daher lautet die betragsfreie Darstellung der Integrandenfunktion:

$$|x^2 + x - 6| = \begin{cases} x^2 + x - 6 & \text{für } x \in]-\infty; -3] \cup [2; +\infty[\\ -(x^2 + x - 6) = -x^2 - x + 6 & \text{für } x \in]-3; 2[\end{cases}$$

Wegen der Additivität des bestimmten Integrals können Sie die Integrationsintervalle anpassen und erhalten:

$$\int\limits_{-4}^{3} |x^2 + x - 6| \, dx = \int\limits_{-4}^{-3} (x^2 + x - 6) \, dx + \int\limits_{-3}^{2} (-x^2 - x + 6) \, dx$$
$$+ \int\limits_{2}^{3} (x^2 + x - 6) \, dx$$

Nach der Integrationsformel gilt für diese drei Teilintegrale:

$$\int\limits_{-4}^{-3} (x^2 + x - 6) \, dx = \left[\frac{x^3}{3} + \frac{x^2}{2} - 6x \right]_{-4}^{-3}$$
$$= \left(\frac{(-3)^3}{3} + \frac{(-3)^2}{2} - 6\cdot(-3) \right) - \left(\frac{(-4)^3}{3} + \frac{(-4)^2}{2} - 6\cdot(-4) \right)$$
$$= \frac{17}{6}$$

$$\int\limits_{-3}^{2} (-x^2 - x + 6) \, dx = \left[-\frac{x^3}{3} - \frac{x^2}{2} + 6x \right]_{-3}^{2}$$
$$= \left(-\frac{2^3}{3} - \frac{2^2}{2} + 6\cdot 2 \right) - \left(-\frac{(-3)^3}{3} - \frac{(-3)^2}{2} + 6\cdot(-3) \right) = \frac{125}{6}$$

$$\int_{2}^{3} (x^2 + x - 6)\,dx = \left[\frac{x^3}{3} + \frac{x^2}{2} - 6x\right]_{2}^{3}$$

$$= \left(\frac{3^3}{3} + \frac{3^2}{2} - 6\cdot 3\right) - \left(\frac{2^3}{3} + \frac{2^2}{2} - 6\cdot 2\right) = \frac{17}{6}$$

Insgesamt folgt:

$$\int_{-4}^{3} |x^2 + x - 6|\,dx = \frac{17}{6} + \frac{125}{6} + \frac{17}{6} = \frac{53}{2} = 26{,}5$$

c) $\quad \displaystyle\int_{0}^{2\pi} |\sin(2x)|\,dx = 4\cdot\int_{0}^{\frac{\pi}{2}} \sin(2x)\,dx \quad (*)$ Umformen des Integrals anhand einer Skizze des Funktionsgraphen:

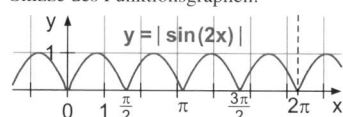

$$\int_{0}^{\frac{\pi}{2}} \sin(2x)\,dx = \left[-\frac{1}{2}\cos(2x)\right]_{0}^{\frac{\pi}{2}}$$ Integrationsformel, Stammfunktionstabelle

$$= \left(-\frac{1}{2}\cos\left(2\cdot\frac{\pi}{2}\right)\right) - \left(-\frac{1}{2}\cos 0\right)$$ Einsetzen der Integrationsgrenzen

$$= \frac{1}{2} + \frac{1}{2} = 1$$

$$\int_{0}^{2\pi} |\sin(2x)|\,dx = 4\cdot 1 = 4$$ Einsetzen in $(*)$

151. a) $\quad \displaystyle\int_{0}^{\frac{2}{k}} \big(x(2-kx)\big)\,dx$ Berechnen des Integrals:

$$= \int_{0}^{\frac{2}{k}} (-kx^2 + 2x)\,dx$$ Ausmultiplizieren

$$= \left[-\frac{k}{3}x^3 + x^2\right]_{0}^{\frac{2}{k}}$$ Integrationsformel, Stammfunktionstabelle

$$= -\frac{k}{3}\left(\frac{2}{k}\right)^3 + \left(\frac{2}{k}\right)^2$$ Einsetzen der Integrationsgrenzen

$$= -\frac{8}{3}\cdot\frac{1}{k^2} + \frac{4}{k^2} = \frac{4}{3}\cdot\frac{1}{k^2}$$

$$\frac{4}{3}\cdot\frac{1}{k^2} = \frac{16}{3}$$ Bestimmungsgleichung für k

$$\Leftrightarrow k^2 = \frac{1}{4} \Leftrightarrow k_1 = +\frac{1}{2};\ k_2 = -\frac{1}{2}$$ Auflösen nach k

b) $\int\limits_{0}^{k} 2e^x\,dx$

Berechnen des Integrals:

$= \left[2e^x\right]_{0}^{k}$

Integrationsformel, Stammfunktionstabelle, Einsetzen der Integrationsgrenzen; $e^0 = 1$

$= 2e^k - 2e^0 = 2e^k - 2$

$2e^k - 2 = 1$

Bestimmungsgleichung für k

$2e^k = 3$

Auf beiden Seiten 2 addieren.

$e^k = \dfrac{3}{2}$

Auf beiden Seiten durch 2 dividieren.

$k = \ln\dfrac{3}{2}$

Auf beiden Seiten logarithmieren.

c) $\int\limits_{0}^{k} \dfrac{e^{kx}}{k}\,dx = \left[\dfrac{e^{kx}}{k^2}\right]_{0}^{k} = \left(\dfrac{e^{k\cdot k}}{k^2}\right) - \left(\dfrac{e^0}{k^2}\right)$

Berechnen des Integrals: Integrationsformel, Stammfunktionstabelle,
Einsetzen der Integrationsgrenzen

$= \dfrac{e^{k^2} - 1}{k^2}$

$\dfrac{e^{k^2} - 1}{k^2} = \dfrac{1}{k^2}$

Bestimmungsgleichung für k

$e^{k^2} - 1 = 1$

Auf beiden Seiten mit k^2 multiplizieren.

$e^{k^2} = 2$

Auf beiden Seiten 1 addieren.

$k^2 = \ln 2$

Auf beiden Seiten logarithmieren und
anschließend radizieren.

$k_1 = +\sqrt{\ln 2};\ k_2 = -\sqrt{\ln 2}$

152. $A = \int\limits_{-e}^{e} \dfrac{1}{2}(e^x + e^{-x})\,dx$

1. Flächensatz (f nimmt nur positive
Werte an)

$- 2 \cdot \int\limits_{0}^{e} \dfrac{1}{2}(e^x + c^{-x})\,dx$

Da f symmetrisch bzgl. der y-Achse ist,
lassen sich günstigere Integrationsgrenzen wählen.

$= \int\limits_{0}^{e} (e^x + e^{-x})\,dx$

Eigenschaften des bestimmten Integrals

$= \left[e^x - e^{-x}\right]_{0}^{e}$

Integrationsformel, Stammfunktionstabelle

$= (e^e - e^{-e}) - (e^0 - e^0) = e^e - e^{-e}$

Einsetzen der Integrationsgrenzen

$\approx 15{,}1$

153. Zunächst weisen Sie nach, dass die 1. Ableitung von f symmetrisch zum Koordinatenursprung ist, sodass Sie sich anschließend auf die Berechnung einer der beiden Teilflächen beschränken können.

$f(x) = e^{1-0,5x^2} \Rightarrow f'(x) = e^{1-0,5x^2} \cdot (-x)$ 1. Ableitung von f mit Kettenregel

$f'(-x) = e^{1-0,5(-x)^2} \cdot x = -f'(x)$ Nachweis der Punktsymmetrie zum Ursprung

$A = \left| 2 \cdot \int_0^1 f'(x)\, dx \right|$ 1. Flächensatz

$\quad = 2 \cdot \left| \left[f(x) \right]_0^1 \right|$ Integrationsformel

$\quad = 2 \cdot |f(1) - f(0)| = 2 \left| e^{1-0,5} - e^1 \right|$ Einsetzen der Integrationsgrenzen

$\quad = 2e - 2\sqrt{e} \approx 2,1$

154. $(e^x - 2)^2 = 4$ Berechnung der Integrationsgrenzen: Die obere Integrationsgrenze ist die Abszisse des Punktes, in dem der Graph die horizontale Asymptote schneidet. Diese erhält man als Lösung der Gleichung f(x) = 4.

$\Leftrightarrow |e^x - 2| = 2$

$\Leftrightarrow e^x - 2 = \pm 2$

$\Leftrightarrow e^{x_1} = 4 \quad$ bzw. $\quad e^{x_2} = 0$

$\Rightarrow \quad x_1 = \ln 4$ Nur die erste Gleichung besitzt eine Lösung.

$A = \int_{-4}^{\ln 4} (4 - (e^x - 2)^2)\, dx$ 2. Flächensatz

$\quad = \int_{-4}^{\ln 4} (-e^{2x} + 4e^x)\, dx$ Algebraische Vereinfachung der Integrandenfunktion

$\quad = -\int_{-4}^{\ln 4} e^{2x}\, dx + 4\int_{-4}^{\ln 4} e^x\, dx$ Linearitätseigenschaften

$\quad = -\left[\tfrac{1}{2} e^{2x} \right]_{-4}^{\ln 4} + 4 \cdot \left[e^x \right]_{-4}^{\ln 4}$ Integrationsformel

$\quad = -\left[\tfrac{1}{2} e^{2\ln 4} - \tfrac{1}{2} e^{-8} \right] + 4 \cdot \left[e^{\ln 4} - e^{-4} \right]$ Einsetzen der Integrationsgrenzen

$\quad = -\left[\tfrac{1}{2} \cdot 16 - \tfrac{1}{2} e^{-8} \right] + 4 \cdot \left[4 - e^{-4} \right]$

$\quad = 8 + \tfrac{e^{-8}}{2} - 4e^{-4} \approx 7,9$

155. $A = \int\limits_{0}^{\frac{3}{k}} 2e^{-kx}\, dx = 2 \cdot \int\limits_{0}^{\frac{3}{k}} e^{-kx}\, dx$ 1. Flächensatz, Graph von f_k verläuft nur über der x-Achse

$\qquad = 2 \cdot \left[\frac{1}{-k} e^{-kx} \right]_{0}^{\frac{3}{k}}$ Integrationsformel

$\qquad = \frac{2}{-k} e^{-3} - \left(\frac{2}{-k} \right) = \frac{2}{k} \cdot (1 - e^{-3})$ Einsetzen der Integrationsgrenzen

$\frac{2}{k} \cdot (1 - e^{-3}) = 2$ Bestimmungsgleichung für k

$\qquad\qquad k = (1 - e^{-3}) \approx 0,95$ Auflösen nach k

156. $f(x) = 0 \iff 2e^x - e^{2x} = 0 \iff e^x(2 - e^x) = 0$ Berechnung der positiven Nullstelle der Funktion f

$\qquad\qquad \iff 2 - e^x = 0 \iff x = \ln 2$

$g(x) = 0 \iff -x^2 + 1 = 0 \iff x^2 = 1$ Berechnung der positiven Nullstelle der Funktion g

$\qquad\qquad \iff x_1 = 1; \ x_2 = -1$

$\Rightarrow$ Positive Nullstellen: $\ln 2$ bzw. 1

$A = \int\limits_{0}^{1} g(x)\, dx - \int\limits_{0}^{\ln 2} f(x)\, dx$ Der gesuchte Flächeninhalt A ergibt sich nach dem 1. Flächensatz als Differenz der Flächen, welche die Koordinatenachsen und die Graphen der Funktionen f und g im 1. Quadranten einschließen.

$\qquad = \int\limits_{0}^{1} (-x^2 + 1)\, dx - \int\limits_{0}^{\ln 2} (2e^x - e^{2x})\, dx$

$\qquad = \left[-\frac{x^3}{3} + x \right]_{0}^{1} - \left[2e^x - \frac{1}{2} \cdot e^{2x} \right]_{0}^{\ln 2}$ Integrationsformel; tabellierte Stammfunktionen

$\qquad = \left(-\frac{1}{3} + 1 \right) - \left[\left(2e^{\ln 2} - \frac{1}{2} \cdot e^{2\ln 2} \right) - \left(2e^0 - \frac{1}{2} \cdot e^0 \right) \right]$ Einsetzen der Integrationsgrenzen

$\qquad = \frac{2}{3} - \left(2 \cdot 2 - \frac{1}{2} \cdot 4 \right) + \left(2 - \frac{1}{2} \right)$

$\qquad = \frac{1}{6}$

157. $f(x) = g(x) \iff e^{-x} = e^{0,2x}$ Berechnung der Integrationsgrenzen

$\qquad\qquad \iff -x = 0,2x$

$\qquad\qquad \iff x = 0$

$A = \left| \int\limits_{-1}^{0} (e^{-x} - e^{0,2x})\, dx \right| + \left| \int\limits_{0}^{1} (e^{-x} - e^{0,2x})\, dx \right|$ 2. Flächensatz

$\qquad = \left| \left[-e^{-x} - 5e^{0,2x} \right]_{-1}^{0} \right| + \left| \left[-e^{-x} - 5e^{0,2x} \right]_{0}^{1} \right|$ Integrationsformel; tabellierte Stammfunktionen

$$= \left| (-e^0 - 5e^0) - (-e^1 - 5e^{-0,2}) \right|$$

$$+ \left| (-e^{-1} - 5e^{0,2}) - (-e^0 - 5e^0) \right|$$

$$= \left| -6 + e + 5e^{-0,2} \right| + \left| -e^{-1} - 5e^{0,2} + 6 \right|$$

$$\approx 1,3$$

Einsetzen der Integrationsgrenzen

158. Die x-Koordinaten der Graphenschnittpunkte lauten: $x_1 = 1$ und $x_2 = 4$

Berechnung der von G_f und G_h eingeschlossenen Fläche:

Nach dem 2. Flächensatz gilt:

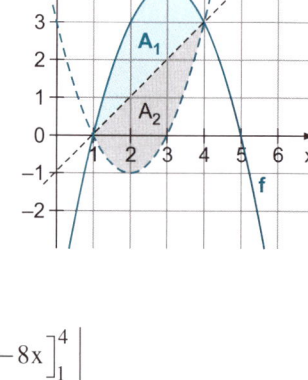

$$A = \left| \int_1^4 (f(x) - h(x))\, dx \right|$$

$$= \left| \int_1^4 \left((-x^2 + 6x - 5) - (x^2 - 4x + 3) \right) dx \right|$$

$$= \left| \int_1^4 (-2x^2 + 10x - 8)\, dx \right| = \left| \left[-\tfrac{2}{3} x^3 + 5x^2 - 8x \right]_1^4 \right|$$

$$= \left| \left(-\tfrac{2}{3} \cdot 4^3 + 5 \cdot 4^2 - 8 \cdot 4 \right) - \left(-\tfrac{2}{3} \cdot 1^3 + 5 \cdot 1^2 - 8 \cdot 1 \right) \right| = 9$$

Aufstellen der Geradengleichung:

Da die Gerade durch die Punkte $(1\,|\,0)$ und $(4\,|\,3)$ verläuft, besitzt sie die Steigung $m = \dfrac{3 - 0}{4 - 1} = 1$, ihre vorläufige Gleichung lautet daher $g(x) = x + t$. Setzt man darin die Punktkoordinaten, z. B. $(1\,|\,0)$, ein, erhält man den Achsenabschnitt t:

$0 = 1 + t \ \Rightarrow \ t = -1 \ \Rightarrow \ $ endgültige Geradengleichung: $g(x) = x - 1$

Berechnung des von G_f und G_g eingeschlossenen Flächeninhalts:

$$A_1 = \left| \int_1^4 (f(x) - g(x))\, dx \right| = \left| \int_1^4 \left((-x^2 + 6x - 5) - (x - 1) \right) dx \right|$$

$$= \left| \int_1^4 (-x^2 + 5x - 4)\, dx \right| = \left| \left[-\tfrac{1}{3} x^3 + \tfrac{5}{2} x^2 - 4x \right]_1^4 \right|$$

$$= \left| \left(-\tfrac{1}{3} \cdot 4^3 + \tfrac{5}{2} \cdot 4^2 - 4 \cdot 4 \right) - \left(-\tfrac{1}{3} \cdot 1^3 + \tfrac{5}{2} \cdot 1^2 - 4 \cdot 1 \right) \right| = \tfrac{9}{2}$$

Flächenverhältnis:

$$A_2 = A - A_1 = 9 - \frac{9}{2} = \frac{9}{2}$$

$$\Rightarrow \quad A_1 : A_2 = \frac{9}{2} : \frac{9}{2} = 1 : 1$$

159. **Berechnung der Nullstellen von $g_k(x)$:**

$$g_k(x) = 0 \iff -\frac{k}{2}x^2 + \frac{k^2}{2}x = 0$$

$$\iff \frac{k}{2}x(-x+k) = 0$$

$$\iff x_1 = 0; \ x_2 = k$$

Berechnung der von G_{g_k} und der x-Achse eingeschlossenen Fläche A_g:

Nach dem 1. Flächensatz gilt:

$$A_g = \int\limits_0^k g_k(x)\,dx = \int\limits_0^k \left(-\frac{k}{2}x^2 + \frac{k^2}{2}x\right)dx = \left[-\frac{k}{6}x^3 + \frac{k^2}{4}x^2\right]_0^k$$

$$= -\frac{k}{6}\cdot k^3 + \frac{k^2}{4}\cdot k^2 = \frac{k^4}{12}$$

Berechnung der von G_{f_k} und der x-Achse eingeschlossenen Fläche A_f:

$$A_f = \int\limits_0^k f_k(x)\,dx = \int\limits_0^k \left(\frac{x^3}{2} - kx^2 + \frac{k^2}{2}x\right)dx = \left[\frac{x^4}{8} - \frac{k}{3}x^3 + \frac{k^2}{4}x^2\right]_0^k$$

$$= \frac{k^4}{8} - \frac{k}{3}\cdot k^3 + \frac{k^2}{4}\cdot k^2 = \frac{k^4}{24}$$

Wegen $A_g = 2 \cdot A_f$ teilt G_{f_k} die von G_{g_k} und der x-Achse eingeschlossene Fläche im Verhältnis $1:1$.

160. Die Drehung erfolgt um die x-Achse, daher lässt sich die Regel zum Drehkörpervolumen unmittelbar anwenden:

$$V = \pi \cdot \int\limits_0^2 (x^2)^2\,dx = \pi \cdot \int\limits_0^2 x^4\,dx = \pi \cdot \left[\frac{x^5}{5}\right]_0^2 = \pi \cdot \frac{32}{5} = 6,4\pi \approx 20,1$$

161. Regel zum Drehkörpervolumen:

$$V = \pi \cdot \int\limits_0^4 (\sqrt{8-2x})^2\,dx = \pi \int\limits_0^4 (8-2x)\,dx = \pi \cdot \left[8x - x^2\right]_0^4 = \pi \cdot (8\cdot 4 - 4^2)$$

$$= 16\pi \approx 50,3$$

162. Drehen Sie die Gläser um 90° nach rechts, bis ihre Symmetrieachsen mit der x-Achse des Koordinatensystems zusammenfallen und die Scheitel im Koordinatenursprung liegen. Die mit Flüssigkeit gefüllten Volumina V_1 und V_2 sind dann die Rauminhalte der Drehkörper, die durch Rotation der von den Graphen der Funktionen $j(x) = \sqrt{x}$ bzw. $k(x) = \sqrt[3]{x}$, der x-Achse und der vertikalen Geraden $x = h$ begrenzten Flächen um die x-Achse entstehen.

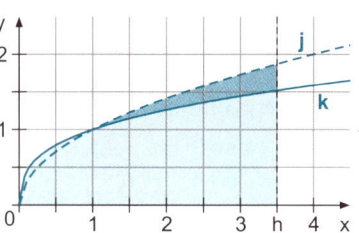

Für das Drehkörpervolumen erhalten Sie hierfür:

$$V_1 = \pi \cdot \int_0^h (j(x))^2 \, dx = \pi \cdot \int_0^h x \, dx = \pi \cdot \left[\tfrac{1}{2} x^2\right]_0^h = \pi \cdot \tfrac{1}{2} h^2$$

$$V_2 = \pi \cdot \int_0^h (k(x))^2 \, dx = \pi \cdot \int_0^h x^{\frac{2}{3}} \, dx = \pi \cdot \left[\tfrac{3}{5} x^{\frac{5}{3}}\right]_0^h = \pi \cdot \tfrac{3}{5} h^{\frac{5}{3}}$$

Aus der Gleichheit der Füllmengen lässt sich die Füllhöhe h berechnen:

$$V_1 = V_2 \;\Leftrightarrow\; \pi \cdot \tfrac{1}{2} h^2 = \pi \cdot \tfrac{3}{5} h^{\frac{5}{3}} \;\Leftrightarrow\; h^{2-\frac{5}{3}} = \tfrac{2 \cdot 3}{5} \;\Leftrightarrow\; h^{\frac{1}{3}} = \tfrac{6}{5}$$

$$\Leftrightarrow\; h = \left(\tfrac{6}{5}\right)^3 = \tfrac{216}{125}$$

Durch Einsetzen in eine der beiden Volumenformeln ergibt sich die gesuchte Füllmenge:

$$V_1 = \pi \cdot \tfrac{1}{2} \cdot \left(\tfrac{216}{125}\right)^2 = \tfrac{23\,328}{15\,625} \cdot \pi \approx 4,69$$

163. a) Eine beliebige Stammfunktion der Funktion $f(x) = x + 3$, $x \in \mathbb{R}$ besitzt die Form:

$$F_k(x) = \tfrac{1}{2} x^2 + 3x + k \quad \text{mit } x, k \in \mathbb{R}$$

Von diesen quadratischen Funktionen sind nach dem Satz über die Stamm- und Integralfunktionen nur diejenigen auch Integralfunktionen, die mindestens eine Nullstelle besitzen. Das sind die Funktionen, deren Diskriminante $D_k = 3^2 - 4 \cdot \tfrac{1}{2} \cdot k = 9 - 2k$ nicht negativ ist, für deren Scharparameter also gilt:

$$9 - 2k \geq 0 \;\Leftrightarrow\; 2k \leq 9 \;\Leftrightarrow\; k \leq \tfrac{9}{2}$$

Nur die Funktionen $F_k(x)$, $x \in \mathbb{R}$ mit $k \leq \tfrac{9}{2}$ sind Integralfunktionen von $f(x) = x + 3$.

b) $f(x) = \sin x \;\Rightarrow\; F_k(x) = -\cos x + k$
    $(x, k \in \mathbb{R})$

Berechnen der Stammfunktionen F_k zu f

$F_k(x) = 0 \;\Leftrightarrow\; \cos x = k \;\Rightarrow\; |k| \leq 1$

Berechnung der Nullstellen; die Gleichung $\cos x = k$ besitzt wegen $|\cos x| \leq 1$ nur dann mindestens eine Lösung, wenn $|k| \leq 1$.

$F_k(x) = -\cos x + k,\; x \in \mathbb{R} \;\text{mit}\; |k| \leq 1$

Bestimmen der Integralfunktionen (Regel über Stamm- und Integralfunktionen)

c) Eine beliebige Stammfunktion der Funktion $f(x) = x^2$, $x \in \mathbb{R}$ besitzt die Form $F_k(x) = \frac{1}{3} x^3 + k$ mit $x, k \in \mathbb{R}$. Da $F_k(x)$ eine parallel zur y-Achse verschobene und gestauchte Parabel ungerader Ordnung ist (vgl. Abschnitte 1.5 und 2.4), besitzt jedes $F_k(x)$ genau eine Nullstelle und ist nach der Regel über die Stamm- und Integralfunktionen daher auch Integralfunktion.

164. Alle angegebenen Integralfunktionen lassen sich mithilfe der Integrationsformel integralfrei darstellen.

a) $I(x) = \displaystyle\int_{\ln 2}^{x} (e^{-t} - e^t)\, dt = \Big[-e^{-t} - e^t \Big]_{\ln 2}^{x}$

$= (-e^{-x} - e^x) - (-e^{-\ln 2} - e^{\ln 2}) = (-e^{-x} - e^x) - (-e^{\ln \frac{1}{2}} - e^{\ln 2})$

$= -e^{-x} - e^x + \frac{1}{2} + 2 = -e^{-x} - e^x + \frac{5}{2}$

b) $I(x) = \displaystyle\int_{x}^{-\frac{\pi}{3}} \sin t\, dt = \Big[-\cos t \Big]_{x}^{-\frac{\pi}{3}} = -\cos\!\left(-\frac{\pi}{3}\right) + \cos x = \cos x - \frac{1}{2}$

c) $I_k(x) = \displaystyle\int_{k}^{x} \left(\frac{1}{k} \cdot t^2 - t - k \right) dt = \left[\frac{1}{3} \cdot \frac{1}{k} t^3 - \frac{1}{2} t^2 - kt \right]_{k}^{x}$

$= \left(\frac{1}{3k} x^3 - \frac{1}{2} x^2 - kx \right) - \left(\frac{1}{3k} \cdot k^3 - \frac{1}{2} \cdot k^2 - k^2 \right)$

$= \frac{1}{3k} x^3 - \frac{1}{2} x^2 - kx + \frac{7}{6} k^2$

165. Nach dem HDI lässt sich jede differenzierbare Funktion F mit mindestens einer Nullstelle als Integralfunktion schreiben:

$F(x) = \displaystyle\int_{c}^{x} F'(t)\, dt \qquad (*)$

Die untere Grenze c finden Sie wegen $F(c) = 0$ unter den Nullstellen von $F(x)$ (existieren mehrere Nullstellen, sind daher auch mehrere Darstellungen der Integralfunktion möglich).

a) Durch Raten finden Sie, dass $x_1 = 1$ Lösung der Gleichung
$$F(x) = 0 \iff x^3 - 2x^2 + 1 = 0$$
ist. Wegen $F'(x) = 3x^2 - 4x$ gilt nach (∗):
$$x^3 - 2x^2 + 1 = \int_1^x (3t^2 - 4t) \, dt$$

b) Aus $F(x) = \sin(\cos x) = 0$ folgt zunächst $\cos x = 0$ und hieraus $x = \frac{\pi}{2}$.
Mit $F'(x) = \left(\cos(\cos x) \cdot (-\sin x) \right)$ folgt nach (∗):
$$\sin(\cos x) = \int_{\frac{\pi}{2}}^x \left(\cos(\cos t) \cdot (-\sin t) \right) dt$$

c) Wegen $F(x) = \ln(x+1) = 0 \iff x + 1 = 1 \iff x = 0$ ist $x_1 = 0$ die untere Integralgrenze. Mit $F'(x) = \frac{1}{x+1}$ folgt nach (∗):
$$\ln(x+1) = \int_0^x \frac{1}{1+t} \, dt$$

166. Da $F_k(x) = x(x-k)^2 = x^3 - 2kx^2 + k^2 x$ die Nullstellen $x_1 = 0$ und $x_2 = k$ besitzt und $F_k'(x) = 3x^2 - 4kx + k^2$ ist, sind
$$F_{k,0}(x) = \int_0^x (3t^2 - 4kt + k^2) \, dt \quad \text{und} \quad F_{k,k}(x) = \int_k^x (3t^2 - 4kt + k^2) \, dt$$
Integralfunktionsdarstellungen der Funktion $F_k(x)$.

167. Mithilfe der Quotienten- und Kettenregel erhalten Sie für die 1. Ableitung von $F(x)$:
$$F'(x) = -\frac{1}{5} \frac{x \cdot \frac{2x}{2\sqrt{x^2+5}} - \sqrt{x^2+5} \cdot 1}{x^2} = -\frac{1}{5} \frac{\frac{2x^2 - 2(x^2+5)}{2\sqrt{x^2+5}}}{x^2} = -\frac{1}{5} \frac{-10}{x^2 \cdot 2\sqrt{x^2+5}} = \frac{1}{x^2 \sqrt{x^2+5}}$$
F ist daher Stammfunktion der Integrandenfunktion und unterscheidet sich von $I(x)$ höchstens um eine additive Konstante k:
$$F(x) = I(x) + k \quad (∗)$$
Speziell gilt für die untere Integrationsgrenze einerseits $I(2) = 0$, andererseits:
$$F(2) = -\frac{1}{5} \frac{\sqrt{2^2+5}}{2} + \frac{3}{10} = -\frac{1}{5} \cdot \frac{3}{2} + \frac{3}{10} = 0$$
Daraus folgt mit (∗):
$$F(2) = I(2) + k \iff 0 = 0 + k \iff k = 0 \Rightarrow F(x) = I(x)$$

168. Eine Nullstelle der Integralfunktion liegt an der unteren, festen Integrationsgrenze $x_1 = -3$.
Links davon gibt es keine weiteren Nullstellen, da die Parabel nur über der x-Achse verläuft und die Flächenbilanz negativ ist (vgl. S. 115).
Rechts davon geht A in die Flächenbilanz negativ und B positiv ein.
Daher ist diejenige Stelle x_2, bei der $|A| = |B|$ gilt, die zweite Nullstelle der Integralfunktion. Abschätzen (z. B. durch Kästchenzählen) ergibt $1 < x_2 < 2$ (exakt: $x_2 = 1{,}5$). Rechts von x_2 bleibt die Flächenbilanz positiv, es gibt keine weiteren Nullstellen.

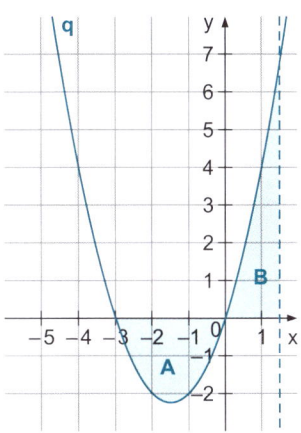

169. Für $k \geq 0$ verlaufen die Graphen der Funktionen $f_k(x) = |2x - 2| + k$ über der x-Achse. Daher ist die Flächenbilanz von $f_k(x)$ auf Intervallen, die sich von 1 nach rechts (links) erstrecken, positiv (negativ) und $I_k(x)$ besitzt bei $x = 1$ die einzige Nullstelle.
Für $k < 0$ gibt es zusätzlich zu $x_1 = 1$ noch die Nullstellen $x_2 = 1 + 2a$ und $x_3 = 1 - 2a$, weil die Flächenbilanz von $f_k(x)$ auf $[1; 1 + 2a]$ und auf $[1 - 2a; 1]$ null ist. a bezeichnet dabei den Abstand der Nullstellen der Funktion $f_k(x)$ von 1.

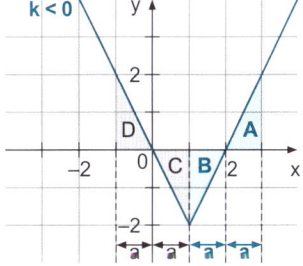

170. **Fall 1: $k = 4$**
Weil beide getönten Flächeninhalte negativ in die Flächenbilanz eingehen, besitzt $I_4(x)$ bei $x = 4$ die einzige Nullstelle.

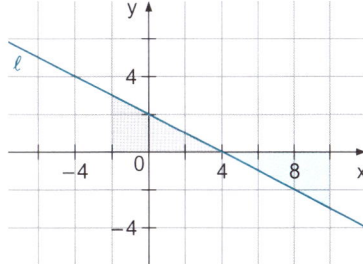

Fall 2: $k < 4$

Weil die Flächeninhalte

- A negativ
- B positiv
- C negativ
- D negativ

in die Flächenbilanz eingehen, liegen die Nullstellen von $I_k(x)$ bei $x_1 = k$ und bei $x_2 = k + 2 \cdot |4 - k|$.

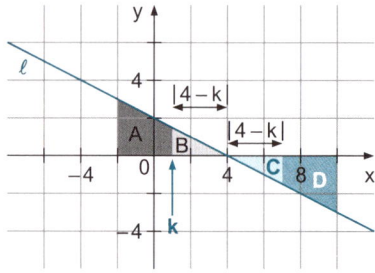

Fall 3: $k > 4$

Weil die Flächeninhalte

- A negativ
- B negativ
- C positiv
- D negativ

in die Flächenbilanz eingehen, liegen die Nullstellen von $I_k(x)$ bei $x_1 = k$ und bei $x_2 = k - 2 \cdot |4 - k|$.

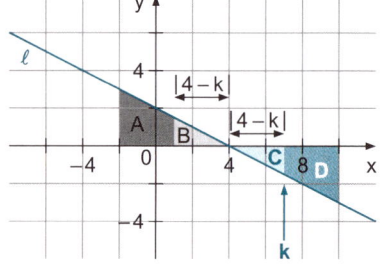

171. Die Integrandenfunktionen $a(x) = e^{|x|}$ und $d(x) = |x|$ sind symmetrisch bezüglich der y-Achse. Nach der Regel über die Symmetrie von Integralfunktionen sind daher $A(x)$ und $D(x)$ punktsymmetrisch bezüglich des Koordinatenursprungs.

Die Integrandenfunktionen $b(x) = \sin x$ und $c(x) = x^{11}$ sind symmetrisch bezüglich des Koordinatenursprungs. Nach der Regel über die Symmetrie von Integralfunktionen sind daher $B(x)$ und $C(x)$ achsensymmetrisch bezüglich der y-Achse.

172. Da der Graph von $f(x)$ symmetrisch bezüglich des Koordinatenursprungs ist, kommen für die Funktion $J(x)$ nach der Regel über die Symmetrie von Integralfunktionen nur die achsensymmetrischen Funktionen A, B und D infrage. Da $J(x)$ bei $x = 0$ eine Nullstelle besitzt, bleibt davon nur noch $A(x)$ übrig.

173. In beiden Fällen gilt:

$$F(x) = \int_{-x}^{x} f(t)\, dt = \int_{-x}^{0} f(t)\, dt + \int_{0}^{x} f(t)\, dt = -\int_{0}^{-x} f(t)\, dt + \int_{0}^{x} f(t)\, dt \quad (*)$$

a) Ist f(x) **symmetrisch bezüglich des Koordinatenursprungs**, so ist

$x \mapsto \int_0^x f(t)\,dt$ nach der Regel über die Symmetrie von Integralfunktionen

symmetrisch bezüglich der y-Achse und es gilt: $\int_0^{-x} f(t)\,dt = \int_0^x f(t)\,dt$

Eingesetzt in (∗) erhalten Sie:

$$F(x) = \int_{-x}^x f(t)\,dt = -\int_0^x f(t)\,dt + \int_0^x f(t)\,dt = 0$$

F(x) ist die Nullfunktion, ihr Graph ist die x-Achse. F ist daher symmetrisch bezüglich der y-Achse und punktsymmetrisch bezüglich des Koordinatenursprungs.

b) Ist f(x) **symmetrisch bezüglich der y-Achse**, so ist $x \mapsto \int_0^x f(t)\,dt$ nach

der Regel über die Symmetrie von Integralfunktionen symmetrisch bezüglich des Koordinatenursprungs und es gilt:

$$\int_0^{-x} f(t)\,dt = -\int_0^x f(t)\,dt$$

Eingesetzt in (∗) erhalten Sie:

$$F(x) = \int_{-x}^x f(t)\,dt = -\left(-\int_0^x f(t)\,dt\right) + \int_0^x f(t)\,dt = 2\int_0^x f(t)\,dt$$

F ist daher punktsymmetrisch zum Koordinatenursprung, weil:

$$F(-x) = 2\int_0^{-x} f(t)\,dt = -2\int_0^x f(t)\,dt = -F(x)$$

174. a) • $F_{-0,5}(x)$ besitzt zwei **Nullstellen**. Eine liegt bei −0,5 an der unteren, festen Integrationsgrenze, die zweite aufgrund der Flächenbilanz rechts von 0.
- $F_{-0,5}(x)$ **fällt** auf $]-\infty;\,0[$ **streng monoton**, weil G_f dort unter der x-Achse verläuft.
- $F_{-0,5}(x)$ **steigt** auf $]0;\,+\infty[$ **streng monoton**, weil G_f dort über der x-Achse verläuft.

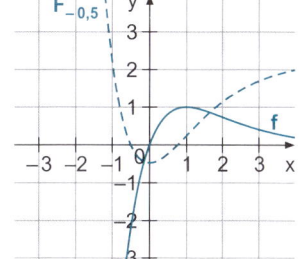

- $F_{-0,5}(x)$ besitzt bei **x = 0** ein **relatives Minimum**, weil G_f dort die x-Achse von unten nach oben durchstößt.
- $F_{-0,5}(x)$ ist auf $]-\infty;\,1[$ **linksgekrümmt**, weil G_f dort streng monoton steigt, und auf $]1;\,+\infty[$ **rechtsgekrümmt**, weil G_f dort streng monoton fällt.

- $F_{-0,5}(x)$ besitzt bei **x = 1** einen **Wendepunkt**, weil f(x) dort ein relatives Extremum aufweist.

b)
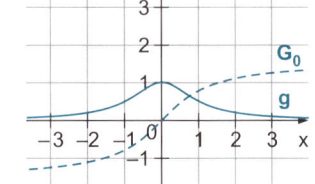
- $G_0(x)$ weist aufgrund der Flächenbilanz nur an der unteren, festen Integrationsgrenze im Koordinatenursprung eine **Nullstelle** auf.
- $G_0(x)$ **steigt** auf $\mathbb{R}$ **streng monoton**, da G_g stets über der x-Achse verläuft.
- $G_0(x)$ ist auf $\mathbb{R}^-$ **linksgekrümmt**, da G_g auf $\mathbb{R}^-$ streng monoton steigt.
- $G_0(x)$ ist auf $\mathbb{R}^+$ **rechtsgekrümmt**, da G_g auf $\mathbb{R}^+$ streng monoton fällt.
- $G_0(x)$ besitzt bei **x = 0** eine **Wendestelle**, weil g(x) dort ein relatives Extremum aufweist.

c)
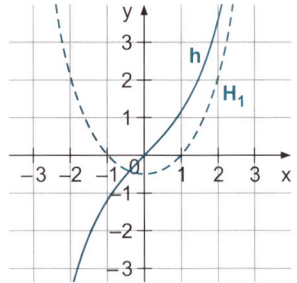
- Da h symmetrisch zum Koordinatenursprung ist, ist $H_1(x)$ **achsensymmetrisch** bzgl. der y-Achse. $H_1(x)$ besitzt daher neben der **Nullstelle** an der unteren, festen Integrationsgrenze 1 eine zweite Nullstelle bei −1.
- $H_1(x)$ **steigt** auf $\mathbb{R}^+$ **streng monoton**, da G_h auf $\mathbb{R}^+$ über der x-Achse verläuft.
- $H_1(x)$ **fällt** auf $\mathbb{R}^-$ **streng monoton**, weil G_h auf $\mathbb{R}^-$ unter der x-Achse verläuft.
- $H_1(x)$ hat bei **x = 0** ein **relatives Minimum**, weil G_h dort die x-Achse von unten nach oben durchstößt.
- $H_1(x)$ ist auf $\mathbb{R}$ **linksgekrümmt**, weil G_h auf $\mathbb{R}$ streng monoton steigt.

175.
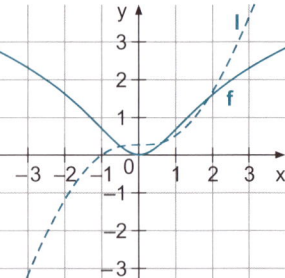
- Da I(x) auf $\mathbb{R}$ streng monoton steigt, verläuft G_f nie unter der x-Achse.
- Da der Graph der Integralfunktion nur im Punkt (0 | I(0)) eine horizontale Tangente besitzt, weist f nur bei **x = 0** eine **Nullstelle** auf.
- Da der Graph der Integralfunktion auf $\mathbb{R}^-$ rechts- und auf $\mathbb{R}^+$ linksgekrümmt ist, **fällt** f auf $\mathbb{R}^-$ und **steigt** auf $\mathbb{R}^+$ **streng monoton**.
- f besitzt daher bei **x = 0** ein **relatives Minimum**.

176. *Hinweis:* Eine integralfreie Darstellung der Integralfunktionen ist möglich, aber mit Rechenaufwand verbunden und nicht erforderlich.

a) Nach dem HDI gilt für die 1. Ableitung von I(x):

$$I'(x) = \frac{x^2 - 1}{x^2 + 1}$$

Mithilfe der Quotientenregel erhält man hieraus für die 2. Ableitung:

$$I''(x) = \frac{(x^2 + 1) \cdot 2x - (x^2 - 1) \cdot 2x}{(x^2 + 1)^2} = \frac{4x}{(x^2 + 1)^2}$$

Sie finden die Stellen, an denen I(x) relative Extrema besitzt, unter den Nullstellen der 1. Ableitung:

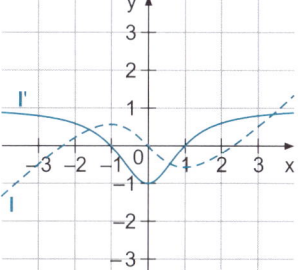

$$I'(x) = 0 \iff \frac{x^2 - 1}{x^2 + 1} = 0 \iff x^2 - 1 = 0$$

$$\iff x^2 = 1 \iff x_1 = +1; \ x_2 = -1$$

Wegen

$$I''(1) = \frac{4 \cdot 1}{(1^2 + 1)^2} = 1 > 0 \quad \text{und}$$

$$I''(-1) = \frac{4 \cdot (-1)}{((-1)^2 + 1)^2} = -1 < 0$$

besitzt **I(x)** bei **–1** ein **relatives Maximum** und bei **+1** ein **relatives Minimum**.

Die Wendestellen von I(x) finden Sie unter den Nullstellen der 2. Ableitung:

$$I''(x) = 0 \iff \underbrace{\frac{4x}{(x^2 + 1)^2}}_{> 0} = 0 \iff x = 0$$

Da I''(x) bei **x = 0** das Vorzeichen von – nach + wechselt, liegt dort die **einzige Wendestelle von I(x)**.

b)
$$J'(x) = e^{-x} \cdot (1 - e^{-x}) = e^{-x} - e^{-2x} \qquad \text{1. Ableitung gemäß HDI}$$

$$J''(x) = -e^{-x} + 2e^{-2x} = e^{-2x}(-e^x + 2) \qquad \text{2. Ableitung mit Kettenregel}$$

$$J'(x) = 0 \iff e^{-x} \cdot (1 - e^{-x}) = 0 \qquad \text{Feststellen der Extrema:}$$
$$\iff 1 - e^{-x} = 0 \iff e^{-x} = 1 \qquad \text{Nullstellen der 1. Ableitung}$$
$$\iff x = 0 \qquad \qquad (e^{-x} > 0)$$

$$J''(0) = -e^0 + 2e^0 = -1 + 2 = 1 > 0 \qquad \text{Art des Extremums}$$

$\Rightarrow$ J(x) besitzt als einziges Extremum
bei **x = 0** ein **relatives Minimum**.

$$J''(x) = 0 \iff e^{-2x}(-e^x + 2) = 0 \qquad \text{Feststellen der Wendepunkte:}$$
$$\iff -e^x + 2 = 0 \qquad \text{Nullstellen der 2. Ableitung}$$
$$\iff e^x = 2 \iff x = \ln 2 \qquad (e^{-2x} > 0)$$

$J(x)$ hat bei **ln 2** die **einzige Wendestelle**.

Vorzeichenwechsel von J''(x) von + nach – an der Stelle x = ln 2

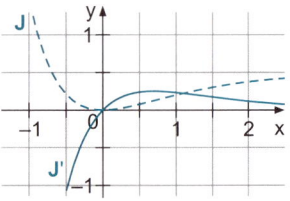

c) $H'(x) = \ln(x^2 + 2x + 2)$

1. Ableitung gemäß HDI

$H''(x) = \dfrac{2x + 2}{x^2 + 2x + 2}$

2. Ableitung mit Kettenregel

H besitzt **keine relativen Extrema**, da

Feststellen der Extrema: Nullstellen der 1. Ableitung

$H'(x) = \ln(x^2 + 2x + 2)$

$\qquad = \ln(\underbrace{(x+1)^2 + 1}_{\geq 1}) \geq 0$

$\underbrace{}_{\geq 0}$

kein Vorzeichenwechsel von H'(x)

$H''(x) = 0 \iff \dfrac{2x+2}{x^2+2x+2} = 0$

Feststellen der Wendepunkte: Nullstellen der 2. Ableitung

$\qquad\qquad \iff \dfrac{2x+2}{(x+1)^2+1} = 0$

$\qquad\qquad \iff 2x + 2 = 0 \iff x = -1$

$H(x)$ besitzt bei **−1** die **einzige Wendestelle**.

Vorzeichenwechsel von H''(x) von − nach + an der Stelle x = −1

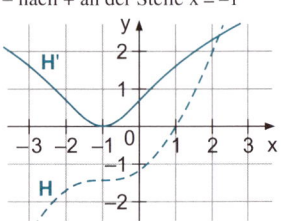

177. a) $f(x) = x^2 + 2x + 7 \implies f'(x) = 2x + 2$

Ableitung der Nennerfunktion f(x)

$i(x) = \dfrac{6x+6}{x^2+2x+7} = 3 \cdot \dfrac{f'(x)}{f(x)}$

Integrandenfunktion i(x)

$\displaystyle\int_0^1 \dfrac{6x+6}{x^2+2x+7}\, dx = 3 \cdot \int_0^1 \dfrac{2x+2}{x^2+2x+7}\, dx$

$\qquad\qquad = 3 \cdot \left[\ln|x^2 + 2x + 7| \right]_0^1$

logarithmische Integration

$\qquad\qquad = 3\ln 10 - 3\ln 7 \approx 1{,}1$

b) $f(x) = x^2 + 3x \implies f'(x) = 2x + 3$ — Ableitung der Nennerfunktion f(x)

$i(x) = \dfrac{2x+3}{x^2+3x} = \dfrac{f'(x)}{f(x)}$ — Integrandenfunktion i(x)

$\displaystyle\int_1^3 \dfrac{2x+3}{x^2+3x}\, dx = \Big[\ln|x^2+3x|\Big]_1^3$ — logarithmische Integration
$$= \ln 18 - \ln 4 \approx 1,5$$

c) $i(x) = \tan x = \dfrac{\sin x}{\cos x}$ — Umformen der Integrandenfunktion i(x)

$f(x) = \cos x \implies f'(x) = -\sin x$ — Ableitung der Nennerfunktion f(x)

$\implies i(x) = \dfrac{-f'(x)}{f(x)}$

$\displaystyle\int_{\frac{\pi}{4}}^{\frac{\pi}{3}} \tan x\, dx = -\Big[\ln|\cos x|\Big]_{\frac{\pi}{4}}^{\frac{\pi}{3}}$ — logarithmische Integration

$$= -\ln\left|\cos\frac{\pi}{3}\right| + \ln\left|\cos\frac{\pi}{4}\right|$$

$$= -\ln\frac{1}{2} + \ln\left(\frac{1}{2}\sqrt{2}\right) =$$

$$\approx 0,35$$

d) $f(x) = e^{2x} - e^{-2x} \implies f'(x) = 2e^{2x} + 2e^{-2x}$ — Ableitung der Nennerfunktion f(x)

$i(x) = \dfrac{e^{2x}+e^{-2x}}{e^{2x}-e^{-2x}} = \dfrac{1}{2}\cdot\dfrac{f'(x)}{f(x)}$ — Integrandenfunktion i(x)

$\displaystyle\int_{\ln 2}^{\ln 3} \dfrac{e^{2x}+e^{-2x}}{e^{2x}-e^{-2x}}\, dx = \dfrac{1}{2}\Big[\ln|e^{2x}-e^{-2x}|\Big]_{\ln 2}^{\ln 3}$ — logarithmische Integration

$$= \frac{1}{2}\cdot\left(\ln\left|9-\frac{1}{9}\right| - \ln\left|4-\frac{1}{4}\right|\right)$$

$$= \frac{1}{2}\cdot\left(\ln\frac{80}{9} - \ln\frac{15}{4}\right) \approx 0,43$$

e) $f(x) = x^2 + 2 \implies f'(x) = 2x$ — Ableitung der Nennerfunktion f(x) des letzten Summanden von i(x)

$\implies \dfrac{3x}{x^2+2} = \dfrac{3}{2}\cdot\dfrac{f'(x)}{f(x)}$

$\displaystyle\int_0^1 \dfrac{x^3+x^2+5x+2}{x^2+2}\, dx = \int_0^1 \left(x+1+\dfrac{3x}{x^2+2}\right) dx$ — Integration mithilfe des Hinweises

$$= \int_0^1 (x+1)\, dx + \int_0^1 \left(\frac{3x}{x^2+2}\right) dx$$ — Linearität des Integrals

$$= \left[\frac{1}{2}x^2 + x\right]_0^1 + \frac{3}{2}\Big[\ln|x^2+2|\Big]_0^1$$ — elementare bzw. logarithmische Integration

$$= \frac{1}{2} + 1 + \frac{3}{2}\ln 3 - \frac{3}{2}\ln 2 \approx 2,1$$

f) $i(x) = \dfrac{1}{x \ln x} = \dfrac{\frac{1}{x}}{\ln x}$ Umformen der Integrandenfunktion $i(x)$

$f(x) = \ln x \;\Rightarrow\; f'(x) = \dfrac{1}{x} \;\Rightarrow\; i(x) = \dfrac{f'(x)}{f(x)}$ Ableitung der Nennerfunktion $f(x)$

$\displaystyle\int_{e}^{e^2} \dfrac{1}{x \ln x}\, dx = \big[\ln |\ln x\,|\big]_{e}^{e^2} = \ln 2 \approx 0{,}69$ logarithmische Integration

178. Aus $f'(x) = x \cdot f(x)$ folgt zunächst:

$\dfrac{f'(x)}{f(x)} = x \;\Rightarrow\; \displaystyle\int \dfrac{f'(x)}{f(x)}\, dx = \int x\, dx$

Sie integrieren nun auf der linken Seite logarithmisch und auf der rechten Seite elementar und erhalten unter Berücksichtigung der angegebenen Bedingungen schrittweise die gesuchte Funktion:

$\ln |f(x)| = \dfrac{1}{2} x^2 + C$ C ist eine Konstante aus $\mathbb{R}$.

$\ln f(x) = \dfrac{1}{2} x^2 + C$ $f(x)$ ist auf $\mathbb{R}$ positiv.

$e^{\ln f(x)} = e^{\frac{1}{2}x^2 + C} \;\Rightarrow\; f(x) = e^{\frac{1}{2}x^2} \cdot e^C$ Auf beiden Seiten exponenzieren.

$2 = e^{\frac{1}{2} \cdot 0^2} \cdot e^C = e^C \;\Rightarrow\; f(x) = 2 e^{\frac{1}{2}x^2}$ $f(0) = 2$

179. a) Da $\dfrac{1}{10} x^{10}$ eine Stammfunktion von x^9 ist, ist nach der zweiten elementaren Integrationsregel $\dfrac{1}{-7} \cdot \dfrac{1}{10} (2 - 7x)^{10}$ eine Stammfunktion von $(2 - 7x)^9$.

Nach dem HDI gilt:

$\displaystyle\int_{0}^{1} (2 - 7x)^9\, dx = \left[-\dfrac{1}{70}(2 - 7x)^{10}\right]_{0}^{1} = -\dfrac{1}{70}(2 - 7)^{10} - \left(-\dfrac{1}{70} 2^{10}\right)$

$\approx -1{,}4 \cdot 10^5$

b) Da $\dfrac{2}{3} x^{\frac{3}{2}}$ eine Stammfunktion von $x^{\frac{1}{2}} = \sqrt{x}$ ist, ist nach der zweiten elementaren Integrationsregel $\dfrac{1}{6} \cdot \dfrac{2}{3} (6x - 6)^{\frac{3}{2}}$ eine Stammfunktion von $\sqrt{6x - 6}$.

Nach dem HDI gilt:

$\displaystyle\int_{1}^{2} \sqrt{6x - 6}\, dx = \left[\dfrac{1}{9}(6x - 6)^{\frac{3}{2}}\right]_{1}^{2} = \dfrac{1}{9} \cdot (6 \cdot 2 - 6)^{\frac{3}{2}} - \dfrac{1}{9} \cdot (6 \cdot 1 - 6)^{\frac{3}{2}}$

$= \dfrac{1}{9} \cdot 6^{\frac{3}{2}} = \dfrac{1}{9} \cdot 6 \cdot \sqrt{6} = \dfrac{2}{3} \sqrt{6} \approx 1{,}6$

c) Da $\frac{4}{5}x^{\frac{5}{4}}$ eine Stammfunktion von $x^{\frac{1}{4}} = \sqrt[4]{x}$ ist, ist nach der zweiten elementaren Integrationsregel $\frac{1}{2} \cdot \frac{4}{5} \cdot 10 \cdot (2x+3)^{\frac{5}{4}} = 4 \cdot (2x+3)^{\frac{5}{4}}$ eine Stammfunktion von $10 \cdot \sqrt[4]{2x+3}$.

Nach dem HDI gilt:

$$\int_0^1 10 \cdot \sqrt[4]{2x+3} \, dx = \left[4 \cdot (2x+3)^{\frac{5}{4}}\right]_0^1 = 4 \cdot 5^{\frac{5}{4}} - 4 \cdot 3^{\frac{5}{4}} \approx 14,1$$

d) Da e^x eine Stammfunktion von e^x ist, ist nach der zweiten elementaren Integrationsregel $\frac{1}{2}e^{2x+2}$ eine Stammfunktion von e^{2x+2} und daher e^{2x+2} eine Stammfunktion von $2 \cdot e^{2x+2}$.

Nach dem HDI gilt:

$$\int_{-1}^0 2 \cdot e^{2x+2} \, dx = \left[e^{2x+2}\right]_{-1}^0 = e^2 - e^0 = e^2 - 1 \approx 6,4$$

e) Da $-x + x \ln x$ eine Stammfunktion von $\ln x$ ist, ist nach der zweiten elementaren Integrationsregel $\frac{1}{2}\left(-(2x+1) + (2x+1)\ln(2x+1)\right)$ eine Stammfunktion von $\ln(2x+1)$.

Nach dem HDI gilt:

$$\int_0^3 \ln(2x+1) \, dx = \left[\frac{1}{2}\left(-(2x+1) + (2x+1)\ln(2x+1)\right)\right]_0^3$$
$$= \frac{1}{2}(-7 + 7\ln 7) - \frac{1}{2}(-1 + 1\ln 1)$$
$$= \frac{1}{2}(-6 + 7\ln 7) \approx 3,8$$

f) $\displaystyle\int_0^{\frac{\pi}{4}} \left(\cos\left(4x + \frac{\pi}{2}\right) - \cos\left(3x - \frac{\pi}{2}\right)\right) dx$

$= \displaystyle\int_0^{\frac{\pi}{4}} \cos\left(4x + \frac{\pi}{2}\right) dx - \int_0^{\frac{\pi}{4}} \cos\left(3x - \frac{\pi}{2}\right) dx$ 2. Linearitätseigenschaft

$= \left[\frac{1}{4}\sin\left(4x + \frac{\pi}{2}\right)\right]_0^{\frac{\pi}{4}} - \left[\frac{1}{3}\sin\left(3x - \frac{\pi}{2}\right)\right]_0^{\frac{\pi}{4}}$ sin x ist Stammfunktion von cos x; zweite elementare Integrationsregel

$= \frac{1}{4}\sin\left(\pi + \frac{\pi}{2}\right) - \frac{1}{4}\sin\frac{\pi}{2} - \frac{1}{3}\sin\left(\frac{3}{4}\pi - \frac{\pi}{2}\right)$ Einsetzen der Integrationsgrenzen

$\quad + \frac{1}{3}\sin\left(-\frac{\pi}{2}\right)$

$= -\frac{1}{4} - \frac{1}{4} - \frac{1}{3} \cdot \frac{1}{2} \cdot \sqrt{2} - \frac{1}{3} = -\frac{5}{6} - \frac{1}{6} \cdot \sqrt{2}$

$\approx -1,1$

g) $\displaystyle\int_0^1 (\sqrt{x}+1)^8 \cdot (\sqrt{x}-1)^8 \, dx$

$\displaystyle = \int_0^1 [(\sqrt{x}+1)\cdot(\sqrt{x}-1)]^8 \, dx$ Potenzgesetze

$\displaystyle = \int_0^1 (x-1)^8 \, dx$ 3. binomische Formel

$\displaystyle = \left[\tfrac{1}{9}(x-1)^9\right]_0^1 = 0 + \tfrac{1}{9} = \tfrac{1}{9}$ zweite elementare Integrationsregel

180. a) $\displaystyle\int_0^{\frac{\pi}{2}} \cos x \cdot e^{\sin x} \, dx = \left[e^{\sin x}\right]_0^{\frac{\pi}{2}}$ dritte elementare Integrationsregel; $f(x)=\sin x$, $f'(x)=\cos x$

$\displaystyle = e^1 - e^0 \approx 1,7$ Einsetzen der Integrationsgrenzen

b) $\displaystyle\int_{-4}^1 (2x+3)\cdot e^{x^2+3x-4} \, dx$

$\displaystyle = \left[e^{x^2+3x-4}\right]_{-4}^1$ dritte elementare Integrationsregel; $f(x)=x^2+3x-4$, $f'(x)=2x+3$

$\displaystyle = e^0 - e^0 = 0$ Einsetzen der Integrationsgrenzen

c) $\displaystyle\int_0^{(\ln 2)^2} \frac{e^{\sqrt{x}}}{\sqrt{x}} \, dx = 2\cdot \int_0^{(\ln 2)^2} \frac{1}{2\sqrt{x}} e^{\sqrt{x}} \, dx$ 1. Linearitätseigenschaft des Integrals

$\displaystyle = 2\cdot \left[e^{\sqrt{x}}\right]_0^{(\ln 2)^2}$ dritte elementare Integrationsregel; $f(x)=\sqrt{x}$, $f'(x)=\frac{1}{2\sqrt{x}}$

$\displaystyle = 2(e^{\ln 2} - e^0)$ Einsetzen der Integrationsgrenzen

$\displaystyle = 2(2-1) = 2$

181. Die gesuchte Funktion hat die Form $f(x)=ax^3+bx^2+cx+d$.

(1) Da ihr Graph durch den Koordinatenursprung verläuft, gilt: **$f(0)=0$**

(2) Der expliziten Form g: $y=\frac{15}{8}x-6$ der Geradengleichung entnehmen Sie die Steigung $m_g = \frac{15}{8}$. Da die Tangente in $(-1\,|\,?)$ an den Funktionsgraphen parallel zu g verläuft, gilt: **$f'(-1)=\frac{15}{8}$**

(3) Weil jede Stammfunktion F von f in $(0\,|\,?)$ einen Wendepunkt besitzt, gilt: **$F''(0)=f'(0)=0$**

(4) Weil der Funktionsgraph, die x-Achse und die Geraden $x = -1$ und $x = 1$ eine nicht über der x-Achse liegende Fläche vom Inhalt 0,5 einschließen, gilt: $\displaystyle\int_{-1}^{+1} \mathbf{f(x)\,dx = -0,5}$

Mit $f'(x) = 3ax^2 + 2bx + c$ und

$$\int_{-1}^{+1} (ax^3 + bx^2 + cx + d)\,dx = \left[\frac{a}{4}x^4 + \frac{b}{3}x^3 + \frac{c}{2}x^2 + dx\right]_{-1}^{+1}$$

erhalten Sie hieraus folgendes Gleichungssystem:

(1) $d = 0$

(2) $f'(-1) = 3a - 2b + c = \frac{15}{8}$

(3) $c = 0$

(4) $\left(\frac{a}{4} + \frac{b}{3} + \frac{c}{2} + d\right) - \left(\frac{a}{4} - \frac{b}{3} + \frac{c}{2} - d\right) = \frac{2}{3}b + 2d = -0,5$

Setzt man die Zahlenwerte der Gleichungen (1) und (3) in (2) und (4) ein, reduziert sich das System auf 2 Gleichungen mit den Unbekannten a und b:

(2*) $3a - 2b = \frac{15}{8}$

(4*) $\frac{2}{3}b = -0,5$

Aus (4*) folgt $b = -\frac{3}{4}$, Einsetzen in (2*) liefert $a = \frac{1}{8}$.

Die gesuchte Funktion lautet daher: $f(x) = \frac{1}{8}x^3 - \frac{3}{4}x^2$

182. *Erinnerung:* Ein Terrassenpunkt ist ein Wendepunkt mit horizontaler Tangente.

Die gesuchte Funktion hat die Form $f(x) = ax^4 + bx^3 + cx^2 + dx + e$.

(1) Da ihr Graph durch den Koordinatenursprung verläuft, gilt: $\mathbf{f(0) = 0}$

(2) Da ihr Graph im Koordinatenursprung einen Wendepunkt besitzt, gilt: $\mathbf{f''(0) = 0}$

(3) Da ihr Graph im Koordinatenursprung eine horizontale Tangente besitzt, gilt: $\mathbf{f'(0) = 0}$

(4) Da ihr Graph durch $(-1\,|\,-1)$ verläuft, gilt: $\mathbf{f(-1) = -1}$

(5) Da ihr Graph in $(-1\,|\,-1)$ ein relatives Minimum aufweist, gilt: $\mathbf{f'(-1) = 0}$

Mit $f'(x) = 4ax^3 + 3bx^2 + 2cx + d$ und $f''(x) = 12ax^2 + 6bx + 2c$ erhalten Sie für die ersten drei Gleichungen

(1) $e = 0$

(2) $c = 0$

(3) $d = 0$

Für die weitere Rechnung können Sie daher die einfacheren Funktionsterme $f(x) = ax^4 + bx^3$ und $f'(x) = 4ax^3 + 3bx^2$ verwenden.

(4) $a - b = -1$

(5) $-4a + 3b = 0$

Aus (4) folgt:

(4*) $a = b - 1$

Einsetzen in (5) liefert: $-4(b-1) + 3b = 0$

Ausmultiplizieren und Zusammenfassen auf der linken Gleichungsseite führt zu $-b + 4 = 0$, woraus $b = 4$ folgt.

Einsetzen von $b = 4$ in (4*) liefert: $a = 4 - 1 = 3$

Der gesuchte Funktionsterm lautet daher: $f(x) = 3x^4 + 4x^3$

183. Die gesuchte Funktion hat die Form $f(x) = ax^3 + bx^2 + cx + d$.

(1) Da ihr Graph punktsymmetrisch zum Koordinatenursprung ist, sind die Koeffizienten der x-Potenzen mit geraden Exponenten null: $\mathbf{b = d = 0}$

(2) Da ihr Graph im Intervall [0; 1] eine vollständig unter der x-Achse liegende Fläche vom Inhalt 1 einschließt, gilt:

$$\int_0^1 (\mathbf{ax^3 + bx^2 + cx + d)\, dx = -1}$$

(3) Da jede Stammfunktion F von f in $\left(\frac{1}{2}\sqrt{6} \,\middle|\, ?\right)$ ein relatives Minimum besitzt, gilt:

$$\mathbf{F'\!\left(\tfrac{1}{2}\sqrt{6}\right) = f\!\left(\tfrac{1}{2}\sqrt{6}\right) = 0}$$

Mit (1) und $\int_0^1 (ax^3 + cx)\, dx = \left[\frac{a}{4}x^4 + \frac{c}{2}x^2\right]_0^1 = \frac{a}{4} + \frac{c}{2}$ folgt:

(2) $\frac{a}{4} + \frac{c}{2} = -1$ $\qquad\qquad\qquad\qquad \Leftrightarrow\ a = -4 - 2c$ (2*)

(3) $a \cdot \left(\frac{\sqrt{6}}{2}\right)^3 + c \cdot \left(\frac{\sqrt{6}}{2}\right) = 0\ \Leftrightarrow\ \frac{\sqrt{6}}{2} \cdot \left(\frac{6}{4}a + c\right) = 0\ \Leftrightarrow\ \frac{3}{2}a + c = 0$ (3*)

Einsetzen von (2*) in (3*) liefert $c = -3$, woraus mit (2*) folgt: $a = 2$

Die gesuchte Funktion lautet daher: $f(x) = 2x^3 - 3x$

184. Sie suchen erst die Koeffizienten a, b der Integrandenfunktion $f(x) = ax^2 + b$:

(1) Weil jede Funktion der Schar $J_k(x)$ in $\left(\frac{k\sqrt{3}}{3} \,\middle|\, ?\right)$ eine horizontale Tangente besitzt, gilt:

$$\mathbf{J_k'\!\left(\tfrac{k}{\sqrt{3}}\right) = f\!\left(\tfrac{k}{\sqrt{3}}\right) = 0}$$

(2) Da die Normale in $(0\,|\,?)$ die Steigung $\frac{1}{k^2}$ besitzt, weist die Tangente in $(0\,|\,?)$ die Steigung $-k^2$ auf: $\mathbf{J_k'(0) = f(0) = -k^2}$

Hieraus folgt:

$$\left.\begin{array}{ll}(1^*) & a\,\dfrac{k^2}{3}+b=0 \\[2mm] (2^*) & b=-k^2\end{array}\right\} \;\Rightarrow\; a\,\dfrac{k^2}{3}-k^2=0 \;\Leftrightarrow\; a=3$$

Die Integrandenfunktion lautet daher $f(x)=3x^2-k^2$, sodass Sie nun integrieren können:

$$J_k(x)=\int_{-k}^{x}(3t^2-k^2)\,dt=\left[t^3-k^2t\right]_{-k}^{x}=(x^3-k^2x)-((-k)^3-k^2\cdot(-k))$$

$$=x^3-k^2x$$

Die gesuchte integralfreie Darstellung von $J_k(x)$ lautet daher: $J_k(x)=x^3-k^2x$

185. Die gesuchte Funktion hat die Form $f(x)=ax^4+bx^3+cx^2+dx+e$.

(1) Da ihr Graph symmetrisch zur y-Achse des Koordinatensystems ist, sind die Koeffizienten der x-Potenzen mit ungeraden Exponenten null: **$b=d=0$**

(2) Da ihr Graph durch den Koordinatenursprung verläuft, gilt: **$f(0)=0$**

(3) Da ihr Graph durch den Punkt $(1\,|-2)$ verläuft, gilt: **$f(1)=-2$**

(4) Da ihr Graph in $(1\,|-2)$ ein relatives Minimum aufweist, gilt: **$f'(1)=0$**

Mit $f(x)=ax^4+cx^2+e$ und $f'(x)=4ax^3+2cx$ erhalten Sie folgendes Gleichungssytem:

(2) $e=0$

(3) $a+c+e=-2 \;\Rightarrow\; (2^*)\; a+c=-2$

(4) $4a+2c=0 \quad\Rightarrow\; (3^*)\; 2a+c=0$

Subtrahiert man (2^*) von (3^*), so erhält man: $a=2$
Einsetzen von $a=2$ in (2^*) führt zu $2+c=-2$, woraus $c=-4$ folgt.

Der gesuchte Funktionsterm lautet daher: $f(x)=2x^4-4x^2$

186. Da M eine Konstante ist, kann m als Funktion von r aufgefasst werden:
$m(r)=M-5+2{,}17\cdot\ln r$

$\dfrac{\Delta m}{\Delta r}\approx m'(r)=\dfrac{2{,}17}{r}$	Differenzen- und Differenzialquotient gleichsetzen; Ableitung der ln-Funktion
$\dfrac{\Delta m}{\Delta r}=\dfrac{2{,}17}{1{,}3}\approx 1{,}67$	Einsetzen von $r=1{,}3$
$\Rightarrow\;\; \Delta m=1{,}67\cdot\Delta r$	Auf beiden Seiten mit Δr multiplizieren.
$=1{,}67\cdot(-0{,}05)\approx -0{,}08$	$\Delta r=1{,}25-1{,}30=-0{,}05$ einsetzen

Proxima Centauri besäße in einer Entfernung von 1,25 pc also die scheinbare Helligkeit $11{,}05-0{,}08=10{,}97$.

187. T ist eine Funktion von ℓ: $T(\ell) = 2 \cdot \sqrt{\ell}$

$\dfrac{\Delta T}{\Delta \ell} \approx T'(\ell) = 2 \cdot \dfrac{1}{2\sqrt{\ell}} = \dfrac{1}{\sqrt{\ell}}$
  Gleichsetzen von Differenzen- und Differenzialquotient; Ableiten der Wurzelfunktion

$\Rightarrow \quad \sqrt{\ell} = \dfrac{\Delta \ell}{\Delta T}$
  Auf beiden Seiten Kehrwerte bilden.

$\ell = \left(\dfrac{\Delta \ell}{\Delta T}\right)^2 = \left(\dfrac{0{,}01}{0{,}005}\right)^2 = 4$
  Auf beiden Seiten quadrieren und Zahlen einsetzen; 1 cm = 0,01 m.

Ursprünglich war das Pendel 4 m lang.

188. $F(r) = 2{,}3 \cdot 10^{-28} \cdot \dfrac{1}{r^2}$

$\dfrac{\Delta F}{\Delta r} \approx F'(r) = 2{,}3 \cdot 10^{-28} \cdot (-2) \cdot \dfrac{1}{r^3}$
  Gleichsetzen von Differenzen- und Differenzialquotient; Ableiten nach r

$\qquad = -4{,}6 \cdot 10^{-28} \cdot \dfrac{1}{r^3}$
  Zusammenfassen

$\Rightarrow \quad \Delta F = -4{,}6 \cdot 10^{-28} \cdot \dfrac{1}{r^3} \cdot \Delta r$
  Auf beiden Seiten mit Δr multiplizieren.

$\qquad = -4{,}6 \cdot 10^{-28} \cdot \dfrac{1}{(10^{-10})^3} \cdot (-10^{-12})$
  1 % von 10^{-10} ist 10^{-12}; Einsetzen von $r = 10^{-10}$ und $\Delta r = -10^{-12}$

$\qquad = 4{,}6 \cdot 10^{-10}$

Die Kraft nimmt um $4{,}6 \cdot 10^{-10}$ N zu.

189. a) Da c eine Konstante ist, kann man f als Funktion von λ auffassen:

$f(\lambda) = \dfrac{c}{\lambda}$

$\dfrac{\Delta f}{\Delta \lambda} \approx f'(\lambda) = -\dfrac{c}{\lambda^2}$
  Gleichsetzen von Differenzen- und Differenzialquotient; Ableiten: $\left(\dfrac{1}{x}\right)' = -\dfrac{1}{x^2}$

$\Rightarrow \quad \dfrac{\Delta f}{\Delta \lambda} = -\dfrac{f}{\lambda}$
  $\dfrac{c}{\lambda^2} = \dfrac{c}{\lambda} \cdot \dfrac{1}{\lambda} = f \cdot \dfrac{1}{\lambda} = \dfrac{f}{\lambda}$

$\qquad \dfrac{\Delta f}{f} = -\dfrac{\Delta \lambda}{\lambda}$
  Auf beiden Seiten mit $\dfrac{\Delta \lambda}{f}$ multiplizieren.

b) Da $\dfrac{\Delta f}{f}$ bzw. $\dfrac{\Delta \lambda}{\lambda}$ die prozentuale Änderung von f bzw. λ angibt, stimmen die prozentualen Änderungen von f und λ nach Teilaufgabe a dem Betrag nach überein. Wegen des Minuszeichens nimmt f um den gleichen Prozentsatz zu, um den λ abnimmt und umgekehrt.

Demnach nimmt die Wellenlänge um 0,27 % ab.

190. Die Größe, deren Maximalwert berechnet werden soll, ist die Tragfähigkeit T des Balkens.

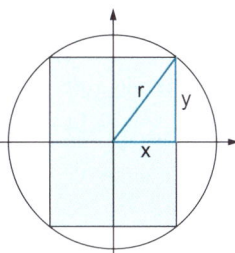

Schritt 1: Mit den in der Skizze eingeführten Benennungen können Sie T als Funktion der Variablen x und y darstellen. Wegen $T \sim x$ und $T \sim y^2$ gilt nämlich mit einer Stoffkonstanten k:

$T_k(x, y) = k \cdot x \cdot y^2, \; k > 0$

Schritt 2: Die Nebenbedingung, dass das Rechteck einem Kreis vom Radius r einbeschrieben ist, können Sie mithilfe des Satzes von Pythagoras in Form einer Gleichung schreiben:

$x^2 + y^2 = r^2$

Schritt 3: Lösen Sie die Gleichung nach y^2 auf und setzen Sie das Ergebnis in $T_k(x, y)$ ein. Sie erhalten die einvariable Zielfunktion:

$T_k(x) = k \cdot x \cdot (r^2 - x^2) = kr^2x - kx^3$ mit $x \in [0; r]$

Schritt 4: Die 1. Ableitung ergibt sich zu $T_k'(x) = kr^2 - 3kx^2$, sodass gilt:

$$T_k'(x) = 0 \iff kr^2 - 3kx^2 = 0 \iff 3kx^2 = kr^2$$
$$\iff x^2 = \frac{r^2}{3} \iff x_{\pm} = \pm\frac{r}{\sqrt{3}}$$

Wegen $x \in [0; r]$ bleibt x_- unberücksichtigt. Da $T_k'(x)$ für $0 \le x < x_+$ positiv, für $x_+ < x \le r$ negativ ist, besitzt $T_k(x)$ an der Stelle x_+ ein relatives und absolutes Maximum. Für die Breite des tragfähigen Balkens gilt daher $b = 2x_+ = \frac{2}{\sqrt{3}}r$ und für die Höhe:

$$h = 2y_+ = 2\sqrt{r^2 - x_+^2} = 2\sqrt{r^2 - \left(\frac{r}{\sqrt{3}}\right)^2} = 2\sqrt{\frac{2}{3}} \cdot r$$

Das Seitenverhältnis des Querschnitts beträgt (wie bei der DIN-A-Norm für Papierformate):

$$\frac{h}{b} = \frac{2\sqrt{\frac{2}{3}} \cdot r}{\frac{2}{\sqrt{3}}r} = \sqrt{2}$$

191. Schritt 1, 2 und 3: Zielfunktion ist die Rechtecksfläche. Sie ist bestimmt durch:

$A(x) = x \cdot f(x) = x \cdot \ln\frac{1}{x}; \; x \in \mathbb{R}^+$

Schritt 4: Mithilfe der Produktregel erhalten Sie:

$A'(x) = x \cdot \dfrac{-\frac{1}{x^2}}{\frac{1}{x}} + \left(\ln\frac{1}{x}\right) \cdot 1 = -1 + \ln\frac{1}{x}$

Weiter gilt:

$A'(x) = 0 \iff -1 + \ln\frac{1}{x} = 0 \iff \ln\frac{1}{x} = 1 \iff \frac{1}{x} = e \iff x = \frac{1}{e} = e^{-1}$

Da $A'(x)$ für $0 < x < e^{-1}$ positiv, für $e^{-1} < x < \infty$ negativ ist, besitzt $A(x)$ an der Stelle $x_{max} = e^{-1}$ ein relatives und absolutes Maximum.

Für den größtmöglichen Inhalt der Rechtecksfläche gilt:

$$A_{max} = A\left(\tfrac{1}{e}\right) = \tfrac{1}{e} \cdot \ln \tfrac{1}{\frac{1}{e}} = \tfrac{1}{e} \cdot \ln e = \tfrac{1}{e} \approx 0,37$$

192. Die Größe, deren Minimalwert berechnet werden soll, ist die Oberfläche S eines geraden Kreiszylinders mit Grundkreisradius r und Höhe h.

Schritt 1: Da sich die Oberfläche aus der Mantelfläche $M = 2r\pi \cdot h$ und den zwei Kreisflächen des Bodens und des Deckels zusammensetzt, lautet die Zielfunktion:

$S(r, h) = 2 \cdot r^2\pi + 2r\pi \cdot h; \ r, h \in \mathbb{R}^+$

Schritt 2: Die Nebenbedingung, dass das Volumen $V(r, h) = r^2\pi \cdot h$ des Zylinders 333 cm^3 beträgt, führt auf die Gleichung:

$r^2\pi h = 333 \ $ (r, h in cm)

Schritt 3: Aus der Nebenbedingungsgleichung erhalten Sie zunächst

$h = \dfrac{333}{r^2\pi} \quad (*)$

und durch Einsetzen in S(r, h) die einvariablige Zielfunktion:

$S(r) = 2r^2\pi + 2r\pi \cdot \dfrac{333}{r^2\pi} = 2r^2\pi + \dfrac{666}{r}$

Schritt 4: Wegen $r > 0$ berechnen Sie das absolute Minimum der Funktion S(r) nur im Intervall $\mathbb{R}^+$. Für die 1. Ableitung von S erhalten Sie:

$S'(r) = 4r\pi - \dfrac{666}{r^2}$

Weiter gilt:

$S'(r) = 0 \ \Leftrightarrow \ 4r\pi - \dfrac{666}{r^2} = 0 \ \Leftrightarrow \ r^3 = \dfrac{666}{4\pi} \ \Leftrightarrow \ r = \sqrt[3]{\dfrac{166,5}{\pi}} = r_m$

Da $S'(r)$ für $0 < r < r_m$ negativ und für $r_m < x < \infty$ positiv ist, besitzt S(r) an der Stelle $r_m \approx 3,76$ ein relatives und absolutes Minimum.

Die zugehörige Höhe lautet:

$h_m = \dfrac{333}{\sqrt[3]{\frac{166,5}{\pi}}^2 \cdot \pi} \approx 7,51$

Die Dose besitzt daher bei einem Grundkreisradius von 3,76 cm und einer Höhe von 7,51 cm die kleinstmögliche Oberfläche:

$S_{min} = \left(2 \cdot 3,76^2 \cdot \pi + \dfrac{666}{3,76}\right) cm^2 \approx 266 \, cm^2$

Das Verhältnis von Dosenhöhe und -durchmesser ergibt sich mit $(*)$ zu:

$\dfrac{h_m}{2r_m} = \dfrac{1}{2} \cdot \dfrac{333}{r_m^3\pi} = \dfrac{1}{2} \cdot \dfrac{333}{\frac{666}{4\pi} \cdot \pi} = 1$

Die optimierte Dose besitzt also einen quadratischen Axialquerschnitt.

193. Schritt 1, 2 und 3: Bezeichnet x die Länge der Strecke [BC] in km, so legt Hans nach dem Satz des Pythagoras

- rudernd den Weg $s_r = \sqrt{(12\,\text{km})^2 + x^2}$ und
- laufend den Weg $s_\ell = 14\,\text{km} - x$ zurück.

Bezeichnen v_r und v_ℓ seine durchschnittliche Ruder- bzw. Laufgeschwindigkeit, so benötigt er für den Weg von A über C nach D die Zeit:

$$t = \frac{s_r}{v_r} + \frac{s_\ell}{v_\ell} = \frac{\sqrt{12^2\,\text{km}^2 + x^2}}{7\,\frac{\text{km}}{\text{h}}} + \frac{14\,\text{km} - x}{9\,\frac{\text{km}}{\text{h}}} \quad \text{(in Stunden)}$$

Unter Weglassung der Einheiten erhalten Sie als Zielfunktion t(x) die Zeit t als Funktion der Strecke x:

$$t(x) = \frac{\sqrt{144 + x^2}}{7} + \frac{14 - x}{9}; \quad x \in [0;\,14]$$

Schritt 4: Mithilfe der Kettenregel erhalten Sie:

$$t'(x) = \frac{1}{7} \cdot \frac{2x}{2 \cdot \sqrt{x^2 + 144}} - \frac{1}{9} = \frac{9x - 7 \cdot \sqrt{x^2 + 144}}{63 \cdot \sqrt{x^2 + 144}} \qquad (*)$$

Weiter gilt:

$$t'(x) = 0 \iff \frac{9x - 7 \cdot \sqrt{x^2 + 144}}{63 \cdot \sqrt{x^2 + 144}} = 0 \iff 9x - 7 \cdot \sqrt{x^2 + 144} = 0$$

$$\iff 9x = 7 \cdot \sqrt{x^2 + 144}$$

$$\overset{(**)}{\Longrightarrow} 81x^2 = 49x^2 + 7\,056$$

$$\iff 32x^2 = 7\,056 \implies x_{1,2} = \pm\frac{21\sqrt{2}}{2}$$

Da das Quadrieren bei (**) keine Äquivalenzumformung ist, müssen Sie die Ergebnisse durch Einsetzen in (*) überprüfen und stellen fest, dass nur $x_1 = \frac{21\sqrt{2}}{2}$ Lösung ist.

t'(x) ist für $0 \leq x < x_1$ negativ und für $x_1 < x$ positiv, deshalb besitzt t(x) an der Stelle x_1 ein relatives und absolutes Minimum. Wegen

$$x_1 = \frac{21 \cdot \sqrt{2}}{2} \approx 14,85 > 14$$

scheidet x_1 aber als Lösung aus! Weil t(x) für $x < x_1$ streng monoton fällt, gelangt Hans daher am schnellsten zu seinem Schokoriegel, wenn er direkt von A nach D rudert und auf einen Strandlauf verzichtet, also für $x = 14$.

Dafür benötigt er die Zeit

$$t(14) = \frac{\sqrt{144 + 14^2}}{7} + \frac{14 - 14}{9} \approx 2,63,$$

also etwa 2 Stunden und 38 Minuten.

194. a) Der zeitliche Abbau der in einem Liter Blut vorhandenen Medikamentenmasse $m(t)$ wird durch eine Funktion der Form $m(t) = a \cdot e^{-b \cdot t}$ beschrieben. Mit den Angaben aus dem Aufgabentext gilt:

(1) $m(48 \text{ min}) = a \cdot e^{-b \cdot 48 \text{ min}} = 7,5 \text{ mg}$

(2) $m(228 \text{ min}) = a \cdot e^{-b \cdot 228 \text{ min}} = 2,5 \text{ mg}$

Berechnung von b:

$$\frac{e^{-b \cdot 48 \text{ min}}}{e^{-b \cdot 228 \text{ min}}} = \frac{7,5}{2,5} \qquad \text{Division von (1) durch (2)}$$

$$e^{-b \cdot (48 \text{ min} - 228 \text{ min})} = 3 \qquad \begin{array}{l}\text{Links: Anwenden des 2. Potenzgesetzes} \\ \text{Rechts: } 7,5 : 2,5 = 3\end{array}$$

$$180 \text{ min} \cdot b = \ln 3 \qquad \text{Auf beiden Seiten logarithmieren.}$$

$$b = \frac{\ln 3}{180 \text{ min}} \qquad \text{Auf beiden Seiten durch 180 dividieren.}$$

$$\approx 0,006 \, \frac{1}{\text{min}}$$

Berechnung von a:

Aus Bedingung (1) folgt durch Einsetzen von b:

$$7,5 \text{ mg} = m(48 \text{ min}) = a \cdot e^{-b \cdot 48 \text{ min}} = a \cdot e^{-0,006 \frac{1}{\text{min}} \cdot 48 \text{ min}} \approx a \cdot 0,75$$

$$\Rightarrow \quad a = \frac{7,5 \text{ mg}}{0,75} = 10,0 \text{ mg}$$

Die gesuchte Funktion lautet daher: $\mathbf{m(t) = 10,0 \text{ mg} \cdot e^{-0,006 \frac{1}{\text{min}} \cdot t}}$

b) Für einen beliebigen Zeitpunkt t_0 gilt:

$$\frac{m(t_0) - m(t_0 + 1 \text{ min})}{m(t_0)} \qquad \text{prozentuale Abnahme pro Minute}$$

$$= 1 - \frac{m(t_0 + 1 \text{ min})}{m(t_0)} \qquad \text{Distributivgesetz}$$

$$= 1 - \frac{10,0 \text{ mg} \cdot e^{-0,006 \frac{1}{\text{min}} \cdot (t_0 + 1 \text{ min})}}{10,0 \text{ mg} \cdot e^{-0,006 \frac{1}{\text{min}} \cdot t_0}} \qquad \text{Einsetzen in den Funktionsterm}$$

$$= 1 - e^{-0,006 \frac{1}{\text{min}} \cdot 1 \text{ min}} \qquad \begin{array}{l}\text{Mit 10,0 mg kürzen und 2. Potenzgesetz} \\ \text{anwenden.}\end{array}$$

$$= 1 - e^{-0,006} \approx 1 - 0,994 = 0,006$$

In einer Minute nimmt der Wirkstoff also stets um ca. 0,6 % ab.

195. Für die Anzahl $N(t)$ der zum Zeitpunkt t (in Stunden) unzerfallen vorhandenen Kerne gilt: $N(t) = a \cdot e^{-b \cdot t}$

Wegen $a = 7,2 \cdot 10^{19}$ und $b = \frac{\ln 2}{T_H} = \frac{\ln 2}{8,7 \text{ h}} = 0,0797 \, \frac{1}{\text{h}}$ gilt dann:

$$N(t) = 7,2 \cdot 10^{19} \cdot e^{-0,0797 \frac{1}{\text{h}} \cdot t}$$

a) Die gesuchte Zeit t ergibt sich als Lösung der Gleichung:

$$3 \cdot 10^{19} = 7,2 \cdot 10^{19} \cdot e^{-0,0797 \frac{1}{h} \cdot t}$$

$$e^{-0,0797 \frac{1}{h} \cdot t} = \frac{3 \cdot 10^{19}}{7,2 \cdot 10^{19}}$$
Auf beiden Seiten durch $7,2 \cdot 10^{19}$ dividieren.

$$-0,0797 \frac{1}{h} \cdot t = \ln \frac{3}{7,2}$$
Auf beiden Seiten logarithmieren.

$$t = -\frac{1}{0,0797 \frac{1}{h}} \cdot \ln \frac{3}{7,2} \approx 11 \text{ h}$$
Auf beiden Seiten durch $-0,0797 \frac{1}{h}$ dividieren.

b) Die gesuchte Zeit t ergibt sich als Lösung der Gleichung:

$$7,2 \cdot 10^{19} - 3 \cdot 10^{19} = 7,2 \cdot 10^{19} \cdot e^{-0,0797 \frac{1}{h} \cdot t}$$

$$\frac{7,2 \cdot 10^{19} - 3 \cdot 10^{19}}{7,2 \cdot 10^{19}} = e^{-0,0797 \frac{1}{h} \cdot t}$$
Auf beiden Seiten durch $7,2 \cdot 10^{19}$ dividieren.

$$\ln \frac{4,2}{7,2} = -0,0797 \frac{1}{h} \cdot t$$
Auf beiden Seiten logarithmieren.

$$t = -\frac{1}{0,0797 \frac{1}{h}} \cdot \ln \frac{4,2}{7,2}$$
Auf beiden Seiten durch $-0,0797 \frac{1}{h}$ dividieren.

$$\approx 6,8 \text{ h}$$

c) $N(10 \text{ h}) = 7,2 \cdot 10^{19} \cdot e^{-0,0797 \frac{1}{h} \cdot 10 \text{ h}} \approx 3,2 \cdot 10^{19}$

d) Die gesuchte Anzahl ergibt sich als Differenz des Anfangswerts und des Ergebnisses aus Aufgabe c:

$$7,2 \cdot 10^{19} - N(10 \text{ h}) = 7,2 \cdot 10^{19} - 3,2 \cdot 10^{19} = 4,0 \cdot 10^{19}$$

e) Der gesuchte Zeitpunkt τ ist die Stelle, an der die Tangente an den Graphen der Funktion $N(t) = 7,2 \cdot 10^{19} \cdot e^{-0,0797 \frac{1}{h} \cdot t}$ im Punkt $(0 \,|\, N(0))$ die t-Achse schneidet.

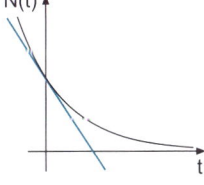

Nach dem Newton-Verfahren (vgl. S. 89) gilt:

$$\tau = 0 - \frac{N(0)}{N'(0)}$$

$$N'(t) = 7,2 \cdot 10^{19} \cdot e^{-0,0797 \frac{1}{h} \cdot t} \cdot \left(-0,0797 \frac{1}{h}\right) \quad \text{Ableitung mit Kettenregel}$$

$$= -5,738 \cdot 10^{18} \frac{1}{h} \cdot e^{-0,0797 \frac{1}{h} \cdot t}$$

$$\Rightarrow \quad N'(0) = -5,738 \cdot 10^{18} \frac{1}{h}$$

$$\tau = -\frac{7,2 \cdot 10^{19}}{-5,738 \cdot 10^{18}} \text{ h} \approx 12,55 \text{ h}$$

Bei linearem Zerfall wären nach ca. 13 Stunden alle Kerne zerfallen.

196. Da der Druck p unbegrenzt exponentiell abnimmt, hängt er entsprechend der Vorschrift $p(t) = a \cdot e^{-b \cdot t}$ von der Zeit t (in Sekunden) ab.

Berechnung des Parameters b:

$\dfrac{p(t) - p(t + 2s)}{p(t)} = 0,035$	prozentuale Abnahme um 3,5 % pro 2 Sekunden
$\dfrac{a \cdot e^{-b \cdot t} - a \cdot e^{-b \cdot (t + 2s)}}{a \cdot e^{-b \cdot t}} = 0,035$	Einsetzen in den Funktionsterm
$1 - \dfrac{e^{-b \cdot t - 2bs}}{e^{-b \cdot t}} = 0,035$	Distributivgesetz
$1 - e^{-2bs} = 0,035$	2. Potenzgesetz
$e^{-2bs} = 0,965$	Auflösen nach e^{-2bs}
$-2s = \ln 0,965$	Auf beiden Seiten logarithmieren.
$b = \dfrac{\ln 0,965}{-2s} \approx 0,0178 \, \frac{1}{s}$	Auf beiden Seiten durch –2 s dividieren.

Berechnung der zugehörigen Halbwertszeit:

$$T_H = \frac{\ln 2}{b} = \frac{\ln 2}{0,0178 \, \frac{1}{s}} \approx 38,9 \, s$$

Da die tatsächliche Halbwertszeit laut Aufgabentext 50 Sekunden beträgt, leistet die Pumpe weniger als vom Hersteller versprochen.

197. a)

$\dfrac{\Delta N}{\Delta t} \approx | N'(t) |$	(1)	Für sehr kleine Zeitintervalle Δt stimmt der Betrag des Diffenzialquotienten $| N'(t) |$ näherungsweise mit dem Differenzenquotienten $\frac{\Delta N}{\Delta t}$ überein.
$| N'(t) | = \left| \underbrace{N_0 \cdot e^{-\frac{\ln 2}{8,0} \frac{1}{d} \cdot t}}_{N(t)} \cdot \left(-\frac{\ln 2}{8,0} \frac{1}{d} \right) \right|$		Ableiten der Zerfallsfunktion
$= \dfrac{\ln 2}{8,0} \frac{1}{d} \cdot N(t)$	(2)	
$\Rightarrow \quad \dfrac{\Delta N}{\Delta t} = \dfrac{\ln 2}{8,0} \frac{1}{d} \cdot N$		Einsetzen von (2) in (1); N(t) = N
$\dfrac{\Delta N}{N} = \dfrac{\ln 2}{8,0} \frac{1}{d} \cdot \Delta t$		Auf beiden Seiten mit $\frac{\Delta t}{N}$ multiplizieren.

b) Da N eine sehr große Zahl ist, kann die relative Häufigkeit $\frac{\Delta N}{N}$ dafür, dass von N vorhandenen Kernen ΔN Kerne im Zeitintervall Δt zerfallen, der gesuchten Wahrscheinlichkeit P gleichgesetzt werden:

$P = \dfrac{\ln 2}{8,0} \frac{1}{d} \cdot \Delta t = \dfrac{\ln 2}{8,0 \cdot 24 \cdot 60 \cdot 60 \, s} \cdot 3 \, s$	$\Delta t = 3$ einsetzen; 1 d = 24 · 60 · 60 s
$\approx 3,0 \cdot 10^{-6}$	

198. a)

x in cm	0	1,0	2,0	3,0	4,0	5,0	6,0	7,0
z(x)	166 700	64 450	24 917	9 634	3 725	1 440	557	215
$\ln \frac{z(x)}{z(0)}$	0	−0,95	−1,90	−2,85	−3,80	−4,75	−5,70	−6,65

b)

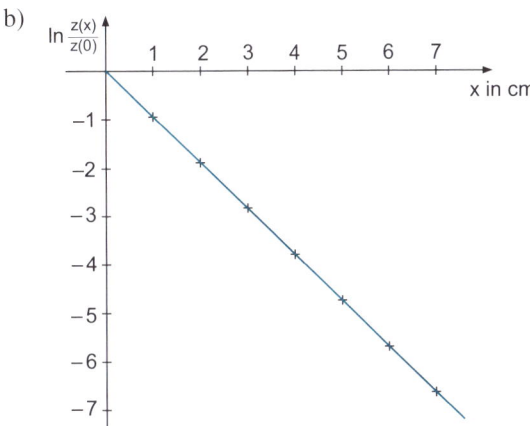

c) Da die Messwertepaare in einem x-$\ln \frac{z(x)}{z(0)}$-Diagramm auf einer Ursprungsgeraden mit negativer Steigung −m liegen, gilt:

$\ln \frac{z(x)}{z(0)} = -m \cdot x$

Dem Diagramm aus Teil b entnehmen Sie, dass $-m = \frac{-6,65}{7\,\text{cm}} = -0,95\,\frac{1}{\text{cm}}$.

Also gilt: $\ln \frac{z(x)}{z(0)} = -0,95\,\frac{1}{\text{cm}} \cdot x$

d) $\ln \frac{z(x)}{z(0)} = -0,95\,\frac{1}{\text{cm}} \cdot x$

$\frac{z(x)}{z(0)} = e^{-0,95\,\frac{1}{\text{cm}} \cdot x}$ Auf beiden Seiten exponenzieren.

$z(x) = z(0) \cdot e^{-0,95\,\frac{1}{\text{cm}} \cdot x}$ Auf beiden Seiten mit z(0) multiplizieren.

Die Anzahl registrierter Teilchen nimmt also bei wachsender Plattendicke exponentiell ab.

199. Die Funktionen, die das unbeschränkt exponentielle Abnehmen beschreiben, lauten:

(1) $N_{238}(t) = N_{238}(0) \cdot e^{-b_{238} \cdot t}$

(2) $N_{235}(t) = N_{235}(0) \cdot e^{-b_{235} \cdot t}$

$$140 = \frac{N_{238}(t)}{N_{235}(t)}$$ Verhältnis laut Aufgabenstellung

$$= \frac{N_{238}(0) \cdot e^{-b_{238} \cdot t}}{N_{235}(0) \cdot e^{-b_{235} \cdot t}}$$ (1) und (2) einsetzen

$$= \frac{e^{-b_{238} \cdot t}}{e^{-b_{235} \cdot t}}$$ Da es bei der „Geburt" der Erde gleich viele U 238 und U 235 Kerne gab, gilt: $N_{238}(0) = N_{235}(0)$

$$= e^{(b_{235} - b_{238}) \cdot t}$$ 2. Potenzgesetz

$$\Rightarrow \quad \ln 140 = (b_{235} - b_{238}) \cdot t$$ Auf beiden Seiten logarithmieren.

$$\Rightarrow \quad t = \frac{\ln 140}{b_{235} - b_{238}}$$ nach t auflösen

$$= \frac{\ln 140}{\frac{\ln 2}{T_{235}} - \frac{\ln 2}{T_{238}}}$$ b über $T_H = \frac{\ln 2}{b}$ mithilfe der Halbwertszeiten ausdrücken

$$= \frac{\ln 140}{\frac{\ln 2}{7,0 \cdot 10^8 \, a} - \frac{\ln 2}{4,5 \cdot 10^9 \, a}} \approx 5,9 \cdot 10^9 \, a$$ numerische Werte einsetzen

Die Erde wäre demnach ca. 6 Milliarden Jahre alt. (Das tatsächliche Alter der Erde beträgt ca. 4,6 Milliarden Jahre.)

200. a) Da es sich um eine beschränkte exponentielle Abnahme handelt, hat die gesuchte Funktion die Form $\vartheta(t) = a \cdot e^{-b \cdot t} + c$.
Laut Aufgabenstellung gilt $c = 20\,°C$ und $a + c = 90\,°C$, also $a = 70\,°C$.
$$\Rightarrow \quad \vartheta(t) = 70\,°C \cdot e^{-b \cdot t} + 20\,°C$$

Berechnung von b:

(1) $\vartheta(45\,s) = 70\,°C \cdot e^{-b \cdot 45\,s} + 20\,°C$ Einsetzen in die Abnahmefunktion

(2) $\vartheta(45\,s) = 83\,°C$ Nach 45 s nimmt die Differenz zwischen Tee- und Raumtemperatur ($90\,°C - 20\,°C$) um 10 % auf $63\,°C$ ab. Die Teetemperatur beträgt dann $20\,°C + 63\,°C = 83\,°C$.

$70\,°C \cdot e^{-b \cdot 45\,s} + 20\,°C = 83\,°C$ Gleichsetzen von (1) und (2)

$70\,°C \cdot e^{-b \cdot 45\,s} = 63\,°C$ Auf beiden Seiten 20 °C subtrahieren.

$e^{-b \cdot 45\,s} = \frac{63\,°C}{70\,°C} \approx 0,9$ Auf beiden Seiten durch 70 °C dividieren.

$-b \cdot 45\,s = \ln 0,9$ Auf beiden Seiten logarithmieren.

$b = \frac{\ln 0,9}{-45\,s}$ Auf beiden Seiten durch −45 s dividieren.

$b \approx 0,002\,\frac{1}{s}$

Die gesuchte Funktion lautet: $\vartheta(t) = 70\,°C \cdot e^{-0,002\,\frac{1}{s} \cdot t} + 20\,°C$

b) Die gesuchte Zeit t ergibt sich als Lösung der Gleichung:

$$30\,°C = 70\,°C \cdot e^{-0,002\frac{1}{s} \cdot t} + 20\,°C$$

$$10\,°C = 70\,°C \cdot e^{-0,002\frac{1}{s} \cdot t} \qquad \text{Auf beiden Seiten 20\,°C subtrahieren.}$$

$$e^{-0,002\frac{1}{s} \cdot t} = \frac{1}{7} \qquad \text{Auf beiden Seiten durch 70\,°C dividieren.}$$

$$-0,002\,\frac{1}{s} \cdot t = \ln\frac{1}{7} \qquad \text{Auf beiden Seiten logarithmieren.}$$

$$t = \frac{\ln\frac{1}{7}}{-0,002}\,s \approx 973\,s \qquad \text{Auf beiden Seiten durch } -0,002\,\frac{1}{s} \text{ dividieren.}$$

Der Tee hat sich nach ca. 973 Sekunden, also etwa 16 Minuten, auf 30 °C abgekühlt.

201. a) Das Wachstum wird durch eine Funktion der Form $f(t) = 200 \cdot e^{b \cdot t}$ beschrieben.

Berechnung von b:

$$f(2\,h) = 200 \cdot e^{b \cdot 2\,h} = 15\,000$$

$$e^{b \cdot 2\,h} = 75 \qquad \text{Auf beiden Seiten durch 200 dividieren.}$$

$$b \cdot 2\,h = \ln 75 \qquad \text{Auf beiden Seiten logarithmieren.}$$

$$b = \frac{\ln 75}{2}\,\frac{1}{h} \approx 2,16\,\frac{1}{h} \qquad \text{Auf beiden Seiten durch 2 h dividieren.}$$

Die gesuchte Funktion lautet also: $f(t) = 200 \cdot e^{2,16\frac{1}{h} \cdot t}$

b) $f(3\,h) = 200 \cdot e^{2,16\frac{1}{h} \cdot 3\,h} \approx 1,30 \cdot 10^5$

3 Stunden nach der Kontamination befinden sich ca. $1,30 \cdot 10^5$ Bakterien in der Nährlösung.

202. a) Das Bevölkerungswachstum heute wird durch eine Funktion der Form $f(t) = a \cdot e^{b_{heute} \cdot t}$ beschrieben. Aus der Beziehung $T_D = \frac{\ln 2}{b_{heute}}$ für die Verdopplungszeit erhalten Sie $b_{heute} = \frac{\ln 2}{T_D}$ und damit:

$$f(t) = a \cdot e^{\frac{\ln 2}{T_D} \cdot t} = a \cdot e^{\frac{\ln 2}{30\,a} \cdot t}$$

Für den prozentualen Anstieg in einem Jahr (1 a) gilt:

$$\frac{f(t+1\,a) - f(t)}{f(t)} = \frac{a \cdot e^{\frac{\ln 2}{30\,a} \cdot (t+1\,a)} - a \cdot e^{\frac{\ln 2}{30\,a} \cdot t}}{a \cdot e^{\frac{\ln 2}{30\,a} \cdot t}} \qquad \text{Einsetzen in den Funktionsterm}$$

$$= \frac{a \cdot e^{\frac{\ln 2}{30\,a} \cdot (t+1\,a)}}{a \cdot e^{\frac{\ln 2}{30\,a} \cdot t}} - 1 \qquad \text{Distributivgesetz der Division}$$

$$= e^{\frac{\ln 2}{30\,a} \cdot 1\,a} - 1 \qquad \text{2. Potenzgesetz}$$

$$\approx 0,0234 = 2,34\,\%$$

b) Für den prozentualen Anstieg in einem Jahr im Mittelalter gilt:

$$0,0028 = \frac{f(t+1\,a) - f(t)}{f(t)} \qquad \text{nach Angabe}$$

$$= \frac{a \cdot e^{\frac{\ln 2}{T_{MA}} \cdot (t+1\,a)} - a \cdot e^{\frac{\ln 2}{T_{MA}} \cdot t}}{a \cdot e^{\frac{\ln 2}{T_{MA}} \cdot t}} \qquad \text{Einsetzen in den Funktionsterm}$$

$$= e^{\frac{\ln 2}{T_{MA}} \cdot 1\,a} - 1 \qquad \begin{array}{l}\text{Distributivgesetz der Division und} \\ \text{2. Potenzgesetz}\end{array}$$

$$\Rightarrow \quad e^{\frac{\ln 2}{T_{MA}} \cdot 1\,a} = 1,0028 \qquad \text{Auf beiden Seiten 1 addieren.}$$

$$\frac{\ln 2}{T_{MA}} \cdot 1\,a = \ln 1,0028 \qquad \text{Auf beiden Seiten logarithmieren.}$$

$$T_{MA} = \frac{\ln 2}{\ln 1,0028} \cdot 1\,a \approx 247,9\,a \qquad \begin{array}{l}\text{Auf beiden Seiten mit } \frac{T_{MA}}{\ln 1,0028} \text{ multipli-} \\ \text{zieren.}\end{array}$$

Im Mittelalter betrug die Verdoppelungszeit ca. 248 Jahre, mehr als 8-mal so viel wie in der Neuzeit.

203. a) Da es sich um ein begrenzt exponentielles Wachstum mit Zielwert $c = 500\,V$ und Anfangswert $c - a = 0\,V$ handelt, gilt: $a = c = 500\,V$
Für die Wachstumsfunktion folgt daraus:
$U(t) = -500\,V \cdot e^{-b \cdot t} + 500\,V$

Berechnung von b:

$$350\,V = U(5\,s) \qquad \text{nach Angabe}$$

$$= -500\,V \cdot e^{-b \cdot 5\,s} + 500\,V \qquad \text{Einsetzen in den Funktionsterm}$$

$$= 500\,V \cdot (1 - e^{-b \cdot 5\,s})$$

$$0,7 = 1 - e^{-b \cdot 5\,s} \qquad \begin{array}{l}\text{Auf beiden Seiten durch 500 V dividie-} \\ \text{ren.}\end{array}$$

$$e^{-b \cdot 5\,s} = 0,3 \qquad \begin{array}{l}\text{Auf beiden Seiten } e^{-b \cdot 5\,s} - 0,7 \\ \text{addieren.}\end{array}$$

$$-b \cdot 5\,s = \ln 0,3 \qquad \text{Auf beiden Seiten logarithmieren.}$$

$$b = -\frac{\ln 0,3}{5\,s} \approx 0,24\,\frac{1}{s} \qquad \text{Auf beiden Seiten durch –5 s dividieren.}$$

Der Funktionsterm lautet daher: $U(t) = 500\,V \cdot (1 - e^{-0,24\frac{1}{s} \cdot t})$

b) Die gesuchte Zeit t ergibt sich als Lösung der Gleichung:

$$430\,V = 500\,V \cdot (1 - e^{-0,24\frac{1}{s} \cdot t})$$

$$0,86 = 1 - e^{-0,24\frac{1}{s} \cdot t} \qquad \begin{array}{l}\text{Auf beiden Seiten durch 500 V dividie-} \\ \text{ren.}\end{array}$$

$$e^{-0,24\frac{1}{s} \cdot t} = 0,14 \qquad \begin{array}{l}\text{Auf beiden Seiten } e^{-0,24\frac{1}{s} \cdot t} - 0,86 \\ \text{addieren.}\end{array}$$

$$-0,24\,\frac{1}{s} \cdot t = \ln 0,14 \qquad \text{Auf beiden Seiten logarithmieren.}$$

$$t = \frac{\ln 0{,}14}{-0{,}24 \, \frac{1}{s}} \approx 8{,}2 \text{ s}$$

Auf beiden Seiten durch $-0{,}24 \, \frac{1}{s}$ dividieren.

Das Gerät ist nach ca. 8 Sekunden einsatzbereit.

204. Da die Temperatur des Eiswürfels für $t \to \infty$ (idealisiert im Sinne des beschränkten Wachstums und unter Außerachtlassung physikalischer Phasenumwandlungen) gegen 30 °C strebt, lässt sich die Temperaturzunahme mit einer Funktion der Form $\vartheta(t) = -a \cdot e^{-b \cdot t} + c$ beschreiben, wobei $c = 30$ °C. Aus den Angaben im Text ergeben sich zwei Gleichungen:

(1) $\vartheta(10 \text{ min}) = -a \cdot e^{-b \cdot 10 \text{ min}} + 30 \text{ °C} = -10 \text{ °C}$

(2) $\vartheta(20 \text{ min}) = -a \cdot e^{-b \cdot 20 \text{ min}} + 30 \text{ °C} = -5 \text{ °C}$

(1) $-a \cdot e^{-b \cdot 10 \text{ min}} = -40 \text{ °C}$ Auf beiden Seiten 30 °C subtrahieren.

(2) $-a \cdot e^{-b \cdot 20 \text{ min}} = -35 \text{ °C}$ Auf beiden Seiten 30 °C subtrahieren.

$$\frac{-40 \text{ °C}}{-35 \text{ °C}} = \frac{-a \cdot e^{-b \cdot 10 \text{ min}}}{-a \cdot e^{-b \cdot 20 \text{ min}}}$$

$(1) : (2)$

$$\frac{40}{35} = e^{-b \cdot (10 \text{ min} - 20 \text{ min})}$$

2. Potenzgesetz

$$b \cdot 10 \text{ min} = \ln \frac{40}{35}$$

Auf beiden Seiten logarithmieren.

$$b = \frac{\ln \frac{40}{35}}{10} \, \frac{1}{\text{min}}$$

Auf beiden Seiten durch 10 min dividieren.

Setzt man diesen Wert für b in (1) ein, erhält man:

$$-a \cdot e^{-\frac{\ln \frac{40}{35}}{10} \, \frac{1}{\text{min}} \cdot 10 \text{ min}} = -40 \text{ °C}$$

$$-a = \frac{-40 \text{ °C}}{e^{-\ln \frac{40}{35}}}$$

Auf beiden Seiten durch $e^{-\frac{\ln \frac{40}{35}}{10} \, \frac{1}{\text{min}} \cdot 10 \text{ min}}$ $= e^{-\ln \frac{40}{35}}$ dividieren.

$$-a = \frac{-40 \text{ °C}}{\frac{35}{40}}$$

$$a \approx 45{,}7 \text{ °C}$$

Für die Anfangstemperatur des Eiswürfels gilt damit:

$\vartheta_0 = \vartheta(0) = c - a = 30 \text{ °C} - 45{,}7 \text{ °C} = -15{,}7 \text{ °C}$

205. Zum Zeitpunkt $t = 4$ s besitzt der Körper die betragsmäßig größte, rückwärts gerichtete Geschwindigkeit.

Begründung:
Rückwärts fährt der Körper dann, wenn $s'(t) = v(t) < 0$. Dies trifft für Zeiten von 2 s bis ca. 4,6 s zu. Die dem Betrag nach größte Steigung einer Tangente an den Graphen der Funktion s(t) erkennen Sie in diesem Bereich für $t = 4$ s. Dort besitzt der Graph den einzigen Wendepunkt.

206. a) Wegen s'(t) = v(t) entspricht die Fallstrecke s(7 s) nach dem HDI dem Inhalt der Fläche, die vom Graphen von v(t), der t-Achse und der Geraden t = 7 begrenzt wird. Dieser lässt sich näherungsweise mithilfe der 28 gestrichelt eingezeichneten Quadrate abschätzen.

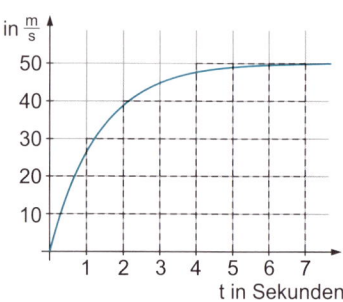

Da jedes Quadrat die Seitenlängen $10\,\frac{m}{s}$ und 1 s besitzt, trägt es zur Fallstrecke $10\,\frac{m}{s} \cdot 1\,s = 10\,m$ bei.

Die Fallstrecke beträgt demnach ca. $28 \cdot 10\,m = 280\,m$.

b) $s(7\,s) = \displaystyle\int_{0\,s}^{7\,s} v(t)\,dt$ HDI

$\displaystyle = \int_{0\,s}^{7\,s} 50\,\frac{m}{s} \cdot (1 - e^{-0,75\frac{1}{s} \cdot t})\,dt$ Einsetzen des Funktionsterms

$\displaystyle = 50\,\frac{m}{s} \cdot \int_{0\,s}^{7\,s} (1 - e^{-0,75\frac{1}{s} \cdot t})\,dt$ 1. Linearitätseigenschaft des bestimmten Integrals

$\displaystyle = 50\,\frac{m}{s} \cdot \left[t - \frac{1}{-0,75\frac{1}{s}} \cdot e^{-0,75\frac{1}{s} \cdot t} \right]_{0\,s}^{7\,s}$ Integrationsformel; zweite elementare Integrationsregel

$\displaystyle = 50\,\frac{m}{s} \cdot \left[\left(7\,s - \frac{1}{-0,75\frac{1}{s}} \cdot e^{-0,75\frac{1}{s} \cdot 7\,s} \right) \right.$ Einsetzen der Integrationsgrenzen

$\displaystyle \left. - \left(0\,s - \frac{1}{-0,75\frac{1}{s}} \cdot 1 \right) \right]$

$\approx 283,7\,m$ Taschenrechner

Der Näherungswert weicht nur um $\dfrac{283,7 - 280}{283,7} \approx 0,0130 = 1,3\,\%$ vom exakten Wert ab.

207. a) Die Momentangeschwindigkeit $v(t_0)$ entspricht wegen $v'(t) = a(t)$ der Flächenbilanz der vom Graphen von $a(t)$, der t-Achse und der Geraden $t = t_0$ begrenzten Fläche. Da im Funktionsterm für die Koeffizienten keine Einheitenbenennungen angegeben sind, wird auch ohne diese integriert:

$$v_{End} = \int_0^5 a(t)\, dt$$

$$= \int_0^5 (t^3 - 8t^2 + 15t)\, dt$$

$$= \left[\frac{1}{4}t^4 - \frac{8}{3}t^3 + \frac{15}{2}t^2 \right]_0^5$$

$$= \left(\frac{1}{4} \cdot 5^4 - \frac{8}{3} \cdot 5^3 + \frac{15}{2} \cdot 5^2 \right) - 0$$

$$\approx 10,42$$

Die Endgeschwindigkeit beträgt $10,42\, \frac{m}{s}$.

b) Da der Körper im Zeitintervall [0 s; 3 s] eine positive Beschleunigung erfährt und im Intervall [3 s; 5 s] eine negative, nimmt seine Geschwindigkeit während der ersten drei Sekunden zu und in den darauffolgenden zwei Sekunden wieder ab. Die größte Geschwindigkeit erreicht er daher zum Zeitpunkt $t = 3$ s.

208. a) Nach Aufgabe 131 besitzt die Funktion $Z(\omega) = \sqrt{1\,600 + \left(50\omega - \frac{25\,000}{\omega} \right)^2}$ an denselben Stellen die gleiche Art von Extrema wie die Funktion $g(\omega) = 1\,600 + \left(50\omega - \frac{25\,000}{\omega} \right)^2$.

Daher wird im Weiteren die einfacher zu handhabende Funktion $g(\omega)$ auf Extrema untersucht.

Berechnung der Ableitung von $g(\omega)$:

$$g'(\omega) = 2 \cdot \left(50\omega - \frac{25\,000}{\omega} \right) \cdot \left(50 - \frac{-25\,000}{\omega^2} \right) \quad \text{Ketten- und Quotientenregel}$$

Berechnung der Nullstellen von $g'(\omega)$:

$g'(\omega) = 0$

$\Leftrightarrow \left(50\omega - \frac{25\,000}{\omega} \right) \cdot \left(50 + \frac{25\,000}{\omega^2} \right) = 0$

$\Leftrightarrow 50\omega - \frac{25\,000}{\omega} = 0$
Ein Produkt ist genau dann 0, wenn mindestens ein Faktor 0 ist; $50 + \frac{25\,000}{\omega^2}$ ist stets positiv.

$\Leftrightarrow 50\omega = \frac{25\,000}{\omega}$
Auf beiden Seiten $\frac{25\,000}{\omega}$ addieren.

$\Leftrightarrow \quad \omega^2 = 500$ Auf beiden Seiten mit $\frac{\omega}{50}$ multiplizieren.

$\Rightarrow \quad \omega \approx 22{,}4$ Auf beiden Seiten radizieren; $\omega > 0$

Vorzeichenwechsel von g'(ω) an der Stelle 22,4:

Das Vorzeichen von $g'(\omega)$ stimmt mit dem Vorzeichen des Faktors $50\omega - \frac{25\,000}{\omega}$ überein.

Da dieser sein Vorzeichen an der Stelle $\omega = 22{,}4$ von $-$ nach $+$ wechselt, besitzt $g(\omega)$ dort ein relatives Minimum.

b) Da im Term $\sqrt{1\,600 + \left(50\omega - \dfrac{25\,000}{\omega}\right)^2}$ der 2. Summand des Radikanden

wegen des Exponenten 2 nicht negativ werden kann, nimmt dieser Term genau dann seinen kleinsten Wert an, wenn der 2. Summand 0 ist. Aus $50\omega - \frac{25\,000}{\omega} = 0$ ergibt sich wie bei Teilaufgabe a: $\omega \approx 22{,}4$

209. Bezeichnet E(h) die Energie, die erforderlich ist, um den Abstand der beiden Teilchen von R auf R + h zu vergrößern, so gilt:

$$E(h) = \int\limits_{R}^{R+h} \frac{1}{4\pi\varepsilon_0} \cdot \frac{e^2}{r^2}\, dr$$

$$= \frac{e^2}{4\pi\varepsilon_0} \cdot \int\limits_{R}^{R+h} \frac{1}{r^2}\, dr$$ 1. Linearitätseigenschaft des Integrals

$$= \frac{e^2}{4\pi\varepsilon_0} \cdot \left[-\frac{1}{r}\right]_{R}^{R+h}$$ Tabelle der Stammfunktionen

$$= \frac{e^2}{4\pi\varepsilon_0} \cdot \left[-\frac{1}{R+h} - \left(-\frac{1}{R}\right)\right]$$ Einsetzen der Integrationsgrenzen

$$= \frac{e^2}{4\pi\varepsilon_0} \cdot \left[\frac{1}{R} - \frac{1}{R+h}\right]$$

Die gesuchte Energie ist der Grenzwert $\lim\limits_{h \to \infty} E(h)$:

$$\lim\limits_{h \to \infty} E(h) = \lim\limits_{h \to \infty} \frac{e^2}{4\pi\varepsilon_0} \cdot \left[\underbrace{-\frac{1}{R+h}}_{\to\, 0} + \frac{1}{R}\right]$$

$$= \lim\limits_{h \to \infty} \frac{e^2}{4\pi\varepsilon_0} \cdot \frac{1}{R}$$

$$= \frac{e^2}{4\pi\varepsilon_0} \cdot \frac{1}{R}$$

210. Für die Ableitung der Funktion $h(x) = (\sin(ax))^2$ gilt nach der Kettenregel:

$h'(x) = 2\sin(ax) \cdot \cos(ax) \cdot a = 2a \cdot \sin(ax) \cdot \cos(ax)$

Also ist

$$\left(\sin\left(\frac{2\pi}{T} \cdot t \right) \right)^2$$

eine Stammfunktion von

$$2 \cdot \frac{2\pi}{T} \cdot \sin\left(\frac{2\pi}{T} \cdot t \right) \cdot \cos\left(\frac{2\pi}{T} \cdot t \right)$$

und

$$W(t) = \frac{-I_0 \cdot U_0}{2 \cdot \frac{2\pi}{T}} \cdot \left(\sin\left(\frac{2\pi}{T} \cdot t \right) \right)^2$$

eine Stammfunktion von

$$U(t)I(t) = -I_0 \cdot U_0 \cdot \sin\left(\frac{2\pi}{T} \cdot t \right) \cdot \cos\left(\frac{2\pi}{T} \cdot t \right).$$

Daher gilt:

$$W_{el} = \int\limits_{t}^{t+T} U(t)I(t)\,dt$$

$$= \frac{-I_0 \cdot U_0}{2 \cdot \frac{2\pi}{T}} \cdot \left[\left(\sin\left(\frac{2\pi}{T} \cdot t \right) \right)^2 \right]_0^T$$

$$= \frac{-I_0 \cdot U_0}{2 \cdot \frac{2\pi}{T}} \cdot \left(\sin(2\pi) - \sin(0) \right)^2$$

$$= 0 \qquad\qquad\qquad\qquad \sin(2\pi) = \sin(0) = 0$$

Ein sinusförmiger Wechselstrom kann daher auf längere Zeit praktisch ohne Energieverlust durch eine ideale Spule fließen.

Stichwortverzeichnis

Ihre Anregungen sind uns wichtig!

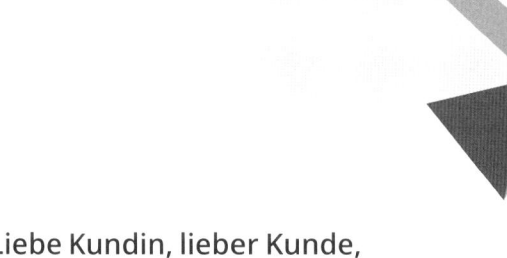

Liebe Kundin, lieber Kunde,

der STARK Verlag hat das Ziel, Sie effektiv beim Lernen zu unterstützen. In welchem Maße uns dies gelingt, wissen Sie am besten. Deshalb bitten wir Sie, uns Ihre Meinung zu den STARK-Produkten in dieser Umfrage mitzuteilen.

Unter *www.stark-verlag.de/ihremeinung* finden Sie ein Online-Formular. Einfach ausfüllen und Ihre Verbesserungsvorschläge an uns abschicken. Wir freuen uns auf Ihre Anregungen.

www.stark-verlag.de/ihremeinung

Richtig lernen, bessere Noten

7 Tipps wie's geht

1. **15 Minuten geistige Aufwärmzeit** Lernforscher haben beobachtet: Das Gehirn braucht ca. eine Viertelstunde, bis es voll leistungsfähig ist. Beginne daher mit den leichteren Aufgaben bzw. denen, die mehr Spaß machen.

2. **Ähnliches voneinander trennen** Ähnliche Lerninhalte, wie zum Beispiel Vokabeln, sollte man mit genügend zeitlichem Abstand zueinander lernen. Das Gehirn kann Informationen sonst nicht mehr klar trennen und verwechselt sie. Wissenschaftler nennen diese Erscheinung „Ähnlichkeitshemmung".

3. **Vorübergehend nicht erreichbar** Größter potenzieller Störfaktor beim Lernen: das Smartphone. Es blinkt, vibriert, klingelt – sprich: es braucht Aufmerksamkeit. Wer sich nicht in Versuchung führen lassen möchte, schaltet das Handy beim Lernen einfach aus.

4. **Angenehmes mit Nützlichem verbinden** Wer englische bzw. amerikanische Serien oder Filme im Original-Ton anschaut, trainiert sein Hörverstehen und erweitert gleichzeitig seinen Wortschatz. Zusatztipp: Englische Untertitel helfen beim Verstehen.

5. **In kleinen Portionen lernen** Die Konzentrationsfähigkeit des Gehirns ist begrenzt. Kürzere Lerneinheiten von max. 30 Minuten sind ideal. Nach jeder Portion ist eine kleine Verdauungspause sinnvoll.

6. **Fortschritte sichtbar machen** Ein Lernplan mit mehreren Etappenzielen hilft dabei, Fortschritte und Erfolge auch optisch sichtbar zu machen. Kleine Belohnungen beim Erreichen eines Ziels motivieren zusätzlich.

7. **Lernen ist Typsache** Die einen lernen eher durch Zuhören, die anderen visuell, motorisch oder kommunikativ. Wer seinen Lerntyp kennt, kann das Lernen daran anpassen und erzielt so bessere Ergebnisse.